Gut und Blut fürs Vaterland

Vermögensopfer — Steuerfragen — Erhöhung der Volkswirtschaft

Von

Dr. J. Jastrow

a. o. Professor an der Universität Berlin

Berlin 1917
Verlag von Georg Reimer

Druck von Gerhard Stalling, Oldenburg i. Gr.

Vorwort und Einleitung.

Die Erörterung der „Deckungsfragen" hat begonnen. Daß das Reich nach dem Kriege gewaltige Mittel nötig haben wird, um Lasten abzubürden und neue Aufgaben kräftig zu erfüllen, darüber herrscht Übereinstimmung. Ob sie mehr durch Erhöhung bestehender oder durch Einführung neuer Abgaben, mehr durch direkte oder durch indirekte Steuern und Monopole der verschiedensten Art aufzubringen sind, darüber haben sich einigermaßen feststehende Meinungen noch nicht bilden können. Es scheint vielmehr der allgemeine Eindruck zu sein, daß jeder, der es mit seinen Pflichten für das Vaterland ernst nimmt, sein Steuerprogramm revidieren und manches für zulässig erklären muß, was er früher für unzulässig hielt.

Aber unser guter Wille hat bisher noch nicht ausgereicht, um unsere hergebrachten Vorurteile so weit zu überwinden, wie es die Größe der gestellten Aufgabe erfordert. Die neuen Reichsschulden betragen bereits 60 Milliarden Mark. Die 5-%-Verzinsung einer solchen Summe allein erfordert jährlich 3, zusammen mit einem Tilgungsbetrage 3½ bis 4 Milliarden Mark. Dazu kommen die Kosten für den Wiederaufbau Ostpreußens und des elsässischen Grenzstrichs, die Fürsorge für die Kriegsverletzten und Kriegs-Hinterbliebenen, die Neuausstattung von Heer und Marine in weitestem Umfange, die Beihilfen zur Wiederbegründung wirtschaftlicher Existenzen, sowie endlich die Mitwirkung beim Wiedereinfahren des Erwerbslebens in die ungewohnt gewordenen Bahnen der Friedenszeit und des Weltverkehrs. Diesem Jahreserfordernis, das sich auf

6 bis 7 Milliarden Mark und mehr belaufen mag, steht der Anspruch auf Kriegskosten-Entschädigung an unsere Feinde gegenüber. Sie haben wiederholt erklärt, daß die wirtschaftliche Überlegenheit auf ihrer Seite sei. Stellt sich das Kriegsergebnis so, daß die militärische Überlegenheit auf unserer, die wirtschaftliche nach Meinung unserer Feinde auf ihrer Seite ist, so würde die Kriegskosten-Entschädigung an uns als logisch zwingendes Ergebnis herausspringen.

Dennoch können wir mit der Lösung der Deckungsfrage nicht warten, bis wir den genauen Betrag der Summe kennen, die uns zu decken bleibt. Der Betrag, der uns für jene neuen Aufgaben und manche noch hinzukommenden aufzubringen bleibt, wird in jedem Fall über unsere bisherigen Vorstellungen von finanziellen Lasten hinausgehen. Ja, wenn die Kriegskosten im engeren Sinn anderweit gedeckt wären, so würden jene anderen Aufgaben nur um so dringlicher und zahlreicher sich melden.

Und diese Aufgaben *sollen* sich melden. Was wir auch für Kriegs-Hinterbliebene und Kriegsbeschädigte tun, es wird nie so viel sein, daß wir, von der Last der Kriegskosten befreit, nicht gern mehr tun werden. Auch den gesund Heimkehrenden, die ihr bürgerliches Leben neu einrichten müssen, werden wir dann gern statt karg bemessener Unterstützung weitherzige Hilfe angedeihen lassen. Und selbst denen, die in keiner Weise hilfsbedürftig sind, die ihren Stolz darein setzen, im Frieden wie im Kriege ihren Mann zu stehen, auch ihnen soll der deutsche Staat, den, aus allen Nöten errettet, wir aus ihren Händen wiederempfangen haben, so heilvoll wie möglich ausgestaltet werden. Sie sollen ein Vaterland wiederfinden, das ihren Kindern die besten Schulen bietet und nicht „Lehrermangel" nennt, was in Wahrheit nur Mangel an Lehrergehältern und Lehrerbildungs-Anstalten ist; das den Rechtsuchenden Gerichte zur Verfügung stellt und nicht Prozesse verschleppt, weil es an Geld fehlt, genügend Richterstellen zu schaffen; das imstande ist, eine Wohnungs-, Gesundheits- und Bildungspolitik zu betreiben, um das Leben seiner Bürger und ihrer Familien stark, freundlich und würdig zu gestalten.

Darum weg mit dem Gedanken, daß wir weniger aufbringen wollen, wenn die Not uns weniger drängt. Haben wir uns eine ungefähre Vorstellung davon gemacht, was der Krieg uns gekostet haben, und was die wirtschaftliche Abrüstung zum mindesten erfordern wird, und sind wir entschlossen, zu leisten, was zu leisten ist: so werden wir dieselbe Leistung desto freudiger aufbringen, wenn wir wissen, daß die Kriegskosten von besiegten Feinden getragen werden. Denn in vollem Maße kann dann, was wir aufbringen, dem Zwecke dienen, das gerettete Vaterland seinen Rettern lieb und wohnlich auszugestalten; es von Ängstlichkeiten zu befreien, die es bisher allzuoft genötigt haben, „Kulturaufgaben" nur mit ehrenvollen Verbeugungen zu bedenken. Schwebt unseren Gedanken eine Summe vor, die wir für Kriegs- und Neuausgaben aufzubringen entschlossen wären, falls die Last der Kriegskosten auf uns ruhen bliebe, — ziemt es sich dann, von der Summe den Hauptbetrag herunterzuhandeln, weil jene Last von uns genommen ist; wo wir doch wissen, wie wichtige andere Verwendungszwecke seiner harren? Sind wir schon bereit, in den Beutel zu greifen, wenn Selbstbehauptung und gesicherter Friede nur mit der Last der eigenen Kriegskosten zu erreichen war, — um wieviel mehr, wenn unsere Feldgrauen uns sogar einen Frieden erstritten haben, der diese Last von uns nimmt, und der uns ermöglicht, was früher Zwang gewesen wäre, jetzt gewissermaßen als freiwilliges Friedensopfer für die Einläutung einer neuen Zeit mit neuen Werken zu gestalten.

Über den Einwand, daß wir keinen Anlaß haben, uns auf eine Kriegskosten-Last vorzubereiten, die nach uraltem Herkommen nur der Besiegte zu tragen hat, mag man streiten. Aber die Kriegskosten sind uns nur der Ausgangspunkt für unseren Gedankengang gewesen. Das Ergebnis, daß wir uns auf eine

Deckung von 6 bis 7 bis 8 Milliarden Mark alljährlich vorbereiten sollen, ist uns von der Entschädigungsfrage unabhängig.

Die letzten Friedensetats des Deutschen Reichs schlossen mit etwa 4 Milliarden ab. Von diesen entfiel jedoch 1/5 bis 1/4 auf Ausgaben, die der Kaufmann als Geschäftsunkosten bezeichnen würde (wie z. B. die Ausgaben für die Eisenbahnen im Reichsbesitz), so daß ein Nettoetat von rund 3 Milliarden übrig bleibt. Mag es sich nun um annähernde Verdreifachung oder nur um Verdoppelung dieser Ziffer handeln, das eine wie das andere kann kaum noch als geeignetes Objekt für eine Steuerpolitik angesehen werden.

Statt die Steuerverfassung zu suchen, die für die Aufbringung des neuen Bedarfs geeignet ist, sollte man das Augenmerk vielmehr auf die Mittel lenken, die zukünftige Steuerverfassung von der Aufbringung so gewaltiger Summen zu entlasten.

Hierzu einen Beitrag zu liefern, ist die Hauptabsicht des vorliegenden Buches. Die Aufgaben, die den Völkern der Erde nach dem Friedensschluß gestellt sein werden, finden in der Finanzgeschichte aller Länder und aller Zeiten ihresgleichen nicht. Das Volk, das unabhängig von bisherigen Gewohnheiten für neue Ziele neue Wege am frühesten findet und am entschlossensten betritt, wird in dem dereinst wiederbeginnenden friedlichen Wettbewerbe der Völker vor den anderen den größten Vorsprung haben.

Jene Hauptaufgabe aber wird ohne ein Eingehen auf allgemeine Finanz- und Steuerfragen gleichwohl nicht zu lösen sein. Über die Frage, wovon die Ergiebigkeit der einzelnen Finanzmaßregeln abhängt, inwieweit der Staat, wenn er neue Mittel unbedingt braucht, sich über die Interessen seiner Bürger hinwegsetzen darf, inwieweit er andererseits sie — schon im staatlichen Interesse selbst — behutsam schonen muß, darüber sind bei uns nicht überall richtige Ansichten verbreitet; und zuweilen gibt sich als Ansicht oder Überzeugung, was in Wirklichkeit nur nach Augenblicksbedürfnissen geprägtes Schlagwort ist. Auch die Frage, wie die deutsche Volkswirtschaft einer höheren Ergiebigkeit zuzuführen ist, wird daher in die Erörterung einzubeziehen sein.

Die Lehre von den Finanzen des Staates, wie von der Wirtschaft des Volkes ist keine Geheimwissenschaft. An beiden wirkt jedermann im Volke mit, handelnd oder leidend. Jeder hat ein Interesse und einen Anspruch darauf, zu verstehen, was von ihm gefordert wird, warum es so und nicht anders gefordert wird. Die Einführung so zu gestalten, daß jedermann aus dem Volke sie verstehen kann, ist eine Hauptbestreben des Verfassers gewesen.

Nußbaumallee 24.

Charlottenburg-Berlin, im April 1917.

Inhalt.

Erster Teil:
Vermögensopfer.

I.

Gut und Blut fürs Vaterland.

Der 1. August 1914 fand das deutsche Volk einig. Einig zum ersten Mal in seiner Geschichte. Alle großen Entscheidungen der älteren deutschen Vergangenheit vom Mittelalter bis zum 7jährigen Kriege waren Bruderkriege gewesen. Bei der Erhebung gegen Napoleon fochten auf beiden Seiten deutsche Truppen. Die Neubegründung des deutschen Staatswesens im Jahre 1866 war mit dem Siege des einen Teiles der Nation über den anderen erkauft. Noch im Jahre 1870 gab es in einem deutschen Lande eine Partei, die den Versuch machte, die Mittel für die Kriegführung nur soweit zu bewilligen, als sie zur Verteidigung dieses engeren Vaterlandes erforderlich waren. Als aber am 1. August 1914 Deutschland von zwei Seiten gleichzeitig überfallen wurde, gab es nicht Fragende, Zögernde, Zweifelnde; es gab nur Entschlossene. Als am Nachmittage dieses Tages fast auf die Stunde genau gleichzeitig in allen Orten des Reichs bis in das kleinste Dörfchen am Gemeindehause der Anschlag erschien „Mobilmachung befohlen. Erster Mobilmachungstag 2. August", da sah jeder gediente Soldat, der von der Fahne beurlaubt war, jeder Wehrmann, jeder Landsturmmann seinen Militärpaß nach, um Ort und Stunde festzustellen, wo er „sich zu stellen habe". Nur selten, und dann eindrucksvoll ein lauter Gefühlsausbruch. Das Schweigen der Pflichterfüllung lag auf dem Lande. — Als drei Tage später in der Hauptstadt des Reiches der Reichstag zusammentrat, und von ihm ein Kredit in einer Höhe verlangt wurde, wie ihn noch nie ein deutsches Parlament bewilligt hatte — denn die 5 Milliarden Mark waren am Beginn der fast dreijährigen Kriegszeit, die jetzt hinter uns liegt, weit mehr als sie uns heute dünken — da nahm nicht ein Redner das Wort, weil alle darin übereinstimmten, daß nichts zu sagen, sondern nur zu handeln sei. Und als am Nachmittage dieses Tages zu zwei Feinden der dritte sich hinzugesellte, als ein Volk, mit dem wir in unserer langen Geschichte zuweilen Waffenbrüderschaft, niemals kriegerische Feindschaft hatten, sich auf die Seite der Gegner stellte, seine Flotte vor unsere Meere legte und den Kampf über die Ozeane trug: auch da gab es kein Zagen. Wohl regte sich Unmut; aber der Mut wurde seiner Herr. Als nach einigen Wochen ein Volk im fernen Osten, uns von Feinden rings bedroht erblickend, zu uns in einer Sprache redete, wie sie noch nie ein Volk uns gegenüber geführt hatte, da war die Antwort nur: daß keine Antwort erfolgen werde. Ja, als nach drei Vierteljahren schwerer, wenngleich überwiegend erfolgreicher Kriegführung das verbündete Italien seinem österreichischen Bundesgenossen den Krieg erklärte und, die Förmlichkeit uns gegenüber vermeidend, gleichwohl uns kriegerisch gegenübertrat, da ging sogar ein erleichterndes Aufatmen durch unser Gemüt; denn erträglicher als die Ungewißheit dünkte uns selbst die harte Entscheidung. Kleinere Staaten, teils Ursachen des Krieges, teils durch größere hineingelockt oder hineingezwungen, folgten. Gegen zehn Feinde kämpften wir zu Lande und zu Wasser, als jenseits des Ozeans ein elfter hinzutrat.

Obgleich Ruhe, Sicherheit und Vertrauen im deutschen Volke mit der steigenden Zahl seiner Feinde nicht abgenommen haben, so bleibt doch das Erstaunlichste in dem, was wir erlebt haben, die Stimmung in den ersten Tagen des über uns hereinbrechenden Weltbrandes. Noch stand uns niemand zur Seite, als das verbündete Reich, mit dessen nächstbenachbarten Teilen uns Gemeinsamkeit der Sprache und der Kultur zur Einheit nationalen Empfindens verbindet. Mit diesem geeint standen wir damals den großen Weltreichen des Erdballs allein gegenüber. Wenn in dieser Lage ein Volk, das in jahrhundertelanger historischer Gewöhnung einheitlich zu handeln und zu fühlen gelernt hat, übereinstimmungsvolle ruhige Hingabe an die Aufgaben des Tages gezeigt hätte, es wäre selbst dann noch bewundernswert gewesen. Was aber befähigte *uns*, die wir nur in mühsamem Werdegang ein Volk geworden waren, von denen die Älteren die Zeiten der Zersplitterung und der Bruderkriege selbst noch gekannt hatten, zu dieser ruhigen Einmütigkeit, zu einem selbstverständlichen Vertrauen, wo nach der Hoffnung unserer Feinde die Verzweiflung selbstverständlich sein sollte? Wem jene Tage ein Erlebnis waren, der kann heute aus seinem Innern die Antwort schöpfen. Unser

Gemüt war erfüllt von dem, was notwendig war; für Sorge und Zweifel war in ihm kein Raum. Wir wußten, daß alle Kräfte, die vorhanden sind, in den Dienst der einen Aufgabe gestellt waren, das Vaterland zu retten. Wir wußten, daß wir mit der Erfüllung dieser Aufgabe stehen und fallen. Ein Volk von 66 Millionen, das entschlossen ist, sich bis auf den letzten Mann totschlagen zu lassen, kann nicht untergehen; oder — es wird seinen Untergang nicht überleben. Es hat kein Interesse daran, die Sieghaftigkeit seines Vertrauens durch klug-sorgsame Abwägung von Worten gegen ein Fehlschlagen seiner Prophezeiung zu schützen; es denkt und sagt: ich werde den Gefahren trotzen.

Die Sicherheit der Empfindung beruhte auf der Notwendigkeit der Selbstbehauptung. Sie beruhte auf der allgemeinen Entschlossenheit, dem einen Ziele alles zu opfern.

Dieser Sinn ist in die Worte geprägt, daß wir für das Vaterland Gut und Blut hingeben. Wie oft haben wir diese Worte in jenen Tagen gehört? Wie ganz anders klangen sie uns, als damals, wo wir sie in Kinderjahren in den Lesebüchern lasen, und wo sie in langer Friedenszeit zur abgegriffenen Redewendung wurden. Mit einem Male standen sie vor uns in voller, ursprünglicher Bedeutung. „Gut und Blut": was wir sind und was wir haben. Mehr als das kann nicht geboten werden. Mehr als das kann auch nicht untergehen.

Die ihr Blut vergossen haben, deckt die kühle Erde. Ihr Gelübde haben sie gehalten. Werden wir, von denen jetzt nur unser Gut verlangt wird, mit dem Geringeren sparsamer, zurückhaltender, ängstlicher sein, als jene, da sie gaben, was ihnen und den ihrigen das kostbarste war? Nein, wir werden dem Reiche auf seinen Ruf das, was wir *haben*, ebenso gern und freudig bieten, wie jene das, was sie *waren*.

In ruhigen Zeiten ruft ein Staat seine Bürger nur zu sorgsam abgemessenen Diensten auf. Er beansprucht sie als Schöffen auf 1 oder 2, als Geschworene auf 14 Tage. Wird der Soldat ins Feld gerufen, so gehört er dem Vaterlande, so lange dieses es für erforderlich hält. Ähnlich steht es mit den Anforderungen, die das Vaterland an die Habe seiner Bürger stellt. In gewöhnlichen Zeiten ist der kleine Beitrag, den wir dem gemeinen Besten zu zollen haben, sorgsam abgemessen; Staatsmänner und Volksvertreter sorgen dafür, daß er nicht höher sei, als notwendig, und der Steuerpflichtige mag sie in dieser Sorge unterstützen und überbieten. Ist aber die Zeit so außerordentlich, wie die gegenwärtige, und gilt in ihr das hohe Wort, daß Gut und Blut dem Vaterlande gehören, dann ist maßgebend nur, wieviel das Vaterland braucht; und so weit dieses Bedürfnis reicht, so weit reicht unsere Bereitwilligkeit, das, was wir haben, auch zu opfern.

Und darin liegt die Lösung der gegenwärtigen Finanzfrage. Die Größe der Sorge erleichtert die Entscheidung. Nicht wie alljährlich die Steuern geschickt und klug abzuzirkeln sind, damit, was von Jahr zu Jahr verschoben ist, von Jahr zu Jahr getragen werden kann, nicht das ist gegenwärtig die Hauptfrage. Zu dieser Verschiebung liegt kein Anlaß vor, so lange das, was das Reich im Augenblick braucht, von seinen Bürgern besessen wird. Um Zinsen und Tilgungsbeiträge für die Schuld, die das Reich auf sich genommen hat oder auf sich nehmen wird, soll das Reich sich nicht sorgen; denn für die Schuld selbst soll das, was wir besitzen, aufkommen.

Das deutsche Volksvermögen wird auf 3—400 Milliarden Mark geschätzt. Wenn man das, was das Reich an erhöhtem Jahresbedarf haben wird, kapitalisiert, und zu den bereits aufgenommenen Schulden hinzuzählt, wenn man auf diese Art selbst auf einen Betrag nicht von 80, sondern von 100 Milliarden und mehr kommt — es ist nicht entfernt so viel, daß wir unser Gut so vollständig opfern müßten, wie unsere gefallenen Brüder ihr Blut geopfert haben.

Und darum besteht kein Anlaß, für die Lösung der zukünftigen schwersten Finanzfrage einen anderen Ausweg, als den einfachsten zu nehmen: das Vermögensopfer. Wenn jeder Deutsche von seinem Vermögen den vierten Teil auf dem Altare des Vaterlandes opfert, so ist die schwerste Sorge beseitigt, und die Steuertechniker werden, von der außerordentlichen Last einer außerordentlichen Zeit befreit, sich wieder der gewohnten Aufgabe, der Erledigung kleinerer Fragen widmen können.

Für eine neue Sache ziemt sich ein neuer Name. Eine Veränderung in der Verteilung des Vermögens, wobei jeder nur drei Viertel von dem behält, was er bisher besessen hat, ein Viertel aber gemeinsames Eigentum des Vaterlandes wird, eine solche Neuverteilung mit dem Namen einer Steuer zu belegen, wäre irreführend. Sie ist eine Maßregel anderer Art, will anders beurteilt sein und soll daher auch einen anderen Namen tragen.

Aber gerade weil das Vermögensopfer aus dem Rahmen aller Steuerverfassung herausfällt und eine Finanzmaßregel eigener Art darstellt, deswegen bedürfen die Einzelheiten besonderer Ausführung.

II.

Die Grundlagen für die Ausführung des Vermögensopfers.

Die Forderung, daß jeder Deutsche von dem, was er besitzt, dem Reiche so viel geben soll, wie zur Wiederaufrichtung des Friedenszustandes erforderlich ist, mag um ihrer Einfachheit willen einleuchten. Aber in dieser Einfachheit ist sie nicht ausführbar.

Die Art, wie manch einer sich die Ausführung denken mag, daß jeder den vierten Teil seines Vermögens in die Reichskasse legt, würde freilich schon äußerlich unmöglich sein. Das Deutsche Reich hat an Münzen aller Art seit seiner Begründung 6,5 Milliarden Mark ausgeprägt (nach Abzug der wiedereingezogenen Stücke). Es ist nicht einmal wahrscheinlich, daß die Münzen sich noch annähernd in diesem Betrage in Umlauf befinden. An Banknoten hat die Reichsbank über ihren Metallvorrat hinaus 5½ Milliarden Mark ausgegeben. Niemand wird wünschen, daß lediglich zum Zwecke einer Finanzoperation der Vorrat an Banknoten derartig ausgedehnt werden sollte, daß eine Darbringung von 80 bis 100 Milliarden Mark auf einen Schlag ausführbar würde.

Aber diese rein äußerlichen Fragen der Zahlungsmittel-Beschaffung sind nicht die wirklich maßgebenden Gegengründe. Es gibt wichtigere Gründe innerer Art. Viele, und zwar gerade große Vermögensobjekte sind so festgelegt, daß der vierte Teil des Vermögens sich ohne die empfindlichsten privat- und volkswirtschaftlichen Schädigungen nicht herausziehen läßt. Ein seit Generationen betriebenes landwirtschaftliches Besitztum ist in den meisten Fällen eine geschlossene Einheit. Zwar ist nicht gesagt, daß die Einheit sich nicht zerlegen ließe; ein Rittergut kann zu Bauernstellen, ein Großbauerngut kann unter Umständen in kleinere Wirtschaften parzelliert werden. Ob aber sozusagen auf Kommando sich ein Viertel eines Besitztums veräußern läßt, das hängt von Zufällen ab. Und jedenfalls würde bei einer derartig gleichzeitigen Veräußerung der Wert der an den Markt gebrachten Stücke ganz ebenso, wie der Wert der zurückbleibenden bedeutend sinken und einen erheblichen Teil unserer Volkswirtschaft einer Erschütterung aussetzen. Ähnlich steht es mit den Kapitalien, die in Fabriken und sonstigen gewerblichen Unternehmungen angelegt sind. Ein Fabrikant kann nicht den vierten Teil seines Fabrikgebäudes verkaufen, um die übrigen drei Viertel zu behalten; er kann auch nicht aus seinem Betriebskapital den vierten Teil herausziehen, ohne den Rest der Gefahr der Betriebsunfähigkeit auszusetzen. Viel deutscher Kapitalbesitz befindet sich noch immer im Auslande, und es läge nicht im Interesse der deutschen Volkswirtschaft, die Besitzer ohne Rücksicht auf Gunst oder Ungunst des Augenblicks zur Veräußerung zu treiben, bloß weil das Reich Geld braucht. Die gleichen Schwierigkeiten kehren aus anderen Gründen bei den kleinen und kleinsten Vermögen wieder. Die Witwe, die in einem kleinen Häuschen eigene Wohnung und von einem spärlichen Überschuß den sonstigen Lebensunterhalt hat, wird weder den vierten Teil ihres Hauses verkaufen, noch in den meisten Fällen das Haus hypothekarisch mehr belasten können, als es schon belastet ist. Wer wenig besitzt, hat häufig das Wenige seinem Leben so eingefügt, daß er mit der Abtretung des vierten Teiles die Grundlage seines Daseins zu ändern genötigt ist. Wollte man alle diese Besitztümer zur Versteigerung treiben, die Folgen würden unabsehbar sein.

Daher ist ein Vermögensopfer, wie das hier geforderte ohne große Härten nur in der Art durchführbar, daß eine Verteilung über eine Reihe von Jahren gestattet wird. Nehmen wir als Beispiel den Besitzer eines Vermögens im Werte von 400 000 ℳ, der 100 000 ℳ zu entrichten hätte. Zieht er es vor, diese Last über 10 Jahre zu verteilen und die Beiträge zugleich mit seinen Steuern vierteljährlich zu entrichten, so würde auf ihn, wenn man der Zinseszinsrechnung den gegenwärtigen Fuß von 5 % zugrunde legt, ein Vierteljahresbeitrag von *M* 3152,73 entfallen. Würde von dieser Verteilung allgemein Gebrauch gemacht, so würde dadurch der Hauptzweck des Vermögensopfers, die Reichs-Steuerverfassung zu entlasten, verloren gehen. Das Opfer würde seine ursprüngliche Idee verlieren, und in der Art der Ausführung doch wieder als bloße Vermehrung der Steuerlast empfunden werden. Auch würde das Reich seine Schuldenlast nicht so schnell abbürden, wie es im Interesse der Wiedergesundung unseres öffentlichen Lebens, und auch im Interesse des Reichskredits, wünschenswert ist. Für alle, die in der Lage sind, die erforderlichen Vermögensteile zu veräußern, muß daher ein Anreiz geschaffen werden, es auch in Wirklichkeit zu tun.

Dieser Anreiz kann in erster Linie in einem günstigen Zinsfuß liegen. Berechnet das Reich die Vierteljahrsraten nach einem Zinseszinssatz von 5 %, so kann es sich bereit erklären, dem, der den Gesamtbetrag im voraus entrichten will, sie dennoch zu 5½ oder zu 6 % gewissermaßen abzukaufen. Der eben als Beispiel gewählte Kapitalist würde bei einer Ablösung zu 5½ % nicht 100 000, sondern nur 97 726 *M*, bei 6 % sogar nur 95 501,30 *M* zu entrichten haben.

Eine zweite Erleichterung könnte darin bestehen, daß das Reich sich bereit erklärt, die Zahlung (wie dies schon bei der Kriegsgewinnsteuer geschehen) in Reichsanleihe entgegenzunehmen. Hierbei könnte ein etwas höherer als der Tageskurs bewilligt werden. Wenn bei Friedensschluß die Kriegsanleihe al pari steht, d. h. wenn am Markte 100 *M* Kriegsanleihe mit 100 *M* bezahlt werden, so könnte das Reich sich bereit erklären, sie zum Werte von 101 oder 102 *M* in Zahlung zu nehmen. Mit einem Schlage würde das Reich auf diese Art wenigstens von denen, die den vierten Teil ihres Vermögens in Kriegsanleihe angelegt haben, das Opfer sofort erhalten. Ja, es läßt sich annehmen, daß auch ein Teil der Kapitalisten, die nicht in dieser Lage sind, suchen würde, Kriegsanleihe zu erwerben, um dieses Vorteils teilhaftig zu werden. Beides würde auf den Kurs unserer Anleihen günstig wirken.

Die Alternative sofortiger Zahlung oder Verteilung über 40 Vierteljahrsraten brauchte nicht in dieser schematischen Art zur Wahl gestellt zu werden. Man könnte jedem Pflichtigen gestatten, einen Teil seiner Pflicht abzulösen, den anderen vierteljährlich weiter zu tragen. Man könnte ferner, soweit vom Ablösungsrecht kein Gebrauch gemacht ist, es vor jeder neuen Rate zu jedem beliebigen Zeitpunkt aufs Neue zur Verfügung stellen. Nur müßte man die Gunst der Bedingungen in sinkender Skala gleiten lassen. Gewährt man beim ersten Aufruf eine Ablösung zum Zinsfuß von 6 %, so müßten die späteren auf 5¾, 5½ und 5¼ sinken. Erklärt das Reich sich zu Anfang bereit, seine Anleihe mit 2 % über Pari zurückzunehmen, so dürfte es später nur 1½, 1 oder ½ % sein.

Mit solchen u. ä. Mitteln wäre es sehr wohl möglich, denen entgegenzukommen, denen es schwer oder unmöglich ist, große Teile ihres Vermögens auf einmal flüssig zu machen, und doch alle, die zur einmaligen Leistung imstande sind, auch wirklich dazu anzulocken. Bei diesem System würde das Reich vermutlich schon auf den ersten Anhieb einen so großen Teil seiner Schuldobligationen zurückerhalten, daß es imstande wäre, in einer späteren Gesetzgebung auch denen, denen es schwer fällt, die zehnjährige Frist innezuhalten, durch weitere Stundungen noch weiter nachzuhelfen.

Aber ausreichen werden auch diese Mittel noch nicht. Dazu ist die Festlegung der Vermögen in unserem Wirtschaftsleben zu mannigfaltig. Es kann keine allgemeine Anweisung gegeben werden, wie aus einer lebendigen Volkswirtschaft der vierte Teil des Besitzes herausgezogen und in eine Form gebracht wird, die die Übertragung an das Reich zum Zwecke der Schuldentilgung ermöglicht. Wo es irgend möglich ist, muß ein Weg beschritten werden, der die Umformung des Besitzes in Zahlungsmittel entbehrlich macht. Kann das Reich den Besitz so brauchen, wie er daliegt, so mag in natura gezahlt werden.

Was aber kann das Reich brauchen? Die Beantwortung dieser Frage hängt davon ab, was das Reich nach Friedensschluß unternehmen wird. Es wird sich niemand die „Wiederaufnahme" der Friedensarbeit so vorstellen, daß den Dezernenten in den Reichsämtern die Aktenstücke vorgelegt werden, auf denen verfügt war: „repr. nach Friedensschluß", und daß sie nun in ihrem Arbeitspensum da fortfahren, wo sie am 1. August 1914 nachmittags 4 Uhr aufgehört haben. Das Reich wird sich doch der Aufgaben bewußt werden, die ihm aus einer derartig aufreibenden Tätigkeit seines Volkes erwachsen, wie diese Kriegsjahre sie erforderten. Schon die Notwendigkeit der Volksvermehrung wird zu einer „inneren Kolonisation" in größerem Stile drängen. Die anerkannt ausgezeichneten Arbeiten der Ansiedlungskommission für Westpreußen und Posen werden, was auch das Schicksal der Polenpolitik sein mag, nicht aufgegeben werden. Im Gegenteil, es wird richtig sein, die schon vorhandenen Anfänge der Ausdehnung auf andere Provinzen weiter auszubilden, aus der Kommission eine Behörde für ganz Preußen zu machen, ihr ähnliche Behörden in den anderen deutschen Staaten zur Seite zu stellen, um so die „innere Kolonisation" zu verallgemeinern. Damit würden die vielumstrittenen Probleme der Polenpolitik um eines vermindert, und eine Maßregel von anerkannter Heilsamkeit und anerkannt mustergültiger technischer Durchführung zur Selbständigkeit erhoben. Aus früheren Jahrhunderten besitzt Deutschland reiche Erfahrungen in der Bevölkerungsvermehrung durch Schaffung neuer „Nahrungsstellen" auf dem Lande. Es gibt eine Grenze, über die hinaus der Großgrundbesitz nicht vermehrt werden kann, ohne die Begründung neuer Familien auf dem Lande zu erschweren und dadurch entvölkernd zu wirken. Soll zur Schaffung neuer Bauern- und Arbeiterstellen eine innere Kolonisation größeren Stils betrieben werden, so muß die Behörde die dazu erforderlichen Güter auf irgendeine Art erwerben. Diese Notwendigkeit kann zur Vereinfachung des Vermögensopfers benutzt werden. Wer vier Güter besitzt, kann eines opfern; wer ein Gut mit Vorwerken besitzt, kann diese, soweit sie zur Loslösung geeignet sind, hergeben. Nur die Ausgleichsbeträge, die sich bei genauerer Berechnung ergeben, müßten in Geld beglichen werden. Eine besondere Regelung erfordern die Hypothekenschulden. — Es kann auch ein Gutsbesitzer oder Bauer, der sein Gut ohnedies aufgeben will, es der Behörde anbieten und sich ¾ herauszahlen lassen. Daß das Vermögensopfer Reichs-, die innere Kolonisation Landessache ist, darf dem nicht entgegenstehen. Abgesehen davon, daß das Reich nicht für ewige Zeiten darauf verzichtet hat, sich darum zu kümmern, was mit dem Boden geschieht, auf dem es steht: die Auseinandersetzung zwischen Reichs- und Landesbehörden stellt sich immer noch glatter, als wenn man die Schwierigkeiten des Vermögensopfers und die Schwierigkeiten der Güterbeschaffung getrennt auftreten läßt. Auch hier kann durch Entgegenkommen in der

Zinsberechnung und außerdem in der Güterbewegung zur Übertragung angelockt werden. — Ähnliches wird aus anderen Gründen für städtischen Hausbesitz angeordnet werden können. Nach dem Kriege wird überall ein gesteigerter Bedarf an öffentlichen Gebäuden eintreten, teils weil während des Krieges weniger gebaut worden ist, teils weil neue Behörden neue Gebäude brauchen werden (die „Kriegsorganisationen" waren fast sämtlich in Mietsräumen untergebracht, die wenigen Aufsehen erregenden Fälle waren Ausnahmen). Auch hier wird sich ein Weg finden lassen, Gebäude in natura an das Reich abzutreten, auf das Vermögensopfer zu verrechnen und die Regelung der Hypothekenschulden damit zu verbinden. Wenn das Reich hierbei auch Häuser erwirbt, die es im Augenblick nicht verwerten kann, so wäre das nicht einmal als ein Nachteil anzusehen. Unsere Behörden müssen beständig zu ungünstigen Preisen Grundstücke kaufen, weil sie zu wenig daran denken, sich Grundbesitz zu sichern. Wenn auch nicht jedes Grundstück für jeden Zweck zu benutzen ist, so kann doch bis zu einem gewissen Grade durch Besitz vorgesorgt werden. Heute entsteht schon eine Verlegenheit, wenn ein öffentliches Gebäude umgebaut werden soll. Es ist mehrere Jahre der Benutzung entzogen. Die Behörde ist in teuren und dabei kümmerlichen Mietsräumen untergebracht. Schon in einer Stadt von 100 000 Einwohnern wird zu jeder Zeit irgendeine Behörde in Unterkunfts-Schwierigkeiten sein. Ein Interims-Palast (in größeren Städten mehrere) würde Verbesserung und Ersparnis zu gleicher Zeit bedeuten. Allerdings müßten auch hier Reich und Staat, und mit ihnen die Gemeinden, zusammengehen. — Im größten Maßstabe würde das Reich Gelegenheit haben, Gegenstände aller Art in Zahlung zu nehmen, wenn es selbst als Gewerbetreibender auftritt, sei es daß gewisse Gewerbezweige zum Reichsmonopol erklärt werden, sei es daß das Reich am Gewerbebetrieb sich im Wettbewerb mit seinen Untertanen beteiligt. Wird ein Reichs-Kohlenmonopol eingeführt, so taucht die Frage des Vermögensopfers hierbei unter in die Entschädigungsfrage. Sollen Kohlengruben in öffentlichem Besitz mehr als bisher der rein privaten Konkurrenz zur Seite (oder entgegen-) treten, so können zu demselben Zweck Bergwerke in Zahlung genommen werden. Dies würde nicht geändert werden, wenn der öffentliche Betrieb Landessache würde (wie die heutigen fiskalischen Gruben in Deutschland sämtlich Landeseigentum sind); die Auseinandersetzung zwischen Reich und Landesstaaten würde auch hier weniger Schwierigkeiten verursachen, als durch die Verbindung des Vermögensopfers mit den Neuschöpfungen vermieden werden. Für Bergwerke braucht man Maschinen, für ein Schleppmonopol auf einem Kanal Schleppdampfer, für Elektrizitätsbetriebe Stoffe und Werkzeuge verschiedenster Art.

Diese Beispiele zeigen, daß die Ausführung des Vermögensopfers genauer nicht früher skizziert werden kann, als bis wir wissen, wie das deutsche Staatsleben beschaffen ist, das aus diesem Kriege hervorgeht. Es ist dies aber auch nicht erforderlich. Es genügt, das Prinzip und den allgemeinen Plan auf 10 Jahre festzusetzen. Daß die Abtragungsformen noch während der Durchführung mannigfaltiger werden, kann die Last oft erleichtern, niemals erschweren. Der Sinn des Opfers aber würde, soweit statt in Geld in Gütern gezahlt wird, nur desto deutlicher in die Erscheinung treten. Es werden nicht „Kapitalien der Volkswirtschaft entzogen", um in die Staatskassen abgeleitet zu werden, sondern Äcker und Bergwerke, Maschinen, Werkzeuge und Stoffe aller Art bleiben deutlich wahrnehmbar in der Volkswirtschaft tätig; nur daß das Eigentum an und der Gewinn aus ihnen von den Einzelnen auf die Gesamtheit übergeht. Was das bedeutet, werden wir später noch deutlicher darzulegen Gelegenheit finden.

III.

Die Allgemeinheit des Vermögensopfers und die Anwendung auf einzelne Arten.

Je weitherziger die Ausführung gestaltet wird, desto eher ist es möglich, die neue Maßregel wirklich auf alle Vermögen auszudehnen. Über den einmaligen „Wehrbeitrag" nach dem Gesetz von 1913, der nur dazu bestimmt war, den Betrag von etwa 1 Milliarde Mark aufzubringen, liegt bis jetzt noch keine genaue Statistik vor. Unter dem Namen „Ergänzungssteuer" wird in Preußen schon seit einem Vierteljahrhundert eine kleine Abgabe vom Vermögen erhoben (je 50 Pf. von 1000 M), die im Jahre 1914 folgende Vermögensgruppen aufwies:

Tab. 1. Vermögensgruppen nach der preußischen „Ergänzungssteuer" 1914.

	Vermögensgruppen (Mark)	Personen	Vermögen in Milliarden Mark
1.	6 000— 20 000	1 006 011	14,7
2.	20 000— 32 000	266 368	6,9
3.	32 000— 52 000	272 187	11,1
4.	52 000—100 000	214 353	15,2
5.	100 000—200 000	103 133	14,2
6.	200 000—500 000	53 439	16,1
7.	500 000—1 Million	15 215	10,5
8.	über 1 Million	9 789	26,7
	zusammen	1 940 495	115,4

Diese Steuer, die gewöhnlich als wohlgelungenes Beispiel der Durchführung einer allgemeinen Vermögensabgabe in einem großen Staate angeführt wird, geht zwar in manchen Punkten weiter, als der einmalige „Wehrbeitrag" des Reiches, (der sonst nach ihrem Muster gestaltet war); allgemein kann jedoch auch die preußische Ergänzungssteuer nicht genannt werden. Soll das Vermögensopfer wirklich den Gedanken zum Ausdruck bringen, daß von dem Vermögen, das dem Reiche seinen Schutz verdankt, der vierte Teil dem Reiche gegeben wird, so muß die Allgemeinheit der Grundlage, über das preußische Ergänzungssteuer-Gesetz hinaus nach drei Richtungen hin neugeschaffen werden: für die Heranziehung der kleinen Vermögen, des Mobiliarbesitzes und der „nichtphysischen Personen". Hierbei aber muß ein besonderes Gewicht darauf gelegt werden, daß aus dem Wehrbeitrags-Gesetz die Verpflichtung zur Vermögensanzeige übernommen und weiter ausgebildet werde.

1. Kleine Vermögen.

Von der preußischen Ergänzungssteuer sind die kleinen Vermögen von 6000 *M* und darunter grundsätzlich ausgenommen (von dem einmaligen Wehrbeitrage waren es sogar alle bis 10 000). Zu dieser grundsätzlichen Frage muß sich das neue Vermögensopfer anders stellen. Auch diese kleinen Vermögen sind geschützt worden, wie die großen. Auch ihre

Träger sind immer noch besser daran, wenn sie jetzt ein Viertel opfern, als wenn sie durch feindliche Verwüstungen im eigenen Lande alles verloren hätten. Wer von seiner Hände Arbeit lebt und 4000 ℳ besitzt, ist vor seinem Nachbar, der sich auf dieselbe Art ernährt und diesen Rückhalt nicht besitzt, sehr wohl so bevorzugt, daß er entweder von seinem Sparkassenbuch 1000 ℳ abheben, oder 10 Jahre lang vierteljährlich 31 bis 32 ℳ entrichten kann. Im Prinzip sollte man an der Allgemeinheit des Opfers, auch von den kleinsten Vermögen, festhalten. Gewisse allgemeine Vollmachten zur Verhütung eines wirtschaftlichen Zusammenbruchs werden ja bei einer so weitgehenden und neuartigen Maßregel ohnedies nicht wohl zu entbehren sein. Diese Vollmachten mag man mit besonderer Rücksicht auf die kleinsten Vermögen zu einem weitergehenden Schonungsverfahren ausgestalten. Daß aber das Prinzip der Allgemeinheit aufrecht erhalten wird, hat eine weit über das Finanzielle hinausgehende politische Bedeutung. Das Recht eines Volkes, Opfer von den Besitzenden zu verlangen, gewinnt ein anderes Aussehen, wenn die breitesten Schichten an diesem Opfer mit tragen. Sie brauchen die Last nicht in genau demselben Prozentsatz zu tragen. Man kann in den untersten Stufen den Satz von ¼ auf ⅙, auf ⅛, $^1/_{10}$ ja sogar auch noch darunter sinken lassen. Aber man lasse die Beteiligung nicht verschwinden, damit Grundgedanke und Symbolik nicht untergehen. Auf das Scherflein der armen Witwe kann nicht verzichtet werden, wenn es zu Ehren kommen soll.

Noch viel weniger verträgt das zukünftige Vermögensopfer die zweite Ausnahme des preußischen Gesetzes, daß Vermögen von 6—20 000 ℳ frei bleiben, wenn der Träger nur ein Einkommen bis zu 900 ℳ — in gewissen Fällen bis zu 1200 ℳ — bezieht (eine Befreiung, die der einmalige Wehrbeitrag unter Umständen bis zu 50 000 ℳ Vermögen ansteigen und noch bei 4000 ℳ Einkommen gelten ließ). Wer ein kleines Einkommen hat und ein kleines Vermögen dazu, ist immer um so viel mehr zum Opfer befähigt, als einer, der dasselbe kleine Einkommen hat und nicht einmal das kleine Vermögen dazu. Bei der üblichen Befürwortung solcher Befreiungen pflegt man zu übersehen, daß auf irgendeine Art die Geldmittel aufgebracht werden müssen. Schon mancher, der mit gutem Herzen für eine derartige Befreiung kleiner Vermögen gestimmt hat, hat nachher zum Ersatz für Steuern gestimmt, die die kleinsten Leute belasteten, auch wenn sie nicht einmal Vermögen besaßen. In Preußen wurden (aus diesen und ähnlichen Gründen) im Jahre 1914 etwa ¼ Mill. Personen befreit, und man schätzte, daß etwa 3,2 Milliarden Mark dadurch der Besteuerung entgingen.

Sollte aber die Allgemeinheit der Opfergabe bis zu den Kleinsten hinunter trotz der laut redenden Sprache der Zeit nicht durchzusetzen sein, so erhalte man wenigstens die Allgemeinheit der Anzeigepflicht aufrecht. Jeder großjährige Deutsche muß verpflichtet werden, bis zu einem bestimmten Tage seine Vermögensanzeige einzureichen. In dieser muß er seinen Vermögensbesitz ziffermäßig angeben, selbst wenn die Ziffer 0,0 sein sollte. Für die Minderjährigen haben Eltern oder Vormünder die Anzeige zu machen; eine Pflicht, der in der Regel durch die den ganzen Haushalt umfassenden Anzeige genügt sein wird. Nur durch eine solche Allgemeinheit der Anzeigepflicht wird es möglich sein, auch die Vermögen zu erfassen, die bisher noch nicht erfaßt worden sind, weil man ihre Träger nicht im Verdacht des Reichtums hatte. Aus Kästen, Truhen und alten Strümpfen wird manches derartige Vermögen noch zum Vorschein kommen.

2. Mobiliarbesitz.

Die preußische Ergänzungssteuer zieht beweglichen Besitz nur heran, insofern er als Zubehör eines Grundstücks oder als Bestandteil einer Erwerbsanlage zu betrachten ist. Die gewöhnliche fahrende Habe aber läßt sie steuerfrei. Ein kostbares Hausmobiliar, ja, eine Gemäldegalerie ist als „Vermögensobjekt" nur zu besteuern, wenn es etwa Zubehör eines herrschaftlichen Schlosses ist; in der Regel bleibt es steuerfrei. Beim Wehrbeitrag folgte das Reich diesem Vorgang. In das Kriegssteuergesetz hat der Kenner der Reichtumsgewohnheiten, der damals das Reichsschatzamt leitete, die stillen Kapitalsanlagen, die gegenwärtig sehr zahlreich in Anschaffung von Kunstgegenständen gemacht werden, hineingebracht. Die Künstler haben dagegen protestiert, daß man in dieser Art eine besondere Strafe darauf setze, daß jemand ihre Gemälde oder Bildhauerwerke anschafft, und durchgesetzt, daß die Werke lebender Künstler nicht unter die Bestimmung fallen. Ihr

Protest war berechtigt, insoweit sie sich gegen eine Ausnahmebestimmung zur Wehr setzten. Aber es liegt keine Ausnahmebestimmung mehr vor, wenn von allem Besitz, gleichgültig ob beweglich oder unbeweglich, ein Opfer gefordert wird.

Auch hier gilt, daß die Allgemeinheit der Steuer nach unten erstreckt werden muß. Man mag, um langwierige Schätzungsstreitigkeiten zu vermeiden, gegenüber dem bescheidenen Arbeiterhaushalt sich mit einer kleinen Pauschalsumme begnügen. Aber ganz verzichten soll man auf das Opfer auch hier nicht. Ist die Einrichtung eines Arbeiterhaushalts nur einige hundert Mark wert: um diesen Betrag ist der Arbeiter, der sie sein eigen nennt, besser daran, als der, der sie nur auf Abzahlung in seiner Wohnung stehen hat.

Darüber freilich darf man sich keiner Täuschung hingeben, daß gerade in wohlhabenden und reichen Familien die Durchführung auf Schwierigkeiten der Abschätzung stoßen wird, die selbst bei allseitigem gutem Willen nicht leicht zu bewältigen sein werden. Ein Gelehrter, bei dem sich seit seiner Studentenzeit eine Bibliothek angesammelt hat, weiß ihren „Wert" nicht anzugeben. Planmäßig angelegte Sammlungen aller Art von der Briefmarken- bis zur Altertümer- und Kunstsammlung werden so verschieden geschätzt, daß Abweichungen um das Doppelte und Dreifache nichts Seltenes sind. Ja, schon eine Handwerkerfamilie, die seit Großvaters Zeiten in Anschaffungen sehr zurückhaltend gewesen ist, kann vielleicht bei dieser Gelegenheit zum erstenmal erfahren, daß sie eine reizende Biedermaier-Einrichtung besitzt. Daß in solchen Fällen die Besitzer manchmal das Vermögensopfer nur werden aufbringen können, indem sie ihren Besitz ganz oder teilweise verkaufen, mag in Rücksicht auf den Ernst des Zweckes noch nicht als schlimm angesehen werden; weit schlimmer ist es, daß sich Käufer gar nicht immer einfinden, und daß man andrerseits das Losschlagen zum Trödelwert auch nicht als Grundlage der Abschätzung wird gelten lassen wollen. Die Ziffern der Feuerversicherung allein helfen über diese Schwierigkeiten nicht hinweg. Es werden besondere Vorschriften über sachgemäße Zusammensetzung und Verfahren der Ausschüsse erforderlich sein. Vielleicht wird sich aus den Vermögenssteuern der nordamerikanischen Staaten und der schweizerischen Kantone hie und da ein Gedanke entnehmen lassen (wenngleich beide nicht in dem Rufe stehen, in der Ausführung die Vermögen wirklich zu erfassen). Von kleineren deutschen Staaten hat Sachsen-Meiningen (1910) die Besteuerung der fahrenden Habe eingeführt.

3. Vermögen „nichtphysischer Personen".

Ein Hauptgrund, weswegen von den bestehenden Vermögenssteuern die Gesamtheit des Vermögens nicht erfaßt werden kann, liegt darin, daß sie sich entweder grundsätzlich oder hauptsächlich auf „physische Personen" beschränken. Infolgedessen werden die Vermögen nicht erfaßt, die sich nicht im Eigentum einer physischen Person befinden. Die wichtigsten Fälle sind folgende:

a) Aktiengesellschaften u. ä.

Ein großer Teil des industriellen und Handelslebens hat heute zu seinen Trägern Aktiengesellschaften, Kommanditgesellschaften auf Aktien, Gesellschaften m. b. H., Berggewerkschaften, Erwerbs- und Wirtschaftsgenossenschaften. Diese Gesellschaftsbildungen voll und richtig zu erfassen, ist schon wegen der Größe der in ihnen angelegten Kapitalien wichtig. Nach der Reichsstatistik vom 30. September 1909 waren im Deutschen Reiche 5320 Aktiengesellschaften (und Kommanditgesellschaften auf Aktien) tätig mit einem Aktienkapital von 14,7 Milliarden Mark, und selbst bei den 16 508 Gesellschaften m. b. H., deren Form meistens für kleinere Geschäftsunternehmungen gewählt wird, betrug doch das Stammkapital 3,5 Milliarden Mark.

Formal-rechtlich trägt eine Aktiengesellschaft am Tage ihrer Eröffnung ihr gesamtes Aktienkapital als Schuld an ihre Aktionäre ein. Da sie ihren Geschäftsgewinn am Ende des Jahres regelmäßig ausschüttet, so würde sie ihrer Idee nach überhaupt kein Vermögen besitzen. Nun ist sie aber gesetzlich verpflichtet, einen Reservefonds anzusammeln. Vorsichtige Gesellschaften gehen in der Verpflichtung über das gesetzliche Maß hinaus und legen auch für Einzelfälle Sonder-Reservefonds an. Außerdem ist es nicht immer möglich, den gesamten Geschäftsgewinn auszuschütten, da er z. T. in Grundstücken o. ä. Anlagen festliegt. Aus diesen und anderen Gründen bilden sich, teils unbeabsichtigt, teils auch mit (durchaus löblicher) Absicht stille Reserven. Formal-rechtlich würde also die Aktiengesellschaft für ihren Besitz, soweit er das eingezahlte Aktienkapital übersteigt, als Eigentümerin in Anspruch genommen werden können. Da aber der einzelne Aktionär die Aktie nicht nach dem eingezahlten Betrage, sondern nach dem Kurswerte als Vermögensobjekt betrachtet (und versteuert), so nimmt man an, daß die Hoffnung, bei einer etwaigen Auflösung der Gesellschaft an den angesammelten Beträgen teilzunehmen, bereits in dem Kurswerte ausgedrückt sei. Das ist der Grund, weswegen die Vermögenssteuern in der Regel Aktiengesellschaften nicht heranziehen. Das Wehrbeitrags-Gesetz, das im allgemeinen dem preußischen Vorgange folgt, sich nur auf physische Personen zu beschränken, hat hier eine Ausnahme gemacht und Aktiengesellschaften herangezogen „mit den in der Bilanz des letzten Betriebsjahrs aufgeführten wirklichen Reservekonten-Beträgen, zuzüglich etwaiger Gewinnvorträge". Es wäre von Interesse zu erfahren, ob man hiermit auf Beträge gekommen ist, die einigermaßen der hier angehäuften wirtschaftlichen Kraft entsprechen.

Handelt es sich darum, das in einem Volke vorhandene Vermögen für einen bestimmten gemeinschaftlichen Zweck heranzuziehen, so ist es praktisch richtiger, einen so erheblichen Bestandteil des Volksvermögens an der Stelle zu fassen, wo er ungeteilt in die Erscheinung tritt, und durch Sonderbestimmungen die einzelnen Teilhaber gegen Benachteiligung zu schützen. Danach wäre im Prinzip das gesamte, in den Aktiengesellschaften tatsächlich arbeitende Vermögen heranzuziehen, und den Aktionären zu gestatten, bei ihrer Vermögensanzeige den Kurswert der Aktien (die sie namentlich zu nennen haben) abzusetzen, soweit dieser Kurswert nicht den Buchwert des Gesellschaftsanteils übersteigt. Mit diesem Verfahren ist immerhin der Vorteil verbunden, daß man gegen Verzettelungen, wie sie in Gestalt von Versehen und sonstigen Inkorrektheiten bei Einzelveranlagungen immer noch vorkommen, gesichert ist. Außerdem werden so auch die im ausländischen Besitz befindlichen Aktien erfaßt, die doch in Wirklichkeit Bestandteile eines inländischen Gewerbeunternehmens sind.

Legt man diese Auffassung zugrunde, so kann man annehmen, daß das Vermögen einer Aktiengesellschaft sich ungefähr in dem größeren oder geringeren Werte widerspiegelt, der an den Börsen für die einzelne Aktie gezahlt wird;

diese stellt den Vermögensanteil des einzelnen Aktionärs dar. Die Annahme stimmt zwar nicht vollständig; denn bei der Bewertung im Handel sprechen auch andere Erwägungen mit, als der bloße Vermögenswert. Aber für eine ungefähre Orientierung über die hier vorhandenen Werte reicht dieser Anhalt zunächst aus. Ein günstiger Zufall fügt es, daß für die an der Berliner Börse zugelassenen Aktien deutscher Gesellschaften das Statistische Landesamt unmittelbar vor dem Kriege mit einer solchen Statistik begonnen hatte.

Tab. 2. Wert der deutschen Aktien an der Berliner Börse 1914 (in Mill. Mark).

		Zahl	30. April 1914		Zahl	30. Juni 1914	
			Nennwert	Kurswert		Nennwert	Kurswert
1.	2.	3.	4.	5.	6.	7	8.
1.	Land- und Forstwirtschaft	1	1,6	1,5	1	1,6	1,1
2.	Bergbau, Hütten, Salinen	79	816	1 600	79	829	1612
3.	Bergbau usw. mit Metall und Maschinen verb. .	20	835	1 412	20	835	1 402
4.	Steine und Erden . . .	60	213	340	61	215	325
5.	Metallverarbeitung . .	57	223	371	57	223	365
6.	Maschinen, Instrumente, Apparate	154	1387	2 509	153	1375	2 383
7.	Chemische Industrie . .	37	313	1 179	37	314	1 058
8.	Leuchtstoffe usw. . . .	10	76	123	11	85	138
9.	Textil	59	190	301	59	190	301
10.	Papier	19	96	158	19	96	145
11.	Leder usw.	13	49	78	13	49	76
12.	Holz- und Schnitzstoffe .	8	37	66	8	37	65
13.	Nahrungs- u. Genußmittel	101	336	584	102	337	582
14.	Bekleidung	6	18	30	6	18	29
15.	Bau	13	44	77	13	44	75
16.	Polygraph. Gewerbe . .	9	20	26	9	20	26
17.	Handel	136	3577	4 956	136	3671	5 105
18.	Versicherung	51	86	460	51	86	439
19.	Verkehr	67	895	1 182	69	954	1 238
20.	Gast- u. Schankwirtschaft	4	20.	26	4	20	25
21.	Sonstige	8	199	333	7	189	308
		912	9431,6	15812,5	915	9588	15698,1

Danach kann man annehmen, daß vor dem Kriege im Durchschnitt eine Aktie auf mehr als das 1½fache ihres Nennwertes geschätzt wurde. Die 14,7 Milliarden Mark sämtlicher deutschen Aktien (auch der nicht im Handel befindlichen) des Jahres 1909 hätten wir danach auf 22 bis 23 Milliarden Mark zu schätzen. Ein Betrag, der hinter der Wirklichkeit schon deswegen zurückbleibt, weil in den 5 Jahren bis zum Kriegsausbruch Zahl und Kapital der Gesellschaften nicht unbeträchtlich gestiegen waren.

Nur wenn man die in den Händen der Aktiengesellschaft befindlichen Kapitalwerte einheitlich bei ihr selbst, statt zersplittert nach Anteilen der einzelnen Aktionäre, besteuert, können gewisse Rücksichten genommen werden, die abgabentechnisch dem Aktienvermögen zukommen. Diese Rücksichten haben eine höchst merkwürdige Geschichte. Sie standen beim ersten Auftauchen der Aktiengesellschaften dem Gesetzgeber klar vor Augen und sind dann der Vergessenheit anheimgefallen. Es wird gegenwärtig je länger je mehr erforderlich, wieder daran zu erinnern.

Die ersten Unternehmungen, an denen die Aktiengesellschaften in Deutschland ein umfangreiches Betätigungsgebiet fanden, waren die Eisenbahnen. Diese kamen zum Staate von vornherein in ein besonderes Verhältnis, weil die Beförderung von Personen in das Postregal eingriff. Das preußische Eisenbahngesetz von 1838 ordnete (§ 38) zum Zwecke der Entschädigung eine Abgabe an, „welche im Verhältnisse des . . . Ertrags sich abstuft". Damit war bereits der Grundgedanke ausgesprochen, daß der Steuerfuß nicht für alle Eisenbahngesellschaften gleich sein sollte, sondern für die mit niedrigerer Dividende niedrig, für die mit höherer Dividende entsprechend höher. Nachdem zunächst über die Rentabilität der Eisenbahnen Erfahrungen gesammelt und die Abgabe eine Zeit lang im Verwaltungswege geregelt wurde, hat das Gesetz vom 30. Mai 1853 für die Abgaben der Eisenbahn-Aktiengesellschaften einen Tarif aufgestellt. Danach soll bei einem Reinertrage bis zu 4 % des Aktienkapitals 1/40 dieses Ertrages als Abgabe entrichtet werden; bei einem höheren Reinertrage aber außerdem:

von dem Mehrertrage zwischen	4—5	%	1/20	dieser Ertragsquote
„ „ „ „	5—6	„	1/10	„ „
„ „ „ über	6	„	2/10	„ „

Als durch die Gesetzgebung des Norddeutschen Bundes die Begründung von Aktiengesellschaften (die bis dahin im größten Teile Deutschlands behördlicher Erlaubnis bedurfte) freigegeben wurde, und nunmehr die Begründung der Aktiengesellschaften auf den verschiedensten Lebensgebieten einen alle Erwartungen übersteigenden Aufschwung nahm, war die Zeit von dem Gedanken freier Betätigung aller Geschäftsformen zu sehr erfaßt, als daß noch Platz für den Gedanken gewesen wäre, die Sichtbarkeit der Dividendenhöhe für Steuerzwecke zu benutzen und ein gedeihendes Unternehmen stärker zu erfassen, als ein mühselig dahinlebendes. So unterblieb die Ausdehnung jenes Besteuerungs-Grundsatzes auf Aktiengesellschaften im allgemeinen. Noch auffallender ist es, daß bei dem Rückschlage gegen die „Gründerzeit", wie er sich seit dem Jahre 1873 geltend machte, zwar Bestrebungen auf Einschränkung der Aktiengesellschaften durchdrangen, aber jener Besteuerungsgedanke nicht wieder aufgegriffen wurde. Da übrigens kurz darauf (1879) die Verstaatlichung der Eisenbahnen in Preußen begann und schnell durchgeführt wurde, so schrumpfte bald die Zahl der Privatbahnen, die jene Abgabe noch zu entrichten hatten, so zusammen, daß sie gänzlich in Vergessenheit geriet. Die preußische Einkommensteuer-Reform von 1891 mühte sich mit dem Problem der Doppelbesteuerung der Aktiengesellschaften ab, ohne noch auf den Gedanken zu kommen, daß für diese die Möglichkeit eines besonderen, nach der Höhe der Dividende abgestuften Tarifs gegeben sei.

Nun betrifft zwar die Dividendenhöhe das Einkommen, während wir an dieser Stelle das Vermögen behandeln. Trotzdem besteht zwischen beiden ein gewisser Zusammenhang. Denn wenn man es für richtig hält, daß eine Aktiengesellschaft nach einem desto höheren Steuerfuß besteuert wird, je höher die Dividende ist, die zur Verteilung gelangt (ja, daß vielleicht über eine gewisse Dividendenhöhe hinaus der größte Teil des Überschusses verstaatlicht werden kann), so trifft das bei einer Verteilung des Vermögensopfers auf 10 Jahre in demselben Maße zu. In dieser Form können Aktiengesellschaften mit hoher Dividende auch zum Vermögensopfer über die allgemeine Norm hinaus herangezogen werden.

Freilich steht dem eine andere Rücksicht gegenüber, die eher zu dem gegenteiligen Grundsatz führen könnte. Nach dem

Kriege wird es eine Hauptaufgabe aller Gewerbepolitik sein, das Erwerbsleben in der Wiederauffindung geeigneter Erwerbszweige zu unterstützen. Viele gewerblichen Beziehungen der Exportindustrie werden durch die mehrjährige Kriegsunterbrechung dauernd abgeschnitten sein, oder in der Aussicht auf Wiedererlangung hinter andere zurücktreten. Auch Inlandsindustrien werden sehr stark mit veränderten Bedürfnissen des Volkes, auch mit einer veränderten sozialen Schichtung, zu rechnen haben[1]). Wo ein Erwerbszweig sich günstig entwickelt und höhere Erträge abwirft, ist das ein Anzeichen dafür, daß es dem Gewerbebetriebe gelungen ist, die volkswirtschaftlich richtige Fährte zu finden. Den wachsenden Kapitalbedarf solcher Industrien in seinen Bestrebungen auf Kapitalsvermehrung zu unterstützen hat der Staat weit eher einen Anlaß, als ihnen zum Zwecke bloßer Finanzbedürfnisse ein besonders hohes Vermögensopfer aufzuerlegen. Von diesem Standpunkte aus würde man zu dem gegenteiligen Vorschlage kommen, daß Aktiengesellschaften, die nur geringe oder gar keine Dividende verteilen, einen besonders großen Teil ihres Kapitals opfern könnten; denn in den geringen geschäftlichen Erträgen spricht sich die volkswirtschaftlich überflüssig gewordene Richtung derartiger Unternehmungen aus. Die Niedrigkeit der Dividende rührt sehr oft bloß davon her, daß in dem Unternehmen mehr Kapital steckt, als vernünftigerweise erforderlich ist. Es ist, wie wenn der Hausherr auf den Feiertagskuchen sagt, es sei zwar nicht zu wenig Zucker darin, aber zu viel Mehl. Das was die Amerikaner „Verwässerung des Kapitals" nennen. Nur daß, was drüben Absicht ist, bei uns als unbeabsichtigter, ja unerwünschter Zustand eintritt. Wenn derartige Gesellschaften häufig die Hälfte ihrer Aktien zurückzahlen, das Aktienkapital „reduzieren", so kann dieselbe Begründung, die in solchen Fällen privatwirtschaftlich erhoben wird, von dem Staate auch volkswirtschaftlich im finanziellen Interesse geltend gemacht werden. Alles das freilich mit dem Vorbehalte, daß auch diese Argumentation nicht allgemein gilt. Es gibt ebensogut neu begründete Aktiengesellschaften, die mit niedriger Dividende eine richtige Fährte aufzufinden allmählich bemüht sind, und die gerade während dieser Zeit der sorg-

[1]) S. ausführlich unten im „Dritten Teil".

samsten Schonung und Förderung, auch im volkswirtschaftlichen Interesse, würdig sind. Und da nach dem Kriege ein großer Teil selbst alter Aktiengesellschaften als jung anzusehen sein wird, weil gänzlich neue Betätigungsfelder gesucht werden müssen, so wird diese Rücksicht häufiger, als in anderen Zeiten zu nehmen sein.

Für ein Abgabenobjekt von 22 bis 23 Milliarden Mark lohnt es sich, den gewöhnlichen Rahmen der Finanzmaßregeln zu verlassen, und neue Formen zu ersinnen, die eine Berücksichtigung der so entgegengesetzten Gesichtspunkte ermöglichen. Am ehesten werden diese Formen und Grundsätze vielleicht gefunden werden, wenn man die Unterverteilung den Beteiligten selbst überläßt. Das Opfer, das von den Aktiengesellschaften aufzubringen ist, soll im ganzen ¼ des Wertes ihrer Objekte betragen, verteilt auf 40 Vierteljahrs-Zahlungen oder in Ablösungsform, je nach Belieben. Man bildet nun aus einer größeren Anzahl Aktiengesellschaften je eine Gemeinschaft, der es überlassen bleibt, die Verteilung und die Aufbringungszeit je nach Lage der einzelnen Gesellschaften durch Mehrheitsbeschluß zu bestimmen. Findet man dafür den Ausdruck „Opfergemeinschaft" zu gemütvoll, so mag man sie „Beitragsgemeinschaften" nennen. Sie wären ein Analogon zu den „Steuergesellschaften" der Gewerbesteuer, wo ebenfalls der Staat sich damit begnügt, den Mittelsatz festzustellen, den er, mit der Anzahl der Gewerbebetriebe multipliziert, im ganzen verlangt, während er die Unterverteilung innerhalb gewisser Grenzen den Gewerbetreibenden selbst überläßt, die sich gegenseitig am besten kennen. Die Bildung solcher Beitragsgemeinschaften würde namentlich auch die Kreditierung gewisser Opferteile über die 10jährige Frist hinaus ohne Risiko für das Reich ermöglichen, soweit die kräftigeren Aktiengesellschaften für etwaige Ausfälle der anderen eintreten.

In dieser Verfassung würde der größere oder geringere Druck des Opfers in bedeutendem Maße von der Art abhängen, wie die Gemeinschaften gebildet werden. Nicht etwa nach Gewerbegruppen. Denn je gleichartiger die geschäftliche Betätigung ist, desto eher könnte der Fall eintreten, daß die eine Gemeinschaft fast ausschließlich gedeihende, die andere fast ausschließlich verkümmernde Gesellschaften enthält. Will man nicht verschiedene Gewerbegruppen absichtlich zusammenlegen, so bleibt nichts übrig, als die Gemeinschaften rein geographisch zu bilden, wobei freilich für die bedeutendsten Zentren des Reichs (Berlin, Hamburg, Bremen, Frankfurt a. M. u. a.) doch wieder besondere Gruppierungsbestimmungen zu treffen wären. Werden Gesellschaften m. b. H., Berggewerkschaften und die große Anzahl von Genossenschaften in ähnlicher Art behandelt (wenn auch unter Berücksichtigung der sozialen Verschiedenheiten, namentlich bei den Mitgliedschaften der Genossenschaften), so würden an diesen Beitragsgemeinschaften die Träger für die Abbürdung eines nicht unerheblichen Teils der Reichsschuldenlast gefunden sein.

Einen Überblick darüber, wie die hier genannten Körperschaften in die Friedenszeit gelangen werden, haben wir allerdings noch nicht. Was die Aktiengesellschaften betrifft, so geben einstweilen die Calwerschen Statistiken allen Anlaß zu der Annahme, daß sie, als Gesamtheit genommen, nach dem Kriege eine größere Kapitalansammlung darstellen werden, als vorher. Von den Aktiengesellschaften, die in den 12 Monaten von Juli 1915 bis Juni 1916 ihre Bilanzen im Reichsanzeiger veröffentlichten, wurden für das Geschäftsjahr, endend 1915, insgesamt 16 201,4 Millionen Aktienkapital nachgewiesen, gegen 15 855,6 im Vorjahre. Auf 4604 Gesellschaften, die für beide Jahre vergleichbar sind, entfielen an Aktienkapital in Millionen Mark:

1914	1915
15 632,6	15 855,6

Zwar hat die Zahl der mit Verlust arbeitenden Gesellschaften zugenommen:

1914	835	Gesellschaften mit	1091,4	Mill. ℳ	Aktienkapital
1915	1017	" "	1399,3	" "	"

und dementsprechend hat die Zahl der mit Reingewinn schließenden sich vermindert:

1914	4155	Gesellschaften mit	14 919,1	Mill. ℳ	Aktienkapital
1915	3973	" "	14 850,3	" "	"

Aber bei den letzteren hat sich der Reingewinn so bedeutend vermehrt,

1914	1914,1	Millionen Mark	= 13,01 %	des Aktienkapitals
1915	2340,2	" "	= 15,76 "	" "

daß die Aktiengesellschaften als Ganzes genommen im Jahre 1915 mit 2090,7 Mill. Mark (= 12,87 % des Aktienkapitals) einen höheren Gewinn erzielten, als im Jahre 1914 mit 1732,8 (= 10,82 %). Werden unsere Grundsätze für die Besteuerung angenommen, so werden die annähernd 1½ Milliarden Mark, die mit Verlust arbeiteten, in erster Linie darauf zu prüfen sein, ob ihre Kapitalansammlung noch einem volkswirtschaftlichen Zwecke dient.

b) Vereine.

Wenn man von Vereinen schlechthin spricht, pflegt man solche, die sich der eben genannten handelsrechtlichen Formen bedienen, auszuschließen. Wie groß die Zahl der „Vereine" in diesem Sinne ist, vermag niemand zu sagen. Die Sterne auszuzählen oder die Wassermassen des Ozeans zu ermessen, ist ein leichteres Beginnen, als eine Statistik der in Deutschland lebenden Vereine aufzustellen. Das Berliner Adreßbuch genießt den Ruf, mehr Vereinsadressen anzugeben, als irgendeines in der Welt. Trotzdem kann auch seine Liste nur als eine Auswahl gelten. Zählt man die in den einzelnen Rubriken angegebenen Vereine in ungefährer Spalten-Schätzung aus, so erhält man folgendes Bild: (Siehe nebenstehende Tab. 3.)

Von diesen rund 3500 Vereinen mögen zwar einige abgehen, weil sie sich handelsrechtlicher Formen bedienen und also nach unserer Einteilung nicht hierher gehören. Dem steht aber die unendliche Schar von Vereinen gegenüber, die weder von dieser noch von irgend einer anderen Übersicht erfaßt werden. Zählt doch die Gruppe 8 „Gesellige Vereine" nur 35 Vereine auf, d. h. sie gibt gewissermaßen nur die Elite der Geselligkeit, wie die Max- und Moritz-Vereinigung, den Geselligen Verein der Gesellschaft der Freunde, den Berliner Schriftstellerklub, oder gar die Hyper-Elite der „Pankgrafschaft von 1381"; wenngleich auch eine „Hand in Hand", ein „Frohsinn" und sogar eine „Blaue Zwiebel" sich zur Aufnahme gemeldet haben. Gesangvereine, Turnvereine und Kegelklubs (darin der Verband Berliner Kegelklubs mit über 200 angeschlossenen Vereinen) haben ihre besonderen Rubriken.

Mit der Kenntnis der Gruppen und Unterabteilungen ist noch kein anschauliches Bild der Vereinsentwickelung gewonnen. Man muß das Vereinsregister, das 250 Spalten in dem engen Druck des Berliner Adreßbuchs füllt, einmal an sich vorüberziehen lassen, um inne zu werden, bis zu welchem

Tab. 3. Vereine nach Berliner Adreßbuch 1914.

Gruppe	Vereine	Zahl	darin enthalten (Untergruppen)
1.	2.	3.	4.
1.	Armen- u. Unterstützungs-	7	
2.	Ärzte-	39	a) prakt. Ärzte, b) Zahnärzte, c) Tierärzte.
3.	Beamten-	100	
4.	Blinden-	6	
5.	Frauen-	33	
6.	für gemeinnützige Zwecke	120	
7.	Gesang- und Musik-	102	
8.	Gesellige	35	
9.	für Gewerbe, Handel und Industrie	725	a) Zentral- und Fachverbände, sowie Fachvereine (Agenten, Apotheker, Artisten, Bäcker, Bank- und Bankiergewerbe), Barbiere usw., b) Innungsverbände, c) Innungen, d) Gewerkschaften, e) Gewerkvereine, f) Christl. Gewerkschaften, g) Handwerkervereine.
10.	Haus- und Grundbesitzer-	31	
11.	für Jugendwohl und Erziehung	42	
12.	Konsum-	2	
13.	Kredit-, Darlehns-, Rabatt-, Spar- u. Vorschuß-	24	
14.	Krieger-	285	a) allgemeine Verbände: I. Kyffhäuserverband der deutschen Landes-Kriegerverbände, II. Deutscher Kriegerbund, III. Preuß. Landes-Kriegerverband, IV. Erstes Krieger-Vereinshaus Grabitz, b) Hauptverband der Berliner Kriegervereine mit 3 Unterverbänden u. 4 Kriegerverbänden, Kampfgenossen-, Krieger- u. Landwehr-Vereine, Vereine nach Korps, Division. Landsmannschaft, Waffen usw., Regimentsvereine.
15.	Kunst- und Künstler-	31	
16.	Landsmannschaftliche	70	
17.	Landwirtsch.- u. Gartenbau-	16	
18.	Lehrer- und Lehrerinnen-	19	
19.	Logen	22	a) dem Großlogenbund angeschlossene Freimaurerlogen, b) Odd-Fellow-Logen, c) Vereinigter alter Orden der Druiden, d) Bnei-Briß-Logen, e) Unabh. Alter Orden der Mystiker und Spiritisten, f) Settegast-Logenbund, g) diverse Logen.
20.	politische	220	
21.	Religiöse	240	
22.	ehemaliger Schüler	66	
23.	Schützen-	11	
24.	Sport- und Sammel-	600	a) Athletik, b) Eissport, c) Fußball- u. Kricketklubs, d) Kegelklubs, e) Lawn-Tennis-Klubs, f) Radfahr-, g) Reiter- u. Renn-V., h) Rollschuh-, i) Ruder- u. Segel-V., k) Schach-V., l) Schwimm-V., m) Tourist.-V., n) Philatelisten-V., o) diverse.
25.	Sprach-	45	
26.	Stenographen-	131	a) Arends, b) Gabelsberger, c) Roller, d) Stolze, e) Steno-Tachygraphen, f) Scheithauer, g) Einigungssystem Stolze-Schrey, h) Nationalstenographie, i) Reformstenographie, k) Wydrinski, l) Systemfreie.
27.	Studenten-	40	
28.	Theater-	84	
29.	Turn-	180	
30.	Wissenschaftliche und literarische	120	
31.	Zucht-	31	a) Geflügel, b) Hunde, c) Pferde, d) Schweine.
32.	Diverse	58	
		3435	

Grade der Erweiterung, aber auch der Verengerung die Vereinsabgrenzung fortgeschritten ist. So finden wir in Gruppe 3 einerseits ganz allgemein: einen „Verband Deutscher Beamtenvereine", einen „Deutschen Beamtenverein", eine „Berliner Beamtenvereinigung" und eine „Christliche Vereinigung für Beamtinnen"; andererseits folgende Blütenlese von Spezialisierungen:

„Verein der Regierungs- und Steuer-Zivil-Supernumerare Groß-Berlins."

„Bezirksverein Berlin des Verbandes der mittleren Staatsbeamten in der Verwaltung der direkten Steuern."

„Bund geprüfter Sekretäre und Obersekretäre der Reichs-Post- und -Telegraphenverwaltung."

„Bund mittlerer Reichs-Post- und -Telegraphenbeamten der Zivilanwärter-Laufbahn."

„Kranz- und Musikverein der unteren Post- und Telegraphenbeamten im OPDBezirk Berlin."

In Gruppe 6 finden wir nicht nur einen

„Allgemeinen Deutschen Hilfs- und Unterstützungsverein aus den Krankenhäusern entlassener hilfsbedürftiger Personen, sowie Wohlfahrtsverein für Witwen- und Waisenversorgung."

mit einem Spezialzweck und einem Nebenzweck, der fast die halbe Wohlfahrtspflege umfaßt, sondern auch Bildungen, wie

„Verein der Sammler von Zigarrenabschnitten."

„Verein zur Errichtung von adeligen Damenheimen."

„Vermittelungsstelle für den Bezug von lebendem Wilde zur Blutauffrischung."

Neben einem „Deutschen Tierschutz-Verein zu Berlin" gibt es einen „Berliner Tierschutzverein", ferner einen besonderen „Deutschen Bund für Katzenschutz" und einen „Verein gegen gemeinschädliche Tierhaltung".

Ähnlich ist das Vereinsleben in allen deutschen Städten entwickelt, ja vielfach in den mittleren und kleineren verhältnismäßig noch stärker, als in den Großstädten. Auf dem Lande ist in den letzten 10 bis 20 Jahren die Zahl der Vereine ebenfalls stark gestiegen. Daß in dieser Unmasse von Vereinen selbst bei häufig nur bescheidener Entwickelung im ganzen doch ein Vermögen angesammelt ist, auf das die Finanzen allen Anlaß hätten, endlich aufmerksam zu werden, wird schwerlich bestritten werden.

Bei der großen Verschiedenartigkeit der Ziele, zu deren Erreichung man sich der Vereinsform bedient, hat man das Bedürfnis, Unterscheidungen zu machen. Die nächstliegende rechtliche Unterscheidung, ob eingetragener oder nicht eingetragener Verein, wäre für Zwecke der Vermögensheranziehung nicht brauchbar. Schon das bestehende Recht macht es manchem sehr ernsten Verein gerade wegen seines Ernstes schwer oder unmöglich, sich in das Register eintragen zu lassen und seinem Namen das staatliche E. V. hinzuzufügen, während andererseits Karnevalsvereine, wie die oben genannte Pankgrafschaft, sich eintragen lassen.

Abgabentechnisch könnte man wohl zwischen solchen Vereinen unterscheiden, die für ein Interesse der Mitglieder selbst begründet sind, und solchen, deren Zweck es ist, die Mitglieder für ein anderes (altruistisches) Interesse heranzuziehen; obgleich die Zwischenstufe ziemlich breit sein mag. Daß an der ersten Kategorie von Vereinen unsere Steuerpolitik bisher achtlos vorüber gegangen ist, gehört zu den vielen Unbegreiflichkeiten der gewohnten Geleise. Was jemand im eigenen Geldschrank für die Befriedigung seiner Bedürfnisse anhäuft, wird versteuert. Was er zu diesem Zwecke mit anderen zusammen in den Geldschrank des Vereins legt, soll steuerfrei bleiben. Wir mühen uns ab, Lustbarkeitssteuern zu ersinnen und führen förmliche Steuerkriege darüber, ob die Steuer nach der Zahl der verkauften Theaterbilletts oder nach Quadratmetern eines Konzertsaales oder nach den Nachtstunden, in denen ein Tingeltangel geöffnet ist, bemessen werden soll. Daß aber in zahllosen Vergnügungsvereinen die angesammelten Gelder zugriffsbereit daliegen, übersehen wir. Diese Vermögen irgendwie zu schonen, besteht kein Grund. Im Gegenteil, es läßt sich annehmen, daß unter ihnen viele sind, die einen besonders kräftigen Griff gestatten. Auch wird man manche Vereine hierher zu rechnen haben, die nur aus mehr zufälligen Gründen sich eine handelsrechtliche Form gegeben haben. Zu einer Zeit, als die Erlangung von Körperschaftsrechten noch sehr erschwert war, haben studentische Couleurverbindungen, wenn sie für ihre „Kneipe" ein eigenes Grundstück erwerben wollten, eine Aktiengesellschaft ihrer Alten Herren gebildet. Wenn dies zuerst nur die reichsten Korps in Bonn oder Heidelberg taten, so haben dies später auch Burschenschaften, Landsmannschaften u. a. nachgeahmt. Seitdem die Form des eingetragenen Vereins zur Verfügung steht, ist wohl an manchen Orten diese an die Stelle getreten. Innerhalb der Aktiengesellschaften pflegt man solche, die eine Dividendenverteilung gänzlich oder über einen mäßigen Zinsfuß hinaus ausschließen, als „gemeinnützige" zu bezeichnen. Betrachtet man die genannten Beispiele in dem weiteren Rahmen der Vereinsbildungen, so liegt kein Anlaß vor, Gemeinnützigkeit anzunehmen, da es sich hier auch in der Pflege von Geselligkeit und Freundschaft überall um Interessen der Mitglieder selbst handelt.

Aber auch bei den Vereinen, die zu wirklich gemeinnützigen Zwecken begründet sind, liegt ein Grund zur Schonung in voller Allgemeinheit nicht vor. Wenn Leute einen Zweck für gemeinnützig halten, so folgt daraus noch nicht, daß er gemeinnützig ist. Wenn sie aber gar zu diesem Zwecke ein Vermögen ansammeln, so mögen sie für ihre Meinung, daß der Zweck gemeinnützig sei, ebenso einstehen, wie wenn sie die einzelnen Vermögensteile jeder bei sich zu dem gleichen Zwecke ansammelten. Der Trieb freilich, gemeinnützige Vereine zu bilden, hat für unsere ganze Verwaltung auch etwas Erfreuliches. Viele Aufgaben, die sich bei ihrer Entdeckung noch nicht für die öffentliche Verwaltung eignen, sind zuerst von Vereinen in ihre Obhut genommen worden. Diese Entwickelung hat namentlich die kommunale Verwaltung von den Gefahren des Experimentierens in hohem Grade entlastet. Würde man die Vereine dauernd zu großen Beträgen heranziehen, so könnte der Trieb zu Vereinsexperimenten gerade da unterbunden werden, wo man seine Betätigung am meisten wünscht. Allein gegen ein einmaliges Vermögensopfer treffen diese Gründe bedeutend weniger zu. Ihre Wirkungen könnten wohl auch in der Ausführung durch ähnliche Maßregeln, wie die bei den Aktiengesellschaften besprochenen abgeschwächt werden. — Der Hauptgrund aber, weswegen auch gemeinnützige Vereine, deren Zwecke man billigt, von dem Opfer nicht ausgeschlossen werden sollten, liegt darin, daß eine Verringerung der Zahl dieser Vereine geradezu wünschenswert ist. Wenn an einem Ort für den gleichen Zweck zwei Vereine bestehen, so mag es genug sein; daß es aber 3, 5 oder gar 10 sind, wird nur dann als erforderlich bezeichnet werden, wenn man es zu den Aufgaben der Vereinsbildung zählt, eine möglichst große Zahl von Personen mit dem Amte eines Vorsitzenden, Schriftführers, Schatzmeisters usw. auszustatten. Diese Vielheit von Vereinen verteuert nicht bloß die Verwaltung, sie erschwert sie auch in hohem Maße. Ja bei manchen, wie bei Unterstützungsvereinen macht sie zuweilen eine sachgemäße Erledigung der Geschäfte unmöglich, weil mehrere Vereine in demselben Augenblick entweder das Gleiche oder das Entgegengesetzte tun. Wenn durch das Vermögensopfer eine Anzahl Vereine sich zur Auflösung veranlaßt sähen, so würde das in vielen, vielleicht in den meisten Fällen, von den Sachkundigen als erfreulich betrachtet werden.

Jedenfalls ist das bestehende Finanzbedürfnis ein ausreichender Grund dafür, endlich einmal einen Überblick über die in allen Orten des Deutschen Reichs bestehenden Vereine und ihr Vermögen zu gewinnen. Örtliche Ansätze zu einer solchen Statistik wird es vermutlich geben. Aber sie werden wenig bekannt. Man kann sich schwer vorstellen, daß die Vermögensstatistik der Charlottenburger Vereine von 1900 wirklich die einzige ihrer Art sein sollte. Es wird sicher in Deutschland alte Reichs- und Bischofsstädte geben, in denen Vertreter der Geschichte und Landeskunde derartige Statistiken für Vergangenheit und Gegenwart veranstaltet haben. Wenn man dazu für die oben zusammengestellten 3500 Berliner Vereine auch nur eine Stichproben-Statistik veranstaltete und als Gegenstück dazu einige ländliche Kreise hätte, so würde man sich ein Urteil darüber bilden können, ob man im Durchschnitt von ganz Deutschland 5, 10 oder 15 M pro Kopf der Bevölkerung, und dementsprechend im Ganzen ⅓, ⅔ oder 1 Milliarde an Vereinsvermögen in Deutschland annehmen kann. Erhebungen, die ein Urteil darüber gestatten, ob die hier vertretene Ansicht richtig ist, daß die Vereinsvermögen groß genug sind, um den Aufwand einer gründlichen Statistik zu lohnen, können nicht schwierig sein.

Im folgenden gebe ich zwei Beispiele von Vereinsvermögens-Bildungen, die als typisch gelten können.

Ein mitteldeutscher Gebirgsverein veröffentlicht als seinen Vermögensstand:

Vermögen	49 106 M
ab Passiva	41 562 „
bleibt „verfügbares Vermögen"	7 544 M
Unter den Passiva aber befinden sich:	
Noch nicht abgehobene Unterstützungen	4 388 M
Sonderfonds A Gebirgskarte	20 723 „
B Honorare	3 115 „

C	Schilder	2 677 *M*
E	Auto-Schutzwege	7 475 „
G	Kriegsunterstützungen	3 129 „

Heil dem Familienvater, der solche „Passiva" hat! Es liefe darauf hinaus, daß er für die Studienkosten der Söhne, für die Ausstattungen der Töchter, für Hausreparaturen größeren Stils, für die Ansprüche armer Verwandten und was sonst im Laufe der Jahre an ihn heranzutreten Aussicht hat, sich schon im voraus besondere Conti anlegt, die er als seine Gläubiger betrachtet. Man weiß wirklich nicht, für welche Art Verfügungen noch ein „verfügbares" Vermögen gehalten wird.

Das zweite Beispiel ist ein über große Teile Deutschlands verbreiteter wissenschaftlicher und gleichzeitig populär-wissenschaftlicher Verein. Obgleich er erst seit einigen Jahren besteht, bucht er bereits eine Zinseinnahme. Die Jahreseinnahme aus den Mitgliederbeiträgen allein (r. 20 000 *M*) ist mehr als in einem Jahr verbraucht werden kann ((14 000 *M*), so daß daraus allein sich schon ein alljährlicher Vermögenszuwachs von etwa 6000 *M* ergeben müßte; mit dem Zinsgenuß zusammen belief er sich in dem einen Rechnungsjahre auf gegen 7000 *M*. Dabei waren 800 Mitglieder von 3000 mit ihren Beiträgen noch rückständig. Der Verein konnte 40 000 *M* Kriegsanleihe zeichnen und hat außerdem noch ein Bankguthaben von etwa 6000 *M*. Wirksamkeit und Ansehen des Vereins beruhen hauptsächlich auf seiner eigenartigen und anerkannt guten Zeitschrift. Wie sehr aber all sein Dichten und Trachten auf Vermögensansammlung gerichtet ist, zeigt sich darin, daß er alle seine Ausgaben, auch die für die Zeitschrift als „Handlungsunkosten" bezeichnet. Ungefähr so, wie wenn jemand das, was Frau und Kinder ihn kosten und also seiner Vermögensansammlung entziehen, als „Handlungsunkosten" bezeichnen wollte.

Aber auch Vereine, die zu bedeutend sind, um als bloße Typen hingestellt werden zu können, verdienen gerade um dieser Bedeutung willen unsere Aufmerksamkeit. Eine Vereinigung, die zwischen einer Organisation von Berufsgenossen und wissenschaftlicher Körperschaft in der Mitte steht, kann noch das Kriegsjahr 1915 mit einem „Gewinn" von 600 000 bis 700 000 *M* abschließen. Da die Vereinigung seit 30 Jahren besteht und von Anfang an sich über ganz Deutschland erstreckte, so muß sie ein bedeutendes Vermögen angesammelt haben. Aber der Überschuß der Zinseinnahmen über die Zinsausgaben beträgt nur 40 000 *M*., was einem Kapital von noch nicht 1 Mill. Mark entspricht. Andere Teile des Vermögens müssen in Grundbesitz o. ä. angelegt sein. Die Tätigkeit der Vereinigung ist anerkannt verdienstlich und das Ansehen, dessen sie sich erfreut, wohlverdient. Allein wenn angesehene Privatpersonen, die von ihrem Vermögen einen anerkannt verdienstlichen Gebrauch machen, einen Teil davon dem Vaterlande opfern, so können solche Vereinigungen das gleiche tun.

Bei gewissen Kategorien von Vereinen kann man aus ihrer Geschichte auf das Vorhandensein eines Grundbesitzes schließen, der schon für sich allein lohnender Anlaß zu einer Finanzstatistik sein müßte. Die städtischen Schützengilden brauchten für ihre Schießübungen ein Gelände am Rande des städtischen Weichbildes. Oft liegen „Schützenhaus" und „Schützengarten" jetzt mitten in bewohnter Gegend, haben an Wert bedeutend gewonnen, und zuweilen ist ihnen ein neuer Schießplatz außerhalb der Stadt zur Seite getreten. Man kann ja ohne genauere Feststellungen nicht wissen, ob und welche Hypothekenschulden dem gegenüberstehen. Aber von Berühmtheiten, wie der Königsberger Schützengilde mit Privileg Winrichs v. Kniprode, weiß man, daß ihrem Grundbesitz von weit über ½ Million Mark nur eine geringe Belastung gegenübersteht. Auch wenn die Friedrich-Wilhelm-Schützen-Brüderschaft zu Danzig ihr neues Schützenhaus mit der Bemerkung zur Pacht ausschreibt „Pachtangebote unter 60 000 *M* können nicht berücksichtigt werden", so atmet das immerhin den Duft der Wohlhabenheit, und man hat den Eindruck, daß im Ordenslande die Schützengilden, auch wenn sie neupreußische Namen führen, alten Reichtum wohl gepflegt haben müssen. — Im 18. und 19. Jahrhundert waren fast überall in Deutschland die Freimaurerlogen genötigt, sich eigene Häuser zu bauen, weil sie kirchlich und politisch zu angefeindet waren, um sichere Mietsunterkunft zu finden; vielleicht entsprach es auch den Traditionen der Bauhütte. Diese Grundstücke stellen heute alle einen erheblichen Wert dar und sind wohl meistens nicht oder nicht stark belastet. Eine „Loge" mit einem Hause im Werte von ¼ bis ½ Million ist in Mittel- oder kleineren Großstädten keine Seltenheit. Auffallend ist, daß die jüngeren freien Logen, die in die alten Freimaurer-Verbände nicht aufgenommen sind, in dem Rufe stehen, über besonders reiche Mittel zu verfügen. Doch sind dies vermutlich Unterstützungsfonds, die an bestimmte Zwecke gebunden und daher als Stiftungen zu betrachten sind.

Alle diese Beispiele sollen nur beweisen, daß bei Heranziehung des ganzen deutschen Volkes zu einem Vermögensopfer eine Statistik der Vereine nicht zu entbehren ist. Diese dürfte sich aber nicht etwa auf die Vereine beschränken, die in Adreßbüchern oder sonstigen gedruckten Verzeichnissen zu finden sind. Denn es gibt wohlhabende Vereine, die an Öffentlichkeit und Mitgliedervermehrung kein Interesse haben; und andererseits können die unbedeutenden Vereine, mit deren Aufnahme sich manches Adreßbuch nicht belasten will, durch ihre Anzahl vielleicht auch ins Gewicht fallen. Eine Meldepflicht der Vorsteher und kontrollierende Umfragen werden zu brauchbaren Ergebnissen führen. Die Einzelheiten werden zweckmäßig zusammen mit den Aufnahmen für Stiftungen besprochen.

c) Stiftungen.

Eine Reichsfinanzreform, die sich auf das vorhandene Vermögen stützen soll, kann am wenigsten an Kapitalbeiträgen vorübergehen, die dem lebendigen Stoffwechsel des Volkskörpers entzogen und in Stiftungen festgelegt sind. Mit gedankenloser Ehrerbietung wird bei uns die Stiftung behandelt. Zunächst schon der Akt des Stifters, noch mehr nach Jahrzehnten oder Jahrhunderten das Vorhandensein einer Stiftung aus entschwundenen Zeiten. Beides ist gleich unberechtigt. Wenn heute jemand ein Kapital für einen bestimmten Zweck stiftet, so ist sicher nur, daß damit ein Teil des Volksvermögens der Verfügung nach jeweiligem Bedürfnis entzogen ist; ob er aber dauernd einem guten Zweck zugeführt wird, ist unsicher. Es liegt eine Überhebung darin, daß ein einzelner Mensch sich herausnimmt, für ewige Zeiten den Zweck bestimmen zu wollen, dem ein Teil des Volksvermögens dienen soll. Der heilige Chrysostomus war ein Gegner der Kapitalstiftungen für Arme, denn das „Kapital der Armen ist die Liebe der Gläubigen". Mit welchem Rechte nimmt der Stifter an, daß die, die nach ihm kommen, weniger Sinn als er besitzen werden für das, was Güte und Mildtätigkeit erfordern? Glaubt er, daß arme Leute oder sonst unterstützungswerte Personen der Beihilfe nach einer bestimmten Richtung bedürfen, und hat er Geld dazu zur Verfügung, warum spendet er es ihnen nicht? Warum schreibt er im Gegenteil vor, es dürfe nicht für diesen guten Zweck verwendet, sondern müsse zusammengehalten werden, und beschränkt die Verwendung, statt ihr das Kapital zuzuwenden, auf den geringen Zinsertrag? Jeder Mensch, der hunderttausend Mark stiftet, glaubt, daß sein Wunsch, seinen Namen und seiner Hände Werk für alle Zeiten gesichert zu sehen, höher stehe, als jedes augenblickliche Bedürfnis für den von ihm selbst doch erkorenen Verwendungszweck. Und die Welt, statt die Engherzigkeit zu geißeln, die in der Ewigkeitsbestimmung liegt, zollt ihm sogar noch Lob. Das alles, obgleich die meisten Stiftungen von Personen herrühren, die erst nahe dem Tode sich auf die Verwendungsmöglichkeit besannen und sorgsam die Stiftung so machten, daß sie erst in Kraft trete, wenn sie als Tote ihr Vermögen ohnedies nicht mehr genießen können.

Wie ganz anders stehen doch die vermögenden Leute da, die, mit Glücksgütern gesegnet, ihre Mitmenschen daran teilnehmen lassen, die „nicht mit der kalten, sondern mit der warmen Hand geben wollen", die Freude und Befriedigung um sich verbreiten, und die nicht danach fragen, was einmal geschehen soll, wenn sie nicht mehr sein werden. Freilich, weit entfernt dafür zu sorgen, daß ihr Name durch eine Ewigkeitsstiftung allen nachkommenden Geschlechtern erhalten bleibe, sind sie vielmehr schon in der Gegenwart darauf bedacht, zu verhüten, daß er bei jeder Gelegenheit genannt werde. Ihre Namen werden wohl schließlich bekannt; aber wie umfangreich ihre Wirksamkeit ist, erfährt die Welt in den seltensten Fällen. Ein großer Industrieller, der ein ererbtes Vermögen auf das mehrfache gesteigert hatte, blickte mit Besorgnis auf seine jungen Söhne und auf die irrigen Lebensgewöhnungen, denen sie anheimfallen müßten, wenn sie in der Vorstellung eines beständig zunehmenden Reichtums aufwüchsen. Er entschloß sich eines Tages, seinem Einkommen nur seinen Haushaltsverbrauch zu entnehmen, aber alles, was darüber hinausging, als besonderes Zweckvermögen auszusondern, dem er einen schön klingenden Namen gab. Unter diesem Namen ging nun, was er für Arme und Notleidende, für bildende Künstler, für Studierende, für Erforschung wissenschaftlicher Probleme, kurzum für alles tat, was ihm förderungswert schien und durch

Geld gefördert werden kann. Hätte er daraus eine Kapitalstiftung gemacht, die Kapitalstiftung wäre ein Hindernis der Wirksamkeit gewesen. — Vor einigen Jahren wurde ein edler Mann zu Grabe getragen, in dessen Leichengefolge mit Staunen und Zweifeln einer dem anderen zuraunte, daß dieser reiche Mann, der so viel im Leben gespendet hatte und ein Muster von Ordnungsliebe war, es verabsäumt habe, für irgendeine der von ihm begonnenen Unterstützungen eine letztwillige Sicherstellung zu treffen; ja, man fügte hinzu (und es bestätigte sich), daß sein Vermögen, wiewohl ansehnlich, doch nicht entfernt so groß war, wie man nach seinen häufigen und reichlichen Gaben angenommen hatte. Nur einer seiner Freunde verteidigte ihn: was er begonnen hat, werde nicht untergehen; er habe durch seine Spenden die Lebenden gezwungen, in seine Fußtapfen zu treten, während er durch eine Kapitalstiftung davon abgehalten hätte. Und dieser eine hat Recht behalten. — Solche Beispiele muß man sich vor Augen halten, wenn man recht einsehen will, wie unberechtigt es ist, mit Leuten Kultus zu treiben, die auf dem Totenbette liegend oder daran denkend, einem kleinen Teil ihres Vermögens eine Zweckbestimmung gaben und dann noch meinten, alle zukünftigen Geschlechter an ihren Willen binden zu dürfen.

Ganz besonders unberechtigt aber ist die Ehrerbietung, mit der wir uns einer Stiftung gegenüber wegen ihres hohen Alters benehmen. Im Gegenteil: je älter eine Stiftung ist, desto größer ist die Wahrscheinlichkeit, daß die Gefahr, die in jeder Ewigkeitsbestimmung liegt, schon zur Wirklichkeit geworden und die Zweckbestimmung nicht mehr sachgemäß sei. Da ist in alten Zeiten für eine religiöse Minderheit, die benachteiligt war, eine Stiftung gemacht worden. Ein guter Ausgleichsgedanke. Hinterher hatten so viele denselben guten Gedanken, daß diese Minderheit vor der Mehrheit schon längst bevorzugt ist. Oder die Sekte ist in dem betr. Orte fast ausgestorben. Die wenigen Überlebenden haben sozusagen einen sicheren Anspruch auf eine Pfründe. Sie kann ihnen ohne große Unbilligkeit kaum versagt werden, wenn sie den Stiftungsbedingungen sonst, sei es nach Bedürftigkeit, sei es nach Qualifikation auch nur halbwegs entsprechen. Wie oft wird aus solchen u. ä. Gründen ein wenig befähigter Schüler in ein Studium gelockt, weil ihm „das Stipendium" sicher ist. Eine solche Stiftung, gemacht in der

Absicht, daß Talente nicht ferngehalten werden sollen, schlägt oft dazu aus, daß der Durchschnitt verschlechtert wird. Es gibt Stiftungen, die vor alten Zeiten ein ehrsamer Handwerksmeister für seine Zunftgenossen gemacht hat, und die noch immer weiter gelten, obgleich das Handwerk längst durch Fabrikation ersetzt ist und nur mit Mühe und Not ein Empfänger aufgestöbert wird, den man allenfalls noch unter die Satzungen bringen kann. — In einer Großstadt, die anfängt, dichter bebaut zu werden, macht ein alteingesessener Bürger eine Stiftung, aus der Schulkinder seines Bezirks in freien Stunden versorgt, beaufsichtigt und nötigenfalls auch beköstigt werden sollen. Gewiß ein schöner Gedanke. Aber schon in der einen Generation, die seit damals verflossen ist, hat sich die Dichtigkeit der Bebauung so gesteigert, daß der Stadtteil City-Charakter angenommen hat, und in den hohen Geschäftshäusern Familienwohnungen nicht mehr vorhanden sind. — In einem kleinen Landstädtchen, das nur mit Mühe dem Schicksal entronnen war, zum Dorf erklärt zu werden, gab einer der Ratsherren ein paar hundert Taler her, deren Zinsen am Ende jeden Jahres unter die Ratsherren verteilt werden sollten, damit die Mühe, die sie von städtischen Geschäften haben, doch nicht gänzlich unbelohnt bleibe. Der Ackerbürger, der zu Weihnachten 2 oder 3 Taler bekam, hatte immerhin seine Freude daran. Heute ist aus dem Landstädtchen eine der reichsten Städte Deutschlands geworden. Die Ratsherren schießen zu den vorhandenen Zinsen noch den 3- oder 4fachen Betrag zu und machen sich einen vergnügten Abend. Wer unter ihnen mit Mammon allzuschwer belastet ist, wird an diesem Abend zugunsten der Stiftung erleichtert. Diese wird größer und größer. Aber immer noch erbittet sich in der letzten Sitzung des Dezember der Stadtkämmerer mit feierlichem Ernst das Wort, um mitzuteilen, wieviel aus dieser Stiftung auf den einzelnen Ratsherrn entfalle. Mit ebenso feierlichem Ernst macht der Bürgermeister den Vorschlag, man wolle es so halten, wie in früheren Jahren, auf die Auszahlung verzichten und die Kosten eines Festessens daraus bestreiten. Als einmal der feierliche Wortwechsel unterblieb und ein Spaßvogel erklärte, er habe ein Recht gefragt zu werden, da kam den Ratsherren erst zu Bewußtsein, welche großen Beträge auf dem Spiele ständen, wenn einmal ein Ratsherr auf seinem Recht bestände, und man sorgte noch für eine juristische Form, die wenigstens die großen, inzwischen gespendeten Beträge vor den Stiftungsstatuten rettete.

Ein wohlgelungenes Beispiel einer Stiftung, die unter veränderten Einrichtungen nicht zu leben und nicht zu sterben weiß, und den veränderten Anschauungen geradezu ins Gesicht schlägt, ist der „Gesinde-Belohnungsfonds" der Stadt Berlin. Im Jahre 1857 wurde hier eine Anstalt zur Belohnung treuen Gesindes gegründet. Jeder Dienstbote hatte bei jedem Dienstantritt 50 Pf. beizusteuern. Unterstützungsbedürftige oder besonderer Anerkennung würdige Dienstboten können dafür Unterstützungen oder Aufnahme in einem Hospital erlangen. Nun ist die Einrichtung durch die Invalidenversicherung an sich schon so gut wie hinfällig geworden. Eine Bedingung wie die, daß ein Jahreseinkommen von 300 Mark vom Genuß der Stiftung ausschließe, bringt dies zu deutlichem Bewußtsein. Aber wenn selbst diese Bestimmung geändert wurde und wenn wirklich ein Bedürfnis dafür vorhanden ist, daß für Dienstboten neben der Invalidenversicherung noch etwas zu geschehen hat, — wie wagt man, es als eine wohltätige Einrichtung zu bezeichnen, daß die Beiträge für das Mehr dem Dienstboten allein aufgebürdet werden, während der Grundgedanke unserer Invalidenversicherung doch ist, daß dies von Arbeitgebern und Arbeitern zu gleichen Teilen getragen werden soll? Als außerordentliche Dienstleistungen, die einen Anspruch auf Belohnung aus der Stiftung gewähren, werden besonders genannt: Rettung der Herrschaft oder ihrer Kinder aus Feuers- oder Wassergefahr, Verteidigung der Herrschaft gegen gewalttätige Angriffe, aufmerksame und treue Wartung in ansteckenden und langwierigen Krankheiten, namentlich wenn sich die Dienstboten während des Dienstes unheilbare innere Übel oder äußere Beschädigungen zugezogen haben. Der phänomenale Gedanke, diese Leistungen aus Mitteln zu belohnen, die von den Dienstboten selbst aufgebracht wurden, ist schon vor mehr als 20 Jahren gar nicht übel wie folgt charakterisiert worden: „Was man wohl dazu sagen würde, wenn ein reicher Mann zu einem armen Dienstmann, der ihn im Winter aus dem Wasser gerettet und sich bei diesem Rettungswerk den Keim zu einer unheilbaren Lungenkrankheit geholt hat, also sprechen würde: „Geben Sie doch mal 50 Pf. her und lassen Sie alle die anderen armen Teufel von Dienstmännern auch einen jeden 50 Pf. zahlen, da werde ich Ihnen aus diesem Fonds eine Belohnung geben." Und doch haben alle diese Hinweise nicht vermocht, die Stiftung zu Fall zu bringen. Da sie übrigens nur eine ganz unbedeutende Tätigkeit entfalten und die ihr (auch aus Zuwendungen) zufließenden Mittel nicht verausgaben konnte, so ließ man zwar seit dem Jahre 1912 die Erhebung der Beiträge fallen. Aber das angesammelte Vermögen, das schon damals über eine halbe Million betrug, wurde gewissermaßen verdoppelt, indem die Stadt Berlin ein „unverzinsliches Darlehen" von ebenfalls einer halben Million gewährte. Und so ist an diese Stiftung in Wirklichkeit ein Kapital von mehr als einer Million Mark gebunden.

Über die Stiftungen, die gar nicht einmal behaupten, einen gemeinnützigen Zweck zu verfolgen, sondern ihre Gelder den Mitgliedern einer bestimmten Familie vorbehalten wollen, wird es am leichtesten sein, zu einer übereinstimmenden Ansicht zu gelangen. Daß Familien, die einem Teil ihres Vermögens die Form einer Stiftung geben, ihn damit einem allgemeinen Opfer im Dienste des Vaterlandes entzogen haben, wird von niemandem behauptet werden. Die Frage kann nur sein, ob hier nicht Gründe für eine schärfere Heranziehung vorliegen. Die Beantwortung dieser Frage wird durch die ziemlich übereinstimmenden Erfahrungen aller derer erleichtert, die unter der Verwaltung derartiger Stiftungen zu seufzen haben. Nach zwei oder drei Generationen ist die Verwandtschaft mit dem Stifter entweder überhaupt nicht mehr nachzuweisen oder nur mit Mühen und Kosten, die zu den oft geringfügigen Beträgen in keinem Verhältnis stehen. Viele Verwaltungen verzichten bereits auf satzungsgemäß vorgeschriebene Urkunden und begnügen sich mit dem Nachweis, daß der Bittsteller Abkomme eines früher Unterstützten sei; was dazu führt, daß nur die unterstützt werden, die „darauf zu laufen wissen". Oder der Zusammenhang mit der Familie ist so in Vergessenheit geraten, daß keine Unterstützungsanträge mehr eingehen. Ein Magistrat, ein Kirchenvorstand, eine Schulbehörde muß Unterstützungsbedürftige von der Tür weisen, weil von diesen Geldern kein anderer Gebrauch gemacht werden darf, als alljährlich die Inserate zu bezahlen, die immer aufs neue ergebnislos bleiben. Auch wo (und das wird wohl heute schon meistens der Fall sein) in Ermangelung von Familienmitgliedern Fremde unterstützt werden dürfen, kommt die Behörde in die Lage, wirklich Notleidende abweisen zu müssen, bloß weil ein Familienzweig es für vorteilhaft gehalten hat, die Kenntnis der Stiftung von Geschlecht auf Geschlecht zu vererben, statt dieselbe Sorgfalt auf das Erlernen nützlicher Gewerbe und auf die Ausbildung einer Gesinnung zu verwenden, die von Unterstützungen unabhängig macht. Eine Sonderstellung nehmen die Millionenstiftungen reicher Familien ein, die von vornherein für Stammbäume und Genealogien sorgen, und denen ihr Zweck, „das Vermögen zusammenzuhalten" ausnahmslos gelingt. Hier wird man aus den entgegengesetzten Gründen zu einem ähnlichen Ergebnis kommen.

Obgleich nun jeder, der in die Nähe dieser Dinge kommt, weiß, wie sinnlos Stiftungen sich forterben und in wie großem Umfange bei uns Stiftungskapitalien dauernd festgelegt sind, so ist doch dieser Gegenstand merkwürdig wenig behandelt. Vor kurzem ist darauf aufmerksam gemacht worden, daß wir immerhin für ein paar Länder und Städte statistische Aufnahmen über die vorhandenen Stiftungen besitzen. Versuchen wir aber die Ergebnisse dieser Statistiken in Tabellenform zu bringen:

Tab. 4. Stiftungsaufnahmen 1879 bis 1910.

Nr.	Gebiet	Bevölkerung	Angegebene Stiftungskapitalien ℳ	also p. Kopf	
1.	2.	3.	4	5.	6.
1.	Bayern 1910 . . .	6887291	1210162000	175,7	
2.	Württemberg 1879/80	2437574	58400000	24,0	
3.	Baden 1910[1]) . . .	2140000	111700000	52,2	[1]) ohne Kirche und Schule.
4.	Hamburg	931035	über 80000000	über 80,0	
5.	Düsseldorf 1910 . .	358728	14772000	4,1	
6.	Dresden 1909 . . .	548308	50900000	92,9	

so leuchtet sofort ein, daß der Bereich der in die Statistik einbezogenen Stiftungen unmöglich überall derselbe sein kann; wie bei einer dieser Statistiken ausdrücklich angegeben ist, daß Stiftungen für Kirche und Schule (vermutlich die reichsten) ausgenommen sind, so mögen in anderen Gegenden andere ausgenommen worden sein. Bei Erkundigungen begegnet man häufig der Verwechselung, daß auf die Frage, wieviel Stiftungen es in einer Stadt gebe, lediglich die Zahl der

Stiftungen genannt wird, die sich in Verwaltung des Magistrats befinden.

Vieles spricht dafür, daß die größte der hier angegebenen Ziffern, die bayerische, die zuverlässigste ist, und uns am ehesten an eine Gesamtziffer für das Reich heranführen kann. Bayern hatte bereits in den Jahren 1888 und 1907 Übersichten über das Stiftungsvermögen zusammengestellt und war auf 422 und 611,5 Mill. Mark gekommen, d. h. in 20 Jahren hatte sich der Betrag um 44,9 % gesteigert. Die neue Statistik von 1910 war auf eine genauere amtliche Erhebung begründet mit einer Grundlage, die auf eine dauernde, alle 10 Jahre wiederkehrende Statistik berechnet war. Diese Statistik ergab im Vergleich zu der 3 Jahre früher aufgenommenen fast den doppelten Betrag. Legt man die Kopfquote dieser Statistik (175,7) zugrunde, so kommt man für das Reich auf 11,6 Milliarden Mark.

In Preußen sind Schenkungen und Stiftungen für juristische Personen im Betrage von mehr als 3000 ℳ nach dem Gesetz vom 23. Februar 1870 genehmigungspflichtig. Über diese Genehmigungen liegen folgende Ziffern vor:

Im Ressort des preußischen Ministeriums des Innern in den 5 Jahren 1905 bis 1909 zusammen 115,7 Mill. ℳ, also durchschnittlich	23,1 Mill. ℳ
Im Ressort des Kultusministeriums in den 11 Jahren 1886 bis 1896 68,7 Mill. ℳ, d. h. jährlich	6,2 „ „
Im Ressort desselben Ministeriums in den 10 Jahren 1900 bis 1909 148,2 Mill. ℳ, also jährlich	14,8 „ „

Für die beiden Ressorts zusammen käme man auf einen durchschnittlichen Jahresbetrag von 29,3 bis 37,9 Mill. Mark. Danach könnte man die Stiftungen und die ihnen gleichgestellten Zuwendungen in den 46 Jahren seit Erlaß des Gesetzes auf ungefähr 1,4 bis 1,7, im Reich auf etwa 2 bis 2½ Milliarden Mark schätzen. Daß im Reich sich 5- bis 6mal soviel Stiftungskapital befinden soll, wie in den letzten 46 Jahren allein hinzugekommen ist, ist an sich nicht unglaublich; man könnte im Gegenteil auf eine höhere Summe schließen. In der preußischen Statistik fehlen: 1. alle Stiftungen unter 3000 ℳ, 2. die Stiftungen, die zur Umgehung der Genehmigungspflicht (oft weil man Veröffentlichung oder gar Belobigung vermeiden will) in Beträge unter 3000 ℳ zerlegt werden, 3. sämtliche Familienstiftungen.

Nach diesen Anzeichen hätten wir eher anzunehmen, daß

die einzige mit Sorgsamkeit ermittelte Ziffer, die wir aus dem Deutschen Reiche besitzen, die bayerische Kopfquote von ℳ 175,7, an die Wirklichkeit des heutigen Bestandes im Reich noch nicht heranreicht. Wenngleich es möglich ist, daß in überwiegend katholischen Ländern die Stiftungen größer und reicher sind, als im Durchschnitt, so steht dem doch gegenüber, daß an Konzentration des stiftungsfrohen städtischen Reichtums Bayern hinter dem Reichsdurchschnitt zurückbleibt. Zudem hat sich in den inzwischen verflossenen 6 Jahren der Betrag der Stiftungen schon wiederum erhöht (auch während der Kriegsjahre sind nicht unbeträchtliche Stiftungen in Kraft getreten). Wenn man jene Kopfquote nach oben auf 200 ℳ abrundet und annimmt, daß in Deutschland etwa 12 bis 13 Milliarden Mark in Stiftungen festgelegt sein mögen, so darf man die Schätzung noch als vorsichtig bezeichnen.

Der gegenwärtige Augenblick erfordert vor allem, daß wir zunächst einmal einen wahrheitsgemäßen Überblick darüber bekommen, welche Stiftungen es in sämtlichen Orten des Deutschen Reiches gibt, welche Kapitalien in ihnen festgelegt sind, welchen Zwecken sie dienen sollen, und wie sie dieser Bestimmung gerecht werden. Wenn eine solche Übersicht auf Vollständigkeit ausgeht, so darf sie nicht auf dem gewöhnlichen Umfragewege erledigt werden. Der Kreis der anzeigepflichtigen Personen muß so weit gezogen werden, daß für jede Stiftung mehrere Personen anzeigepflichtig sind, und man auf diese Art durch mehrfache Meldungen größere Sicherheit erlangt, daß keine Stiftung durch die Maschen geht. Diese Anzeigepflicht — zweckmäßig mit der Anzeigepflicht für Vereine verbunden — müßte zwar jedem Vorstandsmitgliede auferlegt, kann aber darauf beschränkt werden, daß Name der Stiftung und des ersten Vorsitzenden mitzuteilen sind. Da diese Anzeigepflicht in vielen Fällen nicht erfüllt wird, so muß zur Kontrolle von Amts wegen eine Umfrage bei den Honoratioren jedes Orts erfolgen (etwa bei jedem Mitgliede des Gemeinderats, des Kreisausschusses, ja sogar des Kreistages, der Kirchenräte, der Krankenkassen-Vorstände, auch bei Geistlichen, Richtern, Ärzten, Schulvorstehern und angesehenen Privatpersonen aller Bevölkerungskreise). In dem so gewonnenen Material muß jede Stiftung (wie jeder Verein) mehrfach vorhanden sein. Nach Ausscheidung der Doppelmeldungen und nach Erledigung ihrer etwaigen Widersprüche ist dann jedem Vorsitzenden ein genaues Formular zur Ausfüllung und zur Beifügung der Satzungen, sowie etwaiger Verwaltungsberichte vorzulegen. Bei der oben genannten Frage nach Zweck und Verwendung ist darauf zu halten, daß nicht bloß der satzungsgemäße Zweck genannt, sondern auch die tatsächlichen Verwendungen wenigstens aus dem letzten Jahre beschrieben werden. In Württemberg wird aus der Zeit nach der Stiftungsstatistik 1879/80 von einer Gemeinderevision erzählt, in der der Vertreter der Aufsichtsbehörde seine aus der Statistik gewonnene Kenntnis von einer Stiftung zu Schulzwecken in dieser Gemeinde vorbringen wollte. Auf seine Frage, wie diese Gelder verwendet worden seien, bekam er zu seinem großen Erstaunen von dem Schultheißen die Antwort, das Geld habe er ja aufgegessen. Nach einigem Hin- und Herreden begründete der Schultheiß es damit, daß es ja eine Stiftung zu „Schulz-Wecken" sei. Das Geschichtchen ist zu hübsch, als daß man verlangen könnte, daß es auch noch wahr sein sollte. Aber es zeigt immerhin, was man in Kreisen, die zum erstenmal in die Stiftungszustände eines Landes einen Einblick tun, für annähernd möglich hält. Es ist noch nicht einmal ausgeschlossen, daß auf diesen und ähnlichen Wegen Stiftungen ganz in Vergessenheit geraten sind.

Alle Wahrscheinlichkeit spricht dafür, daß man bei gründlicher Arbeit auf einen Betrag an Stiftungskapitalien kommen wird, der die bisherigen Erwartungen noch übertrifft. Legt man aber auch nur die Schätzung von 12 bis 13 Milliarden zugrunde, ja, rechnet man sogar mit der (unwahrscheinlichen) Möglichkeit, daß der Betrag um ein paar Milliarden dahinter zurückbliebe, — wäre es zu verantworten, daß eine Zeit, die mit so schweren Sorgen der Gegenwart zu kämpfen hat, an diesen Beträgen vorbeigehen solle, bloß weil dies einmal ein abgestorbener Wille für die Zukunft bestimmt hat? Ein allgemeines Naturrecht jedes Menschen, den Gütern, die er bei Lebzeiten besessen hat, eine Zweckbestimmung für ewige Zeiten zu geben und sie aus der volkswirtschaftlichen Entwickelung auszusondern, gibt es nicht. Das Individuum kann eine solche Befugnis immer nur auf die Vollmacht gründen, die ihm die Gemeinschaft durch Gesetz gegeben hat. Niemals ist diese Vollmacht als unwiderruflich angesehen worden. Alle Gesetzbücher haben mit der Möglichkeit gerechnet, daß eine Stiftung auch zwangsweise geändert oder aufgelöst werde. Allerdings ist die Gesetzgebung bisher in diesen Bestimmungen von äußerster, nicht zu rechtfertigender Behutsamkeit gewesen. Den Erlaß eines einheitlichen Bürgerlichen Gesetzbuches für ganz Deutschland hat man nicht dazu benutzt, um eine Reform der Stiftungen zu erleichtern, sondern man hat im Gegenteil diese nicht zu umgehenden Bestimmungen so gestaltet, daß nur recht selten von ihnen Gebrauch gemacht werde, nämlich nur in den beiden Fällen: wenn die Erfüllung des Stiftungszwecks geradezu unmöglich geworden ist, oder wenn sie das Gemeinwohl gefährdet (BGB. § 87). Übrigens auch dann ist die Behörde zum Einschreiten noch nicht verpflichtet, sondern nur berechtigt. Wenn sie die Stiftung nicht aufhebt, sondern die Zweckbestimmung umwandelt, „ist die Absicht des Stifters tunlichst zu berücksichtigen, insbesondere dafür Sorge zu tragen, daß die Erträge des Stiftungsvermögens dem Personenkreise, dem sie zustatten kommen sollten, im Sinne des Stifters tunlichst erhalten bleiben". Diese Bestimmungen werden in dem Sinne, in dem sie erlassen sind, in der Ausführung so gehandhabt, daß in der Regel eine Stiftung als ein Blümlein Rühr-mich-nicht-an behandelt wird. Einer der kundigsten Verwaltungsmänner Preußens, Graf Hue de Grais, sagt in seinem „Handbuche" bei Gelegenheit der gesetzlichen Bestimmungen über Stiftungen: „Der Wert der sehr umfangreichen milden und wohltätigen Stiftungen wird erheblich dadurch abgeschwächt, daß sie die wirklichen Bedürfnisse der Armut und die zu ihrer Abhilfe bereits bestehenden Einrichtungen oft nicht genügend berücksichtigen und dabei für alle Zeit festgelegt sind." Wie muß das Bild sein, das sich dem Verwaltungsmanne darbietet, wenn in einem Buche, das so wenig auf Kritik ausgeht, wie das genannte, dem Verfasser sich dieser Stoßseufzer entwindet.

Bei der Begründung der zukünftigen Finanzverfassung des Reiches ist der Zeitpunkt gekommen, wo mit jener unhaltbar gewordenen Zurückhaltung endlich gebrochen werden muß. Wir brauchen eine Gesetzgebung über Stiftungen, die grundsätzlich revidiert, ob Stiftungskapitalien weiter dem besonderen Zwecke dienen sollen, auf den sie irgendein Jemand einmal festgelegt hat, oder ob sie dem gemeinen Besten überhaupt dienen, d. h. Reichseigentum werden sollen. Es würde lohnen, für diesen Zweck einen eigenen, sorgfältig zusammengesetzten Reichs-Stiftungsrat in zwei Instanzen einzusetzen. Stiftungen, die vor dem Jahre 1850 begründet wurden, stammen im günstigsten Falle aus der Zeit unserer Großeltern oder Urgroßeltern. Bei der grundsätzlichen Veränderung, die in den letzten Generationen alle Lebensverhältnisse erfahren haben, ist die bisher aufrecht erhaltene Vermutung, daß alle diese Stiftungen bis zum Beweise des Gegenteils noch existenzberechtigt seien, ohne inneren Grund. Von diesen älteren Stiftungen muß vielmehr vermutet werden, daß sie überlebt sind, und es genügt, wenn den Vorstehern die Gelegenheit gegeben wird, vor dem Stiftungsrat das Gegenteil darzutun. Für die Zeit nach 1850 mag umgekehrt das Fortbestehen der Zweckmäßigkeit als Regel und der Fortfall als eine Ausnahme angesehen werden, die ein hierzu bestellter Verwaltungsbeamter in geordnetem Verfahren vor dem Stiftungsrat zu vertreten hätte. In eine solche Gesetzgebung können die Familienstiftungen einbezogen werden. Das bisherige Recht, das ohnedies den Stiftungen gegenüber sträflich zurückhaltend ist, behandelt die Familienstiftungen mit gesteigerter Zurückhaltung. Das Stiftungskapital als gemeinsames Eigentum der Familienmitglieder zu betrachten, mag bei jungen Stiftungen, wo noch das Bewußtsein vorhanden ist, daß die Beträge aus den Erbschaftsansprüchen der Lebenden herrühren, berechtigt sein. Bei alten Stiftungen, wo kein Zusammenhang mehr mit einem persönlich gekannten Erblasser vorhanden ist, ist dieser Gedankengang unberechtigt. Alte Familienstiftungen sind in der Regel von Übel. Soweit daher Familienstiftungen, als nach 1850 begründet, noch bestehen bleiben, sollte die Dauer auf zwei Generationen beschränkt sein, und es wird bei nahem Erlöschungstermin ein Teil des Kapitals auch schon vorschußweise für das Reich flüssig gemacht werden können. Andererseits wird es besonderer Bestimmungen bedürfen, um lebende Bezugsberechtigte und nahe Anwärter vor besonderen Härten zu bewahren.

In einer so ausgestatteten Stiftungs-Gesetzgebung würden die Milliarden, die dem Reiche zugeführt werden, durch die Entlastung weiter Volkskreise und durch die Stärkung des Reiches dem allgemeinen Besten dienen. Auch die Bevölkerungskreise, deren Bestes der Stifter ehemals im Auge hatte, werden dadurch im großen und ganzen wohl mehr gefördert werden, als wenn man sich an die Worte der Stiftungssatzungen hält, die unter veränderten Verhältnissen ihren ursprünglichen Sinn verloren haben. Jedenfalls würde die hier vorgeschlagene Säkularisation jede andere bisher dagewesene an guter Begründung und gutem Verfahren weitaus übertreffen.

Aber auch die Stiftungen, die danach bestehen bleiben, hätten keinen Anspruch darauf, vom Vermögensopfer verschont zu werden. Es kann ihnen in derselben Höhe wie jedem anderen Vermögen auferlegt werden. Darunter braucht der Stiftungszweck in absehbarer Zeit nicht zu leiden, wenn gleichzeitig die Gesetzgebung den Vorstehern das Recht gibt, entsprechend mehr über die Zinsbeträge hinaus aus den Kapitalien für Stiftungszwecke zu verwenden. Die Erfahrungen, die mit einer solchen Ermächtigung gemacht werden, würden vermutlich dazu beitragen, daß die Vorsteher derartiger Stiftungen selbst den Wunsch haben, diese Ermächtigung zur Verwertung des Kapitals in weiterem Maße dauernd zu besitzen. Wenn der abergläubischen Verehrung für Kapitals-Festlegungen ein Ende gemacht würde, so wäre dies ein sehr erfreuliches Nebenprodukt der Finanzreform.

d) Fideikommisse.

In keiner Gattung von Stiftungen ist ein so erheblicher Bestandteil des Volksvermögens festgelegt, wie in den Fideikommissen. Der häufigste Fall des Fideikommisses besteht in der Bestimmung eines Gutsherren, daß sein Gut für ewige Zeiten unteilbar auf ein Mitglied der Familie übergehen solle. In der Regel wird als allein Erbberechtigter unter Ausschluß aller anderen Geschwister der älteste Sohn (oder sonstige älteste Agnat) bezeichnet. Wenn man daher von Fideikommissen spricht, denkt man in der Regel an solche „Majorate". Doch kommt auch die Benennung anderer Erbfolgen vor, wenn nur die Unteilbarkeit des Gutes für ewige Zeiten gewahrt wird. Es gibt auch Fideikommisse an städtischen Grundstücken oder in Geldbeträgen; beide jedoch selten und daher von geringer Bedeutung.

Ein Fideikommiß steht nicht im unbeschränkten Eigentum des Erben. Die Früchte des Gutes gehören ihm, das Gut selbst kann er weder verkaufen noch hypothekarisch belasten. Wenn er persönlich verschuldet ist, so können seine Gläubiger ihm zwar seine Rente pfänden; an das Gut selbst kann niemand heran.

Dementsprechend ist auch die uns beschäftigende Frage, wie auf einen solchen Besitz das Vermögensopfer anzuwenden ist, nicht einfach. Für die Besprechung der Schwierigkeiten, die sich hier ergeben, ist ein Eingehen auf die Geschichte des Fideikommisses unerläßlich.

Der Ursprung des Fideikommisses ist nicht nach allen Seiten hin aufgeklärt. Die Versuche, das Fideikommiß aus deutschen Rechtsanschauungen abzuleiten, sind mißlungen. Aller Wahrscheinlichkeit nach ist das Fideikommiß erst gegen Ende des 16. Jahrhunderts aus Spanien über Neapel und Mailand nach Österreich und Bayern gekommen. In diesen Ländern fand es als Einrichtung des katholischen Adels Eingang (dessen jüngere Söhne in der höheren Geistlichkeit Versorgung fanden) und spielte in der damaligen Gegenreformation eine bedeutende Rolle. Man gab dieser, von dem Herkommen abweichenden Erbfolge den römisch-rechtlichen Namen des Fideikommisses, weil man glaubte, es an die Formel anknüpfen zu können, mit der der Römer in seinem Testament dem Erben die Treuverpflichtung zur Einsetzung eines bestimmten weiteren Erben auferlegen konnte; über die allerdings entscheidende Abweichung, wonach diese römisch-rechtliche Befugnis nicht für ewige Zeiten, sondern nur für eine weitere Generation galt, setzte man sich hinweg. Daß ein Mensch das Recht haben solle, über ein Stück der Erdoberfläche für ewige Zeiten zu verfügen, hatte in der Anschauung des Römers ebensowenig Platz, wie in den ursprünglichen Rechtsanschauungen des deutschen oder irgendeines anderen Volkes. Diese Sicherung blieb vielmehr als eine, von dem gesamten übrigen Rechtsleben abweichende und nur mühsam hineininterpretierte Sonderinstitution bestehen.

Die Einrichtung ist niemals ohne Gegner gewesen. Nicht nur, daß die jüngeren Geschwister den Ausschluß von dem väterlichen Gute, wo er nicht durch weitgehenden Familiensinn des Ältesten gemildert wurde, schwer empfanden; die Bindung eines größeren Besitzes, die Teilung oder Verminderung ausschloß, zeitigte infolgedessen vielfach die Neigung zu größerer Ausdehnung, insbesondere durch Angliederung von Bauernstellen. Als nach dem 30jährigen Kriege, in der

2. Hälfte des 17. und im Laufe des 18. Jahrhunderts in dem entvölkerten Lande alle Staatsmänner ihr Hauptaugenmerk auf die Vermehrung von „Nahrungsstellen" richteten, als die ersten Schutzmaßregeln gegen das Bauernlegen ergingen, waren Könige, Minister und Gesetzgeber einer derartigen Bindung großer landwirtschaftlicher Flächen wenig geneigt. Das Allgemeine Landrecht, unter Friedrich dem Großen bearbeitet und unter seinem Nachfolger (1794) in Kraft gesetzt, befreite sich von der gemeinrechtlichen Auffassung, daß bloßes Testament oder sonstige Stiftungsurkunde genüge, um einem Gute den Charakter des Fideikommisses zu geben und verlangte wenigstens die förmliche Bestätigung durch das zuständige Gericht, wenn auch nur als erschwerende Förmlichkeit. Wichtiger war, daß das Landrecht der Größe der Fideikommisse eine Grenze setzte. Fideikommisse mit einem Reinertrage von mehr als 10 000 Talern sollten ausgeschlossen sein, wenn der Stifter nicht eine Kabinettsorder mit ausdrücklicher Genehmigung erwirkte. Auch die Reform der Stempelgesetzgebung zu Anfang des 19. Jahrhunderts wurde in Preußen benutzt, um die Errichtung eines Fideikommisses durch hohe steuerliche Belastung (3 % des Wertes) zu erschweren. Seitdem die Fideikommisse in Frankreich durch die Revolution abgeschafft waren, fingen sie an in verschiedenen Ländern von legitimistischen Regierungen geschätzt zu werden, während der Liberalismus aller Länder sie in sein Register der abzuschaffenden Feudalrechte aufnahm. Die so entstehenden Gegensätze stimmten aber beide in der Anschauung überein, daß es sich um eine altererbte Einrichtung handle, die die einen, weil sie alt sei, erhalten, die anderen als veralteten Überrest beseitigen wollten. Ein deutliches Zeichen der veränderten Anschauung ist die allmähliche Umdeutung jenes landrechtlichen Satzes, nach der eine jüngere juristische Schule Fideikommisse in jeder Höhe für gleichmäßig zulässig hielt, nur mit dem Unterschiede, daß für Fideikommisse gewöhnlichen Umfanges richterliche Bestätigung, für größere landesherrliche Genehmigung erforderlich sei. Jener Widerstreit der Meinungen zeigte sich in Preußen darin, daß in der Verfassungsurkunde von 1850 mit ähnlichen Einrichtungen zugleich auch die Fideikommisse verboten und ihre Auflösung verheißen, daß aber mit der schnell erfolgenden politischen Wendung im Jahre 1852 dieser Artikel,

wiederum zugleich mit ähnlichen über Lehensverbände usw., beseitigt wurde. So blieb die alte Gesetzgebung, ja sogar ihre Handhabung bestehen (während Österreich wenigstens die Vermehrung im Verwaltungswege sperrte und seit 1868 ein jedesmaliges eigenes Reichsgesetz für notwendig erklärte). In den 70er und 80er Jahren hatte zwar die Gegnerschaft gegen die Fideikommisse nicht aufgehört. Aber auch die Gegner ertrugen sie wie manche andere aus Urväter Zeiten her überlieferte und nun einmal nicht mehr zu entwurzelnde Einrichtung, die übrigens als dem Geiste der Zeit widersprechend, ohnedies im Absterben begriffen sei.

Da erschien im Jahre 1889 eine Untersuchung des Nationalökonomen Conrad über Umfang und Alter der Fideikommisse in den östlichen Provinzen Preußens. Conrad hatte, bevor er sich theoretischen Studien zuwandte, seine Erfahrungen als praktischer Landwirt im Osten gemacht und hier die große Ausdehnung der Fideikommisse kennen gelernt. In seinem Bestreben, der Ursache dieser Ausdehnung auf den Grund zu gehen, wurde er dadurch unterstützt, daß seit 1794 in Preußen kein Fideikommiß mehr errichtet sein konnte, ohne daß in den Gerichtsakten sich die Bestätigungs- oder Genehmigungsurkunde vorfand. Da stellte sich zunächst das überraschende Ergebnis heraus, daß fast alle Fideikommisse in der Tat erst aus dieser Zeit stammten. Von dem angeblich uralten Institut gab es nur wenige Vertreter, die auf das 17. oder 18. Jahrhundert zurückgingen. Die meisten Fideikommisse in den ostelbischen Provinzen stammten erst aus dem 19. Jahrhundert, und zwar steigend zur Gegenwart hin. Die Ergebnisse der Conradschen Untersuchungen, die in der Wissenschaft und in der Verwaltung großes Aufsehen erregten, wurden auffallenderweise vom Liberalismus wenig ausgenutzt (wiewohl Brentano sie verwertete und selbständig erweiterte). Auf die Regierungen übte die Entdeckung von der Zunahme der Fideikommisse insofern einen Einfluß, als man sich jetzt wenigstens einer fortlaufenden Statistik zuwandte. Im 20. Jahrhundert (bis 1912) wurden in Preußen wiederum 203 neue Fideikommisse begründet, durchschnittlich jährlich 15 bis 16; auf diese Art wurden Jahr für Jahr etwa 25 000 ha neu festgelegt. In den Regierungsbezirken Breslau, Stralsund und Oppeln lag bereits ⅕ der ganzen Fläche in fideikommissarischem Besitz, in

12 Kreisen über ⅓; davon Plön (Holst.), 45,4, Militsch (Schles.) 45,5, Tarnowitz (Schles.) 48,7 % und in dem westfälischen Kreise Wittgenstein war sogar der größte Teil der Fläche für ewige Zeiten einer Familie ausgeliefert. Nicht einmal die Anschauung, daß die Fideikommisse sich besonders der Walderhaltung widmen, hat vor einer genaueren Durcharbeitung der Statistik Stand gehalten. Die neuesten Fideikommisse scheinen vielmehr die ertragsreichsten Bodenklassen zu bevorzugen.

Trotz der klar zutage liegenden Gefahr, daß immer größere Teile der Fläche gebunden und durch die Bindung die Mittel für neue Erweiterungen geschaffen wurden, wurden doch die Bestrebungen auf Auflösung der Fideikommisse nirgends mit ersichtlicher Kraft aufgenommen. Bei der Vorberatung des BGB. setzte zwar noch einmal ein Widerspruch ein. Doch wurde er damit zur Seite geschoben, daß die Reichsgesetzgebung darauf verzichtete, ihre Souveränität über den deutschen Boden an dieser Stelle geltend zu machen und die Fideikommisse unter die Rechtsgebiete verwies, in denen sie bis auf weiteres der Landesgesetzgebung freie Hand ließ. So konnte die preußische Regierung im Jahre 1914 dem Herrenhause einen Gesetzentwurf vorlegen, der das Institut durch Beseitigung der allerschlimmsten Übelstände in seiner Lebenskraft noch stärken sollte. Überdies zog der Entwurf auch die „Familienstiftungen" in einer Weise in die Regelung ein, als ob nur jene Gattung von Stiftungen reicher Familien vorhanden wäre, und das ganze übrige Problem (s. o. S. 45) gar nicht bestände. Infolge des Kriegsausbruchs gelangte der Entwurf nicht zur vollständigen Durchberatung. Schamgefühl und Burgfriede standen der Wiederaufnahme im Wege.

Jetzt ist für das Reich der Zeitpunkt gekommen, wo sein Anspruch, das Erbrecht von Reichs wegen zu regeln, auch in diesem Punkte durchzuführen ist. Der Einwand, es handle sich um „eigentümliche" Verhältnisse, die deswegen der Landesregierung zu überlassen seien, wird überall da zu einer Verdrehung, wo gerade die Frage auf der Tagesordnung steht, ob die Eigentümlichkeit innerhalb der gemeinschaftlichen Rechtsordnung der Nation einen Platz habe. Die häufige Darstellung, daß es sich hier um einen Gegensatz zwischen konservierenden und radikalen Anschauungen handle, trifft ebenfalls nicht den Kern der Sache. Denn gerade das wird bestritten, daß die Fideikommisse der Konservierung der Mächte, auf denen der Staat beruht (wie immer auch man diese Mächte auffasse), günstig seien. Nicht nur daß die Fideikommisse eine Gefahr für den Kleinbesitz sind, heute werden sie sogar schon eine Gefahr für den Großbesitz, der in einzelnen Fällen vom Latifundienbesitz verschlungen wird. Wenn man häufig von radikaler Phrase spricht, so ist in diesem Falle die bloße Phrase ohne sachlichen Untergrund auf der anderen Seite. „Unter den großen Männern, welche bei der Neuaufrichtung des Deutschen Reiches einen hervorragenden Anteil genommen haben, ist auch nicht einer, dessen Familie in fideikommißgebundenem Grundbesitz eine wesentliche Stütze besitzt. Erst aus den Dotationen ist ihnen eine solche Basis für die Zukunft erwachsen." Diese Kritik der konservativen Phrase rührt nicht etwa von einem radikalen Gegner her, sondern von dem obengenannten Conrad, dessen politischer Standpunkt etwa auf dem rechten Flügel der Nationalliberalen war.

Wenn das Reich in einem Augenblick, wo es seine neue Finanzverfassung auf ein allgemeines Vermögensopfer gründen muß, an die Frage der Fideikommisse herantritt, so wird man sich zwar über das reichsgesetzliche Verbot zukünftiger Fideikommisse am leichtesten einigen können (da es nicht wahrscheinlich ist, daß hierin der Deutsche Reichstag von 1917 hinter dem österreichischen von 1868 zurückstehen werde). Allein diese Seite der Reform hat auf die Frage, die uns hier beschäftigt, keinen Einfluß. Ein Einfluß tritt vielmehr erst bei der wichtigeren, aber auch schwierigeren Frage der Auflösung der bestehenden Fideikommisse ein. Wenn jeder, der Vermögen besitzt, den vierten Teil seines Besitzes zu opfern hat, so kann das Reich sich gegenüber Gütern, die bisher keinen Eigentümer im gewöhnlichen Sinne, sondern nur Nutznießer und Anwärter hatten, mit diesem Anteil nicht begnügen. Indem das Reich das unbeschränkte Eigentum an diesen Gütern den Personen zuspricht, die bisher ein solches Eigentum weder hatten noch beanspruchten, kann es einen weit erheblicheren Teil dem gemeinen Besten zuführen. Der gegenwärtige Nutznießer mag im Genuß seiner Rente bleiben (und von ihrem Kapitalwert so viel entrichten, wie jeder andere Rentenempfänger); auch mag man lebende Anwärter in ihren Ansprüchen teilweise, oder bei vorgerücktem Lebensalter auch ganz, schonen. Darüber hinaus aber auch noch auf ungeborene Mitglieder der Familie Rücksicht zu nehmen, liegt bei Auflösung der Fideikommisse ein zwingender Anlaß nicht vor. Geschieht es trotzdem, und werden also Teile des bisherigen Fideikommisses als freies Eigentum übergeben, so ist das Reich desto mehr im Recht, wenn es andere Teile für das gemeine Beste verwertet.

Kommt eine Gesetzgebung über Auflösung der Fideikommisse nicht zustande, so ist die Heranziehung der Fideikommisse innerhalb der allgemeinen Gesetzgebung zu regeln. Daß eine genaue Ausgestaltung lohnt, wird schon wegen der Größe des Objekts kaum bestritten werden können. Zwar ist bedauerlicherweise über den Vermögenswert der Fideikommisse noch niemals eine Statistik veröffentlicht worden. Ja, wir kennen nicht einmal die Fläche für das gesamte Reich. Wenn wir aber wissen, daß in Preußen allein Ende 1912 die Fideikommisse eine Fläche von 2½ Mill. Hektar deckten (ungefähr soviel wie die ganze Provinz Sachsen oder Westpreußen), und daß in den anderen deutschen Staaten die Verschiedenheiten sich ungefähr die Wage halten, so haben wir gewisse Anhaltspunkte. Man kann für das Reich auf eine Fläche von 3 bis 4 Mill. Hektar rechnen, was in ungefährer Umgrenzung auf einen Vermögenswert zwischen 2 und 4 Milliarden Mark schließen läßt.

Schon das preußische Ergänzungssteuer-Gesetz von 1893 legte dem Fideikommißherrn nicht bloß die Steuer für den Kapitalwert seiner Nutzung, sondern für den gesamten Vermögenswert des Fideikommisses auf. Die 50 Pf. für je 1000 ℳ konnte der Fideikommißherr aus seiner Rente bestreiten. Als aber das Reich den Wehrbeitrag von 1913 in einer Staffel ansteigen ließ, die schon bei einer Million auf etwa 1 %, bei den größeren Vermögen auf 1½ % (etwa der dritte Teil einer Jahresrente, in manchen Fällen, z. B. bei großem Forstbesitz vielleicht schon die Hälfte) stieg, da mußte man einen Schritt weiter gehen. Man gestattete dem Fideikommißherrn den Teil, der die Abgabe vom Kapitalwert seiner Rente überstieg, aus dem Fideikommiß-Vermögen zu entnehmen. Der § 8 des Wehrbeitrags-Gesetzes, in dem diese Bestimmung enthalten ist, ist der erste Rechtssatz über Fideikommisse, der unabhängig von der Landes-Gesetzgebung gilt. Mit diesem Satz hat das Reich den Grundsatz von der Unantastbarkeit des Fideikommiß-Vermögens durchbrochen. Hat dieser Grundsatz schon gegenüber den Finanzbedürfnissen des Jahres 1913 nicht standgehalten, so hält er vor den Finanzbedürfnissen nach dem Kriege noch weniger stand. Die mechanische Viertel-Ausscheidung, die schon bei landwirtschaftlichem Besitz an sich auf Schwierigkeiten stößt, wird bei Gütern, die längere Zeit als Einheiten bewirtschaftet worden sind, in dieser Allgemeinheit noch schwerer durchführbar. Die Durchführbarkeit ist überall da leicht, wo neben dem fideikommissarischen noch anderes ausreichendes Vermögen (namentlich in Gestalt von Reichsanleihen) vorhanden ist, oder wo das Fideikommiß in mehrere Güter zerfällt. Wenn für den Fall des üblichen Majorats in Größe eines Ritterguts die hypothekarische Belastung in Höhe von ¼ des Wertes zugelassen wird, so werden vermutlich manche Anhänger des Instituts einer Auflösung den Vorzug geben. Wenn die Auflösung nicht erfolgt, und die Solidarität der Anschauungen, aus denen heraus der Fortbestand der Fideikommisse gefordert wird, den Sieg behält, so wäre es wohl das richtigste, mit dieser Solidarität ernst zu machen und sie der Neuregelung zugrunde zu legen. Mögen dann sämtliche Fideikommiß-Besitzer unter sich eine jener Opfergemeinschaften bilden, die als Ganzes das vom Vaterlande geforderte Opfer aufzubringen hat, und der die Unterverteilung überlassen werden kann; allerdings mit gewissen Normativbestimmungen, die immerhin dafür sorgen, daß bei dieser Gelegenheit die allzu mißbräuchlich gewachsenen Fideikommisse verkleinert werden.

* * *

Die vorstehenden Ausführungen stammen aus einer Zeit, als der im Frieden dem Preußischen Herrenhause vorgelegte Fideikommiß-Entwurf durch den Schluß der Session für „erledigt" galt. Nachdem das Unmögliche möglich geworden und Mitte Januar 1917 dem Abgeordneten-Hause ein neuer Entwurf vorgelegt, ja sogar wirklich in Beratung genommen worden ist, mögen jene Ausführungen unverändert stehen bleiben, weil sie unverändert am deutlichsten die Gegensätzlichkeit der Anschauungen zur Erscheinung bringen. Auf der einen Seite ein Volk, das alle Sehnen und Nerven seines Seins anstrengt, das alle Ecken und Winkel seines Habens durchsucht, um Gut und Blut fürs Vaterland zu opfern. Auf der anderen Seite eine Handvoll Familien, die in diesem Zeitpunkt imstande sind, Interesse und Nachdenken dafür zu beanspruchen, wie sie ihren Familienbesitz bis an das Ende aller Zeiten zusammenhalten können.

Ob die berufene Vertretung des deutschen Volkes etwas unternehmen soll, um einem solchen Beginnen entgegenzutreten (im Reichstage ist ein Antrag eingebracht worden, der zunächst die Neuerrichtungen sperren will), braucht an dieser Stelle nicht erörtert zu werden, da für das Vermögensopfer, das wir hier behandeln, der geradlinige Weg gangbar ist, der sich nicht vom Gegner das Gesetz des Handelns vorschreiben läßt, sondern, das Ziel im Auge behaltend, die Blößen, die jener sich gibt, benutzt. Daß in einem Augenblick, wo die vorbereitende Gedankenarbeit der Nation sich dem Problem zuwendet, 60 Milliarden Mark Schulden abzubürden, die öffentliche Aufmerksamkeit auf die hier angesammelten Reichtümer gelenkt worden ist, darf nicht ohne Folgen bleiben. Keine Finanzreform ohne gleichzeitige Herausholung der Fideikommiß-Flächen, die das deutsche Volk für sich und die Seinen nötig hat. Was von dem Vermögensopfer im allgemeinen gilt, daß es in seinen größten Bestandteilen nicht in Geld entrichtet werden kann, sondern nur in Objekten, wie Reich und Staat sie brauchen können für innere Kolonisation, für öffentliche Gewerbebetriebe, für behördliche Bauwerke (S. 12), das findet hier seine bedeutsamste Anwendung. Es ist nicht unbedingt geboten, daß das Reich sich auf ¼ der Fideikommiß-Fläche beschränkt. Es gibt Fideikommiß-Anballungen, die bis zu einer Größe gewachsen sind, daß die Familie die Einkünfte vernünftigerweise nicht mehr verzehren kann, sondern die Überschüsse nur zu neuer Vermehrung ihres Besitztums verwendet, um mit den so gesteigerten Überschüssen die Vermehrung gesteigert fortzusetzen. Die „Vermehrung" will heißen: die Verminderung der Fläche, die dem deutschen Volke übrig bleibt. Ob das Reich selbst die geopferten Flächen aufteilt, um seine Krieger, seine aus dem Ausland vertriebenen Söhne, seine landhungrige Landbevölkerung überhaupt anzusiedeln, oder ob es hier, wie in manchen anderen Dingen über die Verwendung der geopferten Vermögensstücke mit den einzelnen Staaten Abkommen schließt, — über diesem Teil des Vermögensopfers soll als Motto Serings Urteil über die Fideikommißfrage stehen: „Unser plattes Land muß in erster Linie gepflegt werden als das Saatbeet für deutsche Menschen."

e) Gemeinden und sonstige öffentliche Körperschaften.

Es besteht eine gewisse Scheu davor, zu Abgaben an Staat oder Reich Gemeindevermögen mit heranzuziehen, weil es ja ohnedies in demselben Maße, wie Staat und Reich selbst, öffentlichen Zwecken dient. Diese Scheu ist in der Allgemeinheit, in der sie besteht, nicht berechtigt.

Zunächst verbirgt sich unter dem Namen Gemeindevermögen sehr oft ein bloßer Vermögensanspruch der Gemeindemitglieder. — Die alte Unterscheidung zwischen Bürgervermögen und Kämmereivermögen ist vielfach in Vergessenheit geraten. Wenn städtischer Ackerbesitz keinen anderen Zweck hat, als unter Bürger oder Hausbesitzer zur Bestellung und Nutznießung verteilt zu werden, so ist dies wirtschaftlich ein Vermögensbesitz der einzelnen Personen, und nur rechtlich ist das Eigentum bei der Gemeinde. Bloß aus dem Grunde, weil der Nutzung diese Form gegeben ist, kann sich heute solches Vermögen unter der Firma Gemeindevermögen der allgemeinen Belastung entziehen. Von den ländlichen Allmenden, die noch in manchen Teilen Deutschlands in bedeutendem Umfange bestehen, gilt dasselbe, auch wenn sie nicht geteilt werden. Aber auch wo dieses Vermögen der Gemeindeverwaltung dient, kommt es in Wahrheit den Gemeinde*mitgliedern* zugute, da diese den entsprechenden Betrag an Steuern sparen. Noch vor 30 bis 40 Jahren las man nicht selten von Gemeindeverwaltungen, die Steuern nicht zu erheben brauchten, weil der ganze Bedarf aus Erträgen des Gemeindevermögens gedeckt werden, ja, in einzelnen Fällen sogar ein Überschuß herausgezahlt werden konnte. Und selbst ansehnliche Städte, wie Görlitz und Kassel, waren damals als die Zufluchtsorte wohlhabender Rentner und Pensionäre berühmt, weil sie sich bei dem großen Vermögen an Gütern und Forsten mit äußerst mäßigen Steuersätzen begnügen konnten. In solchen Fällen tritt besonders deutlich zutage, daß das Kämmereivermögen nicht anders behandelt zu werden braucht, als andere Vermögen auch. Aber wenn selbst eine Stadt nichts besäße, als ein ausreichendes Rathaus und genügende Schulhäuser, wäre sie doch um diesen Besitz besser daran, als eine gleiche Stadt, die für Magistratsbureaus und Schulzimmer Räume mieten muß. Was vom Privatbesitz und seinem Schutz vor feindlichen Überfällen gesagt wird, gilt in demselben Maße vom Gemeindebesitz.

Wie man auch über die wirkliche Heranziehung des Gemeindebesitzes denken mag, jedenfalls muß auch hier die Gelegenheit dazu benutzt werden, um endlich einmal einen Überblick über die vorhandenen Vermögen zu gewinnen. Die bisherigen Statistiken geben keinen hinreichenden Anhalt für die Bezifferung. Das „Kapitalvermögen" aller preußischen Städte zusammengenommen ist auf den 31. März 1906 mit 529,3 Mill. Mark ermittelt worden (dazu Landgemeinden über 10 000 Einwohner mit 27,9 Mill. Mark). Eine Ermittelung, die für unseren Zweck höchstens den Wert hat, zu zeigen, daß selbst in der Besitzform, auf die die Städte das geringste Gewicht legen (denn warum sollte eine Stadt sich an barem Gelde, an Bankguthaben, an Wertpapieren mehr hinlegen, als sie nötig hat?), auch schon mehr als ½ Milliarde Mark herausspringt. Der Hauptposten städtischen Vermögens ist der städtische Grundbesitz (in Berlin allein mehr als jenes „Kapitalvermögen" aller Städte zusammen, nämlich 624,9 Mill. Mark, 1. April 1913). Hier aber tauchen so viele Fragen und so viele verschiedene Antworten auf, daß es bisher noch nicht gelungen ist, ein nur einigermaßen einheitliches Bild zustande zu bringen. Die eine Stadt rechnet Stiftungsgrundstücke mit, die andere nicht. Manche schließen den Besitz besonders organisierter „Schulgemeinden", „Armengemeinden" u. ä. von der Statistik der „Stadtgemeinde" aus. Selbst der Anlauf, der einmal genommen wurde, für die Städte über 50 000 Einwohner den Grundbesitz zusammenzustellen, war von jedem Glauben an eine Einheitlichkeit so weit entfernt, daß er darauf verzichtete, eine Summe zu ziehen, übrigens nicht nach dem Werte, sondern nach dem „Ertrage" fragte und alte Gebäude, die „nur" zu städtischen Verwaltungszwecken verwendet wurden und keinen in Geld sichtbaren Mietsertrag abwarfen, als ertraglos behandelte. Immerhin erschienen doch selbst in dieser Statistik des bloß dem Erwerbe dienenden Grundbesitzes eine Anzahl

Großstädte mit Nettoerträgen über 100 000 M. So (von Städten, bei denen sicher Stiftungen nicht mit einbezogen sind): Düsseldorf mit r. 140 000, Stuttgart, Magdeburg, Köln mit 265 000, 320 000, 440 000 M; Nettoerträge, denen Grundstückswerte von 3 bis 8 Mill. Mark und mehr für die einzelne Großstadt entsprechen mögen. Selbst Mittelstädte ragten in diese Klasse hinauf, wie Brandenburg a. d. Havel mit 116 000 M Nettoertrag (entsprechend einem Grundstückswert von 2⅓ bis 3 Mill. Mark).

Keine dieser Aufstellungen erfaßt das Gesamtvermögen; keine sucht durch Abzug der Schulden das Reinvermögen festzustellen. Ein solcher Versuch ist in einer privaten Statistik auf die Jahre 1906/08 für 68 Städte mit 7 Mill. Einwohnern gemacht worden. Er ergab an gesamtem Reinvermögen 3½ Milliarden Mark oder 485 M pro Kopf. In der Statistik waren zwar Städte unter 10 000 Einwohnern nicht vertreten. Da in ihr aber andererseits die beiden Millionenstädte des Reichs ebenfalls fehlen, so könnte man an sich vielleicht das Ergebnis verallgemeinern und für die deutschen Städte über 5000 mit zusammen 26½ Millionen Einwohnern danach auf 10 Milliarden Mark Gemeindebesitz schließen, wenn nur nicht die Grundlagen der Aufstellungen gar zu ungleichmäßig wären. Die Ziffern sind nicht ohne weiteres miteinander vergleichbar. Wenn aber auf den Kopf der Einwohner

	Frankfurt a. M.	Mannheim	München	Hannover	Wiesbaden
	631	490	481	358	347 M,
hingegen	Wandsbek	Fulda	Viersen	Barmen	Eisleben
nur	38	37	30	19	5 M

zeigen und Schöneberg sogar mit einem Minus von 13 M (Schulden-Überschuß) abschließt, so sind diese Verschiedenheiten so groß, daß sie nicht etwa in Ungleichmäßigkeiten der Erhebung ihren Hauptgrund haben können, die Zahlen bringen vielmehr zu deutlicher Anschauung, wie bevorzugt die Städte mit erheblichem Vermögensbesitz vor solchen Städten sind, die kein oder nur ein sehr geringes Gemeindevermögen haben; und sie zeigen, in wie hohem Maße es lohnt, diesen bisher von jeder Steuererfassung beiseite gelassenen Vermögen nachzuspüren.

In Verwaltungsberichten, Rechnungslegungen und Statistischen Jahrbüchern deutscher Städte schlummert manche Vermögensziffer, die verdiente, zum Leben erweckt zu werden. Nach § 71 der östlichen Städteordnung (und die meisten anderen haben ähnliche Bestimmungen) hat der Magistrat über alle Teile des städtischen Vermögens ein „Lagerbuch" zu führen und den Stadtverordneten alljährlich „die darin vorkommenden Veränderungen" vorzulegen. Obgleich in dem Wortlaut nicht gesagt ist, daß den aufgeführten Vermögensgegenständen Wertziffern beigesetzt werden müssen, so ist dies doch weit verbreitete Übung. So können wir für Berlin, das in der obigen Zusammenstellung fehlt, aus dem „Lagerbuch" ergänzend anführen

Tab. 5. Vermögensübersicht der Stadt Berlin, 1. April 1914.

I. Aktiva.

	Mill. M
1. Grundbesitz	654,5
2. Ausstehende Kapitalien	
A. Hypotheken und sonstige Forderungen	30,6
B. Effekten (Kurswert)	10,1
3. Kassenbestände	69,3
4. Einnahmereste	8,8
5. Wert der Natural-, Material-, Betriebsbestände und Vorräte	168,3
6. Wert des Mobiliars, Inventars, der Bibliotheken, Apparate und Sammlungen	48,1
Summe der Aktiven	989,7

II. Passiva.

1. Schulden	
A. vom Grundbesitz	13,0
B. Obligationenschulden	492,2
C. zeitweilig aufgenommene Darlehen	11,0
2. Ausgabereste	19,5
Summa der Passiven	535,7
III. Bestand	454,0

(ohne das Stiftungsvermögen von r. 70,5 Mill. M).

Bei einer Bevölkerung von 2,1 Mill. ergibt dies einen Vermögensbestand von 210,7 M p. Kopf. Also noch nicht die Hälfte des oben errechneten durchschnittlichen Kopfsatzes!

Besonders große Ungleichheiten werden vermutlich die kleinsten Städte aufweisen. Manche von ihnen besitzen noch aus alten Zeiten Acker- und nutzbare Wasserflächen. Bei anderen ist zum Rathaus und zu Schulgebäuden ein Krankenhaus, ein Schlachthaus, oft in ganz kleinen Gemeinden ein städtisches Gas- und Elektrizitätswerk hinzugekommen, dessen Herstellungskosten ganz oder teilweise getilgt sind. Als typisches

Beispiel sei hier die Übersicht einer kleinen, wenig begüterten ostdeutschen Stadt von etwa 5000 Einwohnern hergesetzt:

Besitz an bebauten Grundstücken	377 500 ℳ
„ „ unbebauten „	203 000 „
Mobilien	19 200 „
Kapitalvermögen in Hypotheken, Pfandbriefen usw., Reservefonds städtischer Gewerbebetriebe, sonstige für zukünftige Bedürfnisse angesammelte Fonds	33 033 ℳ [1]
Zusammen	632 733 ℳ
Nach Abzug der Schulden mit	371 750 ℳ
bleibt	260 983 ℳ
d. i. p. Kopf ungefähr	53 ℳ

Man vergleiche damit ein mecklenburgisches Landstädtchen mit der halben Einwohnerzahl, dem ein auswärts zu Reichtum gelangter Sohn durch Testament sein ganzes Vermögen im Betrage von 2½ Mill. Mark vermacht, was allein bereits eine Kopfquote von 1000 ℳ ergibt.

Noch weniger als über die Stadtvermögen sind wir über die Vermögensverhältnisse der Landgemeinden unterrichtet. Es wäre gar nicht unmöglich, daß hier die Ungleichheiten noch größer sind, als in den Städten, weil hier alter kommunaler Besitz an Wald, Weide, Wasser, sowie auch an Ackerland sich in der einen Gegend erhalten hat, in anderen der Aufteilung verfallen ist. Viel besprochen war s. Z. der Prozeß, den die unterfränkische Gemeinde Burgsinn gegen die Herren v. Thüngen nach 300jähriger Dauer im Jahre 1899 zu siegreichem Abschluß brachte. Der Gemeinde wurde endgültig das Eigentum an einer Waldfläche von 3000 ha mit einem Jahresertrage von 70—100 000 ℳ zugesprochen. Nach der Eigentümlichkeit der Waldpreise darf man wohl auf einen Wert von 2 bis 3 Mill. Mark schließen, was bei einer Gemeinde von 1650 Einwohnern etwa 12—1800 ℳ p. Kopf ergibt. Burgsinn ist eine Art Berühmtheit wegen seiner opulenten Gemeinde-, Schul- und Kirchenbauten, Steuer- und Schulgeldfreiheit, Unentgeltlichkeit der Lernmittel, hoher Lehrer- und Bürgermeister-Gehälter. Hätte die Gemeinde nicht den Prozeß zu führen gehabt, man würde von dem Riesenvermögen in weiteren Kreisen kaum je etwas erfahren haben. Nach einer Zählung vom 14. Juni 1895 gab es im Deutschen Reich noch 12 492 Gemeinden mit eigener Gemeindeweide, ungefähr ebensoviele mit Gemeindewald und 8560 mit Ackerbesitz. Die

[1]) Darin ein Sparguthaben von ℳ 3291, das vielleicht Stiftungscharakter trägt.

Wohlhabenheit solcher Gemeindeverwaltungen hebt sich erfreulich ab von dem Zustande anderer, die in unkluger Übertreibung des Einzeleigentums in früheren Generationen ihren Gemeinbesitz aufgeteilt und die Gemeinde ganz auf Steuern angewiesen hat. Aber was sich erfreulich abhebt, braucht eben darum nicht verschont zu werden, wo all und jedes zum Vermögensopfer beitragen soll. Es soll Gemeinden geben, deren Besitz so groß ist, daß sie sogar Staatssteuern aus der Gemeindekasse zahlen.

Auch die größeren Kommunalverbände, die Kreis-, Amts-, Bezirks-, Provinzialkommunen oder wie sie sonst in den verschiedenen Gegenden Deutschlands heißen mögen, besitzen Vermögen, und zwar manche von ihnen auch „rentierendes". Der einzige Staat, der hierüber eine Gesamtstatistik erhoben hat, in der einen Gegend erhalten hat, in anderen der Aufteilung ist Bayern. Die Zahlen werden amtlich zwar nur mit vielen Vorbehalten gegeben. Doch sind diese meistens derart, daß man die Zahlen als Mindestzahlen ansehen kann. Aus den Angaben ließe sich etwa folgende Tabelle zusammenstellen:

Tab. 6. Kreis-, Distrikts- und Gemeindevermögen in Bayern 1907.

Bevölkerung Bayerns 1905 = 6,5 Millionen Einwohner.

Nr.		Rohvermögen Mill. M.	Schulden Mill. M.	Reinvermögen Mill. M.	Reinvermögen p. Kopf
1.	2.	3.	4.	5.	6.
1.	Kreise . . .	49,2	24,2	25	3,85 M.
2.	Distrikte[1]) . .	35,2	15,9	19,3	2,97 „
3.	Gemeinden .	1552,9	712,3	840,6	129,32 „
	zusammen	1637,3	752,4	884,9	136,14 M.

Danach käme man für das Deutsche Reich auf eine Mindestziffer von 9 Milliarden Mark. Es ist zwar wahrscheinlich, daß diese Mindestziffer von der Wirklichkeit bedeutend überragt wurde. Wie aber die kommunalen Vermögensverhältnisse in der Kriegszeit sich verändert haben, insbesondere in welchem Umfange schwebende Schulden aufgenommen wurden, darüber fehlt uns bis jetzt jeder Anhalt.

Allerdings muß die Durchführung eines allgemeinen Vermögensopfers bei kommunalen Körperschaften aller Art auf erhebliche Schwierigkeiten stoßen. Die Besitztümer der Ge-

[1]) Besitz an Straßen nicht mit veranschlagt.

meinden eignen sich z. T. nicht zur Veräußerung; es gibt keinen Markt für sie. Wenn man sie veranschlagt, so ist man in vieler Beziehung auf Vermutungen oder gar auf Fiktionen angewiesen. Man mag ein gut eingerichtetes Rathaus schätzen, wie man wolle; an dem Tage, an dem es verkauft würde (oder gar an dem Tage an dem alle Rathäuser Deutschlands gleichzeitig verkauft würden!), würde es nicht annähernd den geschätzten Betrag bringen. Vollends für Straßen, Brücken, Kanäle, Häfen, Feuerwehren werden sich schwerlich schätzungsfähige beeidigte Sachverständige finden.

Hiermit ist ein schwer zu erledigendes Bedenken berührt, das aber in gewissem Grade auf Abschätzungen überhaupt zutrifft. Eine allgemeine Vermögensabschätzung eines ganzes Landes beruht immer auf einer Fiktion, weil niemand sagen kann, für welchen Zeitpunkt die angenommenen Werte zutreffen. Sollte alles an dem angegebenen Tage zum Verkauf gestellt werden, so würden Käufer nicht vorhanden sein. Wollte man bei dem Mobiliarbesitz nur den Betrag einsetzen, den jeder bekommen würde, wenn er seine Möbel zu verkaufen suchte, so würde das streng logisch darauf hinauslaufen, daß er bloß den Trödelwert anzugeben hätte. Die Möglichkeit jeder Vermögensabgabe beruht also darauf, daß diese Vexierfragen nicht gestellt werden. Dennoch darf man den Gemeinden gegenüber das Bedenken damit nicht als abgetan ansehen. Sonderbestimmungen darüber, inwieweit Eigentumsobjekte nach Art der oben erwähnten Beispiele steuerfrei bleiben, werden nicht zu entbehren sein. Noch weniger Grundsätze darüber, wie im Falle der Steuerfreiheit doch wenigstens noch — im Interesse vollständiger Statistik — die Schätzung der schwer zu schätzenden Objekte vorzunehmen ist; Anhaltspunkte dafür werden in den Erfahrungen der Gemeinden zu finden sein, die längere Zeiträume hindurch diese Objekte in ihre alljährlichen Schätzungen aufgenommen haben.

Die kommunalen Aufgaben werden bei uns nicht bloß durch die naturgegebenen Ortsgemeinden, durch Kreis- und Provinzialverbände, sondern vielfach auch durch Organisationen erfüllt, die für besondere Aufgaben eigens geschaffen sind: Zweckverbände aller Art. Daß der meistgenannte dieser Verbände ein städtischer ist, der „Zweckverband Groß-Berlin", ist Zufall.

Ihre Hauptwirksamkeit haben die Zweckverbände auf dem platten Lande, wo sie als Wegegenossenschaften die gemeinsame Unterhaltung von Wegen, als Armenverbände die gemeinsame Armenpflege, als Schulsozietäten die gemeinsame Schulverwaltung sich zur Aufgabe machen. Dazu Zwangsgenossenschaften aller Art, die auf Sondergesetzgebung oder altem Herkommen beruhen, wie Deichverbände, Wasser-, Waldschutz-Genossenschaften u. a. m. Sie alle besitzen Vermögen, aber noch niemals hat eine umfassende Statistik versucht, in diese Ecken der Verwaltung hineinzuleuchten. Den preußischen Volksschulen fließt aus Vermögen eine Jahreseinnahme von 20 Mill. Mark zu, was einem Vermögenswerte von ½ Milliarde und mehr entsprechen mag. Sollte die Ziffer verwertet werden, so müßte eine Doppelzählung desselben Vermögens bei Schulsozietäten und Ortsgemeinden verhindert werden.

Zwischen Zwangs- und freiwilligen privaten Verbänden in der Mitte stehen die Innungen, die z. T. auf Zwangsmitgliedschaft beruhen („Zwangsinnungen"), aber auch bei bloßer freier Mitgliedschaft öffentliche Funktionen ausüben können. Manche der heute bestehenden sind noch Fortsetzungen der alten, mittelalterlichen Innungen, Zünfte, Ämter, Gewerke o. ä., und verfügen über ein in langen Generationenreihen angesammeltes Vermögen. Ist es bei vielen im Laufe der Zeit verzettelt worden, so stehen denen andere gegenüber, denen in der Neuzeit bedeutendes Vermögen in den Schoß gefallen ist. Vor 10 bis 20 Jahren wurde ein Fall bekannt, daß eine Innung, aus 18 Mitgliedern bestehend, über ein Vermögen von beinahe einer Million Mark verfügte, während ihre Verwaltungskosten nur geringfügig waren. Hätte die Aufsichtsbehörde nicht von der Absicht der Mitglieder, den Überschuß unter sich zu verteilen, oder gar unter einem Vorwande das Stammvermögen anzugreifen, rechtzeitig Kenntnis erhalten, und mit einiger Mühe gemeinnützige Verwendungszwecke entdeckt, so wäre das Geld auf diese Art vertan worden. Entstanden war das Vermögen dadurch, daß ein Grundstück, das zu bescheidenen Zeiten der Innung geschenkt worden war, im Zeitalter der „Millionenbauern" plötzlich in die Höhe ging. Wie oft derartige Vermögen nach und nach aufgezehrt wurden, darüber gibt es weder Statistiken, noch Geschichtsschreibungen.

Die Innungen sind kein begrifflich oder historisch fest abgegrenzter Kreis. Gerade die wohlhabendsten Kreise des gewerblichen Lebens bildeten als Kaufmannsgilden, Gewandschneider- oder Krämerämter, Genossenschaften besonderer Art. Die Gilden haben sich als kaufmännische Korporationen, teilweise mit bedeutendem und durch Grundstücksentwickelung noch sehr gestiegenem Vermögen bis zur Gegenwart erhalten oder dieses auf die Handelskammern übertragen. Auch wenn die Handelskammern nicht Fortsetzungen älterer Gilden sind, blicken sie z. T. bereits auf ein hundertjähriges Alter (seit der Napoleonischen Zeit) mit erheblicher Vermögensentwickelung zurück, und selbst bei den Neubildungen der Handwerks- und der Landwirtschaftskammern werden wenigstens an einzelnen Orten ähnliche Ansammlungen schon stattgefunden haben.

Die Rechnungslegungen dieser Körperschaften werden z. T. (so die der meisten Innungen) überhaupt nicht oder nur an entlegenen Stellen veröffentlicht. Die einzigen, für die regelmäßige Zusammenfassungen erscheinen, sind die Handelskammern. Doch sind die Angaben mehr auf den Vergleich von Einnahmen und Ausgaben, als auf Vermögensfeststellung gerichtet. Wo „Passiva" angegeben sind, ist nicht immer festzustellen, ob es Schulden oder buchmäßige Verpflichtungen an Reserve- und sonstige Fonds, d. h. Vermögensobjekte, sind. Schon die Handelskammern in Mittelstädten, wie Heilbronn, Siegen, Kottbus kamen in den letzten Friedensjahren mit Jahresüberschüssen in 5stellige Zahlen, Lübeck, Halberstadt, Dresden auf 35—80 000 *M*. Man darf zwar diese Überschüsse nicht etwa ohne weiteres mit der Zahl der Jahre multiplizieren, in denen sie regelmäßig erscheinen, weil sie häufig nicht angesammelt, sondern nur von Jahr zu Jahr übertragen werden. Immerhin mit solchen Überschüssen würde man einen Privatmann auch ohne Kenntnis seines Vermögens auf „wohlgeordnete Verhältnisse" schätzen. Wenn vollends eine Körperschaft unter dem Einflusse des Krieges ihre Jahresrechnung mit einem Fehlbetrag von ½ Million Mark abschließen muß und ihn glatt „aus früheren Überschüssen" decken kann, so läßt dies einen Blick darein tun, wie erfolgreich in früheren Jahren angesammelt worden ist. Wo Vermögensziffern von Handelsvertretungen bekannt werden, sind die halben und ganzen Millionen keine Seltenheiten. Die alten Börsen-, Packhofs-

und sonstigen Gebäude befinden sich in den Großstädten fast durchgehends in den alten Stadtteilen, in denen sich der Wert der Grundstücke im Laufe der letzten Menschenalter vervielfacht hat.

Wenn das Reich, um sich selbst auf neue und gesunde Grundlagen zu stellen, eine allgemeine Abtretung von erheblichen Vermögensteilen für erforderlich hält, so werden hinter anderen Verbänden, die Kirchen, nicht zurückstehen wollen. Die Vorstellungen über die hier liegenden Reichtümer sind zwar wahrscheinlich übertrieben. Das viele Sprechen über die „tote Hand", das Zitieren des Spruches vom großen Magen, der selbst ungerechtes Gut vertragen könne, die gegenseitigen Vorwürfe der Konfessionen in früheren Jahrhunderten haben nachhaltig auf die Phantasie gewirkt und lassen übersehen, wieviel infolge der sehr starken Betonung des kirchlichen Reichtums ihm durch Zugriffe der Staatsgewalt bereits entzogen ist. Von noch älteren Vorgängen abgesehen, bedeuteten die Reformation im 16. und der Westfälische Friede im 17. Jahrhundert nicht etwa bloße Übertragungen des Kirchenguts von katholischer auf protestantische Seite: Es blieb vielmehr nur ein Teil kirchlichen Zwecken erhalten, ein anderer wurde für Zwecke der staatlichen (fürstlichen) Verwaltung verwendet, während ein dritter, der Unterrichtszwecken gewidmet wurde, zwar nach Auffassung der Zeit als kirchenverwandt gelten konnte, aber doch dem Kirchen*vermögen* entzogen war. Ebenso übergaben Ende des 18. und Anfang des 19. Jahrhunderts die Säkularisationen der Revolutions- und der Napoleonischen Zeit die Güter der aufgehobenen geistlichen Fürstentümer den Landesherren nicht bloß für „Gottesdienst, Unterrichts- und andere gemeinnützige Anstalten", sondern allgemein zu freier Verfügung und also auch „zur Erleichterung ihrer Finanzen". Den Wert der so der Kirche entzogenen Güter hat man für die katholische Kirche allein auf ½ Milliarde rheinischer Gulden berechnet. Die dafür versprochene Ausstattung der Kirchen für die notwendigen Gehälter der Geistlichen u. a. m. erfolgte nur in der Form von jährlichen Zuschüssen des Staates. Daß die im 19. Jahrhundert aufgehobenen Klöster (über deren Vermögen in Preußen nur der Oberrechnungskammer Rechnung gelegt wird) noch die legendenhaften Reichtümer besessen haben sollten, ist nicht wahrscheinlich.

Trotzdem ist das Kirchenvermögen nicht unbeachtlich. In Betracht kommen zwei verschiedene Vermögenskategorien. Einmal Reste der großen kirchlichen Reichtümer in Bistümern, Stiften und Gemeinden. Ein großer Reichtum wird selten so gründlich vernichtet, daß nicht die Reste noch etwas Erhebliches darstellen sollten. Diese heute noch vorhandenen Reste müssen endlich einmal festgestellt werden. Sodann aber kommen alle kirchlichen Ortsgemeinden, Diözesen usw. in ähnlicher Art, wie Städte, Dörfer, Kreis- und Provinzialkommunen als Vermögensträger in Betracht. Was von diesen gesagt ist, daß ihr Vermögen zwar Verwaltungszwecken dient, daß aber doch eine Stadt mit großem Stadtbesitz bevorzugt ist vor den Städten, deren Einwohner alles durch Steuern decken müssen, gilt auch hier. Aber es scheint in besonders hohem Grade zu gelten, weil die Ungleichheiten anscheinend besonders groß sind. Dies wird gelegentlich bekannt, wenn man davon hört, daß gewisse Pfarren zu Avancementsstellen gestempelt werden, weil man es nicht zufälligen Einflüssen überlassen will, junge Anfänger in den Genuß großer Pfarrgüter kommen zu lassen. Statistische Nachrichten liegen aus zwei deutschen Staaten vor. In Baden wurde auf den 1. Januar 1908 für die evangelische Kirche ermittelt das Vermögen der

landeskirchlichen Fonds und Kassen	auf r. . .	32,5 Mill. M
Ortsfonds und Kassen	auf „ . .	11,8 „ „
	Zusammen	44,3 Mill. M

bei einer evangelischen Bevölkerung von 769 866 Seelen (1905) = 57 M p. Kopf. — Bayern unterscheidet auch hier zwischen rentierenden und nicht rentierenden Vermögen (Kirchengebäude usw.). Es wurde ermittelt (1901) in Mill. Mark

	rentierend	nicht rentierend	insgesamt
für die evangelische Kirche . .	21,5	45,1	66,6
„ „ katholische „ . .	169,1	146,8	315,9
zusammen	190,6	191,9	382,5

Dies ergibt für eine Bevölkerung (1901) von 1,75 Millionen Evangelischen und 4,63 Millionen Katholiken Kopfsätze von je 38 und 68 Mark. Legt man für das ganze Deutsche Reich (einschl. der jüdischen, dissidentischen usw. Bevölkerung) auch nur einen Kopfsatz von 40 bis 50 M zugrunde, so käme man auch bei vorsichtigster Rechnung auf ein Vermögen von 2½ bis 3 Milliarden Mark und darüber. Die ungleiche Verteilung nach reichen und armen Gemeinden würde es auch hier ermöglichen, durch Opfergemeinschaften die Abgabe so zu gestalten, daß die rein gottesdienstlichen Bedürfnisse nirgends zu leiden brauchten.

Daß hier übrigens auch auf der untersten Stufe erhebliche Besitztümer anzutreffen sind, mögen die folgenden drei Beispiele (durchweg aus nicht wohlhabender Gegend) dartun:

a) Kleines evangelisches Kirchspiel (2200 Seelen im Hauptort; mit Filialdörfern: 8000):

Kirchengebäude	100 000 M
Pfarrhaus	60 000 „
Kirchhofgelände	10 000 „
Kapitalien	2 910 „
zus.	172 910 M

(= 22 M p. Kopf).

b) Kleines katholisches Kirchspiel (3000 Seelen im Hauptort; mit Filialdörfern: 6000):

Ländereien	262 000 M [1])
Kirchengebäude	100 000 „
Pfarrhaus	20 000 „
Vikarhaus	10 000 „
Kirchhofgelände	50 000 „
zus.	442 000 M [2])

= 74 M p. Kopf).

c) Kleine jüdische Gemeinde von 600 Seelen:

Synagoge	10 000 M
Nebensynagoge	5 000 „
Kantorhaus	10 000 „
Friedhofsgelände	5 000 „
Sonstiges Vermögen	2 100 „
zus.	32 100 M [3])
ab Schulden	5 965 M
bleibt Reinvermögen	26 135 M

(= 44 M p. Kopf).

Die drei Beispiele bringen zur Anschauung, daß in der Zusammensetzung des Kirchenvermögens große Verschieden-

[1]) Der gesamte Ertrag, der infolge eines langfristigen Pachtvertrages nur ca. 5000 M beträgt, dient als Gehalt des ersten Geistlichen, der davon 600 M an den zweiten abzugeben hat.

[2]) Außer 125 000 M an Stiftungskapitalien (f. Messelesen usw.)

[3]) Außer Stiftungskapitalien im ungefähren Betrage von 70 000 M.

heiten bestehen, daß hier das Vermögen mit unbedingt bindender kirchlicher Zweckbestimmung fast das einzige Eigentum bildet, dort bedeutender sonstiger Besitz vorhanden ist. In dem letztgenannten Beispiel muß auffallen, daß eine Gemeinde von 600 Seelen (d. i. etwa 120 Familien) zwei Gotteshäuser besitzt. Dies ist kaum anders zu erklären, als daß die Gemeinde einmal bedeutend größer gewesen sein muß. In religiösen Minderheiten, wo das „Gesetz der größten Zahl" nicht ausgleichend wirkt, machen zufällige Verschiebungen oft einen kleinen Rest zum Träger eines Besitzes, den er nicht mehr ausreichend verwerten kann. — In noch höherem Maße ist das bei Sekten der Fall. In Zeiten großer Erregung entstanden, vererben sie, was die Opferwilligkeit während der ersten Ausbreitung zusammengebracht hat, nicht selten an einen zusammenschmelzenden Rest, der mitsamt seinem Besitz ein unbeachtetes Dasein führt. Daß dem arme Sekten gegenüberstehen, soll natürlich nicht bestritten werden. Über die Etats einzelner Sekten kommen zuweilen Notizen in die Öffentlichkeit. So hatten die Adventisten vom siebenten Tage, die, über die ganze Erde verbreitet, in Amerika den Sitz ihrer „Generalkonferenz" haben, ein Jahresbudget (1906) von 4,9 Mill. Dollar = 20 Mill. Mark. Dabei betrug die Mitgliederzahl noch nicht 100 000. Die deutschen Baptisten verfügten (1907) über r. 850 000 ℳ Beiträge von 37 000 Mitgliedern. In der katholischen Kirche kann allerdings ihrem Begriffe nach von Sekten nur insoweit die Rede sein, als Gemeinschaften behaupten, katholisch zu sein, wie Altkatholiken, Jansenisten u. a. Evangelische Sekten aber gibt es in großem Umfange, und innerhalb des Judentums muß eine Tendenz auf Bildung von Sondergemeinden vorhanden sein, wenn bereits wiederholt die staatliche Gesetzgebung damit hat befaßt werden müssen. Eine ähnliche Stellung nehmen die „freien Gemeinden" ein.

Es bleibt noch die Frage zu erörtern, ob Gefühle, die einen berechtigten Anspruch auf Schonung haben, grundsätzlich erfordern, daß ein allgemeines Vermögensopfer vor kirchlichem Vermögen Halt mache. Es ist nicht der Fall. Unter den verschiedenen in Deutschland bestehenden religiösen Gemeinschaften gibt es keine, die nicht das Vorbild König Davids anerkennt, der aus dem Hause Gottes die Schaubrode nahm, weil die Not der Zeit es forderte.

Die Allgemeinheit des Vermögensopfers würde in letzter Konsequenz auch die Heranziehung der Vermögen erfordern, die sich im Besitze der einzelnen Staaten befinden. Gegen diese Konsequenz wird vermutlich das verfassungsrechtliche Bedenken geltend gemacht werden, daß die Art, wie das Reich zur Deckung seiner Bedürfnisse die Einzelstaaten heranziehe, ein für allemal in der Reichsverfassung geregelt sei. Nun ist zwar diese Art der „Matrikularbeiträge" sehr primitiv. Sie ist in Wahrheit eine rohe Kopfsteuer, die rein nach der Volkszahl vom Reich ausgeschrieben wird. Würden die Einzelstaaten sie ebenfalls als Kopfsteuer auf ihre Staatsangehörigen legen, so würde sie unerträglich, ja, nicht einmal beitreibbar sein. Es war längst allgemein anerkannt, daß, wenn das Reich wirklich einmal wieder große Summen als Matrikularbeiträge erheben wollte, daß dann die Matrikel geändert und die einzelnen Staaten nicht nach der rohen Volkszahl, sondern nach gewissen Merkmalen der Leistungsfähigkeit ihrer Bevölkerung herangezogen werden müßten. Das Reich könnte ganz gut aus Anlaß des Vermögensopfers mit der Unterscheidung der Staaten nach der Höhe des fiskalischen Eigentums wenigstens einen Anfang machen.

Es ist merkwürdig, wie wenig Aufmerksamkeit die deutschen Staaten der genauen Feststellung ihres Vermögens zugewendet haben. Im Grunde genommen ist dies ein sehr starker Beweis für das Zutrauen, das zu ihren Finanzen herrscht. Denn da der Stand der Staatsschulden alljährlich veröffentlicht wird, so liegt ein großer Vertrauensbeweis darin, daß nach Veröffentlichung der Aktivziffer anscheinend kein Verlangen besteht. Erörterungen über die Höhe des Staatsvermögens sind wohl am ehesten aus Meinungsverschiedenheiten darüber hervorgegangen, was Staats-, was fürstliches Hausvermögen ist. Am frühesten scheint das Herzogtum Sachsen-Altenburg mit regelmäßigen Veröffentlichungen über die als Staatsvermögen festgestellten Gegenstände begonnen zu haben. Aber nur „Kapitalanlagen" (Hypotheken, Wertpapiere usw., Grundrenten) sind hierbei in Geld ausgedrückt. Der Grundbesitz wird lediglich nach seiner Fläche verrechnet. Es kann also auch keine Summe gezogen werden. Erst als das Königreich Sachsen die Einrichtung übernahm, wurde bei der mit großer Sauberkeit durchgeführten Regelung des Finanzwesens auch eine wirkliche Vermögensbilanz eingeführt. In Preußen wurde sie bei Beratung des sog. „Komptabilitätsgesetzes" von 1898 abgelehnt, und man könnte nur nach dem bekannten statistischen Wert der Staatseisenbahnen und den Jahreserträgen der Domänen, Bergwerke usw. Schätzungen machen. Auch wo sonst noch aus deutschen Staaten Vermögensangaben vorliegen, darf man sie nicht ohne weiteres als vergleichbar betrachten. Der Gothaische Hofkalender fügt bei 9 deutschen Staaten dem Etat der Einnahmen und Ausgaben auch Mitteilungen über das Staatsvermögen hinzu. Wollte man daraus eine Tabelle herstellen, so könnte dies nur dazu dienen, die Lückenhaftigkeit unserer Kenntnis der Staatsvermögen recht deutlich zu veranschaulichen. Immerhin gibt die sächsische Ermittelung eines Staatsvermögens von über 1 Milliarde, d. h. 210 M auf den Einwohner, einen gewissen Einsatzpunkt. Wenn dieser Kopfanteil zwar in Hessen und Mecklenburg-Schwerin auf 180 und 149 M heruntergeht, sich jedoch in Anhalt auf 382 M erhebt, so wird man sagen können, daß im Durchschnitt der deutschen Staaten der Kopfsatz sich zwischen 150 und 300 M bewegen mag. Man wird dies um so sicherer tun dürfen, als der größte deutsche Staat ganz allgemein als das klassische Land des großen Staatsbesitzes gilt. Danach könnte man veranschlagen, daß der Wert der Staatsvermögen in Deutschland sich etwa zwischen 10 und 20 Millrd. Mark bewegen wird. So viel Ungleichmäßigkeiten aber die Statistik in der Verteilung über die einzelnen Staaten ergibt, so viel neue Gründe dafür, die Staaten dementsprechend verschieden zu belasten. Die Verschiedenheiten in der Tragfähigkeit bringen nur desto deutlicher zur Anschauung, daß ein prinzipieller Grund für die Freistellung dieser Vermögen nicht vorhanden ist. Wenn bei uns in dem einen Staate die Eisenbahnen Privat-, in dem andern Staatseigentum wären, welchen Grund könnte es geben, dort diesen Teil des Volksvermögens für die Reichsschulden haften zu lassen, und hier nicht? Oder noch deutlicher veranschaulicht: wenn das Bergwerk Hibernia seinen Anteil am Vermögensopfer zu tragen hat, weswegen sollte darauf verzichtet werden, sobald es in das Eigentum des Preußischen Staates übergeht? Wir sind davon ausgegangen, daß die Kosten, die für den Krieg aufgewendet wurden, das gesamte Nationalvermögen des deutschen Volkes geschützt haben, und daß jeder Eigentümer mit Freuden einen

Teil seines Eigentums geopfert hätte, wenn man ihm den Rest mit voller Sicherheit garantiert hätte. Dieser Grund trifft auf das gesamte Eigentum zu, gleichgültig, wie es in den einzelnen deutschen Ländern zwischen dem Staat und seinen Einwohnern verteilt ist.

Der Schwierigkeiten aber, die durch Abschätzung von Gegenständen entstehen, deren Verkaufsmöglichkeit nur schwer oder gar nicht vorgestellt werden kann, haben wir bereits bei den Gemeinden gedacht. Auf diese Schwierigkeiten muß in der Ausführung hier in erhöhtem Maße Rücksicht genommen werden. Und sie kann genommen werden, wenn nur die Vollständigkeit der Statistik in vollem Umfange aufrecht erhalten wird.

Schließlich bleibt noch das Vermögen des Deutschen Reiches selbst zu besprechen. Aber selbst abgesehen von der begrifflichen Frage, ob ein Reich sich selbst Abgaben auferlegen kann (es liefe auf eine Umbuchung hinaus), würde ein Aktiv-Vermögen beim Reiche nur in Betracht kommen, wenn die Kriegsentschädigung die Höhe sämtlicher Kriegsanleihen bedeutend überstiege. Und da wir alle Fragen der Kriegsentschädigung von unserer Erörterung grundsätzlich ausgeschlossen haben, so haben wir an dieser Stelle in bezug auf das Reichsvermögen keine andere Forderung zu stellen, als daß aus Anlaß einer Veranlagung auch hier auf Vollständigkeit der Statistik gehalten werde, damit der Vermögenskataster des deutschen Volkes an keiner Stelle eine Lücke aufweise.

f) Versicherungen.

Deutschland ist das klassische Land der Versicherungen. Kein anderes Land hat im letzten Menschenalter die Geldansammlungen so gesteigert, die dem Zwecke dienen, gegen Feuer, Hagelschlag, Unfälle aller Art, gegen Transportverluste zu Wasser und zu Lande, gegen die Gefahren eines Einbruchs, einer Haftpflicht-Inanspruchnahme, einer Spiegelglas-Zertrümmerung Sicherheit zu gewähren oder für die Jahre des Alters und der Invalidität, sowie für die Zeiten, wo der Ernährer der Familie gestorben ist, vorzusorgen. Allein die 4 großen Sozialversicherungen, mit denen Deutschland in dieser Ausdehnung auf der Welt immer noch allein steht, haben hier Kapitalien, wie in keinem andern Lande angesammelt.

Allerdings haben diese Geldansammlungen einen anderen Sinn und andere wirtschaftliche Funktionen als sonstige. Die „Prämienreserven" einer Versicherungsgesellschaft sind ihrem Wesen nach etwas anderes, als die Reservefonds, die sich bei jeder Aktiengesellschaft befinden. Sie sind die errechneten Beträge, über die das Versicherungsunternehmen verfügen muß, wenn es dem augenblicklichen Stande des Risikos gegenüber gerüstet sein will, um seinen Verpflichtungen nachzukommen. Der größte Teil dieser Kapitalsansammlungen sind nicht Vorsichtsfonds für unvorgesehene Fälle; sie stellen vielmehr die Beträge für die gewöhnlichen Aufgaben dieser Gesellschaften dar. Oder, wie man es auch ausdrücken kann: das Wesen des Versicherungsgeschäfts besteht gerade im Ansammeln ausreichender Reserven.

Dennoch braucht man vom Standpunkte der Volkswirtschaft bei einem allgemeinen Vermögensopfer diese Beträge nicht achtlos liegen zu lassen. Zwar sind sie nicht für fernliegende Möglichkeiten zurückgelegt, sondern für Fälle, die im gewöhnlichen Laufe der Ereignisse nach bestimmter Wahrscheinlichkeits-Wiederholung sich einstellen. Aber wie der einzelne in schwierigen Lebenslagen nicht die Schwierigkeit der Gegenwart noch durch Sorgen für die Zukunft erhöhen wird (auch wenn er weiß, daß diese Sorgen eines Tages da sein werden), so hat es auch in der Volkswirtschaft als einem Ganzen, seine Grenze, wie weit man vorhandene Kapitalien zu schonen hat, bloß weil sie später einmal erforderlich sein werden. Die Scheu, die wir davor empfinden, an angesammelte Versicherungsgelder heranzugehen, gründet sich auf die an sich ganz berechtigte Empfindung, daß das Versicherungsgeschäft die einzigartige Stellung, die es im geschäftlichen Leben einnimmt, seiner hervorragenden Aufgabe verdankt, für alle anderen geschäftlichen, wirtschaftlichen, Familien-Vorgänge „Sicherheit" zu gewähren. Wenn die großen Versicherungsgesellschaften zusammenbrechen würden, so würde uns ein Gefühl überkommen, wie wenn die Erde zu wanken anfinge. Allein alles dieses ist doch nur ein Grund, hier mit größerer Behutsamkeit vorzugehen und zu prüfen, ob nicht die Bedenken durch eine besondere Ausgestaltung der Maßregel ausreichend berücksichtigt werden können.

In der Stellung der Versicherungen zu ihrem angesammelten Kapital muß man zwei verschiedene Typen unterscheiden, als deren Vertreter man etwa die Lebens- und die Feuerversicherung betrachten kann. Bei der Lebensversicherung (als deren einfachsten Fall wir die Versicherung eines Kapitals auf den Todesfall annehmen) muß zwar der Versicherungsfall bei jedem Individuum einmal eintreten; aber mit der Möglichkeit, daß er bei großen Scharen der Versicherten plötzlich gleichzeitig einträte, braucht so gut wie gar nicht gerechnet zu werden. Die Erfahrung hat längst gelehrt, daß die mörderischsten Epidemien und die schlimmsten Naturereignisse auf den Geschäftsgang der Lebensversicherungen kaum einen erheblichen Einfluß üben. Haben doch sogar in diesem Kriege die meisten Gesellschaften die erhöhte Kriegsgefahr ohne weiteres übernehmen können. Die Kapitalien, die hier angesammelt sind, unterliegen einer allmählichen, vorher ziemlich genau zu berechnenden, Inanspruchnahme. Die gesamten Kapitalsanlagen betrugen Ende 1912 bei den 26 Aktiengesellschaften 3,1, bei den 15 Gegenseitigkeitsvereinen 2,2, zusammen also 5,3 Milliarden Mark. Werden diese Beträge ohne Rücksicht darauf, daß auf ihnen bestimmte Verpflichtungen haften, zum Vermögensopfer herangezogen, so müssen die Verpflichtungen herabgesetzt werden. Es ist aber auch volkswirtschaftlich in unserer gegenwärtigen Lage nichts dagegen einzuwenden, daß durch Reichsgesetz alle Ansprüche auf Lebensversicherungen um ¼ reduziert werden. Der Anspruch aus einer Lebensversicherung ist ein Vermögensobjekt wie jedes andere und verdient genau ebenso wie sonstiges Vermögen zum Vermögensopfer herangezogen zu werden. Auf diesem Standpunkt steht auch das Wehrbeitragsgesetz, das (§ 5 b) als Vermögensbestandteil anführt „noch nicht fällige Ansprüche auf Lebens- und Kapitalversicherungen oder Rentenversicherungen, aus denen der Berechtigte noch nicht in den Rentenbezug eingetreten ist". Diese Ansprüche sind (§ 20) nach dem Werte anzugeben, den zur Zeit der Veranlagung die Versicherungsgesellschaft selbst auszahlen würde. Der Unterschied ist also nur, daß der Wehrbeitrag diese Werte bei dem einzelnen Versicherten heranzog, während wir die Belastung bei der Gesellschaft vorziehen. Hierfür spricht, abgesehen davon, daß es bei so großen Beträgen immer praktischer ist, sie nicht erst versickern zu lassen, bevor man sie faßt, auch noch ein Grund, der mit der Psychologie der Versicherung zusammenhängt. Es widerspricht dem Zwecke der Lebensversicherung, den Versicherten darauf zu stoßen, daß er an seiner Polize ein Objekt habe, das sich jederzeit zu Geld machen läßt. Es ist heilsamer, die Anschauung zu fördern, daß die Lebensversicherung wirklich nur für den Fall des Todes bestimmt sei. In der Sache bedeutet die vorgeschlagene Heranziehung der Gesellschaften nichts anderes, als jene Heranziehung der einzelnen Versicherungen; nur daß bei diesen die Berechnung zu kompliziert ist (weswegen das Wehrbeitragsgesetz auch eine vereinfachte und darum unzuverlässige Berechnung hat zulassen müssen). Eher wäre in Erwägung zu ziehen, ob diese Kapitalien nicht für einen weitergehenden Zugriff geeignet sind, wenn es gelingt, Maßregeln zur Beseitigung dadurch entstehender Bedenken zu ersinnen.

Die anderen Versicherungsarten betreffen Gefahren, die den Versicherten nur ausnahmsweise treffen, wie Unfall, Feuer, Schiffsverlust, Haftpflicht und andere oben erwähnte. Als ihren häufigsten Typus kann man die Feuerversicherung ansehen: sterben muß jeder Versicherte, abbrennen nicht. Daher können sich diese Versicherungen den bloßen Repartitionsgemeinschaften annähern, die jedes Jahr die eingetretenen Schäden auf die Gesamtheit der Versicherten verteilen. Ja, die Anstalten bestehen z. T. aus solchen Repartitionsgemeinschaften, wie z. B. die heute bestehenden Landes-Feuersozietäten, die, Anfang des 18. Jahrhunderts aus den alten Brandgilden hervorgegangen, noch heute am Ende des Jahres die Brandentschädigungen, die den betroffenen Hausbesitzern gezahlt worden sind, nachträglich auf die Gesamtheit verteilen. Hier trägt das vorhandene Kapital den Charakter von Betriebskapital und Reservefonds, ähnlich wie bei sonstigen Unternehmungen. Es kommen hier auch nicht so umfangreiche Kapitalien in Betracht. Immerhin kann angemerkt werden, daß die 27 öffentlichen Feuerversicherungen, die es in Preußen gibt, für sich allein ein Vermögen in dem genauen Sinne eines Überschusses der Guthaben über die Schulden, von 128,7 Mill. Mark aufweisen; sie umfassen nur einen kleinen Teil des Feuerversicherungs-Geschäfts. — Obgleich nun die hier bedeutend schmalere Basis für die volkswirtschaftlich so bedeutungsvolle „Sicherheit" von desto größerer Wichtigkeit ist und für die verschiedenen Unternehmungen je nach ihrem Alter und ihren bisherigen Schicksalen noch dazu eine verschiedene

Bedeutung hat, gäbe es doch Mittel und Wege, um auch diese Vermögen ohne volkswirtschaftliche Erschütterungen am Vermögensopfer teilnehmen zu lassen. Nur könnte man es nicht darauf ankommen lassen, daß infolge des Vermögensopfers auch nur eine Gesellschaft unfähig würde, ihren Verpflichtungen nachzukommen. Dies ließe sich dadurch erreichen, daß für eine Anzahl von Jahren den leistungsfähigen Gesellschaften die Verpflichtung auferlegt würde, bis zu einem gewissen Grade für leistungsschwache einzutreten. Wenn der Staat auf diese Art den Gesellschaften aneinander eine Zwangs-Rückversicherung gäbe, so würde er ihnen dadurch an Festigkeit mehr gewähren, als er ihnen durch das Vermögensopfer abnähme.

Die gesamten Kapitalansammlungen (unter dem obigen Vorbehalte ihrer Bedeutung) betrugen in den wichtigsten Versicherungszweigen Ende 1912:

Tab. 7. Angesammelte Kapitalien im deutschen Versicherungsgeschäft.

Mill. M.

1. Lebens-Versicherung	5334 Mill. M
2. Unfall- und Haftpflicht-Versicherung . .	222 " "
3. Vieh-Versicherung	4 " "
4. Hagel-Versicherung	18 " "
5. Feuer-Versicherung	412 " "
6. Glas-Versicherung	12 " "
7. Rück-Versicherung	215 " "
zusammen	6217 Mill. M

= 6,2 Milliarden Mark.

Der Gedanke, auch die Kapitalien der Versicherungsgesellschaften anzugreifen, braucht in Deutschland weniger von der Hand gewiesen zu werden, als in irgendeinem anderen Lande, weil wir seit dem Jahre 1901 an dem Kaiserlichen Aufsichtsamte für Privatversicherung eine Behörde besitzen, die mit anerkannter Mustergültigkeit ihres Amtes waltet, die einzelnen Versicherungszweige und die einzelnen Gesellschaften genau nach ihrer Eigenart zu prüfen. Es gibt kein Land, das seine Versicherungen so genau kennt, und daher auch so gut imstande ist, bei weitgehenden Eingriffen zugleich die erforderlichen Schutzmaßregeln und insbesondere die Berücksichtigung von Ungleichmäßigkeiten anzuordnen. Es gibt vor allen Dingen nirgends ein Beamtentum mit so genauer Kenntnis des Versicherungsgeschäfts.

Es besteht aber auch nicht einmal ein Anlaß, von dem Vermögensopfer die Kapitalien auszunehmen, die für die Zwecke der Sozialversicherung angesammelt sind. Wenngleich technisch diese Veranstaltungen nicht unter den Begriff der Versicherungen zu rechnen sind, so haben sie doch mit diesen den Zweck gemeinsam und stehen in bezug auf ihre Kapitalien nicht anders da; insbesondere liegt kein Grund vor, sie für schonungsbedürftiger zu erklären. Die Arbeiterversicherung ist ein Bestandteil unseres öffentlichen Lebens; sie muß und soll seine Schicksale teilen. Es kann nicht gebilligt werden, wenn man eine Fürsorge zugunsten der Arbeiter als etwas ansieht, was unabhängig von der allgemeinen Lage des Reiches zu prüfen ist. Wie es denn auch nicht gebilligt werden kann, daß der Reichstag mitten im Kriege ohne Rücksicht auf die Lage, in der das Reich sich befand, ja sogar ohne genauere Prüfung des Sachverhalts überhaupt, sich zu einer so weitgehenden Maßregel entschlossen hat, wie die Herabsetzung der „Altersgrenze" von 70 auf 65 Jahre darstellt. Es wird in Deutschland niemanden geben, der diese Herabsetzung nicht für wünschenswert hielte. Aber während das Reich sich in einem Kriege auf Tod und Leben befindet, war nicht der richtige Zeitpunkt für eine solche Maßregel gegeben. Es mag sein, daß ein Parlament, das auf dem allgemeinen gleichen Stimmrecht beruht, sich einer dahingehenden Entwickelung nicht widersetzen kann, und daß eine Regierung,, die mit einem solchen Parlament zu arbeiten hat, aus dem entsprechenden Grunde schließlich nachgeben muß; denn für das allgemeine gleiche Stimmrecht muß eben ein Volk, wie für jede andere wertvolle Einrichtung, seinen Preis zahlen. Aber im Prinzip muß daran festgehalten werden, daß in einer Zeit, in der das Reich alle Mühe hat, seinen notwendigen Verpflichtungen zu genügen, Arbeitereinrichtungen so wenig wie andere einen Anspruch darauf haben, im summarischen Verfahren erweitert zu werden.

Indem wir daher mit möglichster Strenge daran festhalten, daß Vermögen, die für Arbeiterzwecke angesammelt sind, nicht anders als sonstige zu behandeln sind, müssen wir auch dafür eintreten, daß in irgendeiner Art das Vermögensopfer auch die Kapitalien der Arbeiterversicherung zu ergreifen hat. Bei den 3 Zweigen der Arbeiterversicherung im engeren Sinne betrug Ende 1913 das angesammelte Vermögen

	Mill. M
Kranken-Versicherung	374
Unfall-Versicherung	598
Invaliden- und Hinterbliebenen-Versicherung .	2105
Zusammen	3077
	= 3,1 Milliarden M.

Die Angestellten-Versicherung ist noch zu jung, um über bedeutende Kapitalien zu verfügen. Aber schon in ihrem dritten Geschäftsjahre hatte sie 380,7 Mill. Mark angesammelt.

Diese Ziffern haben zwar einen verschiedenen Sinn. Die Krankenversicherung ist darauf gestellt, in der Hauptsache ihre laufenden Ausgaben durch laufende Einnahmen zu decken, während die Invalidenversicherung ihr Vermögen gerade zu dem Zwecke ansammeln muß, um den steigenden Ausgaben gewachsen zu bleiben. Bei der Unfallversicherung ist die Repartition nur in geringem Maße durch das Kapitaldeckungs-Verfahren ersetzt. Gemeinsam ist allen diesen Versicherungszweigen die Unmöglichkeit, eine Herabsetzung der Leistungen eintreten zu lassen. Denn wir alle stimmen darin überein, daß das Reich für diese seine stolze Leistung einzustehen hat. Allein das kann das Reich auch, selbst wenn es von diesen 3,1 Milliarden Mark das Vermögensopfer verlangt. Machen wir uns die Situation etwa in der Art klar, daß die Anstalten den vierten Teil jener Beträge in Kriegsanleihe angelegt hätten und jetzt dem Reiche einfach die Kriegsanleihen zurückgäben. Sie ständen dann zwar den an sie herantretenden Anforderungen gegenüber weniger gerüstet da. Allein sobald sich herausstellen würde, daß sie aus diesem Grunde irgendeiner ihrer Verpflichtungen nicht nachkommen könnten, so müßte das Reich für diesen Fall die Garantie übernehmen (wie denn Unfall- und Invalidenversicherung tatsächlich stets unter Reichsgarantie gestanden haben). Ja, man könnte höchstens daran zweifeln, ob dieses Verhältnis nicht ohne jeden Schaden über einen höheren Betrag als ¼ ausgedehnt werden könnte. Indem das Reich im Jahre 1899 die wohlhabenden Landes-Versicherungsanstalten zu Beiträgen für die minder wohlhabenden heranzog und für die Gesamtheit der Versicherungsanstalten eine „Gemeinlast" neben den Sonderlasten der einzelnen schuf, hat es ein solidarisches Verhältnis unter den Versicherungsträgern anerkannt. Die weitere Ausbildung dieses Verhältnisses zu einer Solidarität aller Versicherungsträger mit dem Reich würde einen Teil dieser Kapitalien frei machen und durch Reichsgarantie ersetzen können.

Es ist allerdings nicht zu verkennen, daß der hier gemachte Vorschlag, Versicherungskapitalien für Reichszwecke heranzuziehen, zu weitverbreiteten, ja fast allgemeinen Ansichten und Stimmungen in Widerspruch steht. Aber diese Ansichten, mehr im Empfindungsleben wurzelnd, als wirklich auf die Gründe gestützt, die gewöhnlich dafür angegeben werden, sind in der Tat unberechtigt; im gegenwärtigen Augenblick sind sie mehr als je gefährlich. Es ist dies im Grunde nichts anderes als ein Spezialfall der Scheu, Kapitalien anzugreifen, wie man sie überall da findet, wo man von Kapitalerträgen zu leben pflegt. Weil Kapitalien in der Regel dazu dienen, einen Zinsgenuß zu bieten, vergißt man, daß sie außerdem noch eine zweite Funktion haben, die nur in Ausnahmefällen zu erfüllen ist, dann aber nur durch ganze oder teilweise Heranziehung der Substanz selbst erfüllt werden kann. Wieviel Verwirrung und Unheil wird durch dieses Übersehen angerichtet! In Hunderttausenden von Familien, die über ein kleines Kapital verfügen, quält man sich mit mühseliger knapp bemessener Ausbildung der Kinder, weil man ihnen doch „etwas hinterlassen muß". Man vergißt, daß wenn man das Kapital nimmt, um den Kindern eine bessere Ausbildung zu geben, das Gegebene wertvoller ist, als das Genommene. Mit Unrecht sagt man in einem solchen Falle, daß man Kinder um ihr kleines Erbteil bringen würde, denn man gibt es ihnen nur in einer anderen, und zwar heilsameren Gestalt. Wieviel Leute gibt es, die sich für hilfsbedürftig halten, weil sie nicht wissen, daß außer den Zinsen auch das Kapital selbst zu ihrer Verfügung steht. Vor einiger Zeit kamen Freunde mit einer Zeichnungsliste zu einem Bankier, um ihn zu bitten, doch etwas für den Sohn des verstorbenen N. zu tun, der studieren solle und von dem Vater nicht etwa, wie man annahm, ein großes Vermögen, sondern mit der Mutter zusammen nur 100 000 ℳ geerbt habe. Der Bankier erwiderte in unverfälschtem Frankfurterisch: „Näkstes wärt mer zesamme lehsche zuner Egwibahsch." und ging an den Schreibtisch, um seinen Beitrag zu zeichnen. So weit ist das Vorurteil verbreitet, daß man gar nicht mehr wagt, in einem solchen Falle zu fordern, daß die 100 000 ℳ um so viel vermindert werden sollen, wie das Studium kostet. Daß ein Student sich um ein Stipendium bewirbt mit der Begründung, er verfüge über kein anderes Einkommen als über die 800 ℳ Zinsen seines elterlichen Erbteils, kommt nicht gerade selten vor. Er macht sich nicht klar, daß von dem dazu gehörigen Kapital von etwa 15—20 000 ℳ schon der vierte Teil genügt um die Kosten einer Studienzeit zu decken. Er sieht nicht, welches Urteil über die Tätigkeit seiner akademischen Lehrer darin liegt, wenn er den Wert der ihm zuteil werdenden Ausbildung nicht einmal so hoch schätzt, wie das Kapital, das ihm selbst winzig klein deucht. Eine Kriegerfrau, die sich um Unterstützung bewarb und über ihre persönlichen Verhältnisse Auskunft geben sollte, fragte allen Ernstes ob sie verpflichtet sei, anzugeben, daß sie in Wertpapieren 20 000 Mark besitze, die aber fest angelegt seien. — Es gibt eine hübsche Geschichte von einem Artillerie-Hauptmann, der auf allen Übungen als Spezialität betrieb, seine Untergebenen daraufhin zu revidieren, ob sie auch ein Reserverad mitgenommen hätten; als aber einmal auf einer Übung ein Rad brach und der Zugführer das mitgenommene Rad einsetzen wollte, rief der Hauptmann entsetzt dazwischen: „Dann haben wir ja kein Reserverad mehr."

Die Scheu vor dem Angreifen einer Reserve führt dazu, daß man eher die Nachteile erträgt, wenn sie da sind, als daß man die Reserve den zukünftigen Nöten entzöge, die noch nicht da sind. Töricht und verderblich, wie dies schon in der Privatwirtschaft ist, ist es noch viel mehr in der Volkswirtschaft. Denn die beste Reserve, die die Volksglieder besitzen, ist die Fundierung des Gemeinwesens, das sie alle umschlingt. Wenn die Versicherungsanstalten ebenso wie alle anderen Vermögensbesitzer von dem, was sie besitzen, einen Teil opfern, so sind sie ihrem Spezialzwecke nach sogar noch besser daran, als die andern. Denn gerade das, was sie mit ihrem Vermögen bieten sollen, die „Sicherheit", wird ihnen für den genommenen Vermögensteil in Gestalt guter Fundierung des Gemeinwesens wiedergegeben; und wir haben gezeigt, daß der Sinn dieser Umwandlung auch in gesetzgeberische Form gebracht werden kann.

Darum also braucht ein allgemeines Vermögensopfer vor den Besitztümern der Versicherungsanstalten nicht Halt zu machen, wenn nur auf ihre Eigenart Rücksicht genommen wird.

Ja, die Reserven, die eine Volkswirtschaft an Ansammlungen zu Versicherungszwecken besitzt, sind sogar ein besonders gutes Beispiel, den Sinn des Vermögensopfers auch auf allen anderen Gebieten klar zu machen.

4. Privilegien.

Daß mit dem allgemeinen Vermögensopfer befreiende Privilegien nicht vereinbar sind, folgt aus der Natur seiner Begründung. Wenn wir das Opfer bringen sollen, weil wir die Erhaltung des Vermögens dem Reiche verdanken, weil die Aufwendungen, die gedeckt werden sollen, zum Teil gerade dem Schutze des Besitzes gegen äußere Feinde gegolten haben, weil es sich nicht ziemt, wenn die Toten ihr Blut vergossen haben, daß die Lebenden mit ihrem Gut zurückhalten: dann kann es keinen Deutschen geben, der auch nur wünschen könnte, von der Teilnahme an diesem Opfer ausgeschlossen zu werden. Die Schicksale der deutschen Steuerprivilegien sind kein Ruhmesblatt in der deutschen Geschichte. Woher das behauptete Privileg des alten Ritteradels stammte, ist nicht festzustellen. In vielen Fällen vermutlich daher, daß der Ritter die Steuer, die er für den Landesherrn aufzubringen hatte, auf seine Bauern unterverteilte, so daß er selbst frei ausging. Auch wo der Ritter von seinem Rittergute steuerte, behauptete er, nur zu einem ein für allemal feststehendem Betrage verpflichtet zu sein und widersetzte sich bei Ertragssteigerungen jeder Neueinschätzung. Im Kampfe um die Grundsteuer war es, daß Friedrich Wilhelm I. seinen Ausspruch von der Souveränität als einem „rocher von bronce" prägte — und doch seinen Willen nicht durchsetzte. Selbst bei Einführung von Verbrauchsabgaben behauptete der Adel, daß Waren, die zu seinem persönlichen Gebrauch bestimmt seien, steuerfrei eingehen müßten, und nur an der praktischen Undurchführbarkeit scheiterte schließlich dieses Bestreben. Dem Gedanken, daß von bürgerlichen Lasten ein Teil der Bürger sich auf Kosten der anderen befreien könnte, machte mit aller Gründlichkeit die Gesetzgebung der französischen Revolution ein Ende. Der neue Grundsatz der Steuergleichheit hat fast in allen Ländern die französische Okkupation überlebt; ja das Vorbild Frankreichs hat auch da Nachahmung gefunden, wohin seine Eroberungen nicht reichten. Aber gerade um die Zeit, als diese

Adelsprivilegien im großen und ganzen in Deutschland als erloschen gelten konnten, setzte ein neues Privileg für einen engeren Kreis des Adels ein. Als der Wiener Kongreß im Jahre 1815 trotz seiner Neigung, die alten Zustände wieder herzustellen, sich weigerte, der Unzahl kleiner Fürsten und Reichsgrafen, die vor dem Zusammenbruch des Reiches bestanden hatten, ihre Souveränität zurückzugeben, setzte er für diesen „hohen Adel" eine Sonderstellung fest mit der Bestimmung, daß in dem Staate, zu dem diese Familien gehören, sie die „privilegierteste Klasse, insbesondere in Ansehung der Besteuerung, bilden". Obgleich in diesen Worten kein Steuerprivileg enthalten war, so wurde doch einzelnen dieser Häuser im Wege der Landesgesetzgebung Befreiung von persönlichen Steuern in größerem oder geringerem Umfange zugesagt. Als Preußen im Jahre 1891 sich eine strengere Einkommensteuer-Verfassung gab, die endlich darauf ausging, das ganze Einkommen steuerlich zu erfassen, war es sachlich unmöglich, derartige Steuerprivilegien, wo sie noch bestanden, weiter bestehen zu lassen. Daß die Standesherren die Unhaltbarkeit des Privilegs einsahen, aber gleichwohl eine Entschädigung verlangten, und daß ihnen diese Entschädigung sogar noch gewährt wurde, war schon betrüblich; daß aber in die Entschädigung sogar solche Familien einbezogen wurden, die eine tatsächliche Steuerfreiheit genossen hatten, obgleich sie ihnen gesetzlich nicht zukam (die also von Rechtswegen verpflichtet gewesen wären, die Steuer, soweit sie noch nicht verjährt war, nachzuzahlen) war mehr, als betrüblich.

Als das Deutsche Reich im Jahre 1913 zum ersten Male daran ging, in Gestalt des Wehrbeitrages den Reichsangehörigen eine allgemeine persönliche Steuer aufzuerlegen, wurde es von allen Seiten als selbstverständlich angesehen, daß Privilegien hierbei nicht geschaffen werden könnten. Das Gesetz erklärt „die" Angehörigen des Deutschen Reichs für steuerpflichtig. Trotzdem fand aus Anlaß des Wehrbeitrages noch eine Debatte über Steuerprivilegien statt. Einem Antrage aus der Mitte des Reichstages, einer Ausnahmestellung der Landesfürsten für ihre Vermögen durch eine ausdrückliche Bestimmung vorzubeugen, widersprachen die Regierungsvertreter. Doch waren im Gegensatze zu früheren Erörterungen zwei sehr bedeutende Unterschiede. Zunächst war von einem Privileg der regierenden H ä u s e r nicht mehr die Rede; daß Fürstinnen, Prinzen und

Prinzessinnen ihr Vermögen so wie alle anderen zu versteuern hatten, war allgemein anerkannt; lediglich für das persönliche Vermögen des regierenden Fürsten und für das ihm zustehende Fideikommiß (Kronfideikommiß) wurde ein Privileg in Anspruch genommen. Sodann aber wurde die Erklärung abgegeben, daß die regierenden Fürsten für ihre Person aus diesem Privileg keinen Vorteil ziehen, sondern den Beitrag genau nach den Veranlagungsgrundsätzen des Reichsgesetzes freiwillig zu zahlen bereit sein werden. Auf dieser Grundlage kam eine Art stillschweigenden Kompromisses zustande. Im Reichsgesetz blieb zwar die Bestimmung, daß „die Angehörigen des Deutschen Reichs steuerpflichtig seien", in ihrer uneingeschränkten Allgemeinheit bestehen; ja, es wurde sogar ein Absatz eingefügt (§ 35, Abs. 2), wonach der Bundesrat „die für die Veranlagung und Erhebung des Wehrbeitrags der Bundesfürsten zuständigen Behörden" bestimmt. Da aber an einer anderen Stelle des Gesetzes (§ 69) neben den pflichtgemäßen auch „freiwillige Beiträge" erwähnt wurden, so konnten sich die Gegner der fürstlichen Steuerpflicht dabei eine freiwillig beantragte Veranlagung vorstellen. Als bei dem „Besitzsteuergesetz" (Vermögenszuwachs) sich dieselben Debatten wiederholten und (mit Ausnahme der Konservativen) die Vertreter aller Parteien die fürstliche Steuerfreiheit bestritten, am bündigsten der nationalliberale Redner mit den Worten:

„Der Wortlaut des Gesetzentwurfs schließt meines Erachtens die Steuerpflicht der Landesfürsten in sich"

bestand die Regierung darauf, daß der in das Wehrbeitrags-Gesetz eingeschobene Absatz, der auch hier in zweiter Lesung eingeschoben war, in dritter gestrichen wurde; gleichzeitig erklärten die Mehrheitsvertreter, daß die Streichung an der Steuerpflicht nichts ändere. In der praktischen Ausführung scheint zwischen beiden Steuern kaum ein erheblicher Unterschied gemacht zu werden. Die Fürsten bestehen auf der Freiwilligkeit, unterwerfen sich aber einem Veranlagungsverfahren. Dieses müßte bei dem Vermögensopfer zum mindesten mit den Garantien umgeben werden, die die Vollständigkeit der Statistik unbedingt gewährleisten. Zunächst jedoch bleibt abzuwarten, ob nicht in der Stimmung der Rückkehr aus dem Felde deutsche Bundesfürsten selbst eine gesetzliche Bestimmung wünschen werden, die zum Ausdruck bringt, daß sie hinter keinem Reichsangehörigen in der Verpflichtung zurückstehen wollen, für das Vaterland Gut und Blut zu opfern.

IV.

Rückblick.

Unsere Wanderung durch die verschiedenen Vermögensarten und Vermögensträger, insbesondere auch solche, die von den bisherigen Vermögenssteuern nicht erfaßt worden sind, hat jedenfalls ergeben, daß hier eine Fülle von Objekten vorliegt, an die man bisher kaum gedacht hat, wenn von der Frage der Kostenaufbringung für die großen Aufgaben der Zeit nach dem Kriege die Rede war. Die Besprechung der Einzelheiten hat ferner ergeben, daß mit der Allgemeinheit eines Vermögensopfers Rücksichten auf wirtschaftliche Eigentümlichkeiten der einzelnen Vermögensarten vereinbar sind.

Andrerseits soll nicht verschwiegen werden, daß die Autorität der Finanzwissenschaft in ihrer heutigen Fassung einem Plane, wie dem hier entworfenen, nicht zur Seite steht. Auf historische Erfahrungen und auf begriffliche Beweisführungen gestützt, sieht die heutige Finanzwissenschaft in der Heranziehung der Vermögen zu den öffentlichen Lasten den rohen Anfang eines öffentlichen Finanzwesens, dessen feinere Ausbildung sich gerade in der Entfernung von diesem Gedanken bewegte. Im Vergleiche zu bloßen Kopfsteuern war zwar der Gedanke, für die öffentlichen Bedürfnisse da etwas zu nehmen, wo etwas vorhanden ist, ein Fortschritt im Sinne einer rationelleren Verteilung der Lasten; daher beginnen namentlich die städtischen Gemeinwesen damit, die Bürger heranzuziehen nach dem, was sie „vermögen". Sobald aber größere Bedürfnisse sich mit Regelmäßigkeit Jahr für Jahr einstellen, legt man nicht sowohl Gewicht auf das, was vorhanden ist, wie auf das, was dem Einzelnen alljährlich zufließt. Statt dem Bürger wegzunehmen, was er besitzt, nimmt man ihm nur Teile von dem, was er vereinnahmt, sei es in Gestalt von Erträgen seiner Grundstücke, seines Gewerbebetriebes, seiner Kapitalanlagen, sei es in Gestalt seines Gesamteinkommens, d. h. man entwickelt statt der Vermögensabgabe Ertrags- oder Einkommensteuern. Das ist ausgedrückt in dem Finanz-Sprichwort, daß man die Henne nicht schlachten solle, die die goldenen Eier legt.

Nur ganz nebenbei, da immerhin ein Einkommen, das aus Vermögen fließt, etwas stärker belastet werden kann, als ein Einkommen von der Hände Arbeit, schöpft man auch vom Vermögen eine Kleinigkeit ab und gibt einer solchen Steuer, um diesen Charakter zu betonen, wohl auch den Namen einer bloßen „Ergänzungssteuer". Der einzige Fall, wo die Theorie in ihrer heutigen Fassung es zulassen würde, daß ein Staat das, was er braucht, nach Maßgabe des Vermögens eintreibt, wäre der Fall der äußersten Bedrängnis, wenn der Not des Augenblicks gegenüber alle theoretischen Erwägungen aufhören. Jedem Versuch, zur Deckung öffentlicher Bedürfnisse erhebliche Vermögensteile wegzunehmen, stellt die heutige Steuerlehre den Satz entgegen, daß dies nicht mehr Steuer, sondern Vermögenskonfiskation sei.

Und diese Gegenüberstellung trifft in der Tat das Wesen der Sache. Wenn frohe Zecher beisammen sind, so stellen sie wohl, während jeder sein kleines Glas vor sich hat, in die Mitte der Tafelrunde einen großen Humpen und sagen „Pro fisco!". Aber dieser Humpen geht im Kreise herum. So hat auch das Vermögensopfer „pro fisco" den Sinn, daß ein Teil des Vermögens aus der Verfügung des einzelnen herausgenommen und der Gemeinsamkeit übergeben wird zum Besten aller. Es ist eine bewußte Neuordnung der Vermögensverteilung.

Nach den erschütternden Erlebnissen dieses Krieges, nach der Bedrohung unserer Besitztümer durch eine Koalition fast aller Völker der Erde, ist das Bemerkenswerte nicht, daß unsere Habe sich um ¼ vermindern soll, sondern daß ¾ in der Tat uns verbleiben; auch diese nicht durch unser Verdienst, sondern durch die gewaltigen Leistungen des Reiches, die die Schrecken des Krieges und seiner Verwüstung von unserer Habe ferngehalten haben. Ich frage jeden, der sich etwa über die Abtretung eines Vermögensviertels beklagen sollte, auf Ehre und Gewissen: Hätte an dem Tage, wo die ersten Nachrichten über den Russeneinfall in Ostpreußen eintrafen, wo bekannt wurde, daß Küstrin in Verteidigungszustand versetzt ist, wo Gesprächsstoff in allen Gesindestuben war, „wenn die Russen nach Berlin kommen", — hätte dir an jenem Tage jemand die unbedingte Garantie geboten, daß aus allen möglichen Kriegskatastrophen dein Vermögen unversehrt hervorgehen würde, gegen eine Garantiegebühr von 25 % (wenn eine solche unbedingte Garantie möglich wäre), hättest du ihm als guter Rechner nicht mit Freuden die 25 % gewährt, um die 75 % sicher zu haben? Und nun hat das Reich sich nicht auf diesen Standpunkt gestellt. Es hat die 25 % nicht verlangt für eine Garantie, die doch noch der Prüfung und Anzweiflung unterläge. Das Reich hat „vorgeleistet". Und was man auf die bloße Hoffnung hin in Furcht gewährt hätte, das soll man jetzt, wo die Furcht beseitigt ist, in Sicherheit versagen? Ist das Gewährte weniger wert, als das bloß Verheißene wert gewesen wäre? Gerade die, die zu rechnen wissen, sollen sich nur ganz getrost eingestehen, daß das Vermögensopfer zusammen mit dem, was dafür geleistet wurde, ein „gutes Geschäft" ist.

Freilich es werden keineswegs bloß privatwirtschaftliche, sondern auch volkswirtschaftliche Bedenken erhoben. Sie werden in der Regel dahin zusammengefaßt, daß es für die Weiterentwickelung einer Volkswirtschaft verhängnisvoll werden könnte, so bedeutende Kapitalien dem gewerblichen Leben zu entziehen. Die Formel ist bestechend, aber bei genauerem Zusehen fehlt ihr der Inhalt. Werden die Rücksichten auf die verschiedenen Vermögensarten genommen, wie wir dies als möglich dargelegt haben, so kann es zwar volkswirtschaftlich sehr bedeutsam sein, daß ein so großer Betrag überhaupt aufgebracht werden muß; ob aber der Maßstab der Aufbringung der des Vermögens oder ein andrer ist, kann auf das Maß der Kapitalsentziehung keinen entscheidenden Einfluß üben.

Aber mehr als das. So wie die Zeitverhältnisse nun einmal geworden sind, muß die Verminderung der Privatvermögen gewisse volkswirtschaftliche Wirkungen haben, die sogar wünschenswert sind. Was nach der schweren Zeit dieses Krieges der volkswirtschaftliche Körper zu leisten haben wird, kann man als eine große Regeneration bezeichnen. Wiederaufbau von Zerstörtem wird nicht bloß da zu leisten sein, wo die Aufgabe offensichtlich zu Tage liegt, wie bei den Verwüstungen in Ostpreußen und bei dem, was sich an zerschossenen Gliedmaßen unserer Veteranen wieder gut machen läßt. Die Aufgabe des Wiederaufbaues reicht viel weiter. Weil wir Rohstoffe und Arbeit im größten Maßstabe auf Kanonen und Munition, auf U-Boote und Zeppeline verwenden mußten, deswegen haben wir in diesen Jahren auf Gegenstände unseres persönlichen

Bedarfs, auf Erneuerungen in der landwirtschaftlichen, Handwerks- und Fabrikausstattung weniger verwenden können. Das alles wird nachzuholen sein neben den gewohnten, ja, wahrscheinlich neben sonst noch erhöhten Anforderungen. Zwei Mittel gibt es für eine Volkswirtschaft, dies zu lösen: man kann die Ergänzung der volkswirtschaftlichen Ausstattung betreiben, indem man weniger genießt, oder indem man mehr arbeitet. Das steht heute schon fest, daß keines dieser beiden Mittel für sich allein genügen wird. Den Sieg im Frieden wird d i e Nation haben, die es fertig bekommt, beides zu leisten: weniger genießen und mehr arbeiten. In früheren Jahrhunderten hätte man beides erzwungen durch Luxusverbote einerseits, durch Arbeitszwang andrerseits. Es ist nicht gesagt, daß wir gut daran tun, diese Mittel als altväterisch zu verspotten. Aber es verdient doch hervorgehoben zu werden, daß das Vermögensopfer ein Mittel ist, um mit einem Schlage eine Beeinflussung nach beiden Seiten zu üben. Wird allen Leuten der vierte Teil ihres Vermögens entzogen, so werden einige in diesem Maße weniger genießen, andere in diesem Maße mehr arbeiten, manche vielleicht sich zu beiden entschließen müssen. Wir werden diesen Gedanken noch ausführlicher nachzugehen haben[1]). Das aber muß schon hier betont werden, daß so durch das Vermögensopfer der Einzelnen die Volkswirtschaft im ganzen in die Richtung kommt, in die man sie hineinbringen will. Wer sich mit 50, 60 oder 65 Jahren zur Ruhe setzen wollte, wird solche Absicht vertagen müssen. Man wird nicht mehr so leicht mit dem Entschluß bei der Hand sein, jemanden, der nicht mehr die ganze Arbeit leisten kann, von der ganzen Arbeit wegzuschieben. Jedenfalls wird die Verminderung der Vermögen den Erfindungsgeist nach dieser Seite hin anstacheln. Mancher, der ein „großes Haus" ausmachte, wird weniger prunken und weniger Augenweide entfalten können. Ja, auch der gewöhnliche gesellige Verkehr in den Kreisen mit mäßiger Wohlhabenheit, wird von der Üppigkeit, die er vor dem Kriege bereits angenommen hatte, etwas hergeben müssen. Soweit die Einschränkung des Genießens sich auf ausländische Luxusartikel bezieht, wird dies auch auf die große volkswirtschaftliche Aufgabe der Zukunft, die Wiederherstellung unserer Valuta im Aus-

---

[1]) S. u. Dritter Teil, hauptsächlich Abschn. XII.

lande, einen gewissen Einfluß üben. Einen großen und bedeutsamen Einfluß aber ganz sicher im Inlande auf die Gestaltung der Preise. Preissteigerungen während einer so langen Kriegszeit, wie wir sie jetzt erlebt haben, hinterlassen allzuleicht eine gewisse Unfähigkeit des Publikums, die Bremse zu handhaben. Nicht nur, daß hohe Preise die Tendenz haben, sich länger zu halten, als die Ursache, durch die sie hervorgerufen werden; in einzelnen Fällen geht die Tendenz sogar dahin, die Aufwärtsbewegung der Preise ohne jeden ersichtlichen Grund weiter fortzusetzen. Der Instinkt für das, was „zu teuer" ist, kann einem Volke abhanden kommen. Die Verminderung der Vermögen wird hier ganz von selbst die Bremse schaffen, die uns dringend not tut. Die Mark, die in ihrer Kaufkraft auch im Innern des Landes gesunken ist, wird wieder erhöht, wenn die Vermögen kleiner werden. So werden wir, indem wir durch die Vermögensverminderung eine Zeitlang genötigt werden, weniger zu genießen, gerade dadurch eine Zeit vorbereiten, in der wir mit dem, was uns geblieben ist, wieder mehr genießen können. Anders ausgedrückt: so wie der Krieg unsere Wirtschaft hinterlassen wird, werden wir in jeder Beziehung besser daran sein, wenn ein gewisser Teil unseres Vermögens nicht von den einzelnen Besitzern, sondern von allen für alle verwendet wird.

Wenn aber jemand das nicht zugeben wollte (z. B. weil gerade er für dieses Vermögensviertel eine sehr nützliche Verwendung hätte, und sich darum viel praktischer vorkommt als jemand, der seinen Blick auf das Ganze gerichtet hält), — wie denkt man sich denn eigentlich die Gemütsstimmung des deutschen Volkes in Zukunft, wenn die Reichsschuld nicht durch ein Vermögensopfer abgebürdet würde? Glaubt man wirklich, daß das deutsche Volk auf ein oder zwei Menschenalter hin sich denen tributpflichtig machen wird, die die Anleihen gezeichnet haben, und nach dem Maße, in dem sie gezeichnet haben? Werden bei den steigenden Lasten, die Besitzer dieser Anleihen das Odium tragen können, das in der öffentlichen Erörterung damit verbunden ist? Fürchten sie sich nicht vor der Fülle von Hohn und Verachtung, die man ihnen anhängen wird?

Man mache sich dieses Verhältnis nur zahlenmäßig klar. Die Beteiligung an den bisherigen sechs Kriegsanleihen zeigt die folgende Tafel:

Tab. 8. Gliederung der sechs Kriegsanleihen 1914 bis 1917.

	Gezeichnete Beträge	Zahl der Zeichner						Betrag der Zeichnungen (Mill. M.)					
		I. 10.—19. Sept. 1914	II. 27. Febr.—15. März 1915	III. 4.—22. Sept. 1915	IV. 4.—22. März 1916	V. 4. Sept.—5. Okt. 1916	VI. 15 März—16. April 1917	I.	II.	III.	IV.	V.	VI.
1.	2.	3.	4.	5.	6.	7.	8.	9.	10.	11.	12.	13.	14.
1.	bis 200 M.	231 112	452 113	984 358	2 406 118	1 794 804	3 844 834	36	71	130	201	154	286
2.	von 300 bis 500 „	241 804	581 470	858 259	967 929	681 027	1 058 861	111	254	369	407	293	437
3.	„ 600 „ 1 000 „	453 143 (3. u. 4.)	660 776	918 595	885 941	605 494	893 611	587 (3. u. 4.)	604	844	794	552	801
4.	„ 1 100 „ 2 000 „		418 861	530 176	468 724	301 863	407 538		733	928	792	520	702
5.	„ 2 100 „ 5 000 „	157 591	361 459	422 626	347 725	245 873	320 762	579	1 354	1 563	1 247	911	1 169
6.	„ 5 100 „ 10 000 „	56 438	130 903	147 593	113 927	93 189	122 514	450	1 057	2 202	907	768	989
7.	„ 10 100 „ 20 000 „	19 313	46 105	53 445	42 158	40 571	51 659	307	745	858	666	651	814
8.	„ 20 100 „ 50 000 „	11 584	26 407	32 840	30 361	28 500	40 463	410	926	1 167	980	982	1 297
9.	„ 50 100 „ 100 000 „	3 629	7 742	10 090	9 100	9 748	13 564	315	648	850	734	810	1 063
10.	„ 100 100 „ 500 000 „	2 050	4 361	7 074	6 308	7 870	12 322	509	1 066	1 766	1 531	1 710	2 111
11.	„ 500 100 „ 1 000 000 „	361	538	832	780	1 032	1 184	287	440	695	641	853	962
12.	über 1 000 000 „	210	325	530	574	725	770	869	1 162	1 729	1 812	2 448	2 348
	Zusammen	1 777 235	2 691 060	3 966 418	5 279 645	3 810 696	6 768 082	4 460	9 060	12 101	10 712	10 652	12 979

Die Personen, die die Anleihen gezeichnet haben, sind zum weitaus größten Teile bei den sechs Anleihen dieselben. Man kann sagen, daß im ganzen 4—6 Mill. Zeichner sich beteiligt haben. Mit vollem Recht sind wir auf diese Beteiligung stolz. Sie legt für das Zutrauen zu dem Bestande des Vaterlandes und für die Bereitwilligkeit, dieses Zutrauen zu bekunden, ja, sogar für die sichere Gewinnhoffnung der weitesten Kreise des Volkes ein Zeugnis ab, wie es in dieser umfassenden Weite in der Geschichte der Staaten und der Völker noch nicht dagewesen ist. Aber die kleinen Zeichner, so wichtig sie als Symptom in dieser Beziehung sind, werden sich in Zukunft in keiner Weise getroffen fühlen, wenn man etwa sagt, daß die Gläubiger des Reichs sich von dem Fett der anderen mästen. Wer 200 oder 500 oder auch 1000 *M* dreimal oder viermal hintereinander gezeichnet hat, für den bedeutet, wenn er auch noch so arm ist, dieser Zinsgenuß in keiner Weise eine erhebliche Grundlage seiner Existenz. Wenn wir wirklich in Zukunft bei jeder Etats- und Steuerdebatte im Reichstage hören sollen, daß das deutsche Volk Essen und Trinken, Kleidung und Wohnung mit Abgaben belasten, in alle Ecken der Ertrags- und Einkommensbildung hineinleuchten muß, um nur ja die Zinsen für die Anleihebesitzer herauszuwirtschaften, so wird man den Eindruck haben, daß ein Volk von 66 Millionen auf das äußerste ausgesogen wird, um für 50 oder 100 000 Leute den Zinsgenuß zu ermöglichen. In jeder Stadt und in jedem Dorfe wird man auf die Leute, für die man so fronen muß, mit Fingern weisen. Wenn wir nicht in zwei Völker auseinanderfallen wollen, von denen die einen Zinsempfänger, die anderen Zinspflichtige sind, so müssen wir den größten Teil der Reichsschuld aus der Welt schaffen. Und das natürlichste Mittel dazu ist, daß ein jeder von uns einen Teil seines Vermögens dazu hergibt.

In den ersten Monaten des Krieges, als die Wogen hoch gingen, führte ein Menschenfreund angesichts der Reichsanleihe aus: daß diejenigen, die jetzt Geld hergeben, wo das Vaterland in Gefahr ist, es nachher wieder zurück verlangen, das werde man dieses Mal doch hoffentlich nicht erleben. Der Gedanke ist, so wie er ausgesprochen wurde, unberechtigt und nur durch die Stimmung des Augenblicks erklärlich. Es hätte keinen Sinn, das Opfer auf die zu legen, die dem Reiche Geld zu leihen bereit waren, und die zu schonen, die nicht einmal dazu zu bewegen waren. Es hätte ebenso wenig Sinn, jene nach dem Maße heranzuziehen, in dem sie Vertrauen bewiesen haben: den Vertrauenden stärker, den zaghaft Zurückhaltenden schwächer. Aber was unrichtig wird, wenn man es auf den einzelnen bezieht, kann darum doch richtig sein, auf die Volksklasse im ganzen bezogen: was von den Besitzenden hätte gefordert werden dürfen, als das Reich in Not war, das können sie als Gesamtheit nicht zurückfordern, bloß weil die Gabe die Wirkung gehabt hat, die man von ihr erwartete. Jedem einzelnen muß das Reich Wort halten und die Schuld zurückzahlen. Die Reichsbürger im ganzen sollen sich gegenseitig nicht das Schauspiel geben, daß sie das, was sie haben, dem Reiche verweigern, damit es auf mühsame Weise sich mit der schwierigen Aufgabe ein oder zwei Generationen hindurch abzufinden suche.

Es ist im Übergange vom Kriege zum Frieden so viel von Neuorientierung die Rede. Hier wird endlich einmal an einer bestimmten Frage ein solcher Versuch gemacht und gegenüber hergebrachten Finanzanschauungen ein Punkt angesetzt, an dem man sich neu orientieren kann. Sollte es wirklich verboten sein, daß bei der Neuorientierung auch ein neuer Gedanke herauskommt? Soll man verpflichtet sein, die Neuorientierung immer nur so vorzunehmen, daß in dem hergebrachten Gedankenschatz eine Idee einmal ein bißchen nach der einen oder ein bißchen nach der andern Seite gebogen werde?

Zweiter Teil.

Steuerfragen.

V.

Die Entwickelung der Steuerfragen.

Was die Orientierung über Finanzfragen in Deutschland schwerer macht, als in anderen Ländern, ist hauptsächlich das Durcheinander von Reich und Staat; daneben die vielfachen Änderungen, die in den letzten Jahren erfolgt sind. Beides zusammen hat ein so verschiedenmaschiges und verworrenes Netz geschaffen, daß es kaum möglich ist, eine klare Beschreibung des Bestehenden zu geben. Eher ist es möglich zur Klarheit zu gelangen, wenn wir uns Rechenschaft davon zu geben suchen, wie diese Verwickelungen entstanden sind.

Die ersten Anfänge der Ausgestaltung eines Finanzwesens über ein größeres deutsches Gebiet hin, gehen auf die Reorganisation Preußens nach den napoleonischen Kriegen zurück. Berühmt ist der Zolltarif von 1818, der mit einem Schlage das Gewirre der Binnenzölle zwischen Provinz und Provinz abschaffte, sich auf Zölle an der Staatsgrenze beschränkte und auch auf diese Weise der neuen Freihandelslehre einen mäßigenden Einfluß gewährte. Dieser Tarif ist zwar der hervorragendste, aber doch auch nur ein Spezialfall der allgemeinen preußischen Steuerpolitik der damaligen Zeit, wie sie in dem „Gesetz über die Einrichtung des Abgabenwesens" von 1820 ihren Ausdruck fand. Dieses Gesetz machte einer Unzahl territorialer Steuerverfassungen in der Hauptsache ein Ende. Einigen wenigen Genußmitteln, die — als verbreitet und doch entbehrlich — dazu geeignet sind, wie Branntwein, Braumalz, Weinmost, Tabaksblätter, wurden weiter Verbrauchsabgaben auferlegt, woneben die Belastung des Salzes in Gestalt eines Staatsmonopols beibehalten wurde. Der überwiegend ländlichen Grundsteuer (deren schon in der Feudalzeit schwer umstrittene Verfassung man doch noch zu reformieren hoffte) setzte man für die Städte eine Steuer zur Seite, die mit der neu eingeführten Gewerbefreiheit zusammenhing: da jedermann das Recht erhielt, ein Gewerbe zu betreiben, so konnte ihm dafür eine kleine „Gewerbesteuer" abverlangt werden.

Während diese beiden Abgaben nur einzelne Teile der Bevölkerung trafen, Grundbesitzer und Gewerbetreibende, sollte die Gesamtheit der Bevölkerung zu einer Personalsteuer herangezogen werden. Nach leicht erkennbaren äußeren Merkmalen teilte man die Bevölkerung in 4 bis 5 Klassen (später mit Unterabteilungen) und legte ihr danach Jahressteuern von ½ bis 48 Talern auf. Doch hielt man die Zuteilung der Einwohner zu einer der 5 Klassen in den großen Städten nicht leicht für durchführbar und ersetzte die Klassensteuer hier durch eine Brot- und Fleischabgabe, die „Mahl- und Schlachtsteuer". Ein Nachzügler der Reform, das Stempelgesetz von 1822, brachte das System zu einem gewissen Abschluß. Es erlitt auch keine Änderung, als Preußen zunächst mit einzelnen Staaten Zollverträge abschloß und am 1. Januar 1834 den großen Deutschen Zollverein ins Leben rief. Die Zollgrenze wurde von der Staats- an die Vereinsgrenze verschoben. An jedem Stück der Vereinsgrenze erhob der dort gelegene Staat die Zölle; der Unterschied war nur, daß sie für Vereinsrechnung erhoben und nach der Bevölkerungszahl verteilt wurden. Der enge Zusammenhang von äußeren Zöllen und inneren Verbrauchsabgaben brachte es mit sich, daß auch diese in die Vereinbarungen mit einbezogen werden mußten. Die gerade um diese Zeit emporkommende Zuckerindustrie und die Konkurrenz, die sie schon damals anfing, dem ost- und westindischen Rohrzucker zu bereiten, drängten darauf hin, eine Verbrauchsabgabe vom Zucker im Zollverein einheitlich durchzuführen.

Wenn diese Entwickelung typische Züge deutscher Steuergeschichte zeigt, so schlugen etwa von der Mitte des Jahrhunderts an die einzelnen deutschen Staaten in ihrer Steuergesetzgebung verschiedene Wege ein. Süddeutschland knüpfte an die Grund- und die Gewerbesteuer an; indem man sie durch zwei besondere Steuern auf Renten und auf Arbeitslöhne ergänzte, schuf man ein System von vier „Realsteuern", die zusammen alle „Erträge" umfaßten, die volkswirtschaftlich denkbar sind. Preußen setzte zwar auch für die Grundsteuer wenigstens eine einmalige Neuveranlagung durch, wenngleich mit dem Versprechen, daß man so etwas nicht wieder tun werde, und sonderte aus ihr eine eigene Gebäudesteuer mit einer Neuveranlagung nach 15jährigen Perioden aus (1861); aber weder suchte man die Gewerbesteuer den steigenden Erträgen des

Gewerbes entsprechend auszubilden, noch eignete man sich die beiden übrigen Realsteuern an. Als Entwickelungsziel faßte man vielmehr die Ausbildung jener Klassensteuer ins Auge, die die Person als Ganzes nach ihrer sozialen Stellung als einem sichtbaren Merkmal ihrer Wohlhabenheit zu erfassen suchte. Mit Bewunderung blickte man auf die Erfolge der Steuerpolitik in England, wo in der napoleonischen Zeit der ältere Pitt gewagt hatte, Prozentsätze des Einkommens zu erheben, und wo man nach längerer Pause, auf diesen Gedanken zurückgreifend, im Jahre 1842 wirklich eine General Property and Income Tax schuf. Obgleich die Einkommensteuer schnell das Ideal der liberalen Nationalökonomie wurde, so stieß die preußische Regierung doch bei dem Vereinigten Landtag von 1847 mit ihren Plänen auf Widerstand und wagte im Jahre 1851 nur, sie in sehr abgedämpfter Form als „Klassen- und klassifizierte Einkommensteuer" durchzuführen. Für Personen bis zu 1000 Talern blieb eine (genauer abgestufte) Klassensteuer bestehen. Die Einkommen über 1000 Taler wurden nach 30 Steuerstufen veranlagt und zu einem Satze von 3 % herangezogen; bei der 30. Stufe hörte mit einem jährlichen Steuerbetrage von 7200 Talern die weitere Steigerung auf. Das entsprechende höchste Jahreseinkommen von 240 000 Talern stellt zwar für die damalige Zeit schon eine recht achtungswerte, wohl selten überschrittene Höhe dar. Aber doch ist die Anschauung bezeichnend, daß wenn einmal ein Einkommen höher gehen sollte, man nicht mehr auf den Gedanken kommen dürfe, auch mit der Steuer höher zu gehen. Dem Gesetz im ganzen ist der Widerstand anzumerken, auf den Rücksicht zu nehmen war. Wie es denn den Beamten einschärft, daß sie über Besitz-, Vermögens-, Erwerbs- und sonstige Einkommensverhältnisse der Steuerpflichtigen zwar möglichst vollständige Nachrichten einziehen sollen, jedoch nur, „so weit dies ohne tieferes Eindringen geschehen kann".

Das etwa war der finanzielle Unterbau, über dem in den Jahren 1866 und 1871 als oberes Stockwerk eine Reichs-Finanzverfassung einzurichten war. Da das Reich an die Stelle des Zollvereins trat, so überließ man ihm die Zölle. Ebenso übertrug man ihm die Einnahmen aus den im Zusammenhange damit entstandenen Verbrauchsabgaben, die sich inzwischen in typischer Abrundung als „die 5 großen Verbrauchsabgaben" entwickelt hatten: Branntwein, Bier, Tabak, Zucker und (unter Befreiung vom Monopol) Salz. Aus dem preußischen Stempel griff man eine einträgliche Position heraus, den Wechselstempel. Diesen konnte man dem neuen Reich um so eher übertragen, da es noch aus den Zeiten der Paulskirche her für ganz Deutschland eine einheitliche Wechselordnung und also eine gleichmäßige Erkennbarkeit der stempelpflichtigen Urkunden gab; wunderlicherweise daneben noch den Spielkartenstempel. Außerdem hatte das Reich Einnahmen aus seinen Posten und Telegraphen, sowie aus den von Frankreich abgetretenen Eisenbahnen in Elsaß-Lothringen. Man gab sich keiner Täuschung darüber hin, daß für die großen Aufgaben, die dem neuen Reiche zugedacht waren, derartige Einnahmequellen nicht ausreichen würden; um so weniger, da der freihändlerische Zug der Zeit auf weitere Herabminderung der Zölle ausging. Man hoffte, die Finanzen des Reichs auf wirkliche Steuern zu begründen, als welche, den liberalen Anschauungen entsprechend, nur direkte Steuern, hauptsächlich nach der Höhe des Einkommens in Betracht kamen. Einstweilen blieb nichts übrig, als dem Reiche die Befugnis zu erteilen, alles was ihm zur Ausgaben-Deckung fehlte, auf die einzelnen Staaten zu verteilen, „solange Reichssteuern nicht eingeführt sind". Die Mutterrolle (Matrikel) für die alljährliche Umlegung dieser „Matrikularbeiträge" sollte nach der Bevölkerungszahl auf dem laufenden gehalten werden.

Diese nur als provisorisch gedachte Finanzverfassung hatte für einen Augenblick Aussicht, etwas Endgültiges zu werden, als bei der großen Wendung der deutschen Zollpolitik von 1879 die neuen Schutzzölle eine Höhe erreichten, die dem Reiche neue Einnahmen zuführen konnte. Aber gerade wegen der erwarteten Höhe der Einnahmen erhoben sich Bedenken aus der Mitte des Parlaments. Das Etatsrecht des Deutschen Reichstages beruhte darauf, daß er alljährlich den Etat und darin den Betrag festsetzte, der zum Zwecke der Ausgaben-Deckung durch Matrikularbeiträge zu erheben war. Wurden diese überflüssig, so fiel das E i n n a h m e bewilligungsrecht des Reichstages fort, und nach den damals noch frischen Erfahrungen der preußischen Konfliktszeit befürchtete man, eine Regierung könnte sich dann das Recht der A u s g a b e n bestreitung vorkommendenfalls selbst beilegen. Zur Wahrung der parlamentarischen Rechte wurden der Regierung zwei Wege vorgeschlagen. Die nationalliberale Partei unter der Führung von v. Bennigsen war bereit, die erhöhten Einnahmen dem Reiche unbegrenzt zu lassen, wofern nur das alljährliche Etatsrecht des Reichstages unangetastet blieb. Die Zentrumspartei, unter Führung von v. Franckenstein, war umgekehrt bereit, die Reichsregierung von dieser Fessel der alljährlichen parlamentarischen Bewilligung zu befreien, aber unter der Bedingung, daß dann die Einnahme nur bis zu einer bestimmten Höhe (an Zöllen und Tabaksteuer zusammen bis 130 Mill. Mark) dem Reiche verblieben, alles Überschießende jedoch an die Einzelstaaten nach Maßgabe der Bevölkerung zu verteilen sei; bei diesem zweiten Vorschlag mußten als Ersatz nach wie vor Matrikularbeiträge erhoben werden. Fürst Bismarck wählte das Zweite. Indem so der Zolltarif mit der „Franckensteinschen Klausel" ins Leben trat, wurde die Hin- und Herverrechnung zwischen Reich und Einzelstaaten begründet, die unsere Finanzverfassung so schwierig und unübersichtlich gestaltete. Nach der Reichsverfassung haben die Staaten die Zölle zu erheben und an das Reich abzuliefern. Nach der „Franckensteinschen Klausel" jedoch sollte in den Reichsetat für Zölle und Tabaksteuern im ganzen nur der feste Betrag von 130 Mill. Mark eingesetzt werden; für den Mehrbetrag waren, soweit erforderlich, Matrikularbeiträge auszuschreiben. Da aber sowohl die Matrikularbeiträge, die die Staaten zu zahlen, als auch die Zollüberschüsse die sie zu empfangen haben, nach der Bevölkerungszahl zu berechnen sind, so wurden sie untereinander abgerechnet. Dementsprechend wurden in Wirklichkeit die Matrikularbeiträge nicht erhoben, sondern die Einzelstaaten wurden dafür buchmäßig belastet, bis ihnen aus den Überweisungen Guthaben entstehen und die Schlußabrechnung erfolgen konnte.

Dieses System der „Überweisungen" sollte den Einzelstaaten nicht nur das ersetzen, was rechnungsgemäß an Matrikularbeiträgen auf sie ausgeschrieben wurde, sondern ihnen noch darüber hinaus Einnahmen gewähren, so daß sie von dem Reiche finanzielle Vorteile hätten, statt daß das Reich bei seinen Mitgliedern „zu Koste ginge". Da die Anforderungen an Heer und Marine aber stärker stiegen, und die Matrikularbeiträge wieder eine Höhe anzunehmen drohten, in der sie die

Überweisungen dauernd überstiegen, schuf das Reich schon im Jahre 1881 eine neue Stempelabgabe und wandte auf diese dasselbe System der Überweisungen an. Diese neue Stempelabgabe (im Unterschiede von den aus der Landesgesetzgebung übernommenen Wechsel- und Spielkartenstempeln) wurde „Reichsstempel" genannt. Ihr unterlagen die Anschaffung von Wertpapieren und börsengängigen Waren, sowie die erste Ausgabe von Wertpapieren (und damit die Begründung von Aktiengesellschaften u. ä.). Zuweilen nennt man die eine Börsen-, die andere Emissionssteuer, oder begreift sie auch beide unter dem Namen des Börsenstempels. Indem man den Betrag des neuen Reichsstempels vollständig den Einzelstaaten überwies, hoffte man die steigenden Matrikularbeiträge auszugleichen oder wieder zu überbieten.

Während so das Reich seinen finanziellen Bedürfnissen mühsam mit einzelnen Maßregeln zu entsprechen suchte (auch die Zollerhöhungen der 80er Jahre sind nicht alle aus schutzzöllnerischen, sondern z. T. aus finanzpolitischen Erwägungen hervorgegangen), begannen die Einzelstaaten damit, ihr Steuerwesen auf bestimmte Prinzipien zu begründen. Epochemachend war hierfür das Vorgehen des Königreichs Sachsen, des ersten kontinentalen Staates, der das Vorbild der englischen Einkommensteuer nachzuahmen und gleichzeitig rationell auszugestalten wagte. In bewußtem Gegensatz zu dem preußischen Gesetz, das ein tieferes Eindringen in die Vermögensverhältnisse verbot, und zu der preußischen Praxis, die damals dieses Verbot so gewissenhaft beobachtete, daß wahrheitsgemäße Einschätzungen wie eine übertriebene oder böswillige Strenge empfunden wurden, legte das sächsische Einkommensteuer-Gesetz von 1878 den Steuerzahlern die Pflicht auf, ihr Einkommen der Behörde zu offenbaren.

Die Übernahme dieser „Selbsteinschätzung" bildete den Eckstein der Steuerreform, die der Finanzminister Miquel in den Jahren 1891 und 1893 in Preußen durchführte. Die hierauf begründete preußische Einkommensteuer umfaßt alle Einkommen von 900 ℳ aufwärts mit einem verschiedenen Steuerfuß, der mit etwa ⅗ % beginnt und bis 4 % ansteigt. Da ein Einkommen, das mühelos aus Vermögen fließt, schärfer herangezogen werden kann, als ein Einkommen, das sich nur auf Arbeit gründet, so wurde zur Ergänzung eine kleine Abgabe auf das Vermögen gelegt: 50 Pf. von je 1000 ℳ (amtlich „Ergänzungssteuer“, gewöhnlich Vermögenssteuer genannt). Indem der Staat sich daran machte, mit den Mißständen in der Veranlagung der Einkommen aufzuräumen und sich davon eine bedeutende Mehreinnahme versprach, verzichtete er auf Einnahmen aus der Grund-, Gebäude- und Gewerbesteuer. Er veranlagte diese Steuern zwar alljährlich, und die Gewerbesteuer erhielt in diesen Jahren eine neue Verfassung, die sie erst zu einer ernsthaften Steuer für die Großgewerbe (für diese 1 % des Ertrages) machte; er überließ jedoch die Erhebung den Gemeinden. Nachdem endlich die alte Stempelsteuer revidiert und aus ihr der Erbschafts- (und Schenkungs-) Stempel zu einer besonderen Steuer umgeschaffen war, hatte der preußische Staat jetzt klar und durchsichtig ein System von zwei sog. direkten (Einkommens- und Vermögens-) und zwei sog. indirekten (Stempel- und Erbschafts-) Steuern.

Die preußischen Gemeinden hatten jene „Realsteuern“ zur Verfügung, auf deren Erträge der Staat verzichtet hatte, und außerdem die Befugnis, Zuschläge zur Einkommensteuer zu erheben. Es sollte Vorsorge getroffen werden, daß der Einfluß der Haus- und Grundbesitzer in den Gemeindevertretungen nicht etwa dazu führte, unter Schonung der Grund- und Gebäudesteuer Gemeindebedürfnisse stets im Wege der Einkommensteuer zu decken, während andererseits auch der Heranziehung der Realsteuern allein Grenzen gezogen werden sollten. Deswegen wurden für die verschiedenen Steuerarten bestimmte Verhältniszahlen vorgeschrieben, z. B. 100 % Zuschläge zur Einkommensteuer bei 150 % der veranlagten Realsteuern o. ä. Die Einzelheiten dieser Lehre von der Steuerrelation sind nicht gerade einfach. Für die Errechnung des Verhältnisses sind die staatlichen Veranlagungen der Realsteuern maßgebend; für die wirkliche Unterverteilung auf die einzelnen Grundbesitzer und Gewerbetreibenden können aber die Gemeinden den Grund- und Gebäudesteuern eine besondere Verfassung geben. Daneben haben die Gemeinden das Recht, indirekte Abgaben durch Steuerordnung einzuführen (soweit es ihnen nicht durch Reichs- oder Landesgesetzgebung, wie z. B. die Besteuerung notwendiger Lebensmittel, untersagt ist). Sie haben davon einen umfangreichen Gebrauch gemacht durch Lustbarkeits-, Hundesteuern, Abgaben von Grundbesitzverkäufen („Umsatzsteuern“), von Wertsteigerungen des Grund und Bodens (Wertzuwachssteuern) u. a. m.

Die süddeutschen Staaten haben zunächst das oben erwähnte System der Ertragssteuern ausgebaut, sodann aber das neue Einkommensteuer-System angenommen und verschiedene Mittelwege zwischen beiden eingeschlagen.

Während so um die Jahrhundertwende die Finanzen der Einzelstaaten an den genannten Steuern ein festes Rückgrat gewannen, das bei erhöhten Steuerbedürfnissen auch eine Versteifung durch Erhöhung des Steuerfußes sehr wohl vertrug, geriet das Reich bei erhöhten Finanzbedürfnissen regelmäßig in Verlegenheit. In gewisser Weise hatte das Reich noch in der Beseitigung anerkannter Übelstände eine Art Reservefonds. Derartige Übelstände waren mit den „Überweisungen" verbunden; denn sie verpflichteten das Reich, den Einzelstaaten Geldbeträge zuzuführen, die nicht in ihren finanziellen Bedürfnissen begründet waren. Es kam vor, daß erhöhte Überweisungen in Jahre fielen, in denen manche Einzelstaaten keine unbedingte Verwendung dafür hatten. Teilweise haben die Einzelstaaten die Überweisungen weiter an die Kommunalverwaltungen überwiesen (so in Preußen die „Lex Huene") und dadurch manchmal in diese eine ähnliche Überschußwirtschaft hineingebracht. Als schließlich das Reich sich entschloß, die Überweisungen zum größten Teil abzuschaffen (1904, 1909), war zwar der Sinn des Reichstags-Beschlusses von 1879 hinfällig geworden, aber dem Reiche doch wenigstens ein unverkürztes Recht auf seine eigenen Einnahmen gesichert. Die Branntwein- und die Zuckersteuer hatten eine schicksalsreiche Geschichte, in der die Abgaben durch Ausfuhrprämien oder sonstige Vergütungen teilweise Ausbeutungsobjekte für die Steuerpflichtigen geworden waren. Indem hier die Kompliziertheiten abgeschafft wurden, gelang es auch, der Reichskasse erhöhte Beträge auf vereinfachte Art zuzuführen. Erfolge dieser Art aber waren bloße Ausnahmen. Die Regel war, daß ein erhöhtes Finanzbedürfnis Regierung und Reichstag vor eine Verlegenheit stellte, der man je nach der jedesmaligen Mehrheitsgruppierung abzuhelfen suchte. Im Laufe der Zeit wurden in das alte System der fünf großen Verbrauchsabgaben andere Steuern eingeschoben, indem man an die Tabak- eine besondere

Zigarettensteuer (Banderolesteuer) oder an die schon vorhandenen Steuern auf Getränke eine Schaumweinsteuer anhängte, oder auch den hierin liegenden Gedanken einer Luxusabgabe auf die neumodischen Beleuchtungsmittel (Glühkörper) anwandte und mit der so geschaffenen Leuchtmittel- eine allgemeinere Zündwarensteuer verband. Die mannigfachsten Schicksale hatte der „Reichsstempel". In einer Zeit, in der auch andere Gesetze zur Belastung der Börse geschaffen wurden, lag es besonders nahe, aus einer Erhöhung des „Börsenstempels" im engeren oder weiteren Sinne höhere Beträge herauszuschlagen. Aber die mit Mißtrauen aufgenommenen Prophezeiungen der Interessenten, daß gewisse Geschäfte unter der Höhe der Abgabe verschwinden und sich nach dem Auslande verziehen müßten, stellten sich ausnahmsweis als berechtigt heraus, und man sah sich genötigt, für einen Teil dieser Geschäfte wieder Steuerermäßigungen einzuführen. Andrerseits zweigte man innerhalb des Systems des Reichsstempels die „Gesellschaftsverträge" als ein besonderes Objekt ab und unterstellte sie einer erhöhten Begründungsabgabe. Obgleich nun Aktien und der größte Teil der sonstigen Wertpapiere schon zweimal belastet wurden (nämlich bei der ersten Emission und sodann bei jedem Verkauf), so kam man doch noch auf eine dritte Art der Belastung. In Frankreich, wo man in derartigen Steuern besonders erfinderisch ist, erhebt man in dem Augenblick, wo ein ganzer Kuponbogen aufgebraucht ist und das Reststück, der Talon (d. i. die „Ferse" oder die Kante des Bogens), neu eingereicht wird, um gegen den neuen Bogen ausgewechselt zu werden, eine in größeren periodischen Zeiträumen wiederkehrende „Talonsteuer". Dieses Beispiel ahmte man nach und schuf so eine neue Steuer, gab ihr aber nicht den fremdländischen, sondern einen deutschen Namen und nannte sie kurzweg „Gewinnanteilschein- und Zinsbogen-Stempel". In den Aktiengesellschaften werden vor Ausschüttung der Dividende besondere Vergütungen an die Aufsichtsrats-Mitglieder gezahlt. Diese gelten in weiten Kreisen als müheloses Einkommen. In vielen Gesellschaften sind sie es in der Tat, während in anderen ihnen wertvolle Arbeitsleistungen gegenüberstehen. Um an diese Einkommen heranzugelangen, erfand man eine besondere Tantiemesteuer und stopfte sie ebenfalls in das Reichsstempelgesetz unter dem Namen eines „Stempels auf Vergütungen an

Mitglieder von Aufsichtsräten". Obgleich in den Jahren vor dem Kriege die Beförderung des „bargeldlosen Zahlungsverkehrs" eine große Rolle spielte, und das Reich zum Zwecke der Beförderung des Schecks im Jahre 1908 ein eigenes Scheckgesetz gab, so war doch, als man im folgenden Jahre neue Einnahmen brauchte, die Stimmung gegen die Banken im Reichstage stark genug, um die Regierung zu dem Vorschlag eines Stempels auf dieselben Schecks zu veranlassen, deren Beförderung und Verallgemeinerung man als eine wichtige wirtschaftspolitische Aufgabe der nächsten Zukunft bezeichnete. — Während alle diese Steuern sich in dem ungefähren Kreise der Bank- und Börsengeschäfte bewegten, zu deren Erfassung der Reichsstempel ursprünglich eingeführt war, benutzte man die einmal in Aufnahme gekommene Form des Stempels auch zur Heranziehung ganz anderer Objekte. Für den Teil der Reichstagsmitglieder, die in Börsen- und Bankgeschäften mehr oder weniger Spiele oder Wettgewinne sahen, bildete die schon sehr früh erfolgte Einbeziehung der Lotterielose und der Wetteinsätze am Totalisator noch eine Art Übergang. Sehr bald aber geriet man auf Gebiete, die mit dem ursprünglichen Ausgangspunkte keine Berührung mehr hatten. So wurde namentlich das Transportwesen belastet. Man erfand (und zwar innerhalb des Stempelgesetzes) eine Steuer auf Eisenbahn-Fahrkarten, und es ereignete sich, daß dieser Reichszuschlag genau in dieselbe Zeit fiel, in der die Landesstaaten gerade ihre große Reform unter Abschaffung der Retour- und Ermäßigung der einfachen Billetts durchführten. Ferner eine Steuer auf Frachturkunden, d. h. auf den Güterverkehr zu Wasser und zu Lande. Während hier immer noch Papiere oder Pappblättchen vorhanden waren, die man für stempelpflichtig erklären konnte, mußte der Versuch, auf Automobile („Kraftfahrzeuge") eine Reichssteuer zu legen, zu diesem Zwecke eigens vorschreiben, daß für jedes Automobil eine Erlaubniskarte einzuholen sei. Auf Grundstücks-Übertragungen, die nicht nur in den Landesstaaten überall einer Stempelabgabe von 1 % und in den Gemeinden einer „Umsatzsteuer", meistens in gleicher Höhe, unterliegen, legte man ebenfalls den Reichsstempel in Höhe von ⅓ %. Im Jahre 1913 wurden Versicherungsverträge dem Reichsstempel unterworfen.

Aber auch die weiteste Ausdehnung der bisherigen Steuern reichte nicht aus, um den steigenden Reichsanforderungen zu genügen. Und so entschloß man sich im Jahre 1906, die Erbschaftssteuer, die bisher eine Landessteuer war, zu einer Reichssteuer zu machen. Das Erbe der Kinder und der Ehegatten blieb steuerfrei. Im übrigen betrug die Steuer in vier Verwandschaftsgraden 4, 5, 6 und 8 %; für die allerentferntesten Verwandten sowie für ganz Fremde 10 %. Jeder dieser Prozentsätze erhöht sich, wenn die Erbschaft mehr als 20 000 ℳ beträgt, je nach der Größe nochmals auf 1$^1/_{10}$, 1$^2/_{10}$ des Satzes usw., bis bei einer Million das 2½fache des Satzes erhoben wird, so daß also ein „lachender" Millionenerbe ein volles Viertel abzugeben hat. Von der Steuer in dieser neuen Form erwartete man einen so hohen Ertrag, daß man die Landesstaaten ausreichend zu entschädigen glaubte, wenn man ihnen (die ja ohnehin die Erhebung der Steuer zu besorgen hatten) ⅓ des Rohertrages überließ; ein Anteil, den man später auf ⅕ herabsetzte. — Als im Jahre 1911 Geld gebraucht wurde, besann man sich, daß die Abgabe vom Grundbesitzwechsel noch einer Modulation fähig war. Die Ortsgemeinden hatten vielfach, wenn sich herausstellte, daß der Verkauf eines Grundstücks mehr einbrachte, als dasselbe früher wert gewesen war, vom „unverdienten Wertzuwachs", den man in den meisten Fällen auf Leistungen und Entwickelung der Gemeinde zurückführte, eine besondere Steuer erhoben, die desto schärfer zugriff, je größer die Wertsteigerung war. Dies wollte das Reich nachahmen und legte bei Grundstücksverkäufen auf jeden Wertzuwachs „der ohne Zutun des Eigentümers entstanden ist", eine Abgabe. Betrug die Wertsteigerung mehr als 10 %, so wurde die Steuer mit 10 v. H. dieser Wertsteigerung erhoben; betrug sie 10 bis 30 %, mit 11 v. H.; bei 30 bis 50 % mit 12 v. H. usf. bis sie bei einer Wertsteigerung um mehr als 290 % mit 30 v. H. ihren Höchstsatz erreichte. Von den Eingängen sollte jedoch nur die Hälfte in die Reichskasse fließen, während man $^4/_{10}$ den Gemeinden und $^1/_{10}$ als Entschädigung für Veranlagungs- und Erhebungskosten den Landesstaaten überlassen wollte; die Gemeinden sollten außerdem das Recht behalten, den auf sie entfallenden Anteil im Wege der Steuerordnung bis zur Verdoppelung zu erhöhen. Vergebens machten genaue Kenner der Geschichte dieses Steuerproblems auf die Schwierigkeit aufmerksam, den „unverdienten" Wertzuwachs allgemein zu definieren und zu fassen; eine Schwierigkeit, der die Ortsgemeinden nur mit Mühe und nur unter fortlaufender

Anpassung an die örtlichen Geschäftsformen Herr würden. Man hielt dies für bloße theoretisch-begriffliche Einwände gegen einen praktisch so überaus glücklichen Steuergedanken und suchte sie mit der „Generalklausel“ (§ 66) zu beschwichtigen, die dem Bundesrat das Recht gab, die Steuer zu erlassen, wo sie unbillig, und sie auf nicht erfaßte Fälle auszudehnen, wo dies billig erschien. Ein offenes Eingeständnis, daß der Gesetzgeber seine Aufgabe für unlösbar hielt, aber auf die erhoffte große Einnahme nicht verzichten wollte.

Während die Landesstaaten und die Gemeinden mit ihren Einnahmequellen imstande waren, ihre Etats in der Hauptsache im Gleichgewicht zu erhalten und nötigenfalls durch Steuerzuschläge das Gleichgewicht herzustellen, stellte sich im Reiche dies immer wieder als unmöglich heraus. Da das Reich die Überweisungen (bis auf einen unbedeutenden Rest) abgeschafft hatte, so drohten jetzt wieder die Matrikularbeiträge die einzelnen Staaten ungemessen zu belasten. Der Versuch des Jahres 1906, diese Beiträge auf 40 Pf. für den Kopf der Bevölkerung zu begrenzen, hatte sich als undurchführbar herausgestellt; aber man ging doch seit dem Jahre 1909 wenigstens nicht über 80 Pf. hinaus und überließ also jedes höhere Erfordernis dem Reichsetat als offenen Fehlbetrag. Desto größeres Gewicht legte man darauf, aus den mannigfachen neuersonnenen Einnahmequellen wenigstens gewisse Beträge für die Schuldentilgung zu erübrigen und setzte für die verschiedenen Arten der Reichsschulden verschiedene Tilgungssätze zwischen 1 und 3 % fest. Als aber das Reich im Jahre 1913 für Heer und Marine eine Ausgaben-Verstärkung brauchte, die über alle früheren hinausging, stellte es sich als unmöglich heraus, für eine Anleihe in solchem Umfange die Tilgungsbeträge auf jenem Wege aufzubringen. Wenn man daher die eben begonnenen Tilgungen nicht wieder einstellen wollte, so mußte ein Weg ersonnen werden, um die neuen Beträge auf eine andere Art, als im Wege der Anleihe aufzubringen. Dieser neue Weg war der außerordentliche „Wehrbeitrag“.

Der Wehrbeitrag war in der Hauptsache eine einmalige Abgabe nach dem Vermögen vom 31. Dezember 1913, zahlbar in 3 Jahresraten, je Anfang 1914, 1915 und 1916. Wer ein Einkommen hatte, das nicht aus Vermögensbesitz stammt, zahlte den Wehrbeitrag nach der Höhe dieses Einkommens. Vom

Wehrbeitrage befreit sind Vermögen bis 10 000 ℳ (bei geringem Einkommen bis 30 000, bei ganz geringem Einkommen sogar bis 50 000 ℳ), sowie Einkommen bis 5000 ℳ.

Mit diesem Wehrbeitrag zugleich wurde jedoch eine allgemeine Steuer von dem Vermögens*zuwachs* eingeführt, die nicht einmalig sondern dauernd sein und in dreijährigen Zwischenräumen wiederkehren soll. Dieser Steuer ist ein irreführender Name gegeben und dadurch in eine an sich klare Sache Verwirrung hineingebracht worden. Obgleich nämlich der einmalige Wehrbeitrag vom Vermögen und die dauernde Steuer nur vom Zuwachs erhoben wird, ist doch der dauernden Steuer der Name „Besitzsteuer" gegeben worden, also gerade der Name, der dem Sinne nach weit eher dem Wehrbeitrage zugekommen wäre. Nennt man die einmalige Abgabe vom Vermögen „Wehrbeitrag", die dauernde „Vermögenszuwachs-Steuer", so sind alle Mißverständnisse ausgeschlossen. Da für den Wehrbeitrag alle Vermögen von Reichswegen auf den 31. Dez. 1913 veranlagt worden sind, so läßt eine zweite Veranlagung auf den 31. Dez. 1916 ohne weiteres ersehen, welche Vermögen in dem dreijährigen Zeitraum sich vermehrt haben, und um wieviel. Von dieser Vermehrung wird eine Steuer von ¾% erhoben, die jedoch mit der Größe des Zuwachses ansteigt und bei einem Zuwachs von einer Million 1½% beträgt. Diese gestaffelten Sätze werden je nach der Höhe des *Gesamt*vermögens noch einmal um gewisse Zuschläge gesteigert, so daß ein Zuwachs von mehr als einer Million, wenn er in einem Gesamtvermögen von mehr als 10 Mill. enthalten ist, 2½% zahlen würde. Zuwachse bis zu 10 000 ℳ oder Vermögen bis zu 20 000 ℳ werden von dieser Steuer verschont.

Da in dem allgemeinen „Zuwachs" der Wertzuwachs des Grundbesitzes enthalten war, so ergriff das Reich die Gelegenheit, um auf diese Steuer, deren Schwierigkeiten sich ganz so hoch zeigten, wie die grundsätzlichen Gegner vorausgesagt hatten, lieber zu verzichten und sie wieder ganz den Gemeinden zu überlassen. Einige Sätze der Erbschaftssteuer wurden erhöht (so daß die Höchstbesteuerung der „lachenden" Erben sich im äußersten Höchstfalle sogar bis auf 30 % steigern konnte). Da endlich die Beförderung des bargeldlosen Zahlungsverkehrs durch die Abnahme der Schecks empfindlich gelitten hatte, und also das Reich auch nicht die erwarteten Einnahmen daraus hatte, so entschloß man sich, den Scheckstempel fallen zu lassen; infolge eines Versehens wurde jedoch in den Paragraphen eine Fristbestimmung (31. Dez. 1916) eingeschoben.

Mit dem Wehrbeitrag war eine einmalige, mit der Erbschafts- und der Vermögenszuwachs-Steuer eine dauernde Einfügung der Vermögen und Vermögensvermehrungen in die Reichsfinanzverfassung in die Wege geleitet, als der Kriegsausbruch neue und unerhörte Bedürfnisse brachte. Da schon die ersten 3 Kriegsanleihen im Werte von etwa 25 Millrd. Mark einen Zinsaufwand von 1¼ Millrd. Mark erforderten, so hielt die Reichsregierung es für richtig, schon während des Krieges für Deckung der Zinsbeträge durch Steuern zu sorgen. Nach Grundsätzen der Finanztechnik ist dies zwar nicht nötig. Ebenso wie jemand, der ein Haus auf Anleihe baut, die Zwischenzinsen bis zur Vollendung des Baues ordnungsmäßig auf die Anleihe schlägt, so sind auch zu einem Kriegsunternehmen, das aus Anleihen bestritten wird, die Zinsen des Krieges regelmäßig auf dieselbe Art zu bestreiten. Bei einem Kriege mit noch größerem Recht als bei einem geschäftlichen Unternehmen, da kein Anlaß vorliegt, einem entschädigungspflichtigen Feinde die Summe in geringerer Höhe zu präsentieren und erst nachträglich durch die Wiederhinzurechnung bereits gezahlter Zinsen aufzufüllen. Da aber die Regierung sich einmal auf dieses Übermaß von Strenge gestellt hatte, so hielt man im Reichstage den Betrag von 1¼ Millrd. Mark nicht für groß genug, um sich erst dem Anschein auszusetzen, als ob Deutschland für die Aufbringung von Steuern in dieser Höhe genötigt sei, die Wiederkehr des Friedens abzuwarten. Die Tabakabgaben wurden erhöht. Der Gedanke, durch Zuschläge zum Porto für Briefe und Postkarten größere Beträge aufzubringen, ging im Reichstage viel leichter durch, als man bei einem Vorschlage erwarten konnte, den Wissenschaft und Volksempfinden in seltener Einmütigkeit sonst stets abgeschüttelt hatten. Gleichzeitig damit eine Verallgemeinerung und Erhöhung des Frachtbriefstempels. Langwierige Beratungen wurden jedoch durch den Vorschlag eines Quittungsstempels und eines Kriegsgewinn-Steuergesetzes hervorgerufen.

Der Vorschlag eines Quittungsstempels kam unerwartet. Den Scheckstempel, der gleichzeitig als Stempel auf Quittungen über Bankguthaben ausgestaltet war, hatte man notgedrungen fallen lassen müssen. Noch bevor dieser Verzicht in Kraft getreten war, sollte der Plan in viel weiterem Umfange aufgenommen werden. Die Ausführung war notwendigerweise mit Vorschriften verbunden, die das Ausstellen von Quittungen zur Pflicht machte. Namentlich in den Kreisen des Detailhandels fürchtete man diese Verpflichtungen und ebenso eine Abschreckung des Publikums, wenn ihm in jedem einzelnen Falle der Stempelbetrag zur Rechnung gestellt werden sollte. Aus dem Wunsche, solchen Belästigungen vorzubeugen, entstand in der Kommission, die mit der Vorberatung des Gesetzentwurfs beauftragt war, der Gedanke, dem Steuervorschlage einen anderen Charakter zu geben. Man legte die Steuer nicht auf die einzelnen Zahlungen, sondern auf den Gesamtbetrag der Zahlungen, die in einem Geschäftshause im Laufe eines Jahres gemacht wurden. Dadurch entging man den Umständlichkeiten der Verstempelung in jedem einzelnen Falle und konnte die Entrichtung der Steuer an den Schluß des Jahres legen. So konnten auch die allerkleinsten Zahlungen, die bei einem Quittungsstempel notgedrungen hätten befreit werden müssen, ohne jede Belästigung in die Steuer einbezogen werden. Obgleich man den neuen Vorschlag auf Warengeschäfte beschränkte, war doch kein Zweifel, daß er mehr einbringen würde, als der Regierungsentwurf verlangte. Zwar war der Hauptgrund, weswegen man diesen Steuervorschlag bevorzugte, gerade der Umstand, daß man von der Belästigung der Verstempelung absehen konnte; nichtsdestoweniger schob man auch diese neue Steuer in das Reichs*stempel*gesetz ein. Dabei wurde auch das Versehen, das dem Scheckstempel eine Ungnadenfrist bis zum Ende des Jahres gegeben hatte, wieder gut gemacht.

Der Gedanke, die Kriegsgewinne zu den Kriegslasten heranzuziehen, knüpfte sich (abgesehen von dem als selbstverständlich angesehenen Sonderfall der Reichsbank) zunächst an die Lieferantengewinne und erstreckte sich dann weiter auf alle diejenigen, die an der Steigerung der Preise für Nahrungsmittel, Bekleidung u. ä. erhebliche Gewinne machten. Der Plan, diese Übergewinne zur Steuer heranzuziehen, war zwar namentlich wo er sich mit moralischen Gründen brüstete, moralisch keineswegs einwandsfrei. Namentlich wenn das Reich erst durch die Aussicht auf hohe Gewinne Lieferanten anlockte und hernach sich auf seine Steuerhoheit besann, um ihnen diese Gewinne wieder zu entziehen, so hieß das geradezu das Beispiel schmutziger Handlungsweise geben. Zudem gründeten sich die Angaben über allzuhohe Gewinne vielfach auf bloße Gerüchte, und es wäre eine Feststellung in einer Unzahl von Prozessen erforderlich gewesen. Endlich lenkte das beständige Räsonieren über die „Kriegswucherer", soweit es die Lieferungen betraf, von den Hauptpunkten einer zukünftigen Reform ab, die darin bestehen muß, unseren Intendanten und Lieferungsoffizieren eine geschäftliche Ausbildung zu geben, die die Bewucherung unmöglich macht. Allen diesen Bedenken bog die Reichsregierung in kluger Weise die Spitze ab, indem sie den moralischen Gesichtspunkt zur Seite schob. Sie gründete ihren Steuervorschlag nicht auf ein sittliches Urteil, sondern lediglich auf die Tatsache, daß jemand, der in einer Zeit weitgehender Verluste sein Vermögen sogar noch vermehrt hatte, ein gutes, besonders kräftiges Steuerobjekt darstellt. Als Kriegsgewinn sollte daher jeder Gewinn gelten, der in die Kriegs*zeit* fiel, ohne Rücksicht auf die Vorgänge, die dem Gewinne zugrunde liegen. Da nun nach dem „Besitzsteuergesetz" ohnedies auf den 31. Dezember 1916 der Vermögenszuwachs der drei letzten Jahre ermittelt werden mußte, so legte man einfach diesen Zuwachs zugrunde. Der Hauptgedanke des Gesetzes war also folgender. Nach dem Besitzsteuergesetz von 1913 sollte vom Vermögenszuwachs alle drei Jahre eine Reichsabgabe entrichtet werden. Die erstmalige Entrichtung, die sich auf den Zuwachs in den Jahren 1914—16 bezog, konnte zum größten Teile nur solche Vermögensvermehrungen in die Erscheinung treten lassen, die in die Kriegszeit fielen. Deswegen entschloß man sich, sie als Gewinne der Kriegszeit aufzufassen, und neben der Besitzsteuer mit einer zweiten Abgabe, je nach der Höhe ansteigend von 5 bis 50 %, zu belasten. Für Aktiengesellschaften usw., bei denen ein Mehrgewinn in Gestalt der Dividende in die Erscheinung trat, wurde für die Mehrgewinne der Steuer eine besondere Verfassung gegeben.

Die Vorschläge der Regierung fanden zwar weitgehende Zustimmung und überwanden namentlich die oben geäußerten moralischen Bedenken. Hingegen leuchtete es wenig ein, weswegen man zur Bezahlung der Schuldenzinsen des

Reiches jeden, der ein kleines Vermögen neu erworben hatte, heranziehen, aber jeden, der ein noch so hohes, altes Vermögen besaß, frei lassen sollte; oder weswegen man einen vielfachen Millionär der ein paar Hunderttausend Mark dazu verdient hatte, gerade nur von diesen paar Hunderttausend Mark und nicht von seinen vielfachen Millionen besteuern sollte. Wenn der Gedanke richtig war, daß zu den Kosten der Anleihe der Vermögensbesitz in irgendeiner Art herangezogen werden sollte, so war der nächstliegende und natürlichste Maßstab: die Größe des Vermögens. Dieser Gedanke stieß schon im Reichstage, je weiter die Parteien nach rechts gingen, auf desto größeren Widerstand. Vollends aber im Bundesrat. Die einzelstaatlichen Minister erklärten, eine neue Belastung des Vermögens nicht mehr zugeben zu können. Da aber das Zustandebringen des Gesetzes von einem Entgegenkommen gerade gegen die Kreise abhing, die der Reichsregierung die neuen Steuergedanken entgegenbrachten, so kam man im Bundesrat auf folgenden Mittelweg. Man wollte als Steuerobjekt auch solche Vermögen anbieten, die keine Vermehrung erfahren hatten, sondern entweder trotz der Ungunst der Zeit sich gleichgeblieben oder um noch nicht 10 % vermindert waren. Dem lag also der Gedanke zugrunde, die Ungunst der Zeit müßte im Allgemeinen eine Verminderung der Vermögen um 10 % herbeiführen; wer sein Vermögen nicht einmal um diesen Betrag vermindert sah, der konnte wie von einem Gewinn besteuert werden. Die Witzbolde waren bereits an der Arbeit, für die neue Gewinnsteuer den Namen „Gewinn- und Verluststeuer" zu ersinnnen; aber die Kommission hatte ihr ohnedies den kürzeren Namen „Kriegssteuer" gegeben.

Da die Reichsregierung nun einmal den Grundsatz verkündet hatte, die „Kriegszinsen" schon während des Krieges durch Steuern zu decken, hielt sie sich für verpflichtet, für die 4. und 5. Anleihe ebenso vorzugehen und dem Reichstage in der Wintersession 1916/7 außer einem Zuschlage zu der neuen „Kriegssteuer" wiederum eine Abgabe vorzuschlagen, die die Gewerbe allgemein heranzuziehen bestimmt war: eine Besteuerung der Kohle. Außerdem wurde die Fahrkartensteuer auf die vierte Klasse ausgedehnt, in ihren Beträgen erhöht (10 bis 16 %) und, von ihrer unglücklichen Stelle im Reichsstempelgesetz erlöst, zur Würde einer besonderen „Personenfahrkarten-Steuer" erhoben. Dem Güterverkehr wurde eine Steuer von 7 % des Beförderungspreises auferlegt, daneben aber der — soeben erhöhte — Frachtbriefstempel im Stempelgesetz beibehalten und auf das Anderthalbfache erhöht, für Eilgut verdoppelt.

Da die schnelle Aufeinanderfolge neuer und die Veränderung bestehender Steuern in die Reichs-Finanzverfassung eine Unruhe gebracht hat, die den Überblick erschwert, so seien die Gesetze aus der letzten Zeit vor dem Kriege und aus den Kriegsjahren hier noch einmal übersichtlich zusammengestellt:

Tab. 9. Die neuesten Reichs-Steuergesetze 1913 bis 1917.

1913 (3. Juli).

Gesetz über einen einmaligen außerordentlichen Wehrbeitrag.

Besitzsteuer-Gesetz (Vermögenszuwachs).

Gesetz über Änderungen im Finanzwesen (Verzicht auf Reichsanteil an Zuwachssteuer vom Grundbesitz, Erhöhung von Sätzen der Erbschaftssteuer u. a.).

Gesetz wegen Änderung des Reichsstempel-Gesetzes (Gesellschafts-Verträge, Versicherungen).

1915.

Gesetz über die Kriegsabgaben der Reichsbank (24. Dez.).

1916.

Kriegssteuer-Gesetz (21. Juni).

Gesetz betr. eine mit den Post- und Telegraphengebühren zu erhebende außerordentliche Reichsabgabe (21. Juni).

Gesetz über einen Warenumsatz-Stempel (26. Juni).

Gesetz über Erhöhung der Tabakabgaben (12. Juni).

Frachturkundenstempel-Gesetz (17. Juni).

1917.

Kohlensteuer-Gesetz (8. April).

Gesetz über die Erhebung eines Zuschlags zur Kriegssteuer (9. April).

Gesetz über die Besteuerung des Personen- und Güterverkehrs (8. April).

Gesetz über eine weitere Kriegsabgabe der Reichsbank für 1916 (27. März).

VI.

Die Abgrenzung zwischen Reichs- und Landessteuern.

Der historische Überblick über die Entwickelung der Steuerfragen im Reich hat gezeigt, daß der heutige Zustand ein bloßes Zufallsergebnis ist. In das Kriegsjahr 1916 fällt das Jubiläum der Reichs-Finanzverfassung, die auf die Begründung des

Norddeutschen Bundes zurückgeht. In dieser ganzen halbhundertjährigen Geschichte hat es niemals einen Augenblick gegeben, in dem jemand den Zustand wie er heute besteht, oder annähernd einen solchen in Gedanken vorgezeichnet hätte. Dieser Zustand geht nicht auf planvolle Absicht zurück.

Die liberalen Väter der Reichsverfassung von 1866/71 hatten alles, was sie zur augenblicklichen Ausstattung des neuen Gemeinwesens taten, als bloßes Provisorium betrachtet und für den endgültigen Zustand „direkte" Reichssteuern, etwa in Form einer allgemeinen Belastung des Einkommens, in Aussicht genommen. Beim Übergang zum Schutzzoll (1879) brachte die Zollerhöhung, die aus wirtschaftspolitischen Gründen eingeführt wurde, die erhöhten Einnahmen gewissermaßen als Nebenprodukt von selbst. Aus staatsrechtlichen Gründen wollte man die Matrikularbeiträge als rein formale Einrichtung weiter bestehen lassen und war überzeugt, aus den Zolleinnahmen den Einzelstaaten soviel und mehr überweisen zu können. Als aber die Bedürfnisse des Reiches anwuchsen, mußte man, um die Matrikularbeiträge nicht über die Höhe der Überweisungen steigen zu lassen, seit den 90er Jahren auf immer neue Einnahmen bedacht sein. Je nach der Reichstagsmehrheit und Volksstimmung warf man sich bald auf das eine, bald auf das andere Objekt. Die Gefahr, Gegenstand einer Reichsbesteuerung zu werden, hing für eine Gruppe der Bevölkerung davon ab, ob der Haß gegen sie und ihre Geschäfte groß genug war, um den Versuch, eine Reichstagsmehrheit gegen sie zusammenzubringen, als aussichtsreich erscheinen zu lassen. Daß man hierbei die einmal gewählte Steuerform nicht als lästige Fessel empfand, zeigt das Schicksal des Reichsstempelgesetzes, in das man die verschiedensten Steuern hineinbrachte, bis sie zuletzt nichts als den Namen des Stempels gemeinsam hatten. Man ersann Reichssteuern, die das Vermögen trafen, indem man das Gesellschaftsvermögen der Aktiengesellschaften bei seinem Entstehen einem „Stempel" unterwarf (1894). Man ersann eine Steuer auf eine Einkommensart, indem man das Einkommen aus Aufsichtsrats-Vergütungen ebenfalls verstempelte (1906). Ganz deutlich stellte die Erbschaftssteuer (1906) eine in unregelmäßigen Zeiträumen wiederkehrende Steuer auf das Vermögen dar. Als der Versuch, das Einkommen, das aus einer Wertsteigerung des Grundbesitzes herrührte, für sich allein in der hergebrachten Form einer direkten Steuer zu erfassen (1911), mißlang, war dies nur ein Grund, ihn in der weiteren Fassung einer Besteuerung all und jeden Vermögenszuwachses wieder aufzunehmen. Diese „Besitzsteuer" bildet einen Bestandteil jenes Finanzwerkes (S. 104), mit dem Deutschland im Jahre 1913 gegen drohende Pläne des Auslandes sich Sicherheit zu schaffen suchte. Der „Wehrbeitrag" sollte zwar das Vermögen nur einmal treffen, ragte aber durch jene „Besitzsteuer" auf den Vermögens*zuwachs* doch in das Niveau der wiederkehrenden Steuern hinein. Während des Krieges selbst sahen wir den Gedanken einer Kriegsgewinnsteuer mit Macht darauf hindrängen, die Vermögen als solche heranzuziehen; und man mußte zu den wunderlichsten Ausdrucksweisen seine Zuflucht nehmen, um diesen Gedanken, dem man sachlich weit entgegenkam, nicht unverhüllt in Worte zu fassen.

Während so die Entwickelungstendenz der Reichssteuergeschichte auf die Heranziehung von Besitz und Einkommen drängte, tönte ihr aus den Kreisen der einzelstaatlichen Finanzminister und der einzelstaatlichen Parlamente immer lauter die Ansicht entgegen, daß im Interesse einer klaren Scheidung von Reichs- und Staatsfinanzen das grundlegende Verhältnis nicht erschüttert werden dürfe, wonach das Reich seine Ausgaben in der Hauptsache durch indirekte, die Staaten durch direkte Steuern zu decken haben. Daß das Reich nach den Steuern auf Besitz und Einkommen seine Hände ausstrecke, widerspreche den finanzpolitischen Grundlagen, auf die es einmal gestellt sei, und drohe das Verhältnis der Einzelstaaten zum Reich unleidlich zu machen.

Diese Anschauung, so oft sie auch geäußert wird, und so oft sie sich auf Tatsachen beruft, steht doch mit den historischen Tatsachen, wie wir sie in der Entwickelung der Reichssteuergeschichte kennen gelernt haben, in Widerspruch. Freilich ist dieser Widerspruch allein noch keine Widerlegung. Denn es kann die Anschauung, von der ein finanzpolitischer Rat ausgeht, irrtümlich, und der Rat selbst gleichwohl aus anderen Gründen berechtigt sein. Und daß die Unterscheidung von direkten und indirekten Steuern wissenschaftlich kaum haltbar, daß den beiden angeblichen Steuerarten häufig absichtsvoll eine Abgrenzung gegeben wird, an der man einen Anhalt für Unterscheidungen hat, die man aus politischen Gründen wünscht, entzieht jenem finanzpolitischen Rat auch noch nicht vollends den Boden. Denn was in diesem Falle gemeint ist, ist trotzdem klar: in der Hauptsache soll das Reich seine Bedürfnisse durch Steuern vom Verbrauch decken, ergänzt durch gewisse Steuern nicht auf das Vermögen, sondern auf den Umsatz von Vermögensteilen (sog. Vermögensverkehrs-Steuern, wie Besteuerung von Emissionen, von Wertpapierverkäufen usw.). Will man also über die einmal behauptete Notwendigkeit jener Auseinandersetzung zwischen Reich und Einzelstaaten ins Klare kommen, so muß man selbst prüfen, ob diese Art der Auseinandersetzung zwischen Reich und Staaten zweckentsprechend ist; genauer: ob die Einnahmen, auf die das Reich verwiesen wird, den Zwecken entsprechen, für die das Reich sie verwendet.

Für welche Zwecke das Reich seine Einnahmen verwendet, geht zwar im allgemeinen aus der Übersicht der Ausgaben in dem alljährlichen Voranschlag hervor. Im einzelnen erfordert es jedoch eine genauere Durchrechnung und Vergleichung mit den Einzelstaaten, wie sie zuletzt für das Rechnungsjahr 1911 vorgenommen worden ist:

Tab. 10. Verteilung der Ausgaben im Reich und in 6 Einzelstaaten 1911 (in Mill. Mark).

(nach Zimmermann).

		Reich	Preußen	Bayern	Sachsen	Württemberg	Baden	Hessen
1.	2.	3.	4.	5.	6.	7.	8.	9.
1.	Heer und Marine .	**1150,9**	—	—	—	—	—	—
2.	Auswärtige Angelegenheiten . . .	**40,0**	21,0	8,0	7,3	2,3	2,1	1,5
3.	Innere Verwaltung .	68,6	279,2	28,2	24,0	11,2	19,8	6,6
4.	Landwirtschaft. . .	1,5	29,3	5,7	1,2	2,0	1,0	1,1
5.	Handel und Gewerbe	11,2	1,4	0,5	0,2	0,8	0,3	0,5
6.	Verkehr	11,3	65,3	9,2	7,5	5,3	5,3	1,7
7.	Kirche.	—	39,3	12,4	4,0	} 20,7	1,1	0,5
8.	Schulen	1,5	248,7	35,8	33,6		16,7	8,7
9.	Wissenschaft . . .	1,1	5,0	1,0	} 1,2	0,3	0,2	} 0,3
10.	Kunst	0,7	8,0	1,6		0,3	0,2	
11.	Justiz	3,0	188,8	28,1	21,7	9,4	8,3	5,6
12.	Finanzverwaltung .	**577,0**	196,2	67,8	19,5	20,3	19,5	12,0

In dieser vergleichenden Übersicht bedarf zwar manches genauerer Aufklärung. Daß aber der Posten „Heer und

Marine" (1) den Etat beherrscht, sieht man auf den ersten Blick. In Wirklichkeit ist diese Beherrschung noch größer, als sie erscheint. Denn Schuldendienst und Pensionsverpflichtungen des Reichs in der (12) allgemeinen Finanzverwaltung beziehen sich fast vollständig auf Heer und Marine. Die Verwaltung des „Auswärtigen" (2) gehört dem Reiche weit ausschließlicher, als aus der Finanzübersicht hervorgeht. Denn was die Einzelstaaten als „auswärtige Angelegenheiten" bezeichnen, bezieht sich nur zu einem sehr geringen Teil auf das Ausland (römische Kurie in Rom), zum weitaus größten auf den Gesandschaftsverkehr im Inlande: bei anderen deutschen Staaten und im Bundesrat. Im Reiche werden die Ausgaben noch ergänzt durch Aufwendungen für den auswärtigen Handel (enthalten in 3 und 5). Endlich dienen die allgemeinen Verwaltungsausgaben eines Staatswesens immer in erster Linie den Aufgaben, denen es sich ohnedies am stärksten widmet. Obgleich in den 577,0 Mill. Mark der (12) allgemeinen Finanzverwaltung Überweisungen an die Einzelstaaten enthalten sind (die in jenem Jahre 163,5 Mill. Mark betrugen), so kann man doch

	1150,9	
	40,0	
nebst etwa	500,0	
zus. rund	1700	Mill. Mark

als auf Heer, Marine und Auswärtiges verwendet ansehen, gegen 1—200 Mill. Mark für alle anderen Verwaltungszweige des Reiches zusammengenommen.

In allem Wesentlichen also sind die Zwecke, für die das Reich Geld haben will, eine gemeinsame Vertretung der deutschen Staaten nach außen hin, sei es im friedlichen Verkehr durch Gesandtschaften, sei es in der Notwendigkeit des Krieges durch Armee und Marine. Dies ist nicht etwa so aufzufassen, als ob das Reich in der Hauptsache nichts wäre, als ein Verband der deutschen Staaten zu gemeinsamem Auftreten nach außen hin. Was im Eingang unserer Reichsverfassung gesagt ist, daß die Oberhäupter der deutschen Staaten „einen ewigen Bund zum Schutze des Bundesgebietes und des innerhalb desselben gültigen Rechtes, sowie zur Pflege der Wohlfahrt des deutschen Volkes schließen", ist niemals eine bloße Redewendung gewesen. Es kann vielmehr als der sachgemäße Ausdruck gelten sowohl für die Absichten der Reichsbegründer als für die Art, wie nun schon fast zwei Menschenalter hindurch diese Absichten auch wirklich durchgeführt wurden. Das Reich hat nach und nach auf fast alle Gebiete staatlicher Wirksamkeit seine Betätigung ausgedehnt, und niemals haben die Vertreter des deutschen Volkes sich kleinlich gezeigt, wenn seine Wohlfahrt es erforderte, die bisherigen Befugnisse des Reiches auch weiter auszudehnen. Es gibt zu beiden Seiten des Ozeans keinen Bundesstaat, der für die Erstreckung der oberstaatlichen Befugnisse so wenig verfassungsmäßige Erschwerungen kennt, und dessen Glieder auch in der Praxis sich stets so unterordnungsfähig gezeigt haben, wie das Deutsche Reich. Aber was das Reich zu leisten hat, kann es auf den meisten Gebieten mit sehr geringen Mitteln leisten. Denn überall beschränkt es sich auf die Wahrung der Einheitlichkeit, während die kostspielige Verwaltung selbst den Einzelstaaten verbleibt. Da die Kenntnis dieses Sachverhalts für die Beurteilung des Verhältnisses von Reich und Einzelstaaten nicht gleichgültig ist, so mag es an einzelnen Beispielen dargelegt werden.

Für die Justiz, in welcher dieses Verhältnis am deutlichsten hervortritt, hat das Reich die maßgebenden Grundsätze des Strafrechts und des Privatrechts in einem Straf- und einem „Bürgerlichen" Gesetzbuch festgelegt; es hat ebenso die Verfassung und das Verfahren der Gerichte in vier umfassenden Gesetzen geregelt. Die Einrichtung und Unterhaltung dieser Gerichte aber, die Besoldung der Richter und Gerichtsbeamten, die Aufführung und Unterhaltung der Gebäude, das alles hat jeder Einzelstaat in seinen Gebieten zu bestreiten. Lediglich an der Spitze wird das Reichsgericht in Leipzig auf Kosten des Reichs erhalten. — Auf das Unterrichtswesen übt das Reich einen gewissen Einfluß dadurch, daß die Erteilung der Berechtigung zur Ausstellung des Einjährig-Freiwilligen-Zeugnisses Sache der Armee, also Reichsaufgabe ist, zu deren Erfüllung eine Reichs-Schulkommission eingesetzt ist. Da die Regelung der ärztlichen Prüfungen und ihrer Voraussetzungen Sache des Reiches ist, so gewinnt der Bundesrat dadurch einen Einfluß auf die Anerkennung der Abiturienten-Zeugnisse, sowie auf die gleichmäßige Ausgestaltung der Prüfungsbedingungen in den verschiedenen Schulgattungen und des in ihnen erteilten Unterrichts; ein Einfluß, der dadurch unterstützt wird, daß auch die Hauptbedingungen der Justizprüfungen durch Reichsgesetz festgelegt sind. Beides zusammengenommen bewirkt, daß auch unsere Universitäten eine einheitliche Entwickelung aufweisen. Alles dieses fängt in neuerer Zeit an auch auf die Mädchenbildung eine Wirkung zu üben. Auf die Errichtung von Fortbildungsschulen haben wiederholt Abänderungen der Gewerbeordnung einen Einfluß geübt, und das Reich kann ihn von hier aus nicht bloß stärken, sondern hätte ihn auch sehr wohl auf das Volksschulwesen, wo dieses zurückblieb, ausdehnen können. Aber selbst unterhält das Reich weder eine Universität, noch ein Gymnasium, noch eine Fortbildungs- oder Volksschule. Es verfügt nicht einmal über einen eigenen Schulrat; jene Reichs-Schulkommission wird in der Hauptsache aus Vertretern einiger Landesstaaten gebildet. — Daß in Arbeiterversicherung und Arbeiterschutz das Reich eine umfassende Tätigkeit entfaltet hat, darüber besteht nur eine Stimme. Aber Versicherungsämter und Oberversicherungsämter sind überall Landesbehörden, Krankenkassen und Landes-Versicherungsanstalten sind den Landesverwaltungen eingegliedert. Auch hier ist nur das Reichs-Versicherungsamt an der Spitze Reichsbehörde. Die Gewerbeinspektoren sind Landesbeamte, und hier gibt es trotz des zweifellosen Oberaufsichtsrechts des Reiches noch nicht einmal eine oberste Reichsbehörde. In allen diesen u. ä. Dingen ist die Tätigkeit des Reichs zwar bedeutungsvoll; aber sie ist nur regelnd, beeinflussend, beaufsichtigend, nicht jedoch schaffend.

Daher ist in Justiz und Unterricht, sowie in der inneren Verwaltung im weitesten Umfange die Aufbringung der Kosten Sache der Einzelstaaten. Wie diese ihre Einnahmen verwenden, geht aus der obigen Tabelle hervor.

Ganz anders nimmt sich dem gegenüber die Tätigkeit des Reichs in den Ressorts des Auswärtigen und der Landesverteidigung aus. Botschafter, Gesandte und Konsuln sind Reichsbeamte; von dem Vertretungsrecht, das die Einzelstaaten außerdem behalten haben, machen sie außer durch Gesandtschaften beieinander nur einen geringen Gebrauch. Daß man bei Begründung des Reichs das preußische Ministerium der Auswärtigen Angelegenheiten gleichzeitig als Auswärtiges Amt des Deutschen Reichs firmieren ließ, hat sich sehr bald in das Gegenteil verwandelt, daß das Reich die Behörde für den Auswärtigen Dienst organisiert und Preußen sein eigenes Außenministerium darin untertauchen läßt. Im Heere hat man formell vier Armeen, je eine preußische, bayerische, württembergische und sächsische, beibehalten und die anderen Kontingente der erstgenannten eingegliedert; in Wirklichkeit aber werden die Etats dieser vier Armeen einheitlich im Reichstage festgesetzt. Vollends die Marine wird bis in ihre kleinsten Angelegenheiten sowohl in der schwimmenden Flotte wie in den Marineeinrichtungen am Lande ausschließlich vom Reiche verwaltet, als ob es Landesstaaten nicht gäbe. Auf Helgoland steht der Posten in einem schwarzweißroten Schilderhäuschen.

Nehmen wir an, daß es sich nicht um das Deutsche Reich, sondern um einen Einheitsstaat (nach Art Frankreichs oder Englands) handelte, der ¾ seiner Ausgaben auf Landesverteidigung und Auswärtigen Dienst, ¼ auf die verschiedenen Zweige der inneren Verwaltung verwendete. Wenn in einem solchen Staate die Kosten für Außen- und Innenaufgaben wirklich durch verschiedene Steuern aufgebracht werden sollten, die einen durch Besitz- und Einkommens-, die andern durch Verbrauchsabgaben, so würde man der Natur der Sache nach die gegenteilige Zuteilung eher billigen können, als die, die bei uns besteht. Wenn man z. B. die Ausgaben für die Volksschule grundsätzlich nur durch Steuern auf den Massenkonsum aufbringen wollte, so würde dies heißen: was für die große Masse geschaffen wird, soll durch die große Masse erhalten werden. Selbst die Kosten für die Armenpflege auf diese Art zu decken (wiewohl es in dem heutigen Zustande der Gesellschaft nicht etwa befürwortet werden soll), hätte doch immer noch den Sinn, daß die minder wohlhabende Bevölkerung für den Fall der Verarmung eine Selbstversicherung nimmt. Ja, einen Plan, die Kosten des gesamten Arbeiterschutzes aus Arbeitermitteln aufzubringen, würde vielleicht sogar der größte Teil der heutigen Arbeiterschaft billigen, unter der Voraussetzung, daß die Aufgabe dann auch Bestandteil einer Arbeiter-Selbstverwaltung würde. So ließen sich viele Aufgaben der inneren Verwaltung finden, für die eine Aufbringung der Kosten durch Steuern auf Massenkonsum sich innerlich begründen ließe. Aber für die These, daß die Aufgaben des diplomatischen Dienstes und der Landesverteidigung gerade durch Steuern auf den Massenkonsum aufgebracht werden müssen, läßt sich aus der Natur dieser Aufgaben kein Grund herleiten. Und wollte in einem solchen Staate ein Finanzkünstler den Grundsatz aufstellen, daß Aufwendungen für diese beiden Verwaltungsaufgaben in der Hauptsache durch Abgaben auf den Verbrauch gedeckt werden müßten, und nicht durch Abgaben nach Vermögen und Einkommen, — mit welcher Entrüstung würde man eine derartige Unterscheidung der Staatsausgaben behandeln, der man den offensichtlichen Zweck unterschieben würde, Besitz und Einkommen mit Ausgaben für Landesverteidigungszwecke zu verschonen? Bei aller Bereitwilligkeit der Bürger, nach außen hin einer für alle und alle für einen einzutreten, würde man doch betonen, daß Armee und Marine, Gesandtschaften und Konsulate dem, der viel hat, viel schützen, und dem, der wenig hat, wenig; daß also zu diesen Kosten, wer viel besitzt, viel, wer wenig besitzt, wenig beitragen soll. Zwar schützt die Landesverteidigung das Leben aller gleichmäßig; aber dies findet bereits seinen Ausdruck in dem gleichmäßigen Lebenseinsatz von Arm und Reich. Daß darüber hinaus jedem auch sein Besitz geschützt wird, muß seinen Ausdruck darin finden, daß jeder nach Maßgabe seines Besitzes beiträgt. Das kann niemand mißbilligen, der die Parole billigt: „Gut und Blut fürs Vaterland".

Nun kann es keinen Unterschied begründen, ob in einem Einzelstaat zwei Ressorts herausgenommen und auf bestimmte Einnahmequellen begründet werden sollen, oder ob für diese beiden Ressorts eine eigene Formation in Gestalt eines Oberstaats (Reich) geschaffen wird. Was dort Entrüstung auslöst als ein Versuch, dem Besitz Schutz zu verschaffen und ihn gleichzeitig von der Kostentragung fernzuhalten, kann nicht in Befriedigung ausschlagen, wenn für diese Aussonderung die bundesstaatliche Form geschaffen ist.

Die Natur der Reichsaufgaben also erfordert dringend, daß zu ihrer Befriedigung Besitz und Einkommen herangezogen werden. Das ist auch der tiefere Grund, weswegen diese Heranziehung in der ganzen Reichssteuergeschichte von Anfang an bis auf den heutigen Tag immer wieder auftaucht. Ja, die auffallende Energie, mit der sich die Gegner dieser Heranziehung zum Widerstande rüsten, ist auch ein Beweis dafür, daß es eine natürliche Entwickelung ist, der sie sich entgegenstemmen zu müssen meinen.

Auf so sicherem Grunde auch unser Ergebnis ruht, so bedarf es doch einiger Erläuterungen und Einschränkungen.

Von den Verbrauchsabgaben (seien es innere, seien es Zölle) haben wir stets als von einer Belastung der großen Masse der Verbraucher gesprochen. Denn in ihnen spielen die Luxusgegenstände nur eine geringe Rolle. Verbrauchssteuern, die „zu Buche schlagen", gibt es nur, wenn sie auf so allgemeine Verbrauchsgegenstände gelegt werden wie Getreide und Mehl, wie Branntwein, Bier, Tabak, Salz, heute auch Zucker und einige Kolonialwaren, Spinn- und Webstoffe usw. Daß der Importeur oder der Produzent, von dem diese Abgaben erhoben werden, sie nicht selbst trägt, sondern sie auf den Wiederverkäufer und dieser wieder auf den Konsumenten wälzt, ist zwar selbstverständlich. Daß die Last aber auf dem Konsumenten, d. h. also in der Hauptsache auf dem Arbeiter, ruhen bleibt, ist keineswegs so selbstverständlich, wie es gemeinhin angenommen wird. Es muß zugegeben werden, daß der Arbeiter unter Umständen die Möglichkeit hat, diese Last in Gestalt einer Lohnerhöhung seinem Arbeitgeber zuzuwälzen, und daß man nicht mit Bestimmtheit sagen kann, wie der weitere Überwälzungsvorgang sich vollzieht. Die Lehre von der Steuerüberwälzung ist bis jetzt nicht so gründlich erforscht, daß man in dieser Beziehung bestimmte Behauptungen aufstellen oder bestreiten könnte. Allein wo auch immer im Überwälzungskampf die Steuerlast schließlich landen oder mit Gewalt über Bord geworfen werden mag: schon daß der ursprüngliche Träger einen Kampf hierzu nötig hat, und oft sogar einen andauernden Kampf, enthält eine Belastung. Daß Fälle vollständiger Steuerüberwälzung vorkommen, ist nicht zu bestreiten (da sogar Fälle nachgewiesen sind, wo der Besteuerte mehr überwälzt hat, als er selber zahlte). Aber als eine Regel mit äußerst wenigen Ausnahmen darf doch angesehen werden, daß auf dem, der die Steuer zu zahlen hat und auf allen, denen sie erfahrungsgemäß mit Sicherheit zugewälzt wird, zum mindesten ein Teil der Last haften bleibt, selbst wenn es ihnen gelingt, den Hauptteil weiter zu wälzen. Daß bei der Einführung von Verbrauchsabgaben die Tendenz zumeist dahin geht, die Preise so zu gestalten, daß in ihnen die Abgabe enthalten ist, wird als sicher angesehen; ob es der Masse der Bevölkerung gelingt, auch die Löhne so zu gestalten, daß in ihnen die Preiserhöhungen enthalten sind, hängt von so vielen anderen Umständen ab, daß es sich der Vorausberechnung entzieht. Ohne daß daher mit voller Sicherheit behauptet werden soll, daß Verbrauchsabgaben notwendig auf der Masse der Verbraucher sitzen bleiben müssen, wird man sie steuertechnisch schwerlich unter einem andern Gesichtspunkt als dieser Vermutung behandeln können.

Wenn wir aus der Natur der Reichsaufgaben für diese einen Anspruch auf die Steuern von Einkommen und Vermögen folgern, so soll damit nicht etwa gesagt sein, daß diese Steuern den Einzelstaaten genommen werden sollen. Da allerdings auf die staatlichen Einkommensteuern u. ä. die Gemeinden bereits Zuschläge legen, so befürchten die Staaten, wenn eine Belastung durch das Reich hinzukäme, daß unter der dreifachen Last die Steuer zusammenbrechen könnte. Zum mindesten befürchten sie, daß das Reich im Laufe der Zeit die Grenzen für die Beanspruchung der Einkommensteuer durch die Staaten selbst festsetzen und so der einzelstaatlichen Finanzhoheit ihr sicherstes Gebiet nehmen könnte. Darin erblickt man eine Gefährdung der staatlichen Selbständigkeit und somit für die Einzelstaaten den Anfang vom Ende. Mit der leichten Wendung, daß die Einzelstaaten, wenn sie mit Maßregeln, die für das Wohl des deutschen Volkes notwendig erscheinen, nicht vereinbar sind, in der Tat verschwinden müssen, sind solche Bedenken nicht zu beseitigen. Wer der Überzeugung ist, daß für den heutigen Gesamtzustand des deutschen Kulturlebens das Bestehen mehrerer staatlicher Zentren wesentlich ist, der muß bei allem, was sich ihm sonst als notwendig darstellt, stets die Rücksicht darauf gelten lassen. Nun scheint darin Einstimmigkeit zu bestehen, daß das deutsche Volk eine Kulturentwickelung mit einer Zentralisierung, ähnlich wie in Paris, nicht wünscht. Und wenn es auch ein phrasenhafter Mißbrauch ist, von den heutigen deutschen Staaten so zu sprechen, als ob sie Verkörperungen der „deutschen Stämme" und ihrer Eigentümlichkeiten wären (unter den heutigen Staaten ist keiner, der einen der deutschen Stämme darstellt), so ist doch an jener Grundstimmung so viel richtig, daß für die Weiterentwickelung selbständiger Kulturzentren eine gewisse Selbständigkeit mehrerer staatlicher Bildungen, so wie man sie nun einmal hat und haben kann, unentbehrlich ist. Es fehlt auch nicht an Anzeichen, daß selbst auf Gebieten, in denen das Reich keine Souveränität in Anspruch nimmt, die Uniformierung schon weiter gegangen ist, als wir unserm Kulturleben für zuträglich halten; wie wir denn beispielsweise uns in den Universitätseinrichtungen an ein Maß von Gleichförmigkeit gewöhnt haben, das früher unbekannt war, das sachlich nicht erforderlich ist, und das durch die aufsaugende Tendenz der großen Universitäten sogar noch gefördert wird. Diese Rücksichten auf das Fortbestehen staatlicher Selbständigkeiten innerhalb des Reichs sollen in ihrer hervorragenden Bedeutung anerkannt werden. Aber wenn die Einzelstaaten nicht mehr das Zutrauen zu sich haben, daß ihre Kulturleistungen in Zukunft bedeutend genug sein werden, um die erforderlichen Finanzquellen zu öffnen, um die Phantasie soweit zu beleben, daß auch Finanzmittel ersonnen werden, an die man bisher noch nicht gedacht hat; wenn sie wirklich schon meinen, darauf angewiesen zu sein, dem Reiche versagen zu müssen, *was ihm seiner Natur nach zukommt*, — dann hätten sie sich selbst bereits das Urteil gesprochen. In lebenskräftigen Staaten ist die Entwickelung noch niemals so gegangen, daß man ihnen Steuern garantiert hat, und daß sie dann durch Leistungen sich dessen würdig gezeigt haben; sondern umgekehrt: je mehr sie sich durch Leistungen legitimieren, desto mehr können sie darauf rechnen, daß die Steuergeschichte eine Entwickelung nimmt, die ihrem Bestande günstig ist. So wie die heutigen Steuererträge den Staatsmännern von vor hundert Jahren unfaßbar gewesen wären, so werden die Enkel nach abermals hundert Jahren wiederum Steuerquellen haben, an die wir heute nicht denken.

In Sachen der Steuerverfassung hat jeder Nachweis, daß ein Prinzip notwendig sei, nur eingeschränkte Bedeutung. Denn eine Steuerverfassung ist stets in Entwickelung begriffen und auch in ihren noch so notwendigen Neuschöpfungen von dem Überlieferten abhängig. In jeder Steuerverfassung gibt es Elemente, die an sich unberechtigt, aber erträglich sind, weil sie bereits lange ertragen wurden. Da man, schon im Interesse der steuerpflichtigen Bevölkerung selbst, vieles bestehen läßt, was man niemals einführen würde, so muß man in Rücksicht darauf manches andere uneingeführt oder undurchgeführt lassen. Infolge der Entstehung des Reiches aus dem Zollverein sind Zölle und Verbrauchsabgaben dem Reiche zugeflossen; in der ganzen Bevölkerung gelten sie als dem Reiche von Natur zustehend. Wohl möglich, daß die Tendenz auf Besitz- und Einkommensteuern, die, wie wir gesehen haben, in dem Landesverteidigungs-Charakter des Reichs mit Notwendigkeit begründet ist, daran ein gewisses Gegengewicht findet. Wer auf diesen Umstand das Programm gründet, von dem Reiche eine förmliche Besitzsteuer-Verfassung fernzuhalten, und wer darum auf jene oben erwähnten anderen Gründe zugunsten der Einzelstaaten doppeltes Gewicht legt, der muß sich aber klar machen, daß die Tragfähigkeit einer solchen Beweisführung ihre Grenze hat. Einer Steuerverfassung, deren naturwidrige Einseitigkeit sich nur noch auf diesen entschuldigenden Umstand gründet, kann man Verzinsung und Tilgung einer Schuldenlast von 60 Millrd. Mark nicht auferlegen; noch weniger die Verpflichtungen für gleichzeitig hinzukommende Aufgaben. Glaubt man daher, jene Einseitigkeit als Regel aufrecht erhalten zu müssen, so hat man einen desto schwerer wiegenden Anlaß, da, wo die Last auf diese Art nicht getragen werden kann, sie abzubürden.

Geschieht dies, bringen die Besitzenden jetzt, wo das Reich auf sie angewiesen ist, das Opfer, das nicht umgangen werden kann, erklären sie sich bereit, den Schuldenstand des Reichs auf ihre eigenen Schultern zu übernehmen und den Reichsetat davon zu entlasten, dann besteht eine gewisse Möglichkeit, für absehbare Zukunft die Steuerverfassung des Reichs auf andere Abgaben zu gründen. Unterbleibt das Vermögensopfer, so besteht diese Möglichkeit nicht.

VII.

Einige Grundsätze über Steuer-Ergiebigkeit.

Da Zweck jeder Steuerverfassung ihr finanzieller Ertrag ist, so wird der Grundsatz, daß Steuern ergiebig sein sollen, als oberster Grundsatz jeder Steuerpolitik betrachtet. Sieht man von Prohibitivsteuern ab, (die, wie z. B. gewisse Zölle zur Verhinderung ausländischer Einfuhr, ihren Zweck am vollkommensten erfüllen, wenn sie nichts einbringen) so gilt jener

Grundsatz in der Tat allgemein. Selbst anerkannte Fehler einer Steuer werden leichter ertragen, wenn die Einnahmen daraus wenigstens „zu Buch schlagen"; schon deswegen, weil ihre hohen Erträge mit dazu beitragen, noch schlimmere Steuern zu verhüten. Allerdings ist mit demselben Zweck, der nach hohen Erträgen verlangt, auch die Regelmäßigkeit dieser Erträge (wenn es sich nicht bloß um eine einmalige Abgabe handelt) und die Modulationsfähigkeit der Steuer, je nach steigendem oder sinkendem Staatsbedarf, als Forderung eng verbunden, so daß derselbe Finanzzweck, der auf Ergiebigkeit drängt, unter Umständen auch eine Begrenzung dieser Ergiebigkeit („Kontingentierung") verlangen kann.

Eine noch weitergehende Begrenzung wird dem Grundsatze der Ergiebigkeit dadurch auferlegt, daß die Finanzen eines Volkes nicht ein Leben für sich führen, sondern Bestandteil der Volkswirtschaft sind und daher allgemein-volkswirtschaftlichen Rücksichten unterliegen. Der allgemeinste Grundsatz aller wirtschaftlichen Tätigkeit, mit dem kleinsten Mittel den größten Erfolg zu erzielen („Prinzip des kleinsten Mittels"), hat zur Folge, daß wir eine Steuer nicht einfach nach den Einnahmen berechnen, die der Steuererheber in die Kasse bringt, sondern daß wir sie auch nach den Ausgaben beurteilen, die zu diesem Zwecke aufgewendet werden mußten. Ließe sich dies noch unter den Begriff der Ergiebigkeit bringen (indem man nämlich die Ergiebigkeit nach dem Rein- und nicht nach dem Rohertrage schätzt), so gibt es doch auch Kosten einer Steuer, die in der Finanzrechnung nicht erscheinen. Das sind die Störungen, die sie dem Steuerzahler auferlegen. Unter Umständen wird man von einer hochergiebigen Steuer absehen, wenn sie von den Steuerzahlern als gar zu störend empfunden wird. Insbesondere erfordert das Prinzip des kleinsten Mittels weitestgehende Rücksicht in bezug auf die Erhebungsart und den Zeitpunkt der Steuerzahlung. Die allgemeine volkswirtschaftliche Rücksicht erfordert ferner ein aufmerksames Auge darauf, daß nicht über dem Haschen nach Steuererträgen die Quelle selbst, aus der die Steuer fließt, geschädigt werde (das obenerwähnte Sprichwort von der Henne, die die goldenen Eier legt). Endlich bedeutet jede Steuer einen Eingriff in den Gesamtzusammenhang des Wirtschaftslebens, der, einmal getan, weitere Kreise schlägt. Die „Überwälzungskämpfe", die wir in ihrer Schwierigkeit bereits kennen gelernt haben (S. 119), verlaufen keineswegs geradlinig: der Händler, dem der Fabrikant eine Fabrikationssteuer zugewälzt hat, kann sie auf seine Kunden weiter oder auf seine Angestellten seitwärts, ja sogar auf seine Lieferanten rückwärts wälzen. Auch solche Wirkungen, soweit sie sich voraussehen lassen, oder aber soweit ihre Unberechenbarkeit als störendes Hemmnis in Anschlag zu bringen ist, wollen bedacht sein.

Dem allerallgemeinsten Gebote menschlichen Handelns, dem ethischen, können sich die finanzpolitischen Maßnahmen ebensowenig wie andere entziehen. Der Grundsatz, daß Steuern gerecht sein sollen, enthält für sich allein bereits eine Fülle von Forderungen, zumal die Auffassungen der Völker von Gerechtigkeit nach verschiedenen Richtungen gehen. Eine Besteuerung der Gebäude nach der Anzahl der Fenster oder der Rauchfänge konnte sich bei uns nicht entfernt solange halten, wie in Frankreich, weil der Franzose auf die formale Gerechtigkeit nach einem bestimmten leicht erkennbaren äußeren Merkmal ein Hauptgewicht legt. Die materielle Gerechtigkeit, die wir in der Veranlagung der Gebäude nach ihrem genau ermittelten Ertragswert sehen, gilt ihm weniger, weil sie ohne die Gefahr subjektiver Urteile nicht durchzuführen ist. Der Schutz der Schwachen, den wir heute als notwendigen Bestandteil jeder Steuerverfassung ansehen, die einen Anspruch auf Gerechtigkeit erheben will, war keinesfalls zu allen Zeiten selbstverständlich. Es hat Zeiten gegeben, die in der schematisch genauen, gleichen Durchführung das Ideal der Gerechtigkeit erblickten. Und in der deutschen Geschichte selbst spielt die Steuerfreiheit der obersten Volksklassen (d. h. also Schutz der Starken) eine nicht geringe Rolle. Mit Rücksichten der Gerechtigkeit pflegt man auch den Grundsatz, daß jeder nach seiner Leistungsfähigkeit zu den Kosten des Gemeinwesens beitragen soll, zu begründen (wiewohl er sich auch auf verschiedene andere Arten begründen läßt).

Wenn Deutschland nach dem Kriege daran gehen wird, sich eine neue Steuerverfassung zu geben, so geschieht dies unter dem Zeichen eines gewaltigen Bedarfs an neuen Einnahmen. Der Grundsatz der Steuerergiebigkeit wird in einem Maße betont werden müssen, wie es bisher unerhört war.

Daher ist die Besorgnis weit verbreitet, daß alle anderen Grundsätze zur Seite geschoben werden.

Die beiden Vorspiele von Steuerberatungen, die wir in den Deckungsfragen während des Krieges erlebten (S. 107—110), lassen allerdings beim Haschen nach hohen Erträgen die anderen Rücksichten zuweilen vermissen. Nicht nur in dem Sinne, daß die Rücksicht nicht genommen wurde, sondern es schien nicht einmal ein ausreichendes Bewußtsein davon vorhanden zu sein, daß es in dieser Beziehung Grundsätze gibt, die gewahrt werden müssen und selbst bei Betonung der Ergiebigkeit gewahrt werden können. Geht man in der Steuerverfassung auf hohe Erträge aus, so wird man breite Angriffsflächen suchen. Zwar kann man hohe Erträge auch aus kleinen Objekten herauspressen. Aber dann muß der Steuerfuß sehr hoch sein. Und da jede Steuer mit menschlichen Unvollkommenheiten belastet ist, und man in einzelnen Fällen auf Schädigungen und Bedrückungen gefaßt sein muß, die nicht beabsichtigt und nicht vorauszusehen waren, so kann in solchen Fällen ein hoher Steuerfuß zermalmend wirken. Dies vermeidet man, indem man nach Objekten sucht, die so breit sind, daß selbst für Erzielung eines hohen Gesamtertrages im Einzelfall ein kleiner Prozentsatz ausreicht. Für die Auswahl derartiger breiter Objekte wäre es von entscheidender Wichtigkeit gewesen, sich von vornherein klar zu machen, daß sie für unsere Gesichtspunkte in zwei verschiedene Klassen zerfallen. Ein breites Objekt kann man entweder *stofflich* erhalten, indem man einen Massenstoff einheitlich bei seiner Entstehung belastet, bevor er sich in die Kanäle der gewerblichen Verarbeitung oder gar des Verbrauchs in den einzelnen Haushalten verteilt. Oder *zeitlich*, indem man einen Vorgang besteuert, der an sich im Einzelfalle vielleicht keinen großen Betrag darstellt, aber durch besonders häufige Wiederholung die Beträge gewissermaßen ansammelt. In dem ersten Falle wird der Stoff nur einmal belastet, in dem zweiten Falle so oft, wie sich der Vorgang wiederholt, und mit zunehmender Verteuerung, je weiter er sich von der Quelle entfernt. Da der kleine Mann beim kleinen Händler weiter von der Quelle entfernt kauft, als der Wohlhabende bei seinen Lieferanten, so schlägt diese zweite Art immer zu einer stärkeren Belastung der Kleinen aus. Zwei Schulbeispiele, die das veranschaulichen, sind die neue Kohlensteuer und die im vorigen Jahre beschlossene Warenumsatzsteuer. Jene eine Steuer auf die Kohle, wie sie aus dem Bergwerk kommt, belastet einmal. Diese belastet jede Ware, so oft sie von einer Hand in eine andere geht. Der Bauer, der einen Teller kauft, muß in dem Preise dafür nicht nur die Warenumsatzsteuer vergüten, die der Dorfkrämer für diesen Umsatz zu zahlen hat, sondern außerdem auch die Umsatzsteuer, die der Dorfkrämer seinem städtischen Lieferanten, dieser dem Klein- und dem Großgrossisten und durch diese dem Fabrikanten vergütet hat. Der Gutsbesitzer aber, der sein Tafelgeschirr aus der Porzellanmanufaktur kommen läßt, vergütet die Steuer nur einmal. Solche Bedenken pflegt man mit der geringschätzigen Bezeichnung rein theoretischer Einwände abzuweisen. Das kann jedermann mit desto größerer subjektiver Sicherheit tun, je weniger er die Praxis dieser Steuer kennt, und je weniger er weiß, wie sehr sie der Theorie recht gibt. In früheren Jahrhunderten hat es wiederholt derartige Warenumsatz-Steuern gegeben, und sie haben in der Tat die bittersten Beschwerden hervorgerufen. In unserem Falle wiegen die Bedenken desto schwerer, da sie durch die gleichzeitigen Post- und Eisenbahn-Verteuerungen noch verschärft werden. Je mehr Briefe geschrieben, je mehr Geschäftsfahrten gemacht wurden, bis die Ware an den Verbraucher kommt, desto mehr muß dieser im Preise seinem Verkäufer schließlich vergüten. Desto mehr wird auch der kleine Händler in seinem Konkurrenzkampf mit dem großen belastet und geschwächt. In der Reihenfolge der Steuern, zu denen sich ein Volk in Zeiten der Not entschließen muß, stehen Steuern auf breite Stoffflächen (Kohle) an erster Stelle; aber Steuern auf häufige Vorgänge (Warenumsatz, Briefschreiben, Eisenbahn-Beförderung) an allerletzter. Von dieser Zweiteilung war in den Steuerberatungen des Reichstages kaum etwas zu spüren. Die Sucht nach Ergiebigkeit ließ die anderen Rücksichten verstummen.

Obgleich also die bisherigen Reichstags-Verhandlungen in dieser Beziehung Besorgnisse nahelegen, so glaube ich doch nicht, daß sie bei dem endgültigen Steuerwerk sich rechtfertigen werden. Es werden vielmehr die anderen Rücksichten, die den Grundsatz der Ergiebigkeit zu beeinträchtigen und ihm gewissermaßen aufgezwungen zu sein scheinen, sich in so engem Zusammenhange mit ihm zeigen, daß die Notwendigkeit, dauernde neue Einnahmen zu schaffen, sogar noch zu verstärkter Rücksichtnahme führen muß. Im Getriebe des täglichen Lebens tritt uns der Fiskalismus des Beamten, der in jedem einzelnen Fall einen möglichst hohen Betrag herauszupressen sucht, nur allzuoft entgegen. Um so mehr wird auf den Höhen der Gesetzgebung die weiter blickende Rücksicht sich durchsetzen müssen, die sich darüber klar wird, ob dieses Herauspressen auf die Dauer die Staatseinnahmen wirklich erhöht oder aber herabsetzt. In dieser Beziehung werden sich namentlich drei Zusammenhänge geltend machen.

(1) Es ist ein feststehender physikalischer Grundsatz, daß die Belastungsfähigkeit einer Kette sich nach ihrem schwächsten Gliede richtet. Wenn jedes Glied einer schmiedeeisernen Kette imstande ist, einen Zentner zu tragen, aber e i n Glied von Bindfaden eingefügt ist, das nur 10 Pfund tragen kann, so ist die Belastungsfähigkeit nicht etwa der Durchschnitt von 55 Pfd.; sondern sobald mehr als 10 Pfd. angehängt werden, reißt die Kette. Wer sie belasten will, hat daher das höchste Interesse, das schwächste Glied auszuschalten. Dieses Bild wird oft angewendet, um darzulegen, daß der Finanzmann gerade wenn er auf hohe Erträge und also auf hohe Belastung ausgeht, ein Interesse daran hat, die schwächsten Glieder auszuschalten, d. h. freizustellen. Aber das Bild bringt das Schonungsbedürfnis, das gerade im Ertragsinteresse liegt, noch nicht zu voller Anschauung. Stellen wir uns vor, daß auf einem Brett mit dicken und dünnen Stellen, mit Löchern und hervorragenden Knorpeln eine schwere eiserne Platte festgelegt werden soll. Sie wird vielleicht ertragen werden, wenn sie nur ruhen soll. Soll sie aber mit starkem Druck angeschraubt werden, so wird dies nur möglich sein, wenn sie so eingerichtet ist, daß sie in allen ihren Teilen der Verschiedenartigkeit der Bretterstellen sich anschmiegt. So kann von einer Bevölkerung eine Steuer, die keine Rücksichten nimmt, immerhin ertragen werden, so lange von der Steuer nur verhältnismäßig wenig verlangt wird. Will man aber die Steuerschraube stärker anziehen, will man recht hohe Erträge erzielen, so erfordert das finanzielle Interesse selbst, die Steuerverfassung so einzurichten, daß jedes Individuum nach dem Maße der Leistungsfähigkeit getroffen wird. Je höher der Steuersatz also, desto wichtiger die Rücksicht auf die Leistungsfähigkeit. Oder anders aus-

gedrückt: eine Steuerverfassung, die keine Rücksicht auf die Verschiedenheiten der individuellen Leistungsfähigkeit nimmt, kann nur niedrige Erträge geben; werden trotzdem höhere Erträge von ihr verlangt, so bricht sie zusammen.

(2) Aber die Anschauung, daß mit einem höheren Steuersatz höhere Erträge verbunden seien, erleidet eine noch viel weiter gehende Einschränkung. Angemessene Rücksichten vorausgesetzt, wird man annehmen können, daß 8 % Einkommensteuer doppelt so viel bringen, wie 4 %, und ebenso bei Vermögens-, Erbschafts u. ä. Steuern. Aber bei Steuern, deren Ergiebigkeit von Handlungen und Unterlassungen der Bevölkerung abhängt, kann unter Umständen das Gegenteil der Fall sein. In England hat Gladstone durch Herabsetzung der Zuckersteuer eine Mehreinnahme erzielt. Und in allen Ländern ist die Erfahrung gemacht worden, daß in der Post der billige Pennytarif (nach kurzer Übergangszeit) die Einnahmen gesteigert hat.

(3) Die Forderung, daß die Steuern in bezug auf Erhebungsart, Zeitpunkt usw. dem Steuerpflichtigen möglichst wenig Reibungen verursachen sollen, pflegt man als den „Grundsatz der Bequemlichkeit" zu bezeichnen. Der Ausdruck ist nicht glücklich gewählt, da auch die idealste Steuer von uns nicht gerade als „bequem" bezeichnet werden wird. Was gemeint ist, könnte eher als Grundsatz tunlichst großer Erträglichkeit bezeichnet werden: die Steuerlast soll nicht mit mehr Unerträglichkeiten verbunden sein, als unvermeidbar ist. An der Wahrung dieses Prinzips hat auch der Finanzmann, der auf Ergiebigkeit Gewicht legt, ein großes Interesse. Nicht nur aus dem volkswirtschaftlichen Grunde, daß Kräfteverluste, die dem Volkskörper durch unnötige Reibungen zugefügt werden, wahrscheinlich auch auf die Steuerquellen und die Steuererträge zurückwirken, sondern auch unmittelbarer: je lästiger ein Volk die Erhebungsweise empfindet, je unwilliger es sich im kleinen zur Wehr setzt, desto teurer werden die Erhebungskosten und desto geringer die Reinerträge. In dem Augenblicke, wo an die Steuerkräfte der Bevölkerung bedeutend erhöhte Ansprüche gestellt werden, liegt es im wohlverstandenen Interesse der Finanzverwaltung, nicht bloß tatsächlich diese Rücksicht zu nehmen, sondern sie auch zu deutlicher Anschauung zu bringen. Müssen daher einem Lande neue schwere Steuern auferlegt werden,

so ist zu prüfen, ob nicht andere Steuern zur Aufhebung reif sind. Gewöhnlich hört man: wenn der Staat neue Steuern braucht, so sei ein solcher Zeitpunkt nicht geeignet, auf alte zu verzichten. Die großen, wirklich erfolgreichen Beispiele der Steuergeschichte zeigen das Gegenteil: die neue Steuerverfassung, die ungewohnte Lasten bringt, macht sich wenigstens dadurch populär, daß sie die Anzahl der Steuern vermindert und die Bevölkerung von Steuern befreit, die ihren finanziellen Sinn verloren haben.

Ein deutliches Beispiel hierfür bietet die preußische Steuerreform nach den Freiheitskriegen, wie sie ihrem Ergebnis nach in dem „Gesetz über die Einrichtung des Abgabenwesens" vom 30. Mai 1820 zusammengefaßt ist. Schon der neu geregelte Zolltarif von 1818 hatte den ganzen Wust der bis dahin bestehenden Binnenzölle zwischen den preußischen Provinzen beseitigt. Die damit verbundene Neuregelung der Verbrauchsabgaben auf Branntwein, Bier, Wein, Most, Tabak und Salz, die wir als die Mutter der heutigen Reichs-Verbrauchsabgaben kennen lernten, warf alle „Akzisen", „Generalakzisen", „Landakzisen", „Landkonsumtionssteuern", „Fleischsteuern", „Mahlgroschen", „Oktrois" usw. über den Haufen, und ließ nur eine gesetzlich geregelte Mahl- und Schlachtsteuer da bestehen, wo die neue Klassensteuer vermeintlich nicht durchzuführen war (S. 93). Ebenso machte schon damals die Grundsteuer der Tür- und Fenstersteuer, wo sie noch bestand, ein Ende, und die neue Gewerbesteuer allen Gewerbe-, Patent-, Nahrungs- u. ä. Steuern, die in einzelnen Landesteilen bestanden. Das Gesetz über die Stempelsteuer vom 7. März 1822 verzichtet sogar darauf, die aufgehobenen Abgaben im einzelnen aufzuführen und stellt an seine Spitze den Satz: „Alle bisher im ganzen Umfange der Monarchie . . . bestandenen Stempelgebühren sind hiermit abgeschafft." Es würde einer umfangreichen historischen Untersuchung bedürfen, um die Zahl der Abgaben festzustellen, die damals mit einem Federstrich beseitigt wurden. — Man sollte es geradezu als allgemeinen praktischen Grundsatz ansehen, daß eine bedeutende Vermehrung der Steuerlast stets von dem ernstlichen Bestreben begleitet sein muß, entbehrlich gewordene Steuern tunlichst gleichzeitig aufzuheben.

Die Lehre von den Steuergrundsätzen unterliegt häufig dem Mißverständnis, als ob sie einen geeigneten Maßstab für die Beurteilung der Einzelsteuer bilde. An diesen Grundsätzen gemessen, wird fast jede Steuer zu verurteilen sein. Denn allen Anforderungen, die vom Standpunkte dieser Grundsätze aus mit Recht gestellt werden müssen, kann keine Steuer entsprechen. Es ist dies aber auch nicht erforderlich. Es genügt vielmehr, wenn das Steuersystem als Ganzes die Grundsätze verwirklicht (und dieses selbstverständlich auch nur insoweit es menschenmöglich ist). So wird es kaum eine Steuer geben, gegen die nicht vom Standpunkte der Gerechtigkeit aus erhebliche Einwände zu machen wären und auch gemacht worden sind. Selbst gegen die Einkommensteuer ist lange der Einwand erhoben worden, sie sei ungerecht, weil sie den Fleißigen besteuere und den Faulen frei lasse. Es kann aber eine Einseitigkeit, die einer Steuer anhaftet, dadurch ausgeglichen werden, daß eine andere Steuer mit entgegengesetzter Einseitigkeit besteht. Und das nicht nur innerhalb derselben Steuergattung (z. B. gegenüber hohen Steuern auf den Massenkonsum noch höhere Steuern auf Luxusgegenstände), sondern selbst bei ganz verschiedenartigen Steuern. Es kann z. B. der Ungerechtigkeit einer hohen Salzsteuer durch Erhöhung einer Erbschaftssteuer entgegengewirkt werden.

Für diese immer wieder übersehene Deutung der Steuergrundsätze gibt es einen zwingenden Beweis. Der Grundsatz der Modulationsfähigkeit erfordert, daß die Steuern beweglich seien und sich nach dem Einnahmebedürfnis des Staates richten sollen, damit nicht mehr Steuern erhoben werden, als tatsächlich erforderlich sind. Dieser Grundsatz ist vollständig gewahrt, wenn er bei einer einzigen Steuer gewahrt ist. Will man den Grundsatz selbst als unbedingt zwingend hinstellen (wie es zum Zwecke der Wahrung parlamentarischer Rechte vielfach geschieht), so ist es doch nicht nötig, ihn auf alle Steuern anzuwenden. Alles vielmehr, was man mit diesem Grundsatze erreichen will, kann erreicht werden, wenn es innerhalb der Steuerverfassung eine einzige Steuer gibt, die alljährlich herauf- und herabgesetzt werden kann.

Sind die vorstehenden Ausführungen richtig, so wird es in den zukünftigen Steuerberatungen eine Frage geben, die wichtiger ist, als die Verteilung zwischen Reich und Landesstaaten. Die Verfassung jeder Steuer muß durchgesprochen werden, damit sie die Gestalt erhalte, die dem Grundsatze der Ergiebigkeit am besten entspricht. Dies ist nur möglich, wenn das Volk in allen seinen Schichten diesen Beratungen mit Verständnis und Anteil folgt.

In den nachfolgenden Abschnitten werden hierfür drei Steuern als Beispiele ausgewählt.

VIII.

Die Zukunft der Erbschaftssteuer.

Die Erbschaftssteuer gehört zu dem ältesten Bestandteile aller westeuropäischen Steuerverfassungen. In gewissem Sinne kann man sagen, daß die Erbschaftssteuer älter ist, als das Erbrecht selbst. Im Zeitalter der noch als Sklaverei behandelten Hörigkeit, in der der Herr seinem Leibeigenen zwar ein Besitztum zum täglichen Genuß überließ, griff er doch beim Tode des Leibeigenen noch einmal zu und nahm ein Stück, das ihm gefiel, aus dem Nachlasse heraus, um zu bekunden, daß ein wirkliches, vollständig zu Recht bestehendes Eigentum des Hörigen nicht anerkannt war. Dieser „Todfall", der dem Herrn das Recht gab, das beste Stück Vieh, „Besthaupt", zu nehmen, wurde desto unpopulärer, je sicherer im Laufe der Jahrhunderte sich die Vorstellung festsetzte, daß der „Erbuntertänige" an seiner Habe ein wirkliches Eigentum besitze. Wo aus der Herrschaft sich der Kleinstaat entwickelte, mochte der Fürst schon durch die veränderten Anschauungen an sich dazu gedrängt worden sein, das Gatten- und Kindeserbe frei zu lassen. Und jedenfalls gingen die größern Territorien, die seit dem 17. Jahrhundert die Erbschaften besteuerten, von dem Begriff des freien Eigentums aus, das sie überwiegend nur da zu fassen suchten, wo es, vom gewöhnlichen Erbgang abweichend, Vermögen an Seitenverwandte oder Fremde brachte. Theoretiker des 18. und 19. Jahrhunderts erblickten darin eine jener Abgaben vom „Vermögensverkehr", die das Vermögen zu fassen suchten, wo es sichtbar wurde, d. h. wo es von einer Hand in die andere überging. Ließ man also den Erbgang frei, solange er sich innerhalb desselben Haushalts oder doch innerhalb des engsten Familienkreises vollzog, während man außenstehende Erben besteuerte, so lag es jetzt nahe, auch unter diesen Unterschiede zu machen, die Steuer desto höher zu bemessen, je weiter die Neffen und Vettern vom Erblasser entfernt waren, und „lachenden Erben" einen besonders hohen Prozentsatz aufzuerlegen. Sozialpolitische Rücksichten haben bewirkt, daß man dieser Progression eine zweite nach der Höhe der Erbschaft zur Seite gehen ließ. So stuft das heutige Reichs-Erbschaftssteuergesetz von 1906/13 die Steuer nach Verwandtschaftsgraden von 4 bis 12 % ab und sieht nach der Größe der Erbschaft Zuschläge von $^{1}/_{10}$ bis $^{15}/_{10}$ vor, so daß, wie wir bereits gesehen haben (S. 105), ein ganz Fremder, der eine Millionenerbschaft macht, schon beinahe ein Drittel seiner Million abzugeben hat.

Bei der Beratung dieses Erbschaftssteuergesetzes im Reichstage von 1905/6 spielte der Kampf um das Gatten- und Kindeserbe eine große Rolle. Namentlich wurde von konservativer Seite darauf hingewiesen, daß eine Besteuerung des Kindeserbes mit den hergebrachten Anschauungen von Familie und Familieneigentum nicht in Einklang zu bringen, und daher schon aus Rücksicht auf die Erhaltung des Familiensinnes zu verwerfen sei; ein Ähnliches treffe auf die Besteuerung des Gattenerbes zu. An dieser Frage wird keine zukünftige Reform der Erbschaftssteuer vorbeigehen können, und sie muß hier in einiger Ausführlichkeit erörtert werden.

In unseren allgemeinen Grundsätzen über die Ergiebigkeit von Steuern haben wir darauf aufmerksam gemacht, daß die Größe des Steuerkapitals, die eine Steuer ergiebig macht, auf zweierlei Art hergestellt werden kann: entweder durch die Breite der Fläche oder durch die Häufigkeit der Vorfälle, die der Steuerpflicht unterworfen werden. Bei der Erbschaftssteuer findet beides Anwendung.

Bisher ist überwiegend die zweite Methode erörtert worden. Soll die Häufigkeit der Vorfälle die Größe der Summe liefern, von der die Steuer erhoben wird, so ist klar, daß eine Erbschaftssteuer nicht ergiebig sein kann, wenn sie auf den allerhäufigsten Fall, den Übergang des Eigentums von Vater auf Sohn, verzichten will. Dieser Verzicht bedeutet eine Beschränkung der Steuer auf bloße Ausnahmefälle. Die Behauptung, daß unter der Besteuerung des Kindeserbes der

Familiensinn leide, ist nur erklärlich aus gewissen Vorstellungszusammenhängen des winzigen Teiles des Deutschen Volkes, dem das Eigentum und seine Größe im Mittelpunkt aller Lebensanschauung steht. Daß dies nur ein kleiner Teil der Nation sein *kann*, geht schon daraus hervor, daß der größte Teil der Nation besitzlos ist, und daß selbst unter denen, die etwas besitzen, dieses Wenige in der Regel zu unbedeutend ist, um auf die gesamte Lebens- und Familienanschauung einen Einfluß zu üben. Vom Standpunkt der allgemeinen deutschen Volksanschauung, die unter Familiensinn den Sinn für den Zusammenhang der Blutsverwandtschaft und der Verschwägerung versteht, erscheint im Gegenteil die Begründung dieses Zusammenhanges auf Ansprüche an ein gemeinsames Vermögen als eine *Ablenkung* vom Familiensinn. Der arme Sohn, der seinen armen Vater zu Grabe geleitet, würde sich von der Vorstellung abgestoßen fühlen, daß jemand mit dem Tode des Vaters den Gedanken an seine Beerbung in Zusammenhang bringen könnte. Von Familien, die meinen, daß ihr Familiensinn durch Verminderung des Kindeserbes leiden würde, läßt sich im Gegenteil sagen: die Probe auf das Maß ihres Familiensinnes würden sie erst dann machen können, wenn die Kinder wüßten, daß sie von ihren Eltern „nichts zu erwarten" haben. — Dennoch stehen die gleichen Erwägungen anders inbezug auf die Besteuerung der Ehegatten. Unabhängig von den Bestimmungen der Gesetzbücher hat sich die Vorstellung erhalten, daß in einer auf Liebe und Herzlichkeit begründeten Familie das, was der eine Ehegatte besitzt, zum Wohle beider Teile bestimmt ist. Verwickelungen und Schwierigkeiten des täglichen Lebens machen die ausnahmslose Durchführung der Gütergemeinschaft schwierig und manchmal vielleicht unmöglich. Aber so oft auch verstandesmäßig die Möglichkeit einer Gütertrennung zugegeben werden muß, gefühlsmäßig besteht bei uns die Vorstellung, daß — abgesehen von Ausnahmefällen, die zumeist Unglücksfälle sind — eine Ehe ihr Fundament verlieren würde, wenn sie auf tatsächlich durchgeführte Trennung des Besitztums der beiden Ehegatten begründet werden sollte. Wenn nach gewöhnlicher Vorstellung der Mann ein Vermögen „erworben" hat, so ist die Erwerbung in Wirklichkeit die gemeinsame Leistung beider Ehegatten. Und jedenfalls ist in der heutigen normalen Ehe jeder Ehegatte im Genuß des beiderseitigen Vermögens auch bei Lebzeiten des anderen Teils. Die Besteuerung des Ehegatten mit der Begründung, daß durch den Tod des andern ein Vermögen auf ihn übergegangen sei, gründet sich lediglich auf eine Vorstellung, die der Privatrechts-Gesetzgebung durch gewisse unvermeidliche Erwägungen aufgezwungen wird, nicht aber (oder wenigstens nur selten) auf unser Empfindungsleben. — Dieser Unterschied zwischen Kindes- und Gattenerbe wird durch eine andere Erwägung bekräftigt. Die Besteuerung des Kindeserbes stellt sich als eine allgemeine Vermögenssteuer dar, die im Wechsel der Generationen erhoben wird. Rechnet man auf ein Jahrhundert drei Generationen, so läuft es im Großen und Ganzen auf dasselbe hinaus, ob man eine jährliche Vermögenssteuer von 1‰ oder eine Erbschaftssteuer von 3 bis 3½% erhebt. Die Besteuerung des Gattenerbes aber trifft dieselbe Generation und ist auf keinerlei Art in einen regelmäßigen Turnus einzureihen.

Zur Zeit der erwähnten Streitigkeiten des Jahres 1905/6 ist auch der Vorschlag eines Kompromisses gemacht worden, die Besteuerung des Gattenerbes zu bewilligen, um nur ja die Besteuerung des Kindeserbes als eine familienfeindliche Steuer zu verhüten. Vom Standpunkte unserer Ausführungen kann zwar auch ein Kompromiß empfohlen werden, aber nur der gegenteilige: von einer Besteuerung des Gattenerbes als einer das Gefühlsleben fremdartig anmutenden und dem Zufall einen allzugroßen Spielraum lassenden Steuer abzusehen, aber unter allen Umständen eine zukünftige Erbschaftssteuer in erster Linie auf das Kindeserbe zu begründen.

Allerdings, wenn durch die Besteuerung des Kindeserbes die Erbschaftssteuer erst wirklich zu einer allgemeinen Steuer gemacht wird, so werden manche Unzuträglichkeiten eine erhöhte Bedeutung gewinnen. Wird der hauptsächlichste Sinn der zukünftigen Erbschaftssteuer die Besteuerung des Vermögens beim Wechsel der Generationen, so muß auf solche Familien, in denen die Erbfälle abnorm schnell aufeinander folgen, eine weitergehende Rücksicht genommen werden, als die bisherigen Ausnahmebestimmungen vorsehen.

Sehr viel weniger ist bisher die zweite Methode erörtert worden, die Steuer dadurch ergiebig zu gestalten, daß für sie eine breite Fläche, ein großes Steuerobjekt, gesucht wird. Gewöhnlich wurde angenommen, daß das Steuerobjekt durch die Größe der Erbschaft gegeben ist, die dem einzelnen Erben zufällt. Der Vorschlag des Jahres 1905/6, neben dieser „Anfallsteuer" des einzelnen Erben auch eine „Nachlaßsteuer" von der gesamten Erbmasse zu erheben, stellt den ersten Versuch dar, nach einer breiteren Steuerfläche zu tasten. Der Versuch ist damals mißlungen. Und wenn er auch unzutreffenden Gründen erlegen ist, so braucht ihm doch keine Träne nachgeweint zu werden. Denn er hat am unrichtigen Ende eingesetzt. Nicht das Vermögen, das durch die Erbteilung als Einheit zu existieren aufgehört hat, bietet die geeignete breite Fläche zur Besteuerung, sondern umgekehrt die einzelnen Vermögen, die bestehen bleiben und vergrößert werden. Wenn fünf Kinder, ein jedes 200 000 *M* erben, so sind diese fünf Erbschaften nicht deswegen steuerkräftiger, weil bis zum Tode des Vaters sie alle zusammen eine Million gebildet hatten; wohl aber zeigen die einzelnen Kinder eine desto größere Steuerkraft, je größer das Vermögen ist, zu dem ein jedes seine Erbschaft hinzuschlägt, d. h. je größer die neue Vermögenshöhe ist, die ein jedes einschließlich seines Erbteils erklimmt. Wenn das jüngste Kind nichts als die 200 000 *M* besitzt, die ihm durch die Erbschaft zufallen, der älteste Bruder aber bereits dreifacher Millionär ist, so ist es angemessen, die Steuer in dem einen Falle lediglich nach den 200 000 *M* zu bemessen, in dem anderen aber daneben in irgendeiner Form zu berücksichtigen, daß es sich um ein Gesamtvermögen von 3 200 000 *M* handelt. Verbindet man mit einer Erbschaftssteuer den Nebenzweck, daß sie einer sinnlosen Anhäufung von Vermögen entgegenwirken soll, so kann sie diesen Nebenzweck niemals erreichen, wenn sie sich nur an die Höhe der Erbschaft hält und nicht die Höhe der Gesamtsumme ins Auge faßt, bis zu der die Erbschaft ein schon vorhandenes Vermögen des Erben anschwellen läßt.

Dieser Grundgedanke ist in der sog. Besitzsteuer vom Jahre 1913, die im Zusammenhang mit dem einmaligen Wehrbeitrage als dauernde Einrichtung geschaffen wurde (S. 105), in gewisser Weise zur Anwendung gelangt. Alle drei Jahre wird hier der Vermögenszuwachs je nach seiner Höhe besteuert von 0,75 % bis 1,50 %. Übersteigt das Gesamtvermögen 100 000 *M*, so erhöht sich je nach der Höhe des Gesamtvermögens die Steuer vom Zuwachs um 0,1 bis 1,0 %. Wenn also jemand einen Vermögenszuwachs von 40 000 ℳ zu versteuern hat, so hat er zu zahlen,

wenn sein nunmehriges Gesamtvermögen 80 000 ℳ beträgt: 0,75 % von 40 000 =	300 ℳ
wenn sein nunmehriges Gesamtvermögen 140 000 ℳ beträgt: 0,85 % von 40 000 =	340 „
wenn sein nunmehriges Gesamtvermögen 11 Mill. ℳ beträgt: 1,75 % von 40 000 =	700 „

Dieser also bei uns schon Recht gewordene Grundsatz sollte durch unsere ganze Steuerverfassung hindurch nach Möglichkeit angewendet werden. Nirgends findet er eine natürlichere Anwendung als in der Erbschaft. Wenn unsere heutige Erbschaftssteuer auf zwei Progressionen beruht, nach der Entfernung der Verwandtschaft und nach der Höhe der Erbschaft, so braucht nicht einmal die neue Progression nach der Höhe des Gesamtvermögens des Erben als eine dritte hinzuzukommen. Es wäre vielmehr zu erwägen, ob nicht dafür die zweite wegfallen könnte. Die heutige Besteuerung armer entfernter Verwandter nach der Höhe ihrer Erbschaft führt in vielen Fällen zu ungerechtfertigten Härten, zu deren Milderung die bisherigen gesetzlichen Bestimmungen nicht ausreichen. Es können unter Schonung der schwachen Schultern dieselben und sogar noch höhere Erträge erzielt werden, wenn wir auf die Progression nach der Höhe der Erbschaft ganz verzichten und (neben der Progression nach Entfernung der Verwandtschaft) auf jede Erbschaft lediglich nach dem Reichtum des Erben eine Zuschlagsteuer legen.

Um die Jahrhundertwende starb in Deutschland ein liberaler Politiker im Besitz eines bedeutenden Vermögens. Als sein Testament eröffnet wurde, fand man darin eine Reihe von Legaten an seine ebenso vermögenden guten Freunde. Wer ihn kannte, sagte, daß er seine Neigung und glänzende Fähigkeit, die ungehinderte freie Verfügung des Individuums über sein Vermögen zu verteidigen, noch im Tode habe zum Ausdruck bringen wollen; man könne ihn sich vorstellen, in seinen letzten Tagen sich die Szenen ausmalend, wie die einzelnen Millionäre die spaßhafte Nachricht erhalten, daß ihnen 10 oder 20 oder 30 000 ℳ vermacht seien, die man immerhin für ein nettes Vergnügen, für eine oder zwei Reisen nach Griechenland und Ägypten schmunzelnd einstreichen könne. — Ist es wirklich Gerechtigkeit, wenn solche 10, 20 oder 30 000 ℳ in den Händen des Reichen ebenso besteuert werden, wie 10, 20 oder 30 000 ℳ in den Händen eines armen Studenten, dem damit ein Lebensweg eröffnet werden sollte?

Je schärfer allerdings die Erbschaftssteuer in diesem Sinne ausgebildet wird mit dem idealen Zielpunkte, daß Ärgernis erregende Legate, wie die genannten, aufgesogen werden sollen, desto größer ist die Gefahr der Umgehung durch Schenkung bei Lebzeiten. Es ist richtig, daß die Gleichstellung des Schenkungsstempels mit der Erbschaftssteuer erfahrungsgemäß nicht ausreicht, um alle diese Schenkungen ebenso zu treffen wie die entsprechenden Erbschaften. Und da aus gewissen Gründen der Schenkungsstempel weit eher einer Abflachung als einer Verstärkung bedarf, so wird dieses Bedenken dadurch noch erhöht. Aber trotzdem reicht es nicht aus, um die Gründe, die für die obigen Gesichtspunkte sprechen, zur Seite zu schieben.

Der ganze Gedanke, die Erbschaft nicht mit rückwärts, sondern mit vorwärts gewandtem Gesicht anzusehen, nicht im Hinblick auf den, der die Bühne des Lebens verlassen hat, sondern im Hinblick auf den, der auf der Bühne des Lebens bleibt und die Erbschaft benutzt, um sein Vermögen auf eine größere Höhe zu bringen, reicht in seiner Bedeutung über das Steuergebiet weit hinaus und betrifft das Erbrecht im ganzen. Vor nunmehr 70 Jahren hat John Stuart Mill in einer Kritik des französischen Erbrechts darauf hingewiesen, daß hier der demokratische Gedanke sich in den Mitteln für seine Zwecke vergriffen habe. Die französische Revolution setzte überall an Stelle einer Bevorzugung des Erstgeborenen die Gleichheit aller Geschwister. Die genaue Festsetzung des Pflichtteils, die man dem Erblasser in bezug auf Vermächtnisse auferlegte, sah man als ein Mittel an, um zu verhindern, die Bevorzugung des Erstgeborenen wieder durch eine Hintertür einzuschmuggeln. Die Bindung an Pflichtteile heißt aber nichts anderes, als daß der Erblasser in seiner Befugnis, Vermächtnisse zu errichten, auf den geringen übrig bleibenden Rest beschränkt wird. So erhielt die Beschränkung der Vermächtnisse die demokratische Weihe. „Sollte ich — sagt Mill — ein Gesetzbuch entwerfen in Gemäßheit dessen, was mir an und für sich als das Beste erscheint, ohne Rücksicht auf bestehende Meinungen und Gefühle, so würde ich keine Beschränkung dafür aufstellen, worüber einer durch Testament verfügen darf, sondern was einer durch Testament erwerben dürfe. Jedermann sollte die Befugnis haben, mittelst eines Testaments über sein ganzes Vermögen zu verfügen, aber nicht, es zu vergeuden durch Bereicherung eines oder des anderen einzelnen Individuums über ein gewisses Maximum hinaus, das übrigens hinlänglich hoch zu bestimmen wäre, um die Mittel einer behaglichen Unabhängigkeit zu gewähren .... So lange freilich die Meinung praktisch vorherrscht, daß das Beste, was man für einen Gegenstand seiner Zuneigung tun kann, darin bestehe, für ihn alle äußerlichen Lebensgüter bis zur Übersättigung anzuhäufen, möchte es wenig Nutzen bringen, ein solches Gesetz zu erlassen. Selbst wenn es gelänge, dasselbe durchzusetzen, so würde im allgemeinen mit der Neigung dazu auch die Gelegenheit bleiben, sich demselben zu entziehen. Das Gesetz würde ohne Kraft sein, wofern nicht die Gesinnung des Volkes ihm energisch zur Seite stände."

In diesem Stadium befindet sich die Erbrechtsgesetzgebung noch heute. Aber der Wandel der Gesinnung, an dem Mill noch verzweifelte, steht uns jetzt vielleicht doch in etwas höherem Maße bevor. Zum mindesten wird die Notwendigkeit, alle wirtschaftlichen Kräfte lebendig zu machen, wenigstens unter den Denkenden der Nation die Erkenntnis dämmern lassen, daß ein solcher Gesinnungswandel notwendig ist. Und jedenfalls ist der Gesichtspunkt, solange er im Erbrecht noch nicht durchführbar ist, desto sorgsamer in der Erbschaftssteuer zu beachten.

IX.

Die Zukunft der Einkommensteuer.

Wir haben gesehen, wie die Einkommensteuer unter dem Drucke der Napoleonischen Zeit in England als Notmaßregel ertragen, erst 1842 eine dauernde Einrichtung wurde und auf dem Kontinent zuerst im Königreich Sachsen eine gute, auf zwangsweise Selbsteinschätzung der Steuerpflichtigen gegründete Ausgestaltung fand (S. 98). Erst nach sächsischem Muster hat Preußen gewagt, den gleichen Schritt zu tun. Dann aber hat hier das Einkommensteuergesetz des Finanzministers Miquel vom Jahre 1890 der Steuer eine geradezu klassische Verfassung gegeben. Von keiner der heute bestehenden Steuern kann man mit Sicherheit sagen, daß im großen und ganzen der Bau fertig dasteht. Immerhin ist im „inneren Ausbau" noch so viel zu tun, daß durch diesen vielleicht der Bau erst seine rechte, volle Bedeutung erhalten kann.

Gerade weil es sich bei dieser Steuer nicht um veränderte Unterlagen handelt, eignet sie sich besonders zu einer Besprechung der verschiedenen, für die Wirksamkeit einer Steuer in Betracht kommenden Punkte.

1. Was ist „Einkommen"?

Nichts scheint an einer Einkommensteuer so klar und einfach, als der Grundsatz, daß jeder nach dem Maße seines „Einkommens" zu den Kosten der Gemeinschaft beizutragen habe. Aber gerade Begriff und Begrenzung des Einkommens haben zu Unklarheiten und Streitigkeiten mehr, als irgendein anderer Punkt der Steuerverfassung Anlaß gegeben. Einkommensteuern sind aus dem Bestreben hervorgegangen, die gleichmäßige Heranziehung der Personen in Gestalt von Kopfsteuern ergiebiger zu gestalten, indem man verschiedene Klassen der Bevölkerung unterschied und der einen mehr, der anderen weniger auferlegte. Sehr früh kam man dazu, in die Merkmale, nach denen man die Klassen unterschied, nicht bloß die Zugehörigkeit zu gewissen Ständen aufzunehmen (Gutsbesitzer, Bauern, Großkaufleute, Kleinkaufleute, Handwerker usw.), sondern auch gewisse Wohlhabenheits-Einschätzungen, indem man etwa 5 Klassen, als Reiche, Wohlhabende, Mittelstand, Minderbemittelte und Arme, unterschied. Indem man von hier aus weiterging und als einziges Merkmal die Höhe des Einkommens nach bestimmten Stufen annahm, blieb immer noch der Gedanke haften, daß die Ermittelung des Einkommens ein Merkmal für die Beurteilung der Gesamtpersönlichkeit abgäbe. Deshalb war jede genauere Begriffsbestimmung des Einkommens von dem Gedanken beherrscht, daß es natürlich nur soweit heranzuziehen sei, wie es in der Tat ein solches Merkmal abgeben könne, d. h. man dachte unwillkürlich bei dem Einkommen an eine gewisse (wenn auch im Laufe der Zeit immer weniger strenge) Regelmäßigkeit und nicht an „Zufallseinnahmen". Da nun in der Nationalökonomie theoretisch feststeht, daß es nur vier regelmäßig fließende Einnahmequellen geben kann — Bodenrente, Kapitalzins, Unternehmergewinn und Arbeitslohn — so zogen die Einkommensteuer-Gesetze fast aller Staaten das Einkommen nach Analogie dieser vier Kategorien heran: Einkommen aus Grundbesitz, aus Kapitalvermögen, aus Handel und Gewerbe, sowie aus sonstiger „gewinnbringender Beschäftigung". Daß hierbei ein Lotteriegewinn, eine zufällige Einnahme aus einem vorteilhaften Verkauf des bisherigen Wohnhauses, aus einer Abfindungssumme für ein Patent u. ä. unter den Tisch fallen, sah man als unvermeidliche Folge des „Einkommenbegriffs" an, dem man doch die Erträge der Steuer verdanke. Man half sich wohl damit, daß man die Lotteriegewinne auf andere Art erfaßte, indem man die Gesamtsumme der ausgegebenen Lose mit einem Stempel belegte (obgleich doch der einzelne Gewinn bei dem, der ihn erhält, ein kräftigeres Steuerobjekt ist, als die Gesamtsumme bei dem Lotterieveranstalter). Man suchte auch die Zufallsgewinne aus Verkäufen nach Möglichkeit einzuengen, indem man bei dem spekulativen Kauf auf Verkauf dem „Gewerbebetrieb" eine über den Sprachgebrauch hinausgehende Ausdehnung gab. Aber den Grundgedanken, daß es neben dem Einkommen begrifflich eine „Vermögensvermehrung" gebe, die ihrer Natur nach nicht unter eine Einkommensteuer gebracht werden könne, hielt man als eine vermeintlich wissenschaftliche Notwendigkeit fest.

Hierbei ist übersehen worden, daß der theoretische Begriff des Einkommens, den die Lehrbücher der Finanzwissenschaft im Anschluß an die Steuergesetze (wenngleich teilweise auch in kritischem Widerspruch zu ihnen) entwickelten, nicht von einem wissenschaftlichen Begriff des Einkommens ausgegangen ist. Er ist beherrscht von dem ehemaligen Bedürfnis, „Merkmale" für die Zugehörigkeit zu einer Klasse oder Stufe zu finden. Auf dem Wege der Entwickelung zur Wissenschaftlichkeit läge es gerade, diese letzten Reste des ehemaligen Merkmales, die sich noch in dem Festhalten an dem Erfordernis einer gewissen

Regelmäßigkeit zeigen, abzustreifen, oder vielmehr bewußt auszusprechen, daß sie tatsächlich von uns schon längst verlassen sind. Der Einkommensbegriff, wie wir ihn handhaben, zeigt in Wahrheit nichts, als eine rechnerisch ermittelte Größe. Was dem einzelnen innerhalb eines bestimmten Zeitraumes (wir sind gewohnt, ein Jahr anzunehmen) von seinen Einnahmen (in Geld und Geldeswert) nach Abzug der Unkosten und der sachgemäßen Abschreibungen zur Verfügung bleibt, nennen wir sein Einkommen. Für diese Verfügung hat der Einkommensträger nur zwei Zwecke zur Auswahl: er kann es entweder verbrauchen, oder er kann es zu seinem Vermögen schlagen. Die Vermögensvermehrung in Gegensatz zum Einkommen zu stellen, ist ebenso irreleitend, wie wenn man zwischen Einkommen und Verbrauch einen Gegensatz aufstellen wollte (wie z. B. auf dem Lande die Vorstellung nicht auszurotten ist, daß das, was vom Gute im Haushalt verbraucht wird, nicht zum Einkommen gehöre).

Es sind auch gewisse Anzeichen dafür vorhanden, daß hier die Theorie dem offenbar vorliegenden, nur von den Praktikern noch nicht deutlich empfundenen Bedürfnis zu Hilfe kommt. Aus Anlaß der neuen Gestalt, die der Gedanke der Zuwachssteuer für das Reich im Besitzsteuer-Gesetz von 1913 gefunden hat, ist mit Recht darauf hingewiesen worden, daß hier das Reich den Weg der Einkommensteuer bereits beschritten hat, indem es auf den Teil des Einkommens, der zur Kapitalisierung verwendet wird, seine Hand legte. Und mit ebenso großem Recht wird darauf aufmerksam gemacht, daß das Reich jetzt nur noch ergänzend eine Steuer auf den gesamten Jahresverbrauch jedes einzelnen zu legen brauchte, um das gesamte Einkommen erfaßt zu haben.

Sind wir mit der Einbeziehung der Vermögensvermehrung in den Einkommensbegriff unserem Streben nach möglichst breiter Angriffsfläche treu geblieben, so müssen wir andererseits in demselben Maße das Ziel betonen, die Last nur auf den tragfähigen Teil dieser Fläche wirken zu lassen. Das Einkommen als rechnerische Größe kann nur ermittelt werden, indem man zunächst von allem ausgeht, was der einzelne an Geld und Geldeswert „einnimmt". Erst dadurch, daß von dieser „rohen Einnahme" die Unkosten abgezogen und die sachgemäß erforderlichen Abschreibungen ebenfalls abgesetzt werden, gelangt man zu der „Reineinnahme". Es ist eine törichte Vorstellung, als ob es dementsprechend zwei Arten von Einkommen gäbe, Roheinkommen und Reineinkommen. Die rohe Summierung alles dessen, was einem Menschen an Geld und Geldeswert während eines Jahres zufließt, ohne Rücksicht darauf, inwieweit es für ihn einen Gewinn darstellt oder nicht, gibt niemals eine wirtschaftlich irgendwie in Betracht kommende Summe; es ist lediglich eine Hilfsziffer für die Ermittelung eines anderen Betrages. Dies geht schon daraus hervor, daß es von den Zufälligkeiten der Buchung und der Denkweise abhängt, ob gewisse Einzelbeträge in jene Rohsumme aufgenommen werden oder nicht. Es kann z. B. jemand die Kosten einer Geschäftsreise, die ihm einen Gewinn eingebracht hat, von diesem Gewinn kürzen, bevor er ihn bucht, oder er kann den gesamten in seine Hand gelangten Betrag als Einnahme buchen und ihm unter den Ausgaben die Kosten der Reise als „Unkosten" gegenüberstellen. Es kann ein Grundstücksvermittler, der für die Vermittelung eines Millionengrundstücks 50 000 ℳ bekommt, die 40 000 ℳ, die er an vier andere Helfer abgegeben hat, vorher abziehen, so daß er diese Einnahme mit 10 000 ℳ einsetzt; oder er kann sie mit 50 000 ℳ einsetzen und ihr die 4 × 10 000 ℳ als 40 000 ℳ Unkosten gegenüberstellen. Da also die Frage, ob „durchlaufende Posten" zweimal einzustellen (oder beidemal wegzulassen) sind, mit ja oder nein gleich richtig beantwortet wird, so geht schon daraus hervor, daß die dadurch beeinflußte, und in vielen Fällen entscheidend beeinflußte, Ausgangsziffer wesenhafte Bedeutung für sich nicht in Anspruch nehmen kann. Etwas sachlich Wesentliches wird sie erst durch die Absetzung der Unkosten und der Abschreibungen. Und doch haben diese „Abzüge" sich nur in unaufhörlichem Kampf durchsetzen können. Es hat Zeiten gegeben, in denen der Beamtenstandpunkt es als eine Art gesetzgeberischer Wohltat interpretierte, daß von den ermittelten Jahreseinnahmen Abzüge gemacht werden dürften, und daß er jedem derartigen Abzug mit dem Mißtrauen gegenüberstand, als ob ein Privileg erweiternd ausgebeutet werden könnte. Die Schmerzensgeschichte der von den Steuerpflichtigen gewollten und vom Beamtentum nicht zugelassenen Abzüge, die bis heute nicht beendet ist, hat in der Entstehungszeit der Einkommensteuer begonnen, wo das Beamtentum sich noch nicht an den glatten Einkommensbegriff herangewagt hatte, sondern statt dessen die vier Ertragsarten in Form von Ertragssteuern heranzuziehen bestrebt war (S. 94). Da die älteste Ertragssteuer, die Grundsteuer, mit einer Bodenlast nahe verwandt war und rein sachlich von dem Boden verlangt wurde, ohne Rücksicht darauf, ob der Eigentümer selbst oder seine Hypothekengläubiger den Ertrag beziehen, so erfand man eine Theorie, nach der es im Wesen der Ertragssteuer liege, daß Zinsen, die der Steuerpflichtige zu zahlen hat, nicht abgezogen werden dürfen. Es ist in jenen Zeiten allen Ernstes behauptet worden, daß wenn ein Staat mittels einer Kapitalrentensteuer die empfangenen Zinsen besteuert, die zu zahlenden Zinsen nicht abgezogen werden dürfen; so daß also ein Bankier nur von der Debetseite seines Kontobuchs besteuert würde, ohne daß man einen Blick auf die Kreditseite tun dürfte. Noch das 19. Jahrhundert ist voll von Versuchen, diesen Unmöglichkeiten entgegenzutreten. Und wenn auch das preußische Einkommensteuergesetz von 1890 von einem derartigen groben Irrtum frei ist, so fehlt doch selbst diesem, von einem der besten Kenner des praktischen Wirtschaftslebens herrührenden Gesetz noch jede Vorstellung davon, daß Abzüge, die von der Roheinnahme gemacht werden, etwas anderes sind als eine bloße gütige Erlaubnis des Gesetzgebers. Dies tritt schon in der Aufzählung der Abzüge hervor, die der Gesetzgeber gestattet:

Von den Einkommen sind in Abzug zu bringen:

1. die zur Erwerbung, Sicherung und Erhaltung des Einkommens verwendeten Ausgaben . . .
2. die von den Steuerpflichtigen zu zahlenden Schuldzinsen und Renten . . .
3. die auf besonderen Rechtstiteln beruhenden dauernden Lasten;
4. die von dem Grundeigentume, dem Bergbau und dem Gewerbebetriebe zu entrichtenden direkten Staatssteuern, sowie solche indirekte Abgaben, welche zu den Geschäftsunkosten zu rechnen sind;
5. die regelmäßigen jährlichen Absetzungen für Abnutzung von Gebäuden, Maschinen, Betriebsgerätschaften usw. . . .
6. die von den Steuerpflichtigen gesetz- oder vertragsmäßig zu entrichtenden Beiträge zu Kranken-, Unfall-, Alters- und Invalidenversicherungs-, Witwen-, Waisen- und Pensionskassen;
7. Versicherungsprämien, welche für Versicherung des Steuerpflichtigen auf den Todes- oder Lebensfall gezahlt werden, soweit dieselben den Betrag von 600 ℳ jährlich nicht übersteigen.

In dieser Aufzählung gehen durcheinander: Beträge, die abgesetzt werden sollen, damit das Einkommen ermittelt, und solche, die abgesetzt werden sollen, damit es (nach gewissen Schonungsabsichten des Gesetzgebers) gekürzt werde. Die Absetzung der Unkosten, der Zinsenlasten, der Abschreibungen erscheinen in der Ausdrucksweise des Gesetzgebers ebenso als gnädig bewilligte Erleichterungen, wie die Absetzung der Krankenkassen-Beiträge und der Versicherungsprämien bis zu 600 M. Auch sie sollen „von dem Einkommen" abgezogen werden, obgleich das Einkommen ja erst durch ihre Absetzung gefunden wird.

Diese Begriffsverwirrung hat allerdings die Novelle von 1906 eingesehen und gut zu machen gesucht:

§ 8.

I. Von dem Rohertrage der im § 6 bezeichneten Einkommensquellen sind die Aufwendungen zur Erwerbung, Sicherung und Erhaltung des Ertrags (Werbungskosten) in Abzug zu bringen.

Als Werbungskosten gelten auch:

1. pp.
2. solche indirekten Abgaben, welche zu den Geschäftsunkosten zu rechnen sind;
3. die von dem Grundeigentume, dem Gewerbebetrieb und dem Bergbau zu entrichtenden direkten Kommunalsteuern bis zur Höhe der staatlich veranlagten Grund-, Gebäude- und Gewerbesteuer . . . .;
4. die regelmäßigen jährlichen Absetzungen für Abnutzung der Gebäude, Maschinen, sowie des sonstigen toten Inventars . . . .;
5. die Beiträge zu den Berufskammern.

II. Von dem Gesamteinkommen sind in Abzug zu bringen:

1. die von dem Steuerpflichtigen zu zahlenden Schuldenzinsen;
2. Renten und dauernde Lasten . . . .
3. die von dem Steuerpflichtigen gesetz- oder vertragsmäßig zu entrichtenden Beiträge zu Kranken-, Unfall-, Alters- und Invalidenversicherungs-, Witwen-, Waisen- und Pensionskassen, soweit sie zusammen den Betrag von 600 M jährlich nicht übersteigen;
4. Versicherungsprämien, welche für Versicherung des Steuerpflichtigen oder eines nicht selbständig zu veranlagenden Haushaltungsangehörigen auf den Todes- oder Lebensfall gezahlt werden, soweit sie den Betrag von 600 M jährlich nicht übersteigen;
5. die auf Grund rechtlicher Verpflichtung vom Steuerpflichtigen zur allmählichen Tilgung eines auf seinem Grundbesitze haftenden Schuldkapitals zu entrichtenden Beiträge, insoweit dieselben 1 Prozent des Kapitals und den Betrag von 600 M jährlich nicht übersteigen.

III. Nicht abzugsfähig sind insbesondere:

1. Verwendungen zur Verbesserung und Vermehrung des Vermögens, zu Geschäftserweiterungen, Kapitalanlagen oder Kapitalabtragungen, soweit nicht unter I und II Ausnahmen zugelassen sind;
2. die zur Bestreitung des Haushalts der Steuerpflichtigen und zum Unterhalt ihrer Angehörigen gemachten Ausgaben, insbesondere alle Aufwendungen zur Befriedigung persönlicher Bedürfnisse, wie die für Wohnung, Nahrung, Kleidung, Bedienung, Pflege, Erziehung, einschließlich des Geldwerts der zu diesen Zwecken verbrauchten Erzeugnisse und Waren des eignen landwirtschaftlichen oder gewerblichen Betriebs. Aufwendungen zur Erfüllung einer gesetzlichen Unterhaltungspflicht gegen Angehörige sind auch dann nicht abzugsfähig, wenn sie diesen durch Privatrechtstitel zugesichert sind.

Durch die Dreiteilung in dem neuen § 8 ist der Gedankengang klar und übersichtlich geworden. Ziffer I spricht vom Rohertrage (und zwar einer Theorie des Gesetzgebers entsprechend nach einzelnen Einkommensquellen), Ziffer II vom (Rein-)Einkommen. Ziffer I stellt den allgemeinen Grundsatz auf, nach dem aus der Rohertragsziffer die Einkommensziffer zu gewinnen ist, und zählt zur Verhütung von Zweifeln und Irrtümern fünf Beispiele im einzelnen auf. Ziffer II hingegen beschäftigt sich lediglich mit solchen Abzügen, die der Staat gestatten will, obgleich die Posten sachlich zum Einkommen gehören; ihrer sind gleichfalls fünf. Hiermit ist an sich der Gedankengang abgeschlossen. Lediglich zur Vermeidung weiterer Zweifel will Ziffer III den positiven Bedingungen noch zwei negative gegenüberstellen (wobei hauptsächlich jenem Irrtum ländlicher Gutsbesitzer begegnet werden soll).

Allein trotz der nun endlich erreichten Klarheit im Gedankengange ist immer noch die Durchführung dieses Gedankenganges von den alten Anschauungen beeinflußt. Die Schuldenzinsen sind in die Rubrik II geraten. Sie sollen von dem Einkommen in Abzug gebracht werden, als ob sie im Einkommen enthalten wären. Immer wieder die Vorstellung, als ob es eine Gnadenbewilligung des Gesetzgebers sei, daß er den Bürger nicht von seinen Schulden besteuere. Und damit wird etwas von dieser Anschauung in dem ganzen Paragraphen konserviert. Die Ausdrucksweise des früheren Gesetzes, „die zur Erwerbung, Sicherung und Erhaltung des Einkommens verwendeten Ausgaben" hat zu einer wunderlichen Judikatur geführt. War nämlich eine Ausgabe für die Erzielung eines Einkommens so wesentlich, daß sie sogar zur Erhaltung der Einkommensquelle notwendig war, so wurde ihr aus diesem Grunde der Unkosten-Charakter aberkannt. Dieser willkürlichen Rechtsprechung (denn was zur Erhaltung der Quelle dient, dient auch zur Erhaltung des Flusses) leistet die neue Fassung noch Vorschub, indem sie nicht mehr von Einkommen, sondern von Ertrag spricht und dem Rohertrage aus vier Einkommensquellen die Aufwendungen zur Erhaltung des Ertrages gegenüberstellt. Damit wird den rein juristischen Interpreten wiederum die Handhabe gegeben, zu sagen, daß hier nicht der Unkostenbegriff des täglichen Lebens vorliege, sondern ein neuer Begriff des Gesetzgebers, für den er auch den neuen Namen „Werbungskosten" erfunden habe. Einer der häufigsten Fälle, bei dem jenes „Quellen-Prinzip" zur Sprache kam, schloß sich an die Beiträge zu den Rechtsanwaltskammern an. Wie andere Unkosten setzten die Rechtsanwälte auch diese Beiträge ab. Kaum, daß das Oberverwaltungsgericht entdeckt hatte, daß diese Beiträge nicht zur Erhaltung des Einkommens, sondern zur Erhaltung der Einkommensquelle dienen, wurde bei allen Rechtsanwälten nachgeforscht, ob sie nicht den Beitrag trotzdem abgesetzt hätten. Dieses Vorgehen erregte so viel böses Blut, daß in der Novelle unter die Beispiele der ausdrücklich für abzugsfähig erklärten Werbungskosten „auch" die Beiträge zu Berufskammern aufgenommen wurden. Nun aber hat die alte Interpretation für andere Fälle Oberwasser, indem sie erklärt, durch diese ausdrückliche Bestimmung habe der Gesetzgeber gerade anerkannt, daß im allgemeinen Ausgaben, die der „Quelle" dienen, nicht abzugsfähig seien. Ja, man kann noch nicht einmal mit unbedingter Sicherheit behaupten, daß diese Interpretation gänzlich unzulässig sei. Denn wenn man (I ²) solche indirekten Abgaben, welche zu den Geschäftsunkosten zu rechnen sind, unter die Werbungskosten gezählt wissen will, so bleibt in diesem Falle schwer ein anderer Schluß möglich, als daß direkte Abgaben, die zu den Geschäftsunkosten zählen, gleichwohl zu den Werbungskosten nicht gezählt werden sollen. Dies um so mehr, da gewisse direkte Steuern, die zweifellos Geschäftsunkosten sind, nur dann zu den Werbungskosten zählen sollen, wenn sie Kommunalsteuern sind (was allerdings in Preußen fast immer der Fall ist), und auch dann nur bis zu einer gewissen Höhe. In der Tat, der Gedanke, daß Geschäftsunkosten nicht zum Einkommen gehören, ist von dem Gesetzgeber nicht in der Einfachheit anerkannt, die ihm gebührt.

Ein besonders deutliches Beispiel für die Zähigkeit, mit der das Beamtentum daran festhält, die Abzüge für derartige Unkosten als eine Art Wohltat aufzufassen, gegen deren mißbräuchliche Ausdehnung man auf der Hut sein müsse, bietet die Besteuerung der festen Gehälter. Das älteste preußische Einkommensteuer-Gesetz, das noch mit der Unmöglichkeit rechnete, die Einkommen voll zu erfassen, schrieb wenigstens für Personen mit festen Gehältern vor, daß sie „mit dem vollen Betrage" heranzuziehen seien. Jedermann wußte, daß hierin eine Härte lag. Ja, in voller Naivität erkannte das Gesetz von 1822 an, daß wenigstens den Beamten ein Äquivalent gegen diese Härte gebühre, und der Staat, als Gemütsmensch, erteilte ihnen fortgesetzt die Entschädigung aus der Tasche der Kommune durch das Privileg, daß sie zu Kommunalabgaben nur mit der Hälfte ihres Gehalts heranzuziehen seien. Das Steuergesetz von 1890, das allgemein die „zur Erwerbung, Sicherung und Erhaltung des Einkommens" verwendeten Ausgaben für abzugsfähig erklärte, machte in bezug auf feste Gehälter keine Ausnahme. Trotzdem fanden die Behörden es unerhört, wenn ein Handlungskommis mit 2—3000 Mark Gehalt die Kosten für den Mehrverbrauch an Kleidung, den die Standessitte dem „Stehkragen-Proletariat" auferlegt, oder auch nur das Straßenbahngeld absetzen wollte. Ebensowenig wollte man es zulassen, wenn ein Beamter den Nachweis führen wollte, daß er gewisse Teile seines Gehalts auf Unkosten zu verwenden genötigt sei. Nachdem jahrelang in jedem Einzelfalle Schwierigkeiten gemacht worden waren, haben schließlich die vereinigten Steuersenate des Oberverwaltungsgerichts für Beamte dahin entschieden: die Bestimmung des neuen Gesetzes (§ 14), daß ihre Dienstaufwands-Entschädigung unter allen Umständen außer Ansatz bleibe, habe den Sinn, daß Beamte, die eine solche Entschädigung nicht beziehen, Unkosten nicht absetzen dürfen. Die Praxis der unteren Behörden geht weiter. In Wirklichkeit wird heute der Handlungskommis strenger besteuert, als sein Chef. Dieser darf die Kosten für eine Geschäftsequipage absetzen, jener die Kosten für Straßenbahngelder nicht. Personen mit festen Gehältern werden tatsächlich vom Roheinkommen besteuert.

Eine Reform der Einkommensteuer muß diesen Zuständen ein Ende machen. Wir haben oben den Nachweis erbracht, daß es ein unpraktischer Fiskalismus ist, nicht tragfähige Beträge zur Steuerlast mit heranziehen zu wollen. Denn solche Fehler haben zur Folge, daß die Steuersätze nicht entsprechend erhöht werden können. Solange die Steuersätze niedrig sind, wird der Fehler, der in ihrer Belastung liegt noch nicht wirksam. Will man aber die Steuersätze erhöhungsfähig machen, so muß man dafür sorgen, daß wirklich nur das Reineinkommen getroffen wird. Die nächste Reform der Einkommensteuer muß die Rechtsprechung, die darauf ausgeht, feste Gehälter nach dem Roheinkommen zu besteuern, für alle Zukunft unmöglich machen. Mit allen künstlichen Wortbildungen, wie „Werbungskosten" u. ä. muß gebrochen und an deren Stelle der klare Gedanke gesetzt werden, daß nur das Reineinkommen steuerpflichtig, und daß dieses zu errechnen ist aus den Roheinnahmen durch Abzug der Unkosten und der ordnungsmäßigen Abschreibungen. Es wird nichts übrig bleiben, als ausdrücklich hinzuzusetzen, daß die Besteuerung nach dem bloßen Reineinkommen grundsätzlich für feste Gehälter ebenso gilt, wie für andere Einkommen. — Da aber anzuerkennen ist, daß für die große Mehrzahl der Angestellten die Ermittelung ihrer Unkosten nur auf sehr künstlichem Wege möglich ist und zu willkürlichen Schätzungen einlädt, so dürfte es sich empfehlen, für Unkosten der Personen mit festen Gehältern einen bestimmten Prozentsatz gesetzlich festzulegen, über den hinaus Unkosten nur abgesetzt werden dürfen, wenn sie sich individuell nachweisen lassen.

* * *

Ist der Begriff des Einkommens sachgemäß umgrenzt, so handelt es sich noch immer um die sachgemäße Ermittelung der Einkommenshöhe.

Kaum eine Unterscheidung hat zu so viel Meinungsverschiedenheiten zwischen Behörden und Steuerpflichtigen Anlaß gegeben, wie die der feststehenden und der schwankenden Einnahmen. Wenn jemand sein Vermögen in Dividendenpapieren anlegt, am Schluß jeden Jahres den letztjährigen Betrag gewissenhaft in der Steuererklärung angegeben hat und nun einmal für verkaufte Aktien sich Konsols gekauft hat, so wird plötzlich von ihm verlangt, daß er für diesen Teil seiner Einnahmen nicht das vergangene, sondern das zukünftige Jahr zugrunde legen soll, weil an Stelle einer schwankenden jetzt eine feststehende Einnahme getreten sei. Manchmal sind die Teile des Einkommens, die feststehend geworden sind, von den schwankend gebliebenen gar nicht genau zu trennen. Wenn ein Schriftsteller, der von den Honoraren seiner Aufsätze lebte, mit einer der Zeitungen, für die er schreibt, ein festes Jahreseinkommen verabredet: wer will sagen, welchen Teil seiner Arbeitskraft das neue Einkommen in Anspruch nimmt, und wie hoch die daneben laufenden schwankenden Einnahmen zu veranschlagen sind.

In Wahrheit ist für den Zweck des Gesetzes diese Unterscheidung entbehrlich. Auch ist sie nichts als ein bei den Behörden stehen gebliebener Überrest jener alten Anschauung, wonach das Einkommen ein „Merkmal" der Persönlichkeit ist. In jenem früheren Stadium, wo man von der Klassenunterscheidung zur Unterscheidung nach Einkommensstufen überging, war der Übergang am glattesten durchzuführen, wo das Einkommen „feststand". Man blieb also im alten Gleise, wenn man, wie früher nach der Zugehörigkeit zu einer Klasse, so jetzt nach der Zugehörigkeit zu einer Einkommenstufe veranlagte, und zwar selbstverständlich zu der Stufe, die man für das bevorstehende Steuerjahr als „feststehend" ansah. Daß es Leute mit schwankenden Einnahmen gab, erschien in jener Zeit den Veranlagungsbehörden als eine Art Verwaltungshindernis. Mit diesem fand man sich ab, indem man ein oder mehrere Jahre der Vergangenheit zugrunde legte. Auch als das Einkommensteuergesetz von 1890 die Merkmalstheorie aufgab, und die Ermittelung des Einkommens auf Grund ziffermäßig genauer Angaben des Steuerpflichtigen einführte, machte man sich doch von der Tradition nicht los, sondern schrieb hinein:

> § 10. Feststehende Einnahmen sind nach ihrem Betrage für das Steuerjahr, ihrem Betrage nach unbestimmte oder schwankende Einnahmen .... nach dem Durchschnitte der drei der Veranlagung unmittelbar vorangegangenen Jahre .... zu berechnen.

Während in der älteren Gesetzgebung die Unterscheidung hauptsächlich den Sinn hatte, Personen mit feststehenden von Personen mit schwankenden Einnahmen zu unterscheiden, verlor sie diesen Sinn nach Einführung der genauen

Berechnung. Die Behörden wandten dem Wortlaut des Gesetzes entsprechend die Unterscheidung auf die einzelnen „Einnahmen" an. Und sie standen auf der Wacht, daß ihnen nur ja nicht irgendeine Einnahme entging, die man als feststehend bezeichnen und also schon mit ihrem zukünftigen Betrage in Anspruch nehmen konnte.

Die neue Fassung des Gesetzes von 1906 wiederholt diese Unterscheidung nicht, sondern stellt (§ 9) allgemeine Grundsätze für die Veranlagung der einzelnen Steuerquellen auf. Aber diese verhängnisvolle Anerkennung der Steuerquellen hat die Handhabe geboten, in vielen Fällen die Praxis des alten Gesetzes fortzusetzen. Und nun stehen die Steuerpflichtigen derselben, für sie unbegreiflichen Unterscheidung gegenüber, ohne sich im Gesetze Rats erholen zu können. Denn zugrunde liegt nur eine jener gewundenen Interpretationen, die darauf hinauslaufen, daß nicht das neue, sondern wo es irgend durchgedrückt werden kann, wieder das aufgehobene Gesetz angewandt werde.

Die Unterscheidung ist unhaltbar geworden und sollte aufgegeben werden. Selbst wenn der Fiskus von ihr Vorteile hätte, so wären diese nicht groß genug, um die Aufrechterhaltung einer Unterscheidung begründen zu können, die in der Praxis zu so viel Schwierigkeiten und Unverständlichkeiten führt. Es ist aber nicht einmal richtig, daß der Fiskus von ihr Vorteile hat. Die neue Einkommensteuer-Gesetzgebung fiel in eine Zeit überwiegend aufsteigender Konjunktur. Die Verwaltungsvorschriften für die Handhabung des Gesetzes sind von dem Gedanken eines steigenden Einkommens beherrscht und betrachten es als selbstverständlich, daß der Fiskus jedesmal einen Vorteil davon hat, wenn er die Steuer nach der Zukunft und nicht nach der Vergangenheit berechnet. Aber wenn man auch im allgemeinen annehmen wird, daß sich das Einkommen eines Menschen in aufsteigender Linie entwickelt, so stehen dem nicht bloß zahlreiche Ausnahmen gegenüber, sondern auch als Regel stellt sich im Leben jedes Menschen der Zeitpunkt ein, wo er auf den absteigenden Ast kommt. Der Vorteil, den der Fiskus davon hat, die Veranlagung für die Zukunft zu bevorzugen, ist nicht entfernt so groß und so allgemein, wie er angesehen wird. Und jedenfalls steht diesem (wirklichen oder vermeintlichen) Vorteil der zweifellose psychologisch bedeutsame Nachteil gegenüber, daß die gegenwärtigen Unterscheidungen den Steuerpflichtigen nicht recht zu Bewußtsein kommen läßt, daß ihre Deklarationspflicht sich auf Tatsachen bezieht. So lange nicht klipp und klar die Frage lautet: „wie groß war dein Einkommen im vergangenen Jahre?“, so lange hat der Steuerpflichtige die Empfindung, als ob es sich um eine Art Schätzung handle, bei der er sich als Schätzungsmaßstabes manchmal der Vergangenheit, manchmal der Erwartung für die Zukunft zu bedienen habe. Schon dies hat zur Folge, daß die Stimmung, in der die Deklaration abgegeben wird, die schroffe Unterscheidung zwischen wahr und unwahr nicht zu voller ausschließlicher Herrschaft gelangen läßt. Kommt noch dazu, daß die Behörden sich gewundener Gedankengänge bedienen, um nur ja irgendein Einkommensteilchen allem Sprachgebrauch zuwider als eigene „Einkommensquelle“ und als feststehende Einnahme in Anspruch nehmen zu können, so wirkt hier wie immer, das behördliche Vorbild eigennütziger Logik demoralisierend.

Auch für die Einkommen, für die jetzt schon die Deklaration nach der Vergangenheit ausnahmslos durchgeführt ist, besteht noch eine Unterscheidung, je nachdem der letzte Jahresertrag oder der Durchschnitt dreier Jahre zu deklarieren ist. Letzteres geschieht für Erträge aus Betrieben, in denen eine geordnete kaufmännische Buchführung besteht. Diese Unterscheidung ist wohl aus der Erwägung hervorgegangen, daß die Besteuerung auf Grund eines vergangenen Jahres zu so starken Ungleichmäßigkeiten im Steuerbetrage führt, daß sie dem Steuerpflichtigen selbst unerwünscht sein mußte. Andrerseits hat man in der Zeit von 1890 bis 1906 mit der Zulassung des dreijährigen Durchschnitts bei den Deklarationen so unerfreuliche Erfahrungen gemacht, daß man diese Art der Deklarierung auf die Fälle beschränken wollte, in denen eine buchmäßige Unterlage als Anhalt und Zügelung für den Deklaranten vorhanden ist.

Mir scheint, daß hier verschiedene Erwägungen durcheinandergegangen sind, die auseindergehalten werden müssen. Die Gründe nämlich, die bei den Buchhaltungsbetrieben für die Veranlagung nach dreijährigem Durchschnitt sprechen, sind bei den anderen, weniger geordneten Betrieben in demselben, ja wahrscheinlich in noch höherem Maße vorhanden. Soweit sich die Vorschrift aber auf die Deklaration bezieht, so kann von Buchhaltungsbetrieben genau so wie von den weniger geordneten die Angabe der Jahresziffer verlangt werden. Mit anderen Worten: Deklarieren soll jeder das Einkommen des letzten Jahres; veranlagt werden soll jeder nach dem Durchschnitt dreier Jahre (sobald eine Dreijahr-Reihe vorliegt).

Der Vorteil, der mit dieser Neuregelung erzielt würde, läge nach zwei Seiten hin. Die heutige Veranlagung nach einem Jahresergebnis kann unter Umständen eine gewisse, der Einkommensteuer mit Notwendigkeit anhaftende Härte enthalten: daß nämlich im Laufe größerer Zeiträume der Staat mehr Einkommen besteuert, als in Wirklichkeit erzielt wurde. Wenn bei einem Steuerpflichtigen gute und schlechte, Gewinn- und Verlustjahre abwechseln, so wird in jenen der ganze Gewinn herangezogen, in diesen jedoch nur bis zur 0 heruntergegangen und für den Verlust nichts vergütet. Die Berechnung nach dreijährigem Durchschnitt ist zwar immer noch nicht die (menschlicher Fähigkeit unerreichbare) Beseitigung, aber doch wenigstens eine Milderung der Ungerechtigkeit.

Der zweite Vorteil läge darin, daß in der Deklarierung auch bei den Buchhaltungsbetrieben das Gewissen geschärft würde. Die Frage: „wie groß war der Durchschnitt deiner Einnahme in den letzten 3 Jahren?", ist für manche Leute nicht Frage nach einer Tatsache, sondern Frage nach einem Urteil. Hingegen die Frage: „wie groß war dein Einkommen im abgelaufenen Jahre?" bietet die klare, dem Bewußtsein sich zwingend aufdrängende Form der Frage nach einer Tatsache. Jenes bringt den Steuerpflichtigen in eine Stimmung, die der eines Begutachters ähnlich ist; diese aber macht es ihm deutlich, daß das, was von ihm verlangt wird, nichts anderes ist als: Zeugenpflicht in eigener Sache.

* * *

So entschieden wir daran festgehalten haben, daß die Zukunft der Einkommensteuer von ihrer rückhaltlosen und ehrlichen Beschränkung auf das Reineinkommen abhängt, so muß doch zugegeben werden, daß für andere Fälle eine Erweiterung der Grundlage über den Begriff des Einkommens hinaus erforderlich ist, wenn nicht ein schroffer Gegensatz gegen das Volksempfinden Platz greifen soll. Nach Erlaß des Einkommensteuer-Gesetzes von 1890 wurde mit Befremden und Unwillen erzählt, daß der Inhaber eines alten, angesehenen und reichen Bankhauses sich mit einem Einkommen von 0,0 eingeschätzt habe. Als Grund wurde angegeben, daß das Bankhaus einen Verlust erlitten habe, der alle Gewinne der letzten drei Jahre überstieg. Obgleich an der Richtigkeit dieser Angabe nicht gezweifelt wurde, wurde es doch in weiten Kreisen als eine Illoyalität empfunden, daß das Haus sich nicht freiwillig zu einem Betrage eingeschätzt habe, der seiner allgemeinen Leistungsfähigkeit einigermaßen entspräche.

Ein Vorwurf dieser Art gehört zwar in Wahrheit nur zu jenen oben bezeichneten Überresten der ehemaligen Anschauung, wonach das „Einkommen" eines Menschen lediglich als ein Merkmal seiner Zugehörigkeit zu einer bestimmten Klasse oder Stufe betrachtet wird. Die heutige Einkommensteuer hat mit diesen Merkmalsgedanken nichts mehr zu tun. Das Einkommen, das zu ermitteln ist, ist lediglich eine rechnerische Größe. Wer es rechnerisch richtig ermittelt, hat seiner Pflicht genügt. Es trifft niemanden eine Schuld, weder eine juristische noch eine moralische, der sein steuerpflichtiges Einkommen auf Null angibt, wenn es wirklich gleich Null ist. Aber verschieden davon ist die Frage, ob der Gesetzgeber nicht einen Anlaß hat, in solchen Fällen statt der Einkommensteuer eine andere Steuer zu verlangen. Im Königreich Sachsen ist das der Fall. Das sächsische Steuergesetz geht von dem Gedanken aus, daß jemand, der ein verringertes Einkommen hat, darum noch nicht immer seinen Verbrauch verringert. Wenn er also alle seine Ausgaben aus anderen Quellen als aus seinem Einkommen (z. B. aus Ersparnissen früherer Jahre, oder aus älterem Kapitalbesitz, oder aus Vorschüssen) bestreitet, so tut man ihm kein Unrecht, wenn man verlangt, daß er seinen Beitrag zu den Kosten des Gemeinwesens, dem er angehört, *in demselben Maße* aus anderen Quellen bestreitet. Der reiche Mann, der in einem Jahre kein Einkommen hat, aber doch seine drei Wintergesellschaften gibt und im Sommer die übliche Reise ins Hochgebirge macht, kann den Rücklagen, die ihm zur Bestreitung dieser Ausgaben dienen, ebensogut einen Beitrag für die Steuer entnehmen. Und was von dem reichen Manne gilt, gilt auch in entsprechendem Maße von dem nicht reichen.

Soweit jemand zu leben hat, soweit kann er auch steuern. Auf Grund dessen verlangt das sächsische Einkommensteuergesetz überall da, wo der „Aufwand" größer ist, als das steuerpflichtige Einkommen, eine Veranlagung nach dem Aufwande. Streng begrifflich müßte dies eine besondere Aufwand- neben der Einkommensteuer sein. Aus praktischen Gründen dürfte es sich empfehlen, sie innerhalb der Einkommensteuer bestehen zu lassen. Für die untersten Stufen wird die Möglichkeit von Ausnahmebewilligungen ohnedies allgemeiner, als bisher geschaffen werden müssen. Der Grundsatz aber, daß jemand zur Klassensteuer mindestens mit dem Betrage heranzuziehen sei, der seinem Aufwande entspricht, sollte möglichst allgemein ausgesprochen werden.

2. Steuererklärung und Rechtsschutz.

Bei Einführung der Steuererklärung war diese als für die Behörde verbindlich gedacht. Wenn sie nämlich von ihr abweichen wollte, so mußte dem erst eine ausdrückliche Beanstandung vorangehen, die dem Steuerpflichtigen mitzuteilen war. Derartige „Beanstandungen" von Erklärungen, die „nach bestem Wissen und Gewissen" abgegeben waren, wurden vielfach unliebsam empfunden. Um auf diese Empfindungen Rücksicht zu nehmen, schaffte das Gesetz von 1906 die Maßregel der ausdrücklichen Beanstandung ab und ersetzte sie durch die Vorschrift:

„§ 39. Bestehen gegen die Angaben einer Steuererklärung Bedenken, so hat der Vorsitzende der Veranlagungskommission dieselben dem Steuerpflichtigen mitzuteilen mit der Aufforderung . . ., sich darüber zu erklären oder bestimmte Fragen über noch aufzuklärende, für die Veranlagung erhebliche Punkte zu beantworten und Beweismittel für seine Angaben beizubringen."

In Praxi ist dadurch der Übelstand, den man beseitigen wollte, erheblich verschärft worden. Früher nämlich gab es gegen behördliche Neigungen zum Mißbrauch des Beanstandungsrechts den Schutz, daß die Behörde, die sich von der Pflicht, die Steuererklärung zu beachten, losmachen wollte, wenigstens genötigt war, einen Ausdruck von einer Härte zu gebrauchen, der der Härte der Maßregel entsprach. Jetzt aber braucht sie sich nicht mehr des Ausdrucks zu bedienen, daß sie die Steuererklärung „beanstande", sondern es ist ihr vom Gesetz der sanfte, man könnte fast sagen höfliche Ausdruck an die Hand gegeben, daß sie „Bedenken" habe.

Ist es also jetzt vom Gesetz der Behörde sehr leicht gemacht, die Steuererklärung zur Seite zu schieben, so geht die praktische Handhabung noch über das, was das Gesetz gestattet, hinaus. Eine Verfügung des Finanzministers, der bloße Umstand, daß ein Steuerpflichtiger mehr Einkommen als im Vorjahre deklariert habe, solle noch nicht genügen, um die Steuererklärung zu bemängeln, wurde s. Z. als eine Erleichterung, die die meisten Bemängelungsfälle wohl beseitigen werde, aufgefaßt; denn man hielt das „mehr" selbstverständlich für einen Schreib- oder Druckfehler statt „weniger". Allein es stellte sich heraus, daß wirklich „mehr" gemeint war. Gegen die große Mehrzahl der Bemängelungen, die sich darauf gründen, daß der Steuerpflichtige weniger als im Vorjahr angebe (obgleich das doch wirklich an sich keinen Grund zur Bemängelung abgeben kann), hatte der Finanzminister anscheinend nichts einzuwenden. Der so freudig begrüßte Erlaß wendete sich nur gegen die Ungeheuerlichkeit, einem Steuerpflichtigen daraus einen Strick zu drehen, daß er — pflicht- und wahrheitsgemäß — bei erhöhtem Einkommen auch mehr deklariert hatte. Wenn nämlich dieses Einkommen aus Kapitalzinsen herrührt, so wollen die Behörden daraus schließen, daß im vergangenen Jahre eine besonders große Einnahme das Kapital vermehrt habe, und wollen wissen, ob sie wirklich nur aus einer Erbschaft, einem Lotteriegewinn oder aus einer ähnlichen steuerfreien Quelle herrührt. Wird ihnen diese Gewißheit nicht gegeben, so halten sie sich für befugt, auf eine Einnahme aus Spekulationsgewinnen o. ä. zu raten und dementsprechend zu veranlagen. Die Beschneidung der Mißbräuche auf diesen ungeheuerlichsten Auswuchs zu beschränken, ist zwar an sich schon ein bescheidener Reformeifer. Die Wirklichkeit ist aber noch dahinter zurückgeblieben. In der Praxis wird zwar nicht auf den Umstand der Mehrdeklarierung allein die Bemängelung beschlossen, aber doch auf diesen Umstand zusammengenommen mit der Beträchtlichkeit der Differenz. Es scheint eine sehr verbreitete Übung zu sein, daß in einem solchen Falle dem Steuerpflichtigen mitgeteilt wird, man habe gegen seine Erklärung das Bedenken, daß das erheblich vermehrte Einkommen aus einer Spekulation herrühre, und droht ihm nötigenfalls mit einer dementsprechenden Veranlagung, wenn er nicht Beweise dafür beibringe, auf welche Art er zu einem Mehreinkommen gelangt sei. Ein derartiges Verfahren ist rechtswidrig. Die Behörde ist nicht befugt, den Steuersatz willkürlich festzusetzen. Das Gesetz (§ 40, Schluß) legt ihr vielmehr nach erfolgter Bemängelung allgemein die Verpflichtung auf, die Höhe des Einkommens „nach freier Überzeugung zu schätzen". Nur also, wenn die Kommission wirklich der Überzeugung ist, daß ein Mehreinkommen der gedachten Art vorliegt, darf sie es dementsprechend veranlagen. Noch viel weniger, als zur wirklichen Mehrveranlagung ist sie zur Einschüchterung mittels rechtswidriger Drohung befugt. Es wäre eine schwierige strafrechtliche Untersuchung, worin sich eine solche Drohung von dem strafrechtlichen Bestande einer Erpressung unterscheide.

Für die Auffassung von Pflicht und Recht, wie sie sich unter Beamten bildet, die diese Gesetze handhaben, ist folgender Vorfall bezeichnend. Ein Steuerpflichtiger war nach Bemängelung seiner Steuererklärung in der genannten Art zu einem Einkommen von schwindelerregender Höhe veranlagt. Der Veranlagungsbeschluß war gefaßt worden, bevor noch die dem Steuerpflichtigen gestellte Frist abgelaufen war. Deshalb hatte die Kommission beschlossen, die Veranlagung solle nur zugestellt werden, wenn der Vorsitzende die Bedenken nicht für beseitigt halte. Infolge eines Versehens war die Veranlagung aber sofort zugestellt worden. Der Steuerpflichtige klärte die Bedenken derartig einfach und überzeugend auf, daß der Vorsitzende ihm gegenüber sich bereit erklärte, gegen die doch einmal zugestellte Veranlagung von Amts wegen Berufung einzulegen. In einem privaten persönlichen Gespräch kam der Steuerpflichtige auf dieses Verfahren nachträglich zu sprechen und fand jenen Beschluß vor Ablauf der Frist unzulässig. Der Steuerjurist erwiderte ihm: „Unzulässig ist er nicht; denn zur Mitteilung der Bedenken und zum Abwarten der Frist sind wir ja überhaupt nicht verpflichtet." Auf den Einwand, daß dies eine ausdrückliche Gesetzesvorschrift sei, erteilte er die ihm anscheinend geläufige Antwort: „Die Gültigkeit unserer Veranlagung hängt davon nicht ab." Mit dieser Anschauung ist ein bösartiger Schädling in der Handhabung unserer Gesetze gekennzeichnet. Seit dem Erlaß des B.G.B. hat die Unterscheidung zwischen

„Mußvorschriften", deren Verletzung Ungültigkeit zur Folge hat und „Sollvorschriften", die an die Pflichtverletzung noch nicht die Folge der Ungültigkeit knüpfen, in den Köpfen der Juristen eine heillose Verwirrung angerichtet. Wenn ein Gesetz an die Pflichtwidrigkeit nicht die Folge der Ungültigkeit knüpft, meinen sie, das Gesetz habe sagen wollen, daß seine Vorschrift nicht befolgt zu werden brauche. Man kann, ohne ihnen unrecht zu tun, ihre Interpretation mit den Worten wiedergeben: „Soll" heißt: „braucht nicht."

Im Publikum ist die Meinung weit verbreitet, daß man gegen derartige Willkürlichkeiten ohnmächtig sei. Denn wenn man selbst im Wege der Beschwerde durchsetze, daß der betr. Beamte zurechtgewiesen wird, so lese er doch die Zurechtweisung mit dem Bewußtsein, daß die vorgesetzte Behörde sowohl seine schneidige Wahrnehmung der fiskalischen Interessen, als auch sein verständnisvolles Schweigen zu der Zurechtweisung zu schätzen wissen werde. Zum mindesten muß man sagen, daß die Finanzverwaltungen in Deutschland nicht das Ausreichende getan haben, um solche Anschauungen im Publikum unmöglich zu machen. Sie werden nicht früher unmöglich werden, als bis die Behörde in Worten und Taten die Anschauung bekundet, daß ein derartiges Vorgehen nicht bloß aus Schonung für die Steuerpflichtigen zu verwerfen sei, sondern daß es auch noch nicht einmal das fiskalische Interesse wahrnehme. Die Anschauung des Beamtentums, als ob jede dem Steuerpflichtigen abgepreßte Mehreinnahme einen Gewinn für die Staatskasse bedeute, stammt aus den Zeiten der Kleinstaaterei, in denen der Beamte in der Tat die Folgen seiner Handlungsweise im Einzelfalle überblicken konnte. Heute trifft das nicht mehr zu, und jede fiskalische Maßregel kann nur nach ihren durchschnittlichen Wirkungen geschätzt werden. Zu den durchschnittlichen Wirkungen des Fiskalismus gehört das böse Vorbild, das er dem Steuerpflichtigen gibt. Auf einen Steuerpflichtigen, dem mit raffinierter Interpretation der Gesetze oder gar mit ihrer offenen Verletzung eine Mehrsteuer abgerungen wird, kommen zehn, die die dem Fiskus abgelernte Methode der Interpretation im stillen Kämmerlein zu ihren Gunsten anwenden und in solchen Fällen verstehen, sich vor Entdeckung sicher zu stellen und am Ende auch ihr Vorbild zu übertreffen. Auf einen Schelmen anderthalbe.

Nachdem einmal der große Schritt getan worden ist, die Steuererklärung zur Grundlage des ganzen Veranlagungsverfahrens zu machen, hängt der Erfolg weniger von nachträglichen Abänderungen, als in erster Linie von der Wahrheitsgemäßheit der Grundlage ab. Das oberste fiskalische Interesse besteht darin, die Steuererklärungen selbst so nahe wie möglich an den wahrheitsgemäßen Sachverhalt heranzubringen. Ein solches Ziel läßt sich nur erreichen, wenn im Verkehr zwischen Steuerpflichtigen und Behörden Treu und Glauben herrscht. Beide erfordern einander. Die Treue leidet, wenn ihr der Glaube nicht bewilligt wird.

Erkennt man diesen Grundsatz an, so sind Reformen des Verfahrens nach beiden Seiten hin wünschenswert.

Zunächst muß das Recht der Behörden, eine Steuererklärung zu beanstanden (und es wäre durchaus wünschenswert, daß dieser abschreckende Ausdruck wieder eingeführt würde), auf solche Fälle beschränkt werde, in denen die Behörde imstande ist, Gründe anzugeben, die beweisen oder zum mindesten in hohem Grade wahrscheinlich machen, daß die Steuererklärung dem wahren Tatbestande nicht entspreche. Gegen eine ungerechtfertigte Beanstandung muß dem Steuerpflichtigen ein Schutzrecht eingeräumt werden, mit einem Anspruch auf eine mündliche Verhandlung, in der in geordnetem Verfahren festzustellen ist, ob wirklich Gründe zur Beanstandung vorliegen. Werden die von der Behörde ausgesprochenen „Bedenken" nicht als ausreichende Gründe angesehen, so muß die Beanstandung aufgehoben und die Steuererklärung zur Grundlage der Veranlagung gemacht werden. Damit ist dem Zustand ein Ende gemacht, daß der wohltätige Zwang, der in der Versicherung „nach bestem Wissen und Gewissen" liegt, durch die Möglichkeit der Behörde, sich über diese feierlichen Worte hinwegzusetzen, beständig abgeschwächt wird.

Werden die Gründe der Beanstandung anerkannt, wird also ein Ermittelungsverfahren darüber zugelassen, ob der Inhalt der Steuererklärung wahrheitsgemäß ist oder nicht, und endet dieses mit abweichender Festsetzung durch die Behörde, so muß der Bürger ein besonderes Rechtsmittel dagegen haben, daß die Veranlagung nach Willkür statt nach gewissenhaftem Ermessen erfolgt ist. Nur mit einem solchen Anfechtungsmittel kann der

Bürger gegen jenes Vorgehen geschützt werden, daß eine beliebig hohe Summe hinein gesetzt wird, bloß um ihn zu zwingen, nunmehr in äußerster Not die über seine gesetzliche Pflicht hinausgehenden Angaben zu machen. Nur dann werden jene gesetzwidrigen Drohungen, daß man im Falle der Nichtbeantwortung einer Frage dies und das annehmen werde, verschwinden.

Die hier verlangten Neuerungen stellen sich in der üblichen Ausdrucksweise als Forderungen des Rechtsschutzes in Verwaltungssachen dar. An sich ist zwar nicht einzusehen, weswegen bei den sogenannten indirekten Steuern der Rechtsschutz vor den ordentlichen Gerichten gesucht werden kann, während bei den direkten Steuern besondere Behörden und in letzter Instanz das Oberverwaltungsgericht entscheidet. Da aber für die Einkommensteuer der Rechtsschutz vor den ordentlichen Gerichten anscheinend von keiner Seite angeregt wird, so sei hier wenigstens die Forderung vertreten, daß das Verfahren wirksam gestaltet werde. Im Verfahren vor den ordentlichen Gerichten werden auch von dem Grundsatze, daß erst das Urteil ergehen muß, bevor die höhere Instanz angerufen werden kann, gewisse Ausnahmen gemacht, in denen die Partei das Recht der sofortigen Beschwerde hat. Eine solche Stellung gebührt dem Schutze der Steuererklärung, wenn diese Grundlage des ganzen Veranlagungsverfahrens angegriffen wird. Gegenwärtig ist gegenüber dem Steuererklärer dieselbe Behörde Ankläger und Richter in einer Person. Der Zeitpunkt für das Einsetzen des Rechtsschutzes muß so früh sein, daß der Kläger die Möglichkeit hat, das Zertreten seiner Steuererklärung zu verhüten, statt daß er wie jetzt darauf angewiesen ist, die zertretene wiederherzustellen. Es ist, wie wenn man von dem Angeklagten verlangen wollte, er solle den Beweis der Unschuld führen. Auch die zweite unserer Forderungen betrifft die Ausgestaltung des Rechtsschutzes. Nach dem gegenwärtigen Aufbau des Verfahrens kann das Oberverwaltungsgericht niemals in die Lage kommen, wegen Willkür in der Steuerfestsetzung der Veranlagungs-Kommission eine Veranlagung aufzuheben und das Verfahren von neuem beginnen zu lassen. Gerade gegen diese Willkür aber ist der Rechtsschutz am nötigsten.

Wird auf diese Art die Steuererklärung gegen willkürliche und gewalttätige Zurseiteschiebung geschützt, dann muß aber auch der Mißbrauch mit bewußt falschen Steuererklärungen ganz anderen Strafandrohungen unterworfen werden, als es gegenwärtig der Fall ist.

Über die rechtliche Bedeutung der gegenwärtigen Strafbestimmungen in Steuergesetzen herrscht eine weitverbreitete Unklarheit, namentlich bei denen, die über die Strenge dieser Gesetze klagen. Wenn die Steuergesetze gar keine Strafbestimmungen enthielten, so würde eine wissentlich falsch abgegebene Steuererklärung unter den Betrugsparagraphen des Strafgesetzbuches (§ 263) fallen und in der Regel mit Gefängnis zu bestrafen sein. Diese besonderen Bestimmungen der Landessteuergesetze (die nach § 2 des Einführungsgesetzes zum St.G.B. ihre Geltung behalten) haben also in erster Linie die Bedeutung, daß sie die Steuerhinterziehung, selbst wenn sie alle Merkmale des Betruges enthält, doch vor dem Betrugsparagraphen schützen. So streng sie auch sein mögen, sie stellen doch für die schlimmste Klasse von Steuerhinterziehern ein Privileg dar. Dieses Privileg hat seinen guten historischen Grund. Der Fiskus älterer Zeiten befand sich gegenüber dem Steuerpflichtigen in einer Art Kriegszustand, in dem, wie in jedem Kriegszustand, das Rechtsempfinden nicht gerade sehr ausgebildet war. Aus diesen Zeiten her ist bis heute in weiten Kreisen der Bevölkerung die Vorstellung übrig geblieben, daß eine Übervorteilung des Fiskus mit einer Übervorteilung anderer Vermögenspersönlichkeiten nicht auf eine Stufe zu stellen sei. Die früheren Steuergesetze, die sogar die Behörden von einem Eindringen in die Einkommensverhältnisse abhalten wollten (S. 95), dachten vollends nicht daran, daß der Steuerpflichtige selbst die Verpflichtung haben sollte, an seiner eigenen Steuererhöhung mitzuwirken. Die neueren Steuergesetze, die, wie das Einkommensteuer-Gesetz, die Veranlagung in erster Linie auf eine Steuererklärung gründen wollen, konnten dem Rechte nicht freien Lauf lassen; sie konnten es nicht wagen, jede betrügerische Verletzung der Wahrheitspflicht unter den Betrugsparagraphen fallen zu lassen, ohne die Gefahr herbeizuführen, daß Personen, die vor sich und der ganzen Welt geachtet dastehen, zu Betrugsstrafen verurteilt würden wegen Handlungen, die nach allgemeinem Gefühl damals nicht als Betrug galten. Die erziehende Wirkung des Einkommensteuer-Gesetzes dauert nun in Preußen ein Vierteljahrhundert (in Sachsen bereits vier Jahrzehnte). Schon ist eine Generation herangewachsen, die jene alte Moral nicht mehr gekannt hat. Die Gesetzgebung könnte jetzt wohl den Schritt wagen, eine wissentlich falsch abgegebene Steuererklärung ruhig dem Betrugsparagraphen verfallen zu lassen; ob im einzelnen Falle „mildernde Umstände" vorhanden sind (die auch nach Reichsrecht eine bloße Geldstrafe zulassen) hat ohnedies das Gericht zu beurteilen. Die Frage der Nachzahlung der Steuer oder ihres Vielfachen wäre daneben landesgesetzlich zu regeln.

Bei diesem Vorschlage schwebt mir freilich der Gedanke vor, daß als „mildernder Umstand" auch das Verfahren der fiskalischen Behörde selbst muß gelten können. So lange auf Seiten der Behörde im Interesse des Fiskus abgefeimte Gesetzesinterpretationen vorkommen, wie sie kein rechtschaffener Mann im eigenen Interesse wagen könnte, ohne von seinen Mitmenschen gemieden zu werden, solange selbst offene Gesetzesverletzungen von den Behörden geübt werden, bloß weil die Gesetze keine Bestimmung enthalten, die unbequeme Folgen daran knüpft, so lange muß selbst die bewußt unrichtig abgegebene Steuererklärung, obgleich sie ein Betrug ist, milder, als ein anderer Betrug angesehen werden. Würde auf der einen Seite die Gesetzgebung den betrügerischen Steuerpflichtigen als Betrüger hinstellen, die Rechtsprechung aber die Kniffe und Schliche seines fiskalischen Gegners ihm als Milderungsgrund anrechnen, so würde dies auf beide Teile einen moralisch günstigen Einfluß ausüben.

Jede Neugestaltung des Rechtsschutzes wird seine Einschränkungen zu ungunsten der kleinen Steuerzahler, wie sie das Gesetz von 1906 eingeführt hat, wieder aufheben und zu der schlichten Art des Gesetzes von 1890 zurükkehren müssen, wonach der Rechtsschutz für Reich und Arm gleich ist. Über die jetzt bestehende Ungleichheit sind irrige Ansichten verbreitet. Während früher der Instanzenzug gleichmäßig geregelt war — Veranlagungskommission, Berufungskommission, Oberverwaltungsgericht — hat das Gesetz von 1906 diesen Zustand nur für die Einkommen über 3000 *M* bestehen lassen. Steuerpflichtige mit geringerem Einkommen gelangen nur bis an die Berufungskommission. Wenn für diese Neuerung geltend gemacht wird, daß ja im Zivilprozeß nicht jede Summe bis zum Reichsgericht gebracht werden kann, so ist das irreführend. Im Zivilprozeß entscheidet die Höhe der Summe, um die gestritten wird, im Einkommensteuer-Verfahren aber entscheidet der Reichtum des Veranlagten. Der reiche Mann, der zu 750 ℳ Steuer veranlagt ist und nur 720 ℳ zahlen will, kann wegen dieser 30 ℳ den Schutz des Oberverwaltungsgerichts anrufen. Der arme Mann, der zu 52 ℳ Steuer veranlagt ist, aber behauptet, gar kein Einkommen zu haben, kann wegen der 52 ℳ das Oberverwaltungsgericht nicht anrufen. Daß es für diese Ungleichheit, in der die Bagatelle für wichtig erklärt wird, wenn sie die Bagatelle eines reichen Mannes ist, in unserem Rechtsleben irgendeine Analogie gebe, möchte ich bezweifeln. Angeführt wurde bisher eine solche nicht. — Wenn es wahr ist, daß das Oberverwaltungsgericht seiner Geschäfte ohne Entlastung nicht mehr Herr werden kann, so möge man andere Mittel der Entlastung suchen und z. B. den oberen Klassen den Rechtsschutz versagen, wenn sie nur um eine oder zwei Stufen streiten. Der gegenwärtige Ausweg aber darf als gangbar nicht länger anerkannt werden. Zur Zeit übrigens, als dem Oberverwaltungsgericht jene Entlastung angeboten wurde, ist aus seinen Kreisen ein sehr entschiedener Protest erfolgt. — Die Beseitigung dieser Ungleichheit ist die Voraussetzung für jede schärfere Anspannung der Einkommensteuer in den unteren Stufen.

Das Stiefkind jedes Steuerrechts ist das Recht der Zwangsvollstreckung. Alle unsere Gesetze über Zwangsvollstreckung zeigen eine geringe Einsicht in wirtschaftlich bedrängte Lagen. Insoweit die Zwangsvollstreckung für zulässig erklärt wird, ist der zahlungsunfähige Schuldner erbarmungslos dem Gerichtsvollzieher ausgeliefert. Daß das Interesse des Staates, wenn er selbst der Gläubiger ist, diese Erbarmungslosigkeit nicht unter allen Umständen notwendig macht, hat das Einkommensteuer-Gesetz eingesehen und daher der Behörde auch das Recht zur Niederschlagung von Steuerbeträgen gegeben, dies jedoch auf den Fall beschränkt „wenn deren zwangsweise Beitreibung die Steuerpflichtigen in ihrer wirtschaftlichen Existenz gefährden würde."

Was würde man von einem reichen oder auch nur wohlhabenden Manne sagen, der sich zum Lebensprinzip machte, auch den ärmsten seiner Schuldner wegen der geringsten Schuld auspfänden zu lassen; es sei denn, daß die Gefährdung des Schuldners geradezu zu einer Gefährdung seiner wirtschaftlichen „Existenz" führen würde? Ob diesem Paragraphen in der Praxis eine schonendere Auslegung gegeben wird, darüber erfahren wir nichts. Die von der Zwangsvollstreckung Betroffenen haben, um das bißchen wirtschaftlicher Existenz, das ihnen geblieben ist, zu retten, eher am Schweigen als am Reden ein Interesse. Fälle, die man ab und zu hört, machen es in hohem Grade zweifelhaft, ob der Staat auch nur in seinem eigenen Interesse richtig gehandelt hat, einen ohnedies schon stark gefährdeten Mann durch die Zwangsvollstreckung und alle damit verbundenen Entbehrungen und Beschämungen noch weiter zu gefährden, bloß weil es noch nicht geradezu zu einer Gefährdung der wirtschaftlichen Existenz kam.

Es würde aber auch noch nicht einmal genügen, die Vollmacht, die jener Paragraph erteilt, zu erweitern, etwa dahin, daß die Niederschlagung bei jeder erheblichen wirtschaftlichen Gefährdung erfolgen kann. Es muß vielmehr für diese Fälle ein geordnetes Verfahren eingeführt werden. Schon auf den ersten Blick macht es einen schlechten Eindruck, daß der Staat für die in seinem Interesse erfolgende Veranlagung ein ausführliches Verfahren in 38 Paragraphen regelt, während er für das Verfahren, in dem der geängstigte Steuerschuldner nun auch einmal sein Notinteresse wahrnehmen soll, nur jenes eine Sätzchen übrig hat, das ihn auf ein formloses „kann" hinweist. Wenn es in dem ganzen Gebiete der Steuerverwaltung eine Materie gibt, die ohne Mitwirkung von Leuten aus dem Volke nicht sachgemäß entschieden werden kann, so ist es sicher die Frage, ob die individuellen Verhältnisse eines Steuerschuldners die Niederschlagung angemessen erscheinen lassen. Der Beamte sieht die Unzahl von Niederschlagungsgesuchen, die durch eine erfolgreich verlaufene Zwangsvollstreckung widerlegt werden. Aber das Unheil, das im Einzelfalle durch Versiegelung des Gegenstandes, durch Abholung vor den Augen der Nachbarn, durch die dauernde beschämende Lücke in der Wohnungsausstattung angerichtet wird, das kommt nicht in die Akten. Leute aus dem Volke, und zwar tunlichst aus den Volksklassen, die von der Gefahr der Verarmung nicht durch eine meilenweite Kluft getrennt sind, werden diese Gefahr weit eher richtig beurteilen; und da ihnen selbst die Steuerzahlung nicht leicht fällt, werden sie andrerseits auch ermessen können, daß nicht jede Härte einen Anspruch auf Niederschlagung gibt.

In dem Verfahren müßte gleichzeitig mit der Niederschlagung auch die Stundung geregelt werden. Nach allem, was in der Öffentlichkeit bekannt wird, scheinen die Steuerbehörden überwiegend auf dem Standpunkt zu stehen, daß Stundungsgesuche bewilligt oder abgelehnt werden. Von Ratenzahlungen hört man nur für größere Zeiträume. Aber gerade in Fällen, die sich hart am Rande der Niederschlagung halten, kann es angemessen sein, in den Ratenzahlungen bis auf wöchentliche Abzahlungen herabzugehen. Es muß auch für die Möglichkeit eines Lohnabzugsverfahrens (namentlich wenn der Steuerpflichtige selbst ein solches vorschlägt) ein glatterer Weg gefunden werden.

Auch die sachgemäßere Regelung des Stundungs- und Niederschlagungsverfahrens gehört zu den Voraussetzungen, ohne die eine schärfere Anziehung der Einkommensteuer nicht bewilligt werden kann.

3. Stadt und Land. Allgemeinheit der Steuer.

Nach allem, was wir über Fiskalismus der Behörden, über raffinierte Gesetzesinterpretationen zur Erzielung einer höheren Veranlagung u. ä. gelegentlich ausführen mußten, wird der nichtpreußische Leser nur mit Erstaunen hören, nach welcher Richtung die lauteste Klage geht: daß nämlich kraft Gesetzes der Vorsitz in den Veranlagungskommissionen in erster Linie an ein Amt geheftet ist, das man in zu enger Verbindung mit den größeren Steuerpflichtigen glaubt, an das Amt des Landrats. Diese Klagen, deren Abstellung für die Zukunft der Einkommensteuer von ausschlaggebender Bedeutung ist, hängt mit so spezifisch preußischen Verhältnissen zusammen, daß ihre Kenntnis auch aus Analogien mit anderen Ländern bei niemandem vorausgesetzt werden kann, der sie nicht aus der Nähe mit erlebt hat.

Der preußische Landrat hat seinen Ursprung in den alten Ritterschaften und ritterschaftlichen Kreisen. Der Rat, der mit der Vertretung ihrer Interessen gegenüber dem Fürsten betraut war, wurde ausdrücklich als Rat des Landes (und nicht des Fürsten) bezeichnet. Daß die absolute Monarchie diesem „Landrat" im Laufe des 18. Jahrhunderts die Ausübung staatlicher Befugnisse in seinem ritterschaftlichen Kreise übertrug, sahen die Ritter nicht ungern. Nach und nach überwogen die staatlichen Geschäfte so, daß die Monarchie ohne Unbilligkeit ein Bestätigungsrecht in Anspruch nehmen konnte, bis sich schließlich das Verhältnis umsetzte, der Landrat vom König ernannt wurde und den Kreisständen nur ein gewisses Präsentationsrecht blieb. So entstand der Landrat des 19. Jahrhunderts: gesetzlich ein Staatsbeamter, aber einer langen historischen Entwickelung entsprechend, aus den Gesellschaftskreisen hervorgegangen, deren Typus der Rittergutsbesitzer ist. In vielen Kreisen sind die Landratsämter erblich, wenn auch nicht gerade in einer, so doch in einigen wenigen Familien. Als im Jahre 1915 der Kreis Herford in Westfalen sein hundertjähriges Bestehen (die Gegend war 1815 zu Preußen gekommen) feierte, wurde darauf aufmerksam gemacht, daß in diesen 100 Jahren sämtliche 5 Landräte, die hintereinander regierten, v. Borries hießen: v. Borries I., v. Borries II. usw. Der eigentliche Sitz der typischen landrätlichen Entwickelung ist aber Ostelbien. In Pommern gibt es unter den Landräten stets mehrere v. Puttkamer. Obgleich von dem Präsentationsrecht der Kreisstände in der neueren Gesetzgebung nur wenig übrig geblieben ist, genügt doch selbst dieser kleine, praktisch nicht sehr bedeutsame Rest, um den Gedanken wach zu erhalten, daß dieses Amt dazu da ist, um aus der Sphäre der alten Ritterschaft besetzt oder wenigstens nicht in Gegensatz mit ihr gestellt zu werden. Ein Landrat, der nicht gesellschaftlich zu den Rittergutsbesitzern seines Kreises zu zählen wäre, ist in dem größten Teile der Monarchie undenkbar. Gibt es doch in Preußen noch 15 000 ländliche Bezirke ohne Gemeindeverfassung, in denen alle Rechte und Pflichten einer Gemeinde lediglich durch den Gutsbesitzer wahrgenommen werden. Der Ausspruch, daß der preußische Staat beim Landrat aufhöre, enthält eine witzige Zweideutigkeit. Er bedeutet streng sachlich, man könnte sagen staatsrechtlich, daß der preußische Staat unterhalb des Landrats sich überall der Organe der örtlichen Selbstverwaltung bedient (was erst in neuerer Zeit durch Einführung der Amtsvorsteher scheinbar anders geworden ist). Gleichzeitig aber bedeutet er auch, daß der wegen seiner Straffheit so sehr gerühmte preußische Staat den Landrat nur noch äußerlich am Zügel hat;

der richtige Landrat ist stolz darauf, daß er in seinem Kreise die Verfügungen des vorgesetzten Ministers so ausführt, wie e r will.

Von dieser landrätlichen Verwaltung sind aber Städte mit mehr als 25 000 Einwohnern in der Regel als selbständige Stadtkreise ausgenommen. An der Spitze des Stadtkreises steht lediglich das kommunale Oberhaupt (Bürgermeister, Oberbürgermeister) und die staatlichen Rechte werden durch den Regierungspräsidenten, in den großen Städten auch durch besondere Polizeipräsidenten wahrgenommen.

Indem nun das Einkommensteuergesetz vorschrieb

> § 35. Für jeden Veranlagungsbezirk ist unter dem Vorsitze des Landrats oder eines von der Regierung zu ernennenden Kommissars eine Veranlagungs-Kommission zu bilden. . . . .

war der Regierung der Fingerzeig gegeben, in den landrätlichen Kreisen in erster Linie den Landrat zu ernennen, wenngleich ihr die Befugnis nicht abzusprechen war, auch davon abzuweichen. Für die Stadtkreise aber, in denen es einen Landrat nicht gibt, wies das Gesetz unmittelbar auf die Ernennung eines besonderen Kommissars hin, wenngleich es der Regierung nicht untersagt war, als solchen Kommissar den Oberbürgermeister zu ernennen. Die Folge war, daß in den ländlichen Kreisen die Veranlagung in den Händen der Landräte blieb, während ein unabhängiges Steuerbeamtentum nur für die Stadtkreise ausgebildet wurde. In einer Reihe solcher Stadtkreise wurde zwar der Oberbürgermeister zum Vorsitzenden und der Kämmerer zu seinem Stellvertreter ernannt; indes scheint diese Übung weder sehr umfangreich noch sehr andauernd gewesen zu sein. Im großen und ganzen liegt die Leitung der Veranlagungsgeschäfte auf dem Lande beim Landrat, in den Städten bei einem eigens für diesen Zweck ernannten Staatsbeamten.

Bei diesem Zustande ist es nicht verwunderlich, daß alle Erzählungen über zu niedrige Veranlagung der Rittergutsbesitzer, namentlich in Ostelbien, besonders in den Städten Glauben finden. Kommt noch dazu, daß die Rittergüter der eigentliche Sitz jener irrtümlichen Auffassung vom Einkommen sind, wonach das selbstverzehrte Getreide, das selbstgezogene Schwein und vollends der selbstgeschossene Hase nicht zum Einkommen gehöre, so sind auch Erzählungen erklärlich, wie die, daß ein wohlhabender Gutsbesitzer, der nicht mehr einnimmt als was er verzehrt, mit einem Einkommen von 0,0 figuriere. Wieviel an solchen Erzählungen richtig ist, wird sich im einzelnen nur schwer feststellen lassen, so lange nicht im Landtage die Vorlegung der Veranlagungsergebnisse nach Gemeinden und Gutsbezirken durchgesetzt wird. Daß die Charakterisierung im großen und ganzen richtig ist, d. h. daß das Einkommensteuer-Gesetz nur in den Städten, nicht aber auf dem Lande vollständig durchgeführt ist, muß nach der Physiologie eines Behördenorganismus an sich als wahrscheinlich gelten. Allem, was wir über die Eigenart selbständiger und über die Eigenart solcher Beamtungen wissen, die gesellschaftlich mit den Ortseingesessenen verwoben sind, würde es widersprechen, wenn zwei derartig verschieden aufgebaute Beamtungen genau dasselbe leisten sollten.

Für die Ergiebigkeit der Einkommensteuer haben diese Zustände eine doppelte Wirkung. Einmal entgeht der Staatskasse alles, was aus den Gutsbezirken zu wenig gesteuert wird. Und da Preußen immer noch ein Land mit sehr bedeutendem agrarischem Reichtum ist, da ferner in den Gutsbezirken im Laufe der letzten Jahrzehnte auch ein bedeutender industrieller Reichtum hinzugekommen ist, so ist es für den Gesamtertrag der Einkommensteuer nicht gleichgültig, ob hier das volle Einkommen versteuert wird, oder ob sich hier Reste jener alten, in ganz Preußen einmal verbreitet gewesenen Anschauung erhalten haben, wonach die Veranlagung mit der Hälfte auch schon reichlich viel ist. Ferner kann der städtischen Bevölkerung, die an sich die eigentliche Trägerin des (vom städtischen Liberalismus ausgegangenen) Einkommensteuer-Gedankens gewesen ist, nicht wohl zugemutet werden, an einer schärferen Anziehung der Steuerschraube im Wege der Gesetzgebung zu arbeiten, wenn sie weiß, daß in der Verwaltung diese schärfere Anziehung nur bei ihr selbst, nicht aber gegenüber dem ländlichen Reichtum zur Ausführung gelangt. Die bisherige Entwickelung, wonach die ländlich konservativen Mehrheiten der beiden Häuser des Landtags die schärferen Heranziehungen bewilligten und sich von den liberalen Minderheiten nachsagen ließen, daß sie dies nur im Vertrauen auf die fortgesetzte Ernennung der Landräte täten, ist auf die Dauer nicht haltbar. Die Politik, eine Steuergesetzgebung stets mit einer

Mehrheit auf Kosten einer Minderheit zu machen, findet schließlich auch eine Grenze; und diese Grenze wird nicht nur durch Tatsachen, sondern auch durch Empfindungen bestimmt. Ebenso wie die Miquelsche Steuerreform nur dadurch zustande kam, daß den ländlichen Konservativen der Landrat zugestanden wurde, so werden in Zukunft die städtischen Vertreter in beiden Häusern des Landtags ihre Zustimmung zu jeder Verschärfung der Einkommensteuer davon abhängig machen, daß eine gleichmäßige Veranlagung in Stadt und Land durch selbständige Staatsbeamte gewährleistet wird. Nicht von der Stimmenzahl, sondern von der parlamentarischen Tüchtigkeit der städtischen Vertreter wird es abhängen, ob sie mit den Waffen, die sie besitzen, den Kampf für die Gerechtigkeit bis zum siegreichen Ende führen.

Das Ziel dieses Kampfes darf nicht etwa sein, in dem genannten Paragraphen den Landrat nur zu streichen. Wenn das Gesetz nicht ausdrücklich den Landrat ausschließt, so wird das historische Schwergewicht sich immer noch nach dieser Seite geltend machen. Ebenso wie der Landrat müssen auch seine Hilfsbeamten und die Mitglieder des Kreisausschusses ausgeschlossen werden, worin die Direktive liegen würde, daß die Regierung, ohne gegen den Sinn des Gesetzes zu verstoßen, nicht wohl Personen ernennen kann, die mit diesen Personenkreisen eng versippt sind. Die notwendige Folge wäre, daß die Städte, die eine Ernennung ihres Bürgermeisters durchgesetzt hatten, ihn durch eine entsprechende Bestimmung verlieren würden, wonach in den Städten Magistratsmitglieder ausgeschlossen sind. Ich habe dieses Streben der Städte immer bedauert. Wenn es gleich nicht aus dem Streben hervorging, sich ähnliche Einseitigkeiten zuschulden kommen zu lassen (das wäre in Preußen, schon wegen der strengeren Aufsicht den Städten gegenüber, nicht möglich), so war es doch geeignet, von dem wirklichen Zielpunkt der Reformbestrebungen abzulenken. Man erlangt die Beseitigung eines Übelstandes nicht, indem man den bloßen Anschein erweckt, daß seine Verdoppelung eine Gleichgewichtslage herbeiführte. Das Beste wäre, man nähme in das zukünftige Gesetz eine instruktive Bestimmung auf, die in schicklicher Weise ausdrückt, daß der Vorsitzende nicht aus den Kreisen genommen werden sollte, die den maßgebenden Steuerpflichtigen allzu nahe stehen. Man braucht nicht gerade so weit zu gehen, wie die italienischen Stadtrepubliken des 12. und 13. Jahrhunderts, bei denen der Podestà durchaus ein Fremder sein mußte, und kann doch in dieser Beziehung gewisse wohltätige Sicherungen anbringen.

Die Klage, daß die Einkommensteuer auf dem platten Lande nicht ebenso durchgeführt werde, wie in den Städten, ist für eine umfassende Reform nur ein Spezialfall der Forderung, daß eine Einkommensteuer allgemein sein soll. Hierher gehört namentlich die Allgemeinheit nach unten. Daß die Einkommensteuer der Zukunft so tief in die untersten Volksschichten hineingehen muß, wie das praktisch irgend durchführbar ist, ist weniger aus finanz- als aus allgemein politischen Erwägungen zu folgern.

Kein Satz steht für die zukünftige Entwickelung der allgemeinen inneren Politik so fest wie die Tendenz zur Demokratisierung des Wahlrechts. Bei einem immer demokratischer werdenden Wahlrecht kann aber die Ausgaben- und Steuerbewilligung dem Parlament nur dann überlassen werden, wenn auch wirklich die Allgemeinheit der Wähler die Folgen am eigenen Leibe spürt. Daß die von der großen Masse erwählten und beständig neu zu wählenden Volksvertreter ein Ausgabenbudget sachgemäß votieren könnten, wenn sie wissen, daß die große Mehrzahl ihrer Wähler nur die Ausgaben genießt, ohne die Last der Deckung mit zu tragen, ist psychologisch ausgeschlossen. Sollen unsere Parlamente etwas anderes sein, als bloße Wohltatsbewilligungs-Maschinen für die große Mehrheit des Volkes, sollen sie verantwortungsvolle Verwalter der Staatseinnahmen und ihrer volkswirtschaftlichen Quellen bleiben, so muß der zunehmenden Verallgemeinerung des Wahlrechts eine zunehmende Verallgemeinerung der Steuer entsprechen.

Wenn dieser Satz heute noch nicht von allen Seiten anerkannt ist, so hat das hauptsächlich folgende Gründe.

Den meisten demokratisch Gesinnten erscheinen diese beiden Forderungen nicht als parallel, sondern im Gegenteil als einander widerstrebend. Das allgemeine Stimmrecht ist einstmals gefordert worden zur Entlastung des Volkes in jeder Beziehung, auch in steuerlicher. Der großen Masse des Volkes durch das Stimmrecht einen größeren Einfluß und gleichzeitig eine tunlichste Befreiung von der Steuerlast zu gewähren, diese beiden Ziele erscheinen als verwandt. Dies um so mehr, da sie in der Tat die Verwandtschaft gemeinsamen Ursprungs haben. Aber diese Gemeinsamkeit war nur berechtigt, so lange es sich um die Aufräumung unter Einrichtungen aus alter Zeit handelte, wo die oberen Volksschichten für sich allein die Gesetze gemacht hatten. Diese Aufränmung ist heute im großen und ganzen (wenn auch nicht restlos) vollendet. Und jetzt ist die Frage nach dem Verhältnis von Stimmrecht und Steuerpflicht nach Rücksichten nicht der Vergangenheit, sondern der Zukunft neu zu stellen und neu zu beantworten. Die Zukunft unseres Staatslebens ist gefährdet, wenn wir nicht an diesem Punkte den Zusammenhang von Recht und Pflicht betonen.

Unter den Anhängern einer mehr aristokratisch-konservativen Richtung wird zwar der Zusammenhang in unserem Sinne nicht bestritten, sondern im Gegenteil auf das lebhafteste verfochten. Aber man nahm stets an, daß, wenigstens in Preußen, wo die Gegner einer weitgehenden Demokratisierung des Stimmrechts in beiden Häusern des Landtags eine entschiedene Mehrheit haben, eine Reform des Wahlrechts nur in einer Art durchgehen würde, die den alten Zustand im großen und ganzen fortbestehen ließe. Dieser Anschauung ist durch den Krieg der Boden entzogen. Wenn ein Volk sich derartig als Einheit gezeigt hat wie das deutsche, und also auch das preußische Volk in diesem Kriege, so müßte eine parlamentarische Minderheit auf dem Tiefpunkt der Unfähigkeit angelangt sein, wenn sie nicht imstande sein sollte, mit diesem Argument über eine Mehrheit zu siegen. Es braucht dabei noch nicht einmal daran gedacht zu werden, daß im äußersten Falle die Angelegenheit in den Reichstag hinübergespielt werden kann, der in dem sogenannten mecklenburgischen Antrage die Kompetenz des Reiches, Normen für die innere Verfassung der Einzelstaaten aufzustellen, längst anerkannt hat.

Allerdings ist das Bewußtsein, im befestigten Besitze der Macht zu sein, nicht der einzige Grund, weswegen auf dieser Seite mit der Gefahr einer Demokratisierung des Wahlrechts nicht gerechnet wird. Vom Standpunkte einer Überzeugung, die den Staat sich nicht anders, als unter Leitung einer aristokratischen Schicht vorstellen kann, sind der Glaube an diese Leitung und der Glaube an die Zukunft des Staates identisch. Nachdem im Reiche und in einer Anzahl von Einzelstaaten ein stark demokratisches Wahlrecht eingeführt ist, ist für diese Überzeugung der Glaube an die Fortdauer der einzigen noch vorhandenen Säule, nämlich des Wahlrechts in Preußen, Voraussetzung jedes politischen Vertrauens in die Zukunft. Diesem Gedankengang soll seine Berechtigung nicht ohne weiteres abgesprochen werden. In politischen Dingen, in denen sich nicht alles mit mathematischer Sicherheit beweisen läßt, sind wir in der Tat darauf angewiesen, das was wir als unbedingte Voraussetzung für den Fortbestand des Staatswesens empfinden, auch als fortdauernd zu denken. Wer einmal jene allgemeine Staatsanschauung hat, dem darf nicht daraus ein Vorwurf gemacht werden, daß er an die Fortdauer einer dafür erforderlichen Voraussetzung unerschütterlich glaubt. Der logische Fehler liegt an einer anderen Stelle. Es wird ohne Beweis vorausgesetzt, daß mit vollständiger Demokratisierung ein leitender Einfluß einer Oberschicht beseitigt sei. Das ist nicht richtig. Der Einfluß einer Oberschicht kann sich entweder halten durch Privilegien oder durch Versagung von Privilegien. In jenem Falle fällt der Klasse der Einfluß mühelos zu, in diesem Falle muß sie ihn sich beständig erkämpfen. Das Privileg bleibt bestehen, auch wenn die Oberklasse die Fühlung mit dem Volke verliert, wenn sie eigensüchtigen Interessen verfällt, ja auch wenn sie die Eigenschaften verliert, um derenwillen sie Privilegien in Anspruch nimmt. Aber eine aristokratische Schicht, die ohne Privilegien dasteht und eine historische Stellung stets aufs neue durch neue Leistungen rechtfertigen muß, kann ihren leitenden Einfluß noch sehr lange aufrecht erhalten. Mit der Demokratisierung des Wahlrechts würde der Kampf um die Leitung des preußischen Staates noch keineswegs entschieden sein. Er kann in neuen Formen und mit neuen Mitteln fortgeführt werden, wenn die Mitglieder der führenden Aristokratie ihren Ehrgeiz darein setzen, im Verstehen der Geführten und ihrer Bedürfnisse die ersten zu sein. Aus dem instinktiven Gefühl heraus, daß ein Staat ohne ein gewisses aristokratisches Element nicht bestehen könne und also auch darauf nicht verzichten werde, dürfen die Anhänger dieser Meinung noch nicht die Notwendigkeit herleiten, an die Beibehaltung der Stimmrechtsungleichheiten in Preußen für die ganze Dauer der heutigen Kultur glauben zu müssen. Da also auch sie mit der Möglichkeit einer Demokratisierung des Stimmrechts rechnen **können**, so **müssen** sie nach Lage der Verhältnisse damit rechnen. Denn der Stein, der den Abhang entlang rollt, rollt weiter, wenn nicht ein zwingendes Hindernis ihm entgegensteht.

Kein dieser Richtung angehörender Staatsmann kann die Steuerpolitik der Zukunft auf die Voraussetzung gründen, daß an irgendeiner maßgebenden Stelle des Staates ein undemokratisches Wahlrecht als Bremse bestehen bleibt. Er muß sie vielmehr auf die gegenteilige Voraussetzung gründen. Da alle parlamentarischen Körperschaften Deutschlands entweder auf einem annähernd gleichen Stimmrecht beruhen oder in irgendeiner Art unter dessen maßgebendem Einfluß (sei es auch nur der Einfluß der Scheu vor Verächtlichmachung) stehen werden, so kann den Mehrheiten dieser Körperschaften das notwendige Gefühl der Verantwortlichkeit auf keine andere Art gegeben werden als dadurch, daß ihre Wählermassen die Wirkungen der Ausgabebewilligungen an ihren eigenen Steuern zu fühlen bekommen. Das ist bei der Einkommensteuer nur möglich, wenn sie soweit wie irgend denkbar, in die Tiefe geht.

Die linksdemokratischen Richtungen, die die Demokratisierung der Staatseinrichtungen gerade in der Hoffnung erstrebten, auch eine steuerliche Entlastung der unteren Volksklassen herbeizuführen, sind, wie ich glaube, auf diesem Wege nicht immer wohl beraten gewesen. Aber auch soweit sie es waren, soweit früherer Mißbrauch aristokratischer Gewalt eine nachträgliche Korrektur durch demokratische Einrichtungen wirklich notwendig machte, darf nicht übersehen werden, daß der größte Teil dieser Arbeit bereits geschehen ist. Soweit heute noch die Verbrauchsabgaben eine stärkere Belastung der unteren Volksklassen darstellen (was sich für die genauere Feststellung schwieriger erweist, als gewöhnlich geglaubt wird), kann daraus ein Grund hergeleitet werden, die Einkommensteuer **überwiegend** zu einer Last der Besitzenden auszubilden; aber keinesfalls folgt daraus, daß sie ausschließlich auf deren Schultern zu legen ist. Und der oben dargelegte Zusammenhang zwischen Verantwortlichkeitsgefühl und Steuerempfindung ist vom Standpunkte der Demokratie besonders ernst zu nehmen. Denn keine demokratische Steuerverfassung kann sich auf dem sittlichen Niveau halten, das wir von unseren öffentlichen Einrichtungen verlangen, wenn nicht jedem Rechte diejenige Pflicht gegenübergestellt wird, die für sachgemäße Ausübung eine unerläßliche psychologische Voraussetzung bildet.

Noch immer ist die Klage weit verbreitet, daß hohe Einkommen der Steuerpflicht entgehen, weil die Erklärungspflicht nicht allgemein ist. Eine gesetzliche Pflicht zur Einreichung der Steuererklärung besteht nur für Personen, die bereits zu einem Einkommen von mehr als 3000 ℳ veranlagt waren. Personen, die mit einem niedrigeren Einkommen veranlagt sind, oder die überhaupt keine Einkommensteuer zahlen, sind nur dann zur Einreichung einer Erklärung verpflichtet, wenn sie ausdrücklich dazu aufgefordert werden. In den letzten Jahren ist zwar auf höhere Anweisung hin eine solche Aufforderung an alle Steuerpflichtigen ergangen, die mit einem Einkommen von mehr als 2400 ℳ veranlagt waren. Allein immer noch wollen die Geschichten von sonderbaren alten Frauen nicht aufhören, die ein kümmerliches Leben führen und bei deren Leiche man schließlich Strümpfe voll Goldmünzen findet. Ob wirklich der heimliche Reichtum, der sich unter dem Anscheine der Armut verbirgt, heute noch in erheblichem Maße verbreitet ist, läßt sich zwar nicht feststellen, braucht aber auch nicht zuvor festgestellt werden. Eine allgemeine Steuererklärungspflicht ist keine so schwierige Maßregel, daß man sie vermeiden müßte, wenn die Mehreinnahmen, die durch sie erzielt werden, auch nicht gerade sehr bedeutend sind. Daß die Ausfüllung des Steuererklärungs-Formulars den Behörden eine kostspielige Mehrarbeit verursachen würde (genauere Anleitungen, nachträgliche Richtigstellungen bis ins einzelne u. a. m.), ist schon richtig. Aber es liegt nicht im Wesen der Steuererklärungspflicht, daß sie gerade an dieses Formular gebunden wäre. Eine gesetzliche Vorschrift, daß für jeden Einwohner des preußischen Staates ein einfaches Formular etwa des Inhalts:

> Mein Einkommen im abgelaufenen Kalenderjahre hat . . . ℳ betragen.

auszufüllen und bis zu einem bestimmten Tage einzureichen sei, würde genügen. Will die Behörde genauere Angaben haben, so mag ihr für diesen Fall das Recht, solche nach Anleitung des bestehenden Formulars einzufordern, verbleiben. — Sollen wirklich alle Einkommen erfaßt werden, so ist es unerläßlich, daß die Steuererklärungspflicht auch für unselbständige Personen, für unmündige Kinder, bis herab zu den jüngsten, eingeführt wird; aber in vereinfachter Art, so daß z. B. in dem typischen Falle, wo der Familienvater allein ein Einkommen bezieht, er die übrigen Familienglieder lediglich dem Namen nach aufführt und zusammenfassend versichert, daß sie kein Einkommen haben.

Obgleich niemanden, der bisher ein großes Einkommen aus den genannten Gründen verheimlichen konnte, eine Strafe trifft, so ist doch die Furcht vor einer nachträglichen Veranlagung verflossener Jahre ganz ähnlich verbreitet, wie die Furcht vor Geldstrafen. Klugerweise sollte der Staat auf diese menschlichen Schwächen Rücksicht nehmen und bei der Neueinführung einer allgemeinen Steuererklärungspflicht auf das Recht der Nachforderung gegenüber jedem Steuerpflichtigen verzichten, der dieser Pflicht sofort und im vollen Umfang schon im ersten Jahre genügt.

* * *

Die wirkliche Durchführung der Allgemeinheit hängt bis zu einem gewissen Grade nicht von dem Gesetz und dem Veranlagungsverfahren, sondern von der Nachkontrolle ab. Die Kontrolle sämtlicher Einnahmen und Ausgaben des Staates, wie sie durch die Oberrechnungskammer zu geschehen hat, wird heute gewöhnlich als eine Vorarbeit für die parlamentarische Nachprüfung betrachtet. Dem Budgetrecht des Parlaments entsprechend, will sie die Übereinstimmung mit dem alljährlichen, vom Parlament bewilligten, Staatshaushaltsetat prüfen. Der Natur der Sache nach stellt sie die Frage in den Vordergrund, ob die Regierung sich etwa einer Ausgaben-Überschreitung schuldig gemacht habe, während die Frage der Einnahme-Überschreitung oder der unterlassenen Vereinnahmung eine geringere Rolle spielt. Dadurch ist es in mancher Beziehung in Vergessenheit geraten, daß die Kontrolle der Oberrechnungskammer in vollem Umfang sich auf die Einnahmen ebenso bezieht, wie auf die Ausgaben.

Die Befugnisse der Oberrechnungskammer sind nicht erst durch die Einführung des Parlaments geschaffen. Die Oberrechnungskammer in Potsdam, die im Jahre 1717 errichtet wurde und im Jahre 1917 auf eine 200jährige Geschichte zurückblicken kann, ist eine berühmte und gefürchtete Schöpfung Friedrich Wilhelms I. Die Pflichten, die die Oberrechnungskammer als Organ des Königs für die oberste Kontrolle der Einnahmen und Ausgaben hatte, haben seit der Neuregelung ihrer Obliegenheiten als des vorbereitenden Organs für das Parlament nicht aufgehört. Tatsächlich ergeht auch neben dem Bericht, der dem Parlament vorgelegt und veröffentlicht wird, noch ein zweiter, der lediglich für den Monarchen und seine Minister bestimmt ist, weil er sich auf Punkte bezieht, die nicht die parlamentarische Finanzkontrolle betreffen (die „Verwaltungsgebrechen", wie man sie in Bayern zu nennen pflegt). Noch heute ist die Instruktion vom 18. Dezember 1824 in Kraft, wonach die Oberrechnungskammer auch zu beurteilen hat, „ob das Staatseinkommen innerhalb der gesetzlichen Bestimmungen so ergiebig als möglich gemacht worden, oder ob und inwieweit ein höherer Ertrag ohne Druck hätte erreicht werden können."

Daß diese Hinwirkung sich auch auf die Veranlagung der Steuern und insbesondere der Einkommensteuer zu erstrecken hat, ist bisher nicht in vollem Umfange zum Bewußtsein gekommen. In einem zukünftigen Einkommensteuer-Gesetz muß die Oberrechnungskammer für die nachträgliche Kontrolle der Einkommensteuer-Veranlagung im gesamten Umfange der Monarchie als zuständiges Organ eingesetzt werden. Sollen die Veranlagungen so geprüft werden, daß eine zentrale Stelle wirklich zu einem Urteil darüber gelangt, ob die Veranlagungsgrundsätze und -gewohnheiten in den verschiedenen Gegenden des Staates, und namentlich in Stadt und Land, dieselben sind, so reichen für eine solche Arbeit die Kräfte der Behörde in ihrem gegenwärtigen Stande freilich nicht aus. Es würde auch eine Vermehrung der Räte und Bureaubeamten für sich allein nicht hinreichen. Für die neue Aufgabe muß ein neues Beamtenpersonal geschaffen werden. Hierbei wird auf eine richtige Mischung Rücksicht zu nehmen sein. Einerseits sind in diesen Senaten Räte, die aus der Steuerverwaltung hervorgegangen sind, nicht zu entbehren. Wenn aber die neue Kontrolle etwas anderes sein soll, als ein Reflex der bisherigen Gewohnheiten, so wird man ihnen Kollegen zur Seite stellen müssen, die von diesen Gewohnheiten nicht beeinflußt sind, die in anderen

Zweigen der Verwaltung mit verschiedenen Volkskreisen in nahe Berührung gekommen sind. Es wäre zu erwägen, ob nicht grundsätzlich der Senatspräsident der zweiten Kategorie entnommen werden sollte. Diese Senate wären ferner für die Mitwirkung von „Laien" geeignet, die, aus den Kreisen von Landwirtschaft, Gewerbe, Industrie usw. richtig ausgewählt, häufig allein die entscheidende Sachkenntnis mitbringen. — Ganz besonders muß darauf hingewirkt werden, daß die Erfahrungen von Stadt und Land in diesen Senaten gleichmäßig zur Geltung kommen. Nicht nur, daß die staatlichen Steuerverwaltungen in den selbständigen Stadtkreisen ganz ebenso wie die in den Landkreisen das Material für die Ernennungen liefern, sondern es müssen neben den Staatsbeamten häufiger Räte aus den Kreisen der Selbstverwaltungen, und dadurch auch der Stadtverwaltungen, ernannt werden.

Der Sinn der Durcharbeitung dürfte nicht eine bloße Nachprüfung der Akten, wie bei den Ausgaben, sein. Zum mindesten stichprobenweise müßten zur Kritik der Ergebnisse andere Akten eingefordert werden. Schon jetzt wird die Erbschaftssteuer zur nachträglichen Kontrolle nicht bloß der Vermögens-, sondern auch der Einkommensteuer verwendet. Dies wird, sobald der regelmäßige Erbgang von Eltern auf Kinder der Steuerpflicht unterworfen wird, in noch viel höherem Maße der Fall sein. Es müssen nicht bloß die individuellen Veranlagungen, sondern auch die Gesamtsummen in den einzelnen Kreisen mit dem verglichen werden, was allgemein volkswirtschaftlich über die Prosperität von Landwirtschaft, Bergbau, Gewerbe, Handel, Schiffahrt usw. in dem betr. Jahre sich ermitteln läßt. Namentlich diese Aufgabe wird sich ohne sachkundige Mitwirkung der sogenannten Laien nicht lösen lassen.

Der Hauptzweck dieser Kontrolle darf jedoch nicht etwa die Nacherhebung entgangener Steuern sein. Diese Nacherhebungen werden schon jetzt in den meisten Fällen als eine Härte empfunden, wie sie der Staat in seiner Gesetzgebung nur für sich selbst in Anspruch nimmt, aber kaum je einem andern nachlässigen Gläubiger in diesem Umfange zusprechen würde. Der Hauptzweck dieser Kontrolle muß sein, Übelstände zu entdecken, damit sie *in Zukunft* vermieden werden. Wird das Gesetz verschärft, so müssen wir die Gewißheit bekommen, daß es im Staate eine Stelle gibt, die darüber wacht, daß das so verschärfte Gesetz wirklich in allen Teilen der Monarchie und gegenüber allen gesellschaftlichen Kreisen und Anschauungen zur Durchführung gebracht wird.

4. Tarif.

Der Steuertarif hat im Gesetz von 1906 folgendes Aussehen erhalten:

(§ 17). „Die Einkommensteuer beträgt .... bei einem Einkommen

von mehr als Mark	bis einschließlich Mark	Mark
900	1 050	6
1 050	1 200	9
1 200	1 350	12
1 350	1 500	16
1 500	1 650	21
1 650	1 800	26
1 800	2 100	31
2 100	2 400	36
2 400	2 700	44
2 700	3 000	52
3 000	3 300	60
3 300	3 600	70
3 600	3 900	80
3 900	4 200	92
4 200	4 500	104
4 500	5 000	118
5 000	5 500	132
5 500	6 000	146
6 000	6 500	160
6 500	7 000	176
7 000	7 500	192
7 500	8 000	212
8 000	8 500	232
8 500	9 000	252
9 000	9 500	276
9 500	10 500	300

Sie steigt bei höheren Einkommen

von mehr als Mark	bis einschließlich Mark	in Stufen von Mark	um je Mark
10 500	30 500	1 000	30
30 500	32 000	1 500	60
32 000	78 000	2 000	80
78 000	100 000	2 000	100

Bei Einkommen von mehr als 100 000 Mark bis einschließlich 105 000 Mark beträgt die Steuer 4000 Mark und steigt bei höheren Einkommen in Stufen von 5000 Mark um je 200 Mark."

Wer sich unter der Herrschaft dieses Tarifs zur Einkommensteuer einschätzen soll, schielt, während er seine Steuererklärung macht, unwillkürlich schon auf die Ziffer hin, wo das Einkommen von einer Stufe in die höhere springt. Gerät er in die Nähe dieser Ziffer, so ist sein Seelenheil in Gefahr. Da erscheinen ihm seine Unkosten doch um ein paar Mark größer, als er sie ursprünglich errechnet hatte, oder irgendein Zinsertrag von einem ausgeliehenen Darlehen erscheint ihm als so unsicher, daß er nicht angegeben zu werden braucht. In der einen oder andern Form fängt er an, „de corriger la fortune". Das ist die Folge jeder Abgrenzung nach Stufen. Würde die Steuer mit jeder Mark wachsen, ohne einen bestimmten Einschnitt, so würde dieser Teil der mannigfachen an den Steuererklärer herantretenden Versuchungen abgeschnitten sein.

Aber ein Steuertarif mit festen Steuerstufen und festen Sätzen steht nicht bloß mit der feineren Psychologie in Widerspruch; er entspricht noch nicht einmal den Anforderungen bloßer mathematischer Genauigkeit. Da für die ganze Steuerstufe ein einheitlicher Satz festgesetzt ist, so muß innerhalb derselben Stufe das niedrigste Einkommen denselben Satz zahlen, wie das höchste. Innerhalb jeder Stufe zahlt also das niedrigste Einkommen den höchsten, das höchste Einkommen den niedrigsten Prozentsatz. Im Laufe jeder Stufe sinkt also der Prozentsatz; ist die Grenze zur nächsten Stufe erreicht, so macht er plötzlich einen Sprung. In der untersten Stufe ist der Steuerbetrag von 6 ℳ

bei einem Einkommen von 900 ℳ = 0,67 %
" " " " 1000 " = 0,60 %
" " " " 1050 " = 0,57 %

Mit 1051 ℳ jedoch, wo die neue Stufe (9 ℳ) erreicht ist, wird plötzlich ein Sprung auf 0,86 % gemacht, um bei 1100 ℳ Einkommen auf 0,81 %, bei 1200 ℳ weiter auf 0,75 % zu sinken und bei 1201 ℳ wieder plötzlich auf 1 % anzusteigen. Innerhalb jeder Steuerstufe genießen also die höheren Einkommen einen Steuernachlaß. Dieser Steuernachlaß wird aber nicht nur in jeder Stufe desto größer, je größer das Einkommen ist, sondern da auf den höheren Stufen die Spannweite immer größer wird, wird auch auf diesen der Steuernachlaß immer größer. Auf den unteren Stufen dehnt sich der Fehler immer nur über 150 Mark hin aus, um dann mit einem neuen Steuersatz korrigiert (allerdings über-korrigiert) zu werden. Auf den oberen Stufen aber erstreckt sich die Ermäßigung über 300, 1000 oder 2000 ℳ, ja bei den alleroberstem sogar über 5000 ℳ hin. Ein

Einkommen von 100 001 *M* hat 4000 *M* zu steuern, d. i. 4 %. Würde ein Einkommen von 105 000 *M* ebenfalls mit 4 % herangezogen, so hätte es 4200 *M* zu steuern; in Wirklichkeit steuert es auch nur 4000, genießt also einen Steuererlaß von 200 *M*.

Dazu kommt ein zweiter mathematischer Mangel: die Progression, die den Steuerfuß von ⅔ bis auf 4 % des Einkommens hinaufführt, ist nicht in gleichmäßig ansteigender Linie durchgeführt. Im Entwurf nach Gutdünken festgesetzt, ist das Ansteigen in parlamentarischen Abstimmungen je nach größeren oder geringeren Sympathien für Mittel- und Unterklassen hin- und hergeschoben worden. Dadurch ist jede Spur eines mathematischen Gedankengangs aus dem Tarif entschwunden.

Zur Aufbringung der Mittel für die Erhöhung der Beamtengehälter sind im Jahre 1909 „Zuschläge" zur Einkommensteuer beschlossen worden. Diese Zuschläge betragen

bei Einkommen von mehr als	1 200	bis 3 000	*M*	5 %
„ „ „ „ „	3 000	„ 10 500	„	10 %
„ „ „ „ „	10 500	„ 20 500	„	15 %
„ „ „ „ „	20 500	„ 30 500	„	20 %
„ „ „ „ „	30 500		„	25 %

Abgesehen davon, daß diese Zuschläge selbst wieder plötzliche Sprünge zeigen, wird der oben erwähnte Steuererlaß im Maße des Zuschlages noch vergrößert, so daß jetzt jene 200 *M* Steuererlaß auf 250 *M* anzusetzen sind. Dadurch aber, daß für den Tarif und für die Zuschläge verschiedene Stufen mit verschiedenen Spannweiten zugrunde gelegt sind, sind an einzelnen Stellen des Tarifs geradezu possierliche Wirkungen eingetreten. Es ist der Stolz der preußischen Einkommensteuer, daß sie progressiv ist. Sie ist es auch. Aber der Mann mit 20 500 *M* Einkommen lebt auf einer Flußinsel. Seine 690 *M* Steuer sind nicht mehr als 3,3 %, wie sie der Mann von 9001 *M* auch schon entrichtet. 30 500 *M* Einkommen mit 1080 *M* Steuer errechnen sich auf 3,5 %, wie auch schon 13 501 *M* mit 493. Ja, bei 2700 *M* schnellt die „Progression" auf 1,8 % zurück, d. i. auf den Satz, den sie schon bei 1801 *M* erreicht hatte. Für die Kriegszeit sind durch Gesetz vom 8. Juli 1916 anstelle der Zuschläge in Prozentsätzen feste Zuschläge getreten, so daß in Wirklichkeit augenblicklich veränderte Tarifsätze gelten.

Eine korrekte mathematische Berechnung ließe sich in folgender Weise aufstellen. Es ist zu steuern

von den	untersten	Tausend	Mark . . .	1 %	Steuer
von dem	zweiten	„	„	1,1%	„
„ „	dritten	„	„	1,2%	„
„ „	vierten	„	„	1,3%	„
. . . .	. . . .	. . . .	. . . .	. . .	.
„ „	elften	„	„	2 %	„
„ „	zwölften	„	„	2,1%	„
. . . .	. . . .	. . . .	. . . .	. . .	.
„ „	einundzwanzigsten	„	„	3 %	„
„ „	zweiundzwanzigsten	„	„	3,1%	„
. . . .	. . . .	. . . .	. . . .	. . .	.
„ „	einunddreißigsten	„	„	4 %	„

(wobei wir der Übersichtlichkeit halber nicht die wirklich gemeinten Steuersätze einsetzen, sondern nur ein einfaches Schema geben wollen). Dann wäre der Steuersatz für ein Einkommen von 25 860 ℳ wie folgt zu berechnen:

für die	untersten	Tausend	Mark 10	Mark
„ „	zweiten	„	„ 11	„
„ „	dritten	„	„ 12	„
		usw., usw.		
„ „	letzten 860 ℳ	. . . .	8,6·3,5 = 30,10	„

Eine solche „Durchstaffelung“ war bei dem Wehrbeitrag in 9 Staffeln vorgesehen (insoweit er vom Vermögen erhoben wurde). Aber es ist klar, daß bei 20—30 Staffeln eine solche Berechnung weder den Behörden noch dem Steuerpflichtigen zugemutet werden könnte. Es müßte also dem Gesetz ein Tarif beigegeben werden, der für die runde Summe die Steuer errechnet, z. B. in folgender Form:

Die Steuer beträgt

für ein Einkommen von	1000 ℳ	10 ℳ
„ „ „ „	2000 „	21 „
„ „ „ „	3000 „	33 „
„ „ „ „	4000 „	46 „
„ „ „ „	5000 „	60 „
„ „ „ „	6000 „	75 „

— — — — — — — — — —

Die überschießenden Teile sind dann prozentual zu berechnen.

Die mathematische Korrektheit wird sich zwar nicht ganz so schematisch durchführen lassen wie oben vorgeschlagen, da man die Steigerung aus sachlichen Gründen nicht gleichmäßig, sondern je nach den sozialen Klassen verschieden haben will.

Immerhin ist der pekuniäre Erfolg einer derartigen mathematischen Reform nicht so gering, wie man von vornherein vielleicht anzunehmen geneigt wäre. Die letzten Jahre haben einige Untersuchungen von Mathematikern über Tarife überhaupt und insbesondere über Einkommensteuer-Tarife gebracht. Ihre Ergebnisse sind nicht so sicher, wie es vom einseitig-mathematischen Standpunkt aus scheint. Denn ein Teil der Unregelmäßigkeiten im Ansteigen der Progression geht auf jene Schonung zurück, die das schärfere Anziehen der Schraube bei den Mittelklassen nur langsamer steigern wollte. Wenn einzelne Mathematiker berechnet haben wollen, daß der heutige Steuertarif in mathematisch richtige Kurven übertragen dem Staate an 20 oder gar 73 Mill. Mark mehr eingetragen und dabei auf den Schultern weniger schwer gelastet hätte, so gilt das nicht in vollem Umfange. Aber soweit gilt es, daß die Forderung berechtigt ist, bei Tarifen Mathematiker hinzuzuziehen. Es würde dies nebenbei die heilsame Folge haben, daß die parlamentarischen Versuche, bald bei diesen, bald bei jenen Stufen eine „Schonung" durchzudrücken, doch an einem einheitlich durchdachten Tarif einen etwas größeren Widerstand zu überwinden hätten.

Der geltende Steuertarif nimmt auf das Existenzminimum insofern Rücksicht, als er Einkommen bis 900 ℳ ganz verschont und die zunächst höherstehenden nur mit einem sehr mäßigen Steuersatz heranzieht. Das englische Einkommensteuergesetz, das die Steuerpflicht erst bei 160 £ = 3200 ℳ beginnen läßt, zog ursprünglich die Einkommen von da ab grundsätzlich mit dem gleichen Prozentsatz heran; eine Abstufung ergab sich aber von selbst dadurch, daß bei den unteren Steuerstufen die ersten 160 £ ganz oder teilweise frei blieben (so daß beispielsweise ein Einkommen von 320 £ nur mit der Hälfte herangezogen wurde usw.).

Soll in diesen Zugeständnissen eine Rücksicht auf das Existenzminimum liegen, so leiden beide Methoden an dem Fehler, daß sie keine Rücksicht darauf nehmen, wie viele Personen von dem Einkommen leben sollen. Das preußische Gesetz müht sich, nachdem einmal der Steuersatz ohne diese Rücksicht gemacht ist, nachträglich damit ab, in Rücksicht auf die Zahl der Kinder oder sonstiger Familienangehöriger Ermäßigungen um einige Steuerstufen zuzugestehen (§ 19, sog. Kinder-Paragraph).

Es empfiehlt sich, beide Rücksichten zu vereinigen und grundsätzlich einen bestimmten Betrag pro Kopf frei zu lassen. Die Hoffnung freilich, das sogenannte Existenzminimum zu errechnen und auf diese Art die Steuerlast wirklich nur auf den Teil zu legen, der das Minimum überschreitet, darf heute wohl als aufgegeben betrachtet werden. Nicht nur weil das Existenzminimum in Stadt und Land, in den verschiedenen Gegenden und in verschiedenen Jahren verschieden ist, sondern auch weil der Begriff selbst bis jetzt viel zu wenig klar erfaßt und abgegrenzt ist, als daß man ihn einer Steuergesetzgebung zugrunde legen könnte; endlich auch weil in dem Existenzminimum, selbst wenn man es zuverlässig errechnen könnte, der notwendige Beitrag zur Erhaltung des Gemeinwesens mit enthalten sein und so der Grund zu seiner Steuerfreiheit wegfallen müßte. Was man in der Steuerlehre das steuerfreie Existenzminimum nennt, ist nichts als ein vereinbarter Betrag, den man sich entschließt, von der Besteuerung frei zu lassen. Wie man nun auch diesen Betrag bemessen möge, jedenfalls ist es richtig, ihn nach der Kopfzahl derer zu bemessen, die von dem Einkommen leben sollen.

Nimmt man als solchen Kopfbetrag etwa 100 *M* an, und gewährt man dementsprechend einer Familie, die aus Mann, Frau und drei Kindern besteht, das Recht, 500 *M* abzusetzen, so würde bei unverändertem Steuertarif erst ein Einkommen von 1400 *M* steuerpflichtig werden. Diese Absicht kann aber, wie wir nachgewiesen zu haben glauben (S. 169—73), ohne schwere allgemein-politische Schädigungen, mit der Reform nicht verbunden werden. Der neue Tarif könnte unter 900 *M* heruntergehen und doch in seiner neuen Anwendung leichter zu tragen sein, als in der bisherigen.

X.

Die Zukunft des „Stempels".

Wenn man sich früher mit der älteren Generation stempelkundiger Beamter über die Frage unterhielt, welchen Sinn die Stempelabgabe habe, so erhielt man nicht selten die Antwort: der Staat erkenne in seinen Gerichten und Behörden die schriftliche Urkunde an und könne für diese Anerkennung eine Abgabe erheben. Die Begründung ließ sich vertiefen. Daß der Staat das Schriftliche nicht immer anerkannt hat, ist sicher, weil es nicht immer eine Schriftlichkeit gegeben hat. Da die alten Germanen nicht lesen und schreiben konnten, so kann in ihrem gerichtlichen Verfahren kein Urkundenbeweis gegolten haben; wie wir ja auch wissen, daß der älteste germanische Prozeß auf eidliche Bekundung und richterlichen Augenschein begründet ist. Es galt als ein aus der Römerzeit her erworbenes Privileg des Königsgerichts, daß man dort auch auf Urkunden hin (die nur von Klerikern geschrieben und gelesen werden konnten) Recht sprach.

Obgleich diese Begründung mit den Geschichts-Zusammenhängen nicht in Einklang zu bringen ist (der Urkundenstempel taucht erst im 17. Jahrhundert auf, wo der Urkundenbeweis sich schon Jahrhunderte lang durchgesetzt hatte), so gibt er doch die Anschauung, die zum mindesten für die preußische Stempelabgabe maßgebend war, ganz gut wieder. Ihre Absicht war darauf gerichtet, alles Schriftliche, das der Staat anerkennen sollte, mit einer Abgabe in Form eines Stempelzeichens zu belegen. Nachher ging man wirklich soweit, jede Eingabe, mit der eine Behörde sich in Bewegung setzen ließ, und jeden Bescheid, den eben die erlassende Behörde als ihren Bescheid anzuerkennen sich verpflichtete, für stempelpflichtig zu erklären. Andererseits aber hielt man ebenso daran fest, daß stempelpflichtig nur der Beweis war, den man mit der Urkunde sich sicherte. Wenn beispielsweise in einer Urkunde ein niedrigerer Kaufwert als der wirkliche genannt war, so wurde nur die genannte Summe der Verstempelung zugrunde gelegt, weil nur für diese der Beweis gesichert war. Ja stempelpflichtig war auch nur die Form der Beweisurkunde; fehlte diese, war der Vorgang in Form eines Briefwechsels niedergelegt, so lag in der Tat keine Stempelpflicht vor. Außerdem war die weitgehende Allgemeinheit der Stempelpflicht dadurch gemildert, daß sie erst bei Objekten von mehr als 50 Talern eintrat.

In der neueren lebhaften Gestaltung des Verkehrs ließ sich der Stempel in seiner Allgemeinheit doch nicht recht halten. Schon im Jahre 1873 mußte der Stempel auf Gesuche und Bescheide aufgehoben werden. Als das Reich dazu überging, nicht bloß einzelne preußische Stempel zu übernehmen, sondern einen selbständigen „Reichsstempel" zu schaffen (1881), geschah dies z. T. auf völlig veränderter Grundlage. Die Besteuerung der Börsengeschäfte legte auf Geschäftsvorgänge als solche einen Stempel. Die damalige Berliner Börse setzte ihren Stolz darein, daß an ihr nur das Kaufmannswort galt und über Umsätze von Millionenhöhe nicht schriftliche Verträge geschlossen wurden. Man nötigte der Börse den „Schlußschein" auf, bloß damit etwas existierte, was verstempelt werden könnte. Je mehr der Reichsstempel fortschritt, desto weniger blieb von der Anschauung übrig, daß der Stempel eine allgemeine Abgabe auf alles Schriftliche sei, das staatliche Anerkennung beanspruche. Andererseits kennt der Reichsstempel die Schonung nicht, die in Festsetzung einer Untergrenze liegt. Da von dem „Reichsstempel" noch nicht einmal behauptet wird, daß ihm ein einheitlicher Gedanke zugrunde liege, so soll sich die folgende Kritik an das Beispiel des preußischen Stempels halten.

Je weniger der Sinn einer Abgabe verstanden wird, desto mehr wird sie zum Gegenstande des Kampfes zwischen Fiskus und Publikum. Populär war die Stempelabgabe niemals, und sie hat an Unpopularität in demselben Maße zugenommen wie an Unverständlichkeit. Wer eine Urkunde aufsetzte und sie selbst in Verwahrung nahm, hatte die Auffassung, daß es in sein Ermessen gestellt sei, ob er sie verstempeln, oder darauf verzichten wolle, von ihr Gebrauch zu machen. Der Fiskus, der wußte, daß stempelpflichtige Urkunden in Menge unverstempelt blieben, suchte sich schadlos zu halten, indem er, wo ihm eine Urkunde begegnete, die Gesetzesparagraphen über Stempelpflicht erweiternd interpretierte. Da für Nachforderungen des Fiskus, auch wo sie zwangsweise beigetrieben waren, der Weg zu den Gerichten jedermann offen stand, so war der Fiskus unermüdlich tätig, seine einseitige Auffassung den Gerichten aufzudrängen. Und da die Gewalt eines Ansturms stets gleich dem Produkt aus Masse und Schnelligkeit ist, so haben in jeder noch so klaren „Frage" die vielen unmittelbar aufeinander folgenden Prozesse die Gerichte schließlich mürbe gemacht. Es entwickelte sich eine von eigenartiger Denkweise beherrschte „Stempel-Jurisprudenz", der man vergebens entgegenrief, daß der Mensch doch nicht des Stempels wegen da sei. Und trotzdem konnte man gelegentlich noch einen preußischen Finanzminister darüber klagen hören, daß die Gerichte allzu wenig geneigt seien, auf die Ansprüche des Fiskus einzugehen. Wie einseitig in jener Zeit die ganze Stempelverwaltung von dem Gedanken beherrscht war, so viel wie möglich aus der stempelpflichtigen Bevölkerung herauszupressen, geht am besten daraus hervor, daß nicht einmal auf die Frage, wie hoch die Stempelpflicht sei, eine Antwort erteilt werden durfte, weil man sich im Falle der Verfehlung die Stempelstrafe nicht wollte entgehen lassen.

In Preußen gilt heute das aus einer Revision des Gesetzes von 1822 hervorgegangene Stempelsteuergesetz von 1895 in der Fassung vom 26. Juni 1909 (soweit es nicht schon wieder durch Reichsgesetze — 1909, 1913 — abgeändert ist).

In diesem nun in Preußen geltenden Recht ist ein leitendes Prinzip nicht mehr zu erkennen. Der Gedanke, daß der Stempel eine Abgabe für die Anerkennung des Schriftlichen sei, ist aus dem Gesichtskreis geschwunden; so sehr, daß nach Vorgang der Reichs-Gesetzgebung auch die preußische Schriftlichkeiten erzwingt, bloß damit etwas da sei, was verstempelt werden könne. Auf Jahreskarten für Automaten ist ein Stempel gelegt, und damit er möglich sei, die Pflicht geschaffen, für jeden Automaten eine Jahreskarte zu lösen. Da man mündliche Mietsverträge ebenso stempelpflichtig machen wollte, wie schriftliche, so wurden die Wirte verpflichtet, Jahresverzeichnisse aufzustellen, damit auf diese alljährlich die Stempelmarken geklebt werden können. Wo das preußische Gesetz eine Steuerfreiheit mit Bezug auf das Reichsgesetz erwähnt, kann man der Erwähnung nicht ansehen, ob der Sinn der ist, daß das Reich die Urkunden von der Stempelpflicht befreit, oder aber daß es den Stempel ausschließlich für die Reichskasse in Anspruch genommen hat. Und nicht bloß das Verhältnis von Staat und Reich, auch das Verhältnis des Stempels zu Staatsgebühren aller Art, ja sogar das Verhältnis des einen preußischen Stempels zum anderen entzieht sich dem natürlichen

Verständnis. Der Wechsel ist im Reich stempelpflichtig; macht aber der Gläubiger gegen den säumigen Schuldner vom Wechsel Gebrauch und läßt einen Wechselprotest erheben, so muß er für diesen dem preußischen Staat einen Stempel entrichten. Wo für Ausfertigungen oder Auszüge aus Akten eine gesetzliche Gebühr vorgeschrieben ist, steht man verständnislos der Forderung gegenüber, daß man dem Staate die gesetzliche Gebühr zahlen soll, und demselben Staat noch eine Stempelgebühr dazu. Ja, es kann sich die Verdoppelung zur Verdreifachung erheben. Eine Vollmacht ist stempelpflichtig; läßt man die Unterschrift durch ein Gericht beglaubigen, so ist (2.) für die Beglaubigung eine Gebühr zu zahlen; und da die Beglaubigung über die Echtheit der Unterschrift ein „amtliches Zeugnis in Privatsachen" enthält, (3.) hierfür nochmals ein besonderer Stempel. — Die Reichs-Gewerbeordnung fordert für eine Reihe von Gewerbebetrieben das vorherige Nachsuchen einer Erlaubnis. Kommt der Unternehmer dieser seiner Verpflichtung nach, und wird die Erlaubnis erteilt, so legt das Landesrecht einen Stempel darauf. So entstehen eine Menge Sondersteuern für die verschiedensten Gewerbe: für Gastwirtschaften und feuergefährliche Fabriken, für Theater, Singspiele und Entbindungsanstalten, für Pfandleiher, Stellenvermittler, Versicherungs- und Eisenbahnunternehmer u. a. m. Zuweilen ist die Steuer abgestuft je nach der Gewerbesteuer-Klasse. Wenn aber der Umfang des Gewerbebetriebes so klein und unbedeutend ist, daß der Unternehmer von der Gewerbesteuer befreit ist, so fällt die Stempelabgabe nicht etwa fort, sondern wird nur ermäßigt. Um die Bezeichnung als Arzt führen zu dürfen, muß man sich nach Reichsgesetz durch Prüfung eine Approbation erwerben. Tut man es, so muß man an die Landesbehörde für die Approbation eine Steuer in Gestalt des Stempels zahlen. Ein Kurpfuscher hat das nicht nötig. Ein Apotheker, der eine Apotheke betreiben will, muß die Steuer zweimal entrichten, einmal dafür, daß er sich Apotheker nennen darf, sodann dafür, daß ihm wirklich eine Apotheke „konzessioniert" wird. Der Gipfel der Stempelerfindungsgabe ist wohl erreicht, wenn ein armer Teufel, dem die Stempel-Jurisprudenz eine Verfehlung nachgewiesen zu haben glaubte, nicht nur ein Vielfaches als Strafe zu zahlen, sondern außerdem noch den „Strafbescheid" zu verstempeln hat.

Daß dem ernsten Gegenstande auch die heitere Seite nicht fehlen soll, ist an sich löblich. Daß aber diese Rolle gerade der Tarifstelle „Standeserhöhungen und Gnadenbeweise" zugefallen ist, ist sicher nicht freiwilliger Humor. Wir ersehen daraus, daß aus der Verleihung einer Herzogswürde der preußischen Staatskasse eine Einnahme von 10 000 *M* erwächst. Die fürstliche Würde steht mit 6000 *M* nur wenig über dem Geheimen Kommerzienrat, der auf 5000 *M* geschätzt ist. Der Graf und der (in Preußen nur selten verliehene) „Freiherr" (Baron) umgeben mit 3600 und 2400 *M* den Kommerzienrat mit seinen 3000 *M*. Und wer in den ganz gewöhnlichen Adelsstand erhoben wird, hat für seine neue Würde mit 1200 *M* eine Summe zu zahlen, an die sogar der Geheime Kommissionsrat (1000 *M*) schon fast heranreicht. Der Kommissionsrat endlich muß zu der sonstigen geringschätzigen Behandlung, die ihm zu Teil wird, auch noch den Schmerz hinzunehmen, daß man seine Würde auf nicht mehr als 500 *M* einschätzt. Andrerseits hat sich die Summe von 300 *M*, die für alle übrigen Titelverleihungen an Privatpersonen erhoben wird, als so hoch erwiesen, daß es praktisch nicht möglich war, sie immer durchzusetzen, und daß beispielsweise gegenüber den Ärzten, die Sanitätsräte werden sollten, zu der Interpretation gegriffen werden mußte, daß sie in dieser Beziehung nicht als Privatpersonen anzusehen, sondern so zu behandeln seien, als ob sie Beamte wären.

Die Fremdartigkeit, mit der uns dieses Gesetzgebungswerk anmutet, hat ihre Ursache darin, daß wir für die ganze Einrichtung der Stempelabgabe keinen inneren Grund einzusehen vermögen. Es kann auch kein Grund für diese Abgaben angegeben werden, da ihnen nichts gemeinsam ist, als die äußere Form, in der die Abgaben erhoben werden, die Form der Stempelmarke oder des Stempelbogens. Der ehemalige Kalender- und Zeitungsstempel, ja, der noch heute (in Händen des Reichs) bestehende Spielkarten-Stempel ist eine offensichtliche Steuer auf bestimmte Gegenstände mit Warencharakter, die sich nur zufällig der Stempelform bedient. Man hätte unsere neue Zigarettensteuer, die auf die „Banderole" einen Stempeldruck setzt, ebensogut in das Reichsstempelgesetz hineinsetzen können; wie denn in Amerika in der Tat die Tabaksteuer in Stempelform erhoben, ja sogar die Biersteuer, die das Spundloch verklebt, als Stempelabgabe bezeichnet wird.

In Wahrheit gibt es keine Stempelsteuer. Es gibt so viele einzelne Steuern, wie es im Stempeltarif Tarifstellen gibt. Was sich in Preußen Stempelabgabe nennt, und in einem Tarif von 78 Nummern abgehandelt wird, sind in Wirklichkeit 78 verschiedene Steuern. Vielleicht, da manche der Tarifstellen Hin- und Herverweisungen sind, nur 50 bis 60, vielleicht aber auch, da andere Tarifstllen mehr oder weniger künstliche Zusammenfassungen sind, mehr als 78. Würde man sich nur klar machen, daß hier wirklich lauter einzelne Steuern vorliegen, so würde man auch zur Besinnung kommen und prüfen, ob sich die einzelne Steuer rechtfertigen läßt. Als in Berlin noch eine Mietssteuer bestand, wurde gerade aus den Kreisen der Regierung dagegen Sturm gelaufen, und sie wurde als die denkbar antisozialste Einrichtung bezeichnet. Jetzt aber, wo der Mietssteuer die Form einer Stempelung des Jahresverzeichnisses gegeben ist, wurde sie von denselben Kreisen als Staatssteuer ins Leben gerufen und fast widerspruchslos durchgesetzt. Daß ihr Betrag niedrig ist (wie die Stempelbeträge überhaupt, die bis auf 3 und 1 ℳ heruntergehen) betrifft nicht das Wesen der Sache. Zudem war er offensichtlich auf Erhöhung angelegt und ist auch schon einmal bedeutend erhöht worden (von 1/10% auf eine nach der Mietshöhe von 1/10 bis 2 % ansteigende Abgabe. Wollte jemand eine — wenn auch noch so geringe — Steuer darauf legen, daß Leute, die einen Streit miteinander haben, sich vergleichen oder sich einem Schiedsspruch unterwerfen, man würde an seinem gesunden Verstande zweifeln; wird die Steuer aber in der Form einer Stempelmarke erhoben, so nimmt man kaum Anstoß daran. Wir sind stolz auf den Grundsatz, daß der Staat seine Ämter im Staatsinteresse vergiebt und würden uns auf das Äußerste dagegen sträuben, daß auf die Erlangung eines Staatsamtes eine Steuer gelegt werde; geschieht es in der Form der Stempelpflicht der Bestallung, so kann es nichts anderes sein. Wer würde eine Steuer darauf befürworten, daß ein kinderloses Ehepaar ein Kind an Kindes Statt annimmt, daß eine Verlobter, der das Mädchen seiner Liebe noch nicht heiraten kann, es für richtig hält, sie durch ein förmliches Eheversprechen äußerlich sicher zu stellen, oder gar daß ein Sohn die Leiche der Mutter in die ferne Heimat geleiten will, um ihr die Stätte an der Seite des Vaters zu bereiten. Wird aber die Steuer in der Form erhoben, daß auf die Urkunde ein Stempel gelegt wird, so verwischt dies den Charakter der bösartig ersonnenen Sondersteuer, ohne doch an dem Wesen der Sache etwas zu ändern. Und nicht einmal hier kommt der Gesetzgeber, wenn er an die Bedürftigkeit eines Steuerpflichtigen denkt, auf den Gedanken, ihm die Abgabe zu erlassen. Er sieht die Verstempelung als etwas so Naturnotwendiges an, daß es das äußerste Zugeständnis ist, zu dem er sich durchringen kann, den Adoptiveltern für ihre Menschenfreundlichkeit die Adoptionsgebühr von 50 *M* auf 5 *M* zu ermäßigen und dem pietätvollen Sohn den Stempel für den „Leichenpaß" von 5 *M* bis auf 1,50 *M*, aber nur ja nicht bis auf 0 herabzusetzen.

Der Ausweg aus diesen Schwierigkeiten ist einfacher, als alle die glauben, denen die scharfsinnige Stempel-Jurisprudenz Lebensberuf (zuweilen einziger Lebensberuf) ist. Die Frage lautet: sind für 60—70 Mill. Mark (denn so viel beträgt ungefähr die Jahreseinnahme aus dem preußischen Stempel) wirklich 60 bis 70 einzelne Steuern nötig? Die Frage aufwerfen, heißt sie verneinen. Wir können denselben Ertrag auf „bequemere" Weise mit einigen wenigen Steuern aufbringen. Man müßte durch Stichproben zu ermitteln suchen, wieviel von den Stempeleinnahmen auf jede einzelne Tarifstelle entfällt. Mit den 2 bis 3, oder allenfalls 4 bis 5 fettesten Einnahmen, nötigenfalls auch mit einer Erhöhung oder Erweiterung könnte der Staatskasse annähernd derselbe Betrag beschafft werden, ohne die Bevölkerung auf Schritt und Tritt mit der Stempelpflicht zu belästigen, die einzelnen Bürger der sittlichen Gefahr der „Stempelhinterziehung" und die Beamten der nicht geringeren sittlichen Gefahr der wilden Jagd nach angeblichen Verfehlungen ihrer Mitmenschen auszusetzen. Eine Menge Ärgerlichkeiten würde aufhören, und die Staatskasse würde entweder gar keine oder nur eine geringe Einbuße erleiden. Hier ist ein Punkt, wo sich zeigt, daß gerade in Zeiten großen Steuerbedarfs es falsch ist (S. 129), an alten und veralteten Einnahmequellen hängen zu bleiben. Die Befreiung von allen Lästigkeiten der Stempelpflicht muß die befreiende Gegengabe sein, die bisher noch mit jeder großen neuen Steuerbelastung verbunden gewesen ist. Wenn Bayern, Württemberg und Baden ihre Finanzen ohne diese ärgerlichste aller Steuern bilanzieren können, so wird Preußen dazu wohl auch imstande sein.

Allerdings wissen wir nicht, wieviel die einzelnen Tarifstellen, d. h. also die einzelnen Steuern, die unter dem gemeinsamen Namen des Stempels verdeckt werden, einbringen. Denn da die Steuer zumeist in der Form des Markenklebens entrichtet wird, so hängt es vom Zufall ab, ob der Staat erfährt, zu welcher Art von Urkunden die verkauften Marken verwendet werden. Indes haben doch die einzelnen Stempelämter so weit Fühlung, um Stichproben, und auf Grund deren Schätzungen vorzunehmen. Als im Jahre 1895 von dem Abgeordnetenhause eine Reform der Steuer verlangt wurde, erklärte sich das Haus außerstande, zu einem Urteil zu kommen, wenn ihm nicht ungefähre Ziffern über die Bedeutung der einzelnen Tarifstellen zugängig gemacht würden. Ordnet man die Zahlen, die die Staatsregierung damals dem Abgeordnetenhause vorlegte, nach der Höhe der Einnahmen, so ergibt sich folgende Reihenfolge.

(Siehe nebenstehende Tab. 11.)

Nach dem damaligen Stande also brachte der Grundstücksstempel, der nichts ist als eine staatliche Umsatzsteuer von 1 % auf jeden Grundstücksverkauf, für sich allein mehr als doppelt so viel, wie alle anderen Tarifstellen zusammengenommen. Ja, wenn man noch die 4 nächsten Stellen hinzunimmt, so hätte man von der gesamten damaligen Stempeleinnahme von 32 Mill. Mark bereits 29 gedeckt. Die preußische Bevölkerung war also jahrzehntelang mit diesen Steuern unnötigerweise gequält worden; denn ihre große Mehrzahl brachte dem Staate so gut wie nichts ein. Nun kann zwar dieses Material für den heutigen Zustand nicht ohne weiteres angeführt werden, da ja damals die Steuer geändert worden ist. Schon bei Vorbereitung der Reform von 1909 wurde eine, allerdings nur fragmentarische, neue Übersicht vorgelegt. Aber die Behauptung, daß auch heute die große Mehrzahl dieser Steuern für den Finanzzweck überflüssig ist, wird durch diese, wenn auch nicht der Gegenwart entstammenden Materialien ausreichend bewiesen. Man hat nur nötig, nicht von 60 bis 70 Tarifstellen, sondern von 60 bis 70 verschiedenen Steuern zu sprechen, um sich finanzpolitisch

Tab. 11. Schätzung der einzelnen preußischen Stempelerträge 1895.

Nr.	Gegenstand	Geschätzter Ertrag M
1.	2.	3.
1.	Grundstücksverträge usw. einschließlich der Auflassungen	22 000 000
2.	Kaufverträge für bewegliche Sachen (Beilaß von Grundstücken und sonstigen Mobilien)	2 500 000
3.	Schuldverschreibungen	2 500 000
4.	Abtretung von Rechten	1 000 000
5.	Amtliche Zeugnisse in Privatsachen	1 000 000
6. bis 21.	Beglaubigte Abschriften, Annahme an Kindesstatt, Auszüge aus Akten rc., Bestallungen, Duplikate, Eheversprechen, Eheverträge, Entlassungen aus der väterlichen Gewalt, Erbverträge, Inventarien, Legalisation von Urkunden, Notariatsurkunden, Proteste, Protokolle, Taxen von Grundstücken, Verfügungen von Todeswegen [nur in Gesamtsumme angegeben]	858 543
22.	Lieferungsverträge	750 000
23.	Vollmachten usw.	550 000
24.	Fideikommißstiftungen	400 000
25.	Schenkungen unter Lebenden	250 000
26.	Versicherungspolizen	250 000
27.	Miets- und Aftermietsverträge	200 000
28.	Verträge (soweit nicht unter besondere Tarifstellen fallend)	150 000
29.	Werkverdingungsverträge	150 000
30.	Familienstiftungen	100 000
31.	Ausfertigungen	100 000
32.	Pacht- und Afterpachtverträge	50 000
33.	Pässe	41 000
34.	Rentenverträge	40 000
35.	Schiedssprüche	20 000
36.	Strafbescheide	20 000
37.	Auktionen	15 000
38.	Standeserhöhungen	12 249
39.	Erbrezesse	10 000
40.	Sicherstellung von Rechten	10 000
41.	Gesellschaftsverträge, Feststellung von Statuten	5 000
42.	Vergleiche	5 000
43.	Verleihung des Patents für Kammerjunker und Kammerherren	3 201
44.	Wappenvermehrungen und -veränderungen	7
		31 990 000

darüber klar zu werden, daß derselbe Zweck sich bequemer mit weniger Steuern erreichen läßt. Der preußische Staat mag seine Steuer auf Grundstücks-Umsätze behalten; er mag aus der einen oder anderen seiner zahlreichen Tarifstellen einige neue, selbständige, ertragreiche Abgaben gewinnen. Für seine Stempelsteuer als Ganzes aber gibt es nur ein Reformprogramm, und dieses heißt: „Werft das Scheusal in die Wolfsschlucht!"

XI. (Beigabe.)

Monopole und öffentliche Betriebe.

Steuern und Abgaben sind nicht die einzigen Einnahmequellen eines Staates. Wie jede Körperschaft kann auch der Staat Einnahmen aus eigenem Besitz oder Erwerb haben. Ursprünglich waren es Grundeigentum und Landwirtschaft. In einem patriarchalischen Gemeinwesen ist in der Regel der Fürst, und das heißt der Staat, der größte Grundbesitzer seines Landes; aus dem Ertrage der Domänen kann der öffentliche Bedarf in der Hauptsache bestritten werden. Als bei uns neben der Landwirtschaft der Gewerbebetrieb anfing, eine größere Rolle zu spielen, begannen im 17. und 18. Jahrhundert auch die fürstlichen Verwaltungen, „Manufakturen" verschiedenster Art zu betreiben, sich am Kolonialhandel zu beteiligen, Bankinstitute zu begründen: die Kgl. Porzellanmanufaktur und die Kgl. Seehandlung sind beides Gründungen Friedrichs d. Gr. Sobald der Staat einen Gewerbebetrieb in die Hand nimmt, hat er als Inhaber der gesetzgebenden Gewalt die Möglichkeit, die Einnahmen dadurch zu erhöhen, daß er den Untertanen den Betrieb desselben Gewerbes untersagt, und sich selbst also ein „Monopol" schafft.

In der Form des Monopols tritt der Zusammenhang dieser Einnahmequelle mit der Besteuerung besonders deutlich zutage. Sobald der Staat für die Monopolware einen Preis festsetzt, der über seine eigenen Kosten und den üblichen Gewinnzuschlag hinausgeht, so läuft das Plus nur auf eine Form der Besteuerung hinaus. Ja, bei manchen Waren, wie z. B. beim Tabak, ist behauptet worden, daß das Monopol die ideale Form der Besteuerung sei, weil sie allein die genaue und zuverlässige Abstufung nach der Qualität der Ware ermögliche. — Eine Beziehung zur Steuerverfassung zeigt jede Art von staatlichem Gewerbebetrieb: in demselben Umfange, in dem Gewerbe-Einnahmen geschaffen werden, werden Steuern entbehrlich. Die Stellungnahme zu neuen Steuern hängt demnach in gewisser Weise davon ab, wie man sich zu neuen Gewerbebetrieben und Monopolen stellt. Obgleich also zu einem vollständigen Steuerplan auch die Behandlung dieses Gegenstandes gehört, so ist sie doch so weitschichtig, daß sie ein selbständiges Thema bildet, und daß hier nur eine Andeutung der Gesichtspunkte Platz finden kann, wie sie früher, und wie sie jetzt für die Beurteilung maßgebend geworden sind.

An sich bedeutet das Monopol einen Einbruch in den Bereich, den das Individuum heute für seine gesicherte Sphäre hält. Nicht nur die wirtschaftliche, sondern auch die politische Freiheit beruht auf der Gewerbefreiheit. Wenn sich der Bürger nicht ernähren kann, wo, wie und womit er will, sondern wenn er *in diesem Punkte* von der Behörde abhängig ist, so ist er *vollständig* von ihr abhängig. Es ist kein Zufall, daß die Proklamierung der Gewerbefreiheit für Europa mit der Gesetzgebung der französischen Revolution (1791) einsetzte. Und ebensowenig ist es ein Zufall, daß Preußen, unmittelbar nachdem es auf den Schlachtfeldern dem neuen Frankreich unterlegen war, und an seine Reorganisation heranging, zugleich mit der Aufhebung der Leibeigenschaft auf dem Lande, für das städtische gewerbliche Leben die Gewerbefreiheit, wenigstens im Prinzip, verkündete (1810). Der Norddeutsche Bund, der eine Gewerbeordnung ausarbeitete, glaubte ihre Vollendung nicht abwarten zu können, sondern schon vorher durch ein Not-Gewerbegesetz von 1868 die wichtigsten Freiheitsbeschränkungen beseitigen zu müssen. Und in der Gewerbeordnung von 1869, die nach Begründung des Deutschen Reiches in dessen Gebiet eingeführt wurde, hat sich der an die Spitze gestellte Satz

„*Der Betrieb eines Gewerbes ist jedermann gestattet*"

bis heute als die grundlegende Regel erhalten. Dieses Festhalten war um so bedeutsamer, da die gegnerischen Mächte im Wachsen begriffen waren. Die sozialistischen Richtungen wollten die menschliche Gemeinschaft auf der gegenteiligen Grundlage aufbauen, daß ihr und ihr allein die Güterproduktion zukommt. Andere Richtungen waren am Werke, um dem einengenden Zusatze jenes fundamentalen Satzes

„soweit nicht durch dieses Gesetz Ausnahmen oder Beschränkungen vorgeschrieben oder zugelassen sind"

eine stets steigende Bedeutung zu geben. In jener für die Gesetzgebung des jungen Reiches grundlegenden Zeit war man von der Bedeutung der Gewerbefreiheit und von der Gegnerschaft gegen staatliche Alleinbetriebe so durchdrungen, daß man selbst einer bloßen Beteiligung des Staates am gewerblichen Leben in Konkurrenz mit seinen Untertanen mit Mißtrauen gegenüberstand. Man erblickte darin die Gefahr eines kommenden Monopols und die sichere Abhängigkeit eines größeren Teils der Staatsbürger von den Behörden. Nahezu allgemein war die Überzeugung, daß der Staat die Schwungkraft und die Biegsamkeit, die für die geschäftliche Entwicklung von Gewerbebetrieben erforderlich sind, seinem Wesen nach nicht aufbringen könne, und daß jedenfalls der Anreiz zu technischen Fortschritten in demselben Maße abnehme, wie die Initiative der Einzelnen ausgeschaltet werde.

Ein Wandel in diesen Anschauungen ist hauptsächlich durch zwei Gründe eingetreten. Einmal bildeten sich gerade auf Grund der Gewerbefreiheit, d. h. durch freie Verabredung der Beteiligten, private Monopole aus. Wenn eine Gas- oder eine Elektrizitätsgesellschaft das Recht bekam, die städtischen Straßen aufzuwühlen, um in ihnen Leitungen zu legen, so lag der Gedanke nahe: müssen die Bürger schon von einer einzigen Gesellschaft abhängig werden, weswegen soll das nicht ihre eigene Gemeinschaft, die Stadtgemeinde, sein? Noch deutlicher trat dies zutage, wenn sogar der Körper des Straßendammes, täglich und stündlich sichtbar, von einer Straßenbahn befahren wurde, wie es die erste deutsche „Pferdebahn", Berlin-Charlottenburg, seit 1865 mit städtischer Erlaubnis tat. Und als im gewerblichen Leben die Preisverabredungen der Kartelle und Syndikate eine Einheitlichkeit schufen, der gegenüber der Einzelne ohnmächtig war, als das Kohlensyndikat und der Stahlwerksverband ganz Deutschland umfaßten, wuchs die Zahl der Leute, die erklärten, daß sie dieser Abhängigkeit schließlich doch die Abhängigkeit von einer durch das Parlament kontrollierten Reichsregierung vorzögen. Und wenn auch zunächst nur wenige so weit gingen, mit diesem Satze ernst zu machen, so gingen doch viele so weit, wenigstens neben dem privaten Gewerbebetriebe einen öffentlichen zu verlangen: gerade Anhänger der individualistischen Anschauung haben den preußischen Staatsbesitz an Bergwerken vermehren helfen, damit der Bergwerksminister a u f die Syndikate oder i n ihnen einen Einfluß habe. — Ein zweiter Grund waren die wachsenden Finanzbedürfnisse, deren gewaltiger Umfang auch in dem gegenwärtigen Augenblick zögernde Gemüter umstimmt. Man erklärt die sichere Not des Augenblicks für wichtiger, als die mögliche Gefahr der Zukunft.

Da man also nach Friedensschluß mit Monopolplänen zu rechnen hat, so muß man wenigstens über die wichtigsten Pläne, die in den letzten Jahrzehnten aufgetaucht sind, einen Überblick zu gewinnen suchen. Noch immer ist die hervorstechendste Erinnerung aus der Geschichte der Monopolpläne die Tabaksmonopol-Vorlage von 1882. Kaum je ist einem Finanzgesetz eine volkstümlichere Einführung zuteil geworden, als diesem. Unmittelbar vorangegangen war die Botschaft des alten Kaisers von 1881, die dem deutschen Volke eine Invaliden- und Altersversicherung verhieß. Dieser Gabe, wie sie noch keinem Volke der Erde zuteil geworden war, sollte das Tabaksmonopol dienen, es sollte das „Patrimonium der Enterbten" sein. Und trotzdem war der Widerstand gegen diesen Plan ungeheuer. Man hielt es für unerträglich, daß der Tabaksbau nur in 81 Kreisen und auch hier nur mit besonderer Erlaubnis der Behörden statthaft sein, daß an Stelle von 15 028 Privatfabriken 28 große Staatsfabriken, an Stelle von 7898 Tabakshändlern und 359 275 Tabaksverkäufern im Nebengeschäft 60 000 behördlich eingesetzte Verkaufsstellen treten sollten. Nicht einmal der volkstümliche Verwendungszweck der geplanten Neueinnahmen hielt einer Kritik stand, die das Hauptgewicht auf die Verteuerung des Tabaks legte: selbst im Kampf der Schlagwörter in den Volksversammlungen unterlag das „Patrimonium der Enterbten" dem verlangten Respekt vor dem „Pfeifchen des armen Mannes". Der Erfolg war, daß am 14. Januar 1882 der Reichstag die Vorlage mit 277 gegen nur 43 Stimmen ablehnte.

In diesem Kampfe gegen einen Lieblingsplan des Fürsten Bismarck waren alle Gründe gegen Monopole auf das äußerste und heftigste durchgesprochen worden. Es dauerte 12 Jahre bis wieder eine politische Gruppe sich an einen Monopolplan heranwagte: der Antrag Kanitz auf Errichtung eines Getreidehandels-Monopols im Jahre 1894. Es war die erste parlamentarische Tat des im Jahre vorher zum Kampf gegen die damalige Caprivische Handelspolitik begründeten Bundes der Landwirte. Der Antrag verlangte einen Gesetzentwurf, wonach Ein- und Verkauf ausländischen Getreides nur dem Reiche zustehen und bestimmte Mindestpreise maßgebend sein sollten. Der Antrag

Kanitz sollte das „große Mittel" sein, um der Not der Landwirtschaft zu helfen, dem gegenüber Zölle usw. allesamt nur kleine Mittel wären. Am 14. April 1894 wurde im Reichstage der Antrag mit 159 gegen 46 Stimmen abgelehnt; in dem (damals für kurze Zeit zum Leben wiedererweckten) preußischen Staatsrat fanden sich nur 4 Stimmen (unter 43), die bereit waren, den Plan zu befürworten. Ja, als der Antrag trotz der Ablehnung im Reichstag wieder eingebracht wurde, entstand das geflügelte Wort vom „Brotwucher", das auf eine persönliche Unterhaltung des Kaisers aus Anlaß des brandenburgischen Provinziallandtages zurückgeführt wurde. In so schroffe Opposition traten die Anhänger des Antrages zu allen Plänen der Regierung, daß bei dem Personenwechsel im Reichsmarineamt und der Vorbereitung der großen Flottenvorlage (1897) auf die Annahme des Antrages ein Druck geübt wurde mit der Ankündigung, daß die Anhänger andernfalls die Marinevorlage zu Fall bringen würden. („Kein Kanitz, keine Kähne!"). — Und trotzdem zeigt die Geschichte dieses zweiten Monopolplanes schon ein anderes Aussehen; denn er wurde (wenn auch mit Veränderungen und Zugeständnissen) mehrere Male hintereinander eingebracht und konnte deutlich zunehmende Minderheiten, ja sogar einmal den Achtungserfolg einer Kommissionsüberweisung aufzeigen:

1893/94 eingebracht mit 29 Unterschriften, abgelehnt mit 159 gegen 46 Stimmen (14. April 1894).

1894/95 eingebracht mit 97 Unterschriften, einer Kommission überwiesen.

1895/96 eingebracht mit 100 Unterschriften, abgelehnt mit 219 gegen 97 Stimmen (17. Januar 1896).

Eine ähnliche, wiewohl nicht ganz so deutliche Entwickelung zeigt der Monopolgedanke in den Schicksalen des Branntweinmonopols. Ein Entwurf der Regierung im Jahre 1885/86 wurde im Reichstag mit allen gegen 3 Stimmen abgelehnt. Ein Vierteljahrhundert später ist der Entwurf des Jahres 1908 zwar auch nicht Gesetz geworden, aber er hatte in der Kommission immerhin 12 Stimmen gegen 16 auf sich vereinigt. In der Zwischenzeit war einesteils die Besteuerung des Branntweins immer verwickelter und immer mehr mit Bevorzugungen und Privilegien verquickt worden; und andrerseits hatte die Vereinigung der verschiedenen Syndizierungen zu einem „Spiritusring" ein tatsächliches privates Monopol bereits geschaffen.

In dieser Sachlage wären viele Abgeordnete geneigt gewesen, einem Reichsmonopol als dem kleineren Übel den Vorzug zu geben. Ja unter denen, die schließlich ablehnend stimmten, waren viele, die es nur deswegen taten, weil auch dem Reichsmonopol eine auf Bevorzugung derselben Kreise gerichtete Gestalt gegeben worden war.

Ein vierter Monopolplan knüpfte an eine für akut gehaltene Gefahr an. Die amerikanische Standard Oil Company hatte vermittelst der von ihr begründeten deutsch-amerikanischen Petroleumgesellschaft ein so weit reichendes Geschäftsgebiet gewonnen, daß die Gefahr einer Alleinherrschaft nicht mehr entfernt schien. Nur noch die deutsche Verkaufsgesellschaft mit sowohl inländischen wie ausländischen (hauptsächlich rumänischen) Quellen, mit der Deutschen Bank als kapitalkräftigem Mittelpunkt, leistete einen hoffnungssicheren Widerstand. Diesen wollte der im November 1912 vorgelegte Gesetzentwurf benutzen, indem er Einfuhr und Herstellung von Petroleum ausschließlich dem Reich übertrug, es jedoch der Reichsregierung überließ, dieses Monopol selbst zu betreiben oder es bis zur Dauer von 30 Jahren an eine Aktiengesellschaft zu verpachten, die sich gewissen Bedingungen unterwarf. Der Entwurf wurde am 7. Dezember 1912 in erster Lesung beraten. Und wenn auch die Kommission, der er überwiesen wurde, kein Ergebnis zustande brachte, so war doch der Grund des Scheiterns nicht mehr eine grundsätzliche Stellungnahme gegen Monopole überhaupt, sondern nur noch eine Fülle von Einzelbedenken über die Ausführung.

Während keiner dieser vier Pläne zu einem Reichsmonopol führte, erfuhr der Gedanke doch eine weitere Stärkung durch Einrichtungen verwandter Art. Das Kaligesetz vom Jahre 1910, das die Verschleuderung eines nur in Deutschland vorhandenen, für die Bodenproduktion höchst wichtigen Minerals in das Ausland verhindern wollte, ließ zwar den privaten Kalibergbau bestehen, schuf aber eine Zusammenfassung unter Autorität des Reichs, die man als Zwangskartell bezeichnete. Der Aufbau dieser Organisationen wurde in den politisch interessierten Kreisen der Arbeiter besonders viel besprochen, weil Bestimmungen zum Schutze der Arbeiter gegen Lohnkürzungen oder Arbeitszeit-Verlängerungen in neuartiger Weise mit dem Gedanken der Zwangskartellierung verbunden waren. — Nicht das Reich zwar, aber fast die Gesamtheit seiner Einzelstaaten hatte mit Erfolg eine Verstaatlichung der Eisenbahnen betrieben. Das preußische Gesetz von 1876, auf Grund dessen Fürst Bismarck beabsichtigte, die preußischen Staatsbahnen an das Reich zu verkaufen, gelangte nicht zur Ausführung. Aber seit dem Jahre 1879 begann in Preußen selbst ein Aufkauf der privaten Eisenbahnen, der im Jahre 1897 in der Hauptsache als abgeschlossen gelten konnte und schon im Jahre vorher zur Anbahnung einer preußisch-hessischen Eisenbahngemeinschaft geführt hatte; einige Nachzügler aus dem Jahre 1903 und 1904 vollendeten das Staats-Eisenbahnsystem in Preußen. Da die drei Königreiche Bayern, Württemberg und Sachsen sowie die Großherzogtümer Baden, Oldenburg und Mecklenburg-Schwerin ebenfalls die Bahnen ihres Landes in eigenem Besitz hatten, in Elsaß-Lothringen das Reich die Eisenbahnen besaß, die kleineren Staaten fast durchgehends an größere staatliche Linien angeschlossen waren, so war das Eisenbahngewerbe, das früher zum größten Teil im Besitz von Aktiengesellschaften gewesen war, auch ohne monopolartiges Verbot des Privatbetriebes tatsächlich fast vollständig in staatlichen Händen (soweit es sich um Vollbahnen handelte). — Ganz nebenbei wurde aus Anlaß der großen preußischen Kanalvorlage ein neues Monopol geschaffen, indem (1905) die Annahme von der Einführung des staatlichen Schleppmonopols abhängig gemacht wurde, das in der Tat (1913) für den Rhein-Weser- und den Lippekanal begründet wurde. — Auf breiter Linie bewegte sich das Vorrücken des Monopolgedankens in den Gemeindeverwaltungen. Die Bürgerschaft der Großstädte, überwiegend dem liberalen Gedanken der Gewerbefreiheit zugetan, hatte doch altüberlieferte städtische Betriebe nicht durchgehends abgeschafft, ja sogar die im 19. Jahrhundert aufkommende Gasbeleuchtung an vielen Orten von Stadt wegen übernommen. Schon nach einer preußischen Statistik von 1878 hatten von 170 Gemeinden mit mehr als 10 000 Einwohnern 83, also beinahe die Hälfte, städtische Gasanstalten. Seitdem die Straßenbahnen eine Masseneinrichtung geworden, die Abhängigkeit des Publikums von den Gesellschaften immer deutlicher zutage getreten, die brennende „Wohnungsfrage" zu einer Straßenbahn-Frage erklärt worden war, in der Reichshauptstadt die „Große Berliner" eine Unpopularität gewann, die den lange auf dem alten Standpunkt beharrenden Magistrat mit hineinzureißen drohte, gingen andere Städte daran, ihre Straßenbahnen selbst zu bauen und selbst zu betreiben. In den 80er und 90er Jahren wurden Städtische Straßenbahnen und Städtische Elektrizitätswerke immer häufiger, und im Jahre 1908 eröffnete auch Berlin seine ersten städtischen Linien, denen bald städtische Untergrundbahnen größten Stils folgten.

Daß so eine weitgehende Änderung in den Anschauungen über öffentliche Betriebe und Monopole sich vollzogen hatte, zeigte sich namentlich an dem neu aufkommenden Gewerbe der Elektrizitätsgewinnung und -Benutzung. Nicht nur, daß hier von vornherein neben den kleinen Geschäften Riesenbetriebe auftraten, sondern unter diesen wenigen Riesenbetrieben vollzogen sich Verschmelzungen, so daß sehr früh der größte Teil des Elektrizitätsgewerbes durch drei Gesellschaften vertreten war: Siemens-Schuckert, Allgemeine Elektrizitäts-Gesellschaft (AEG.), Bergmanns Elektrizitätswerke. Von diesen standen die beiden ersten in ausgesprochenen, die dritte zu ihnen in unausgesprochenen Beziehungen. Die kleineren Betriebe konnten sich nur noch dadurch halten, daß sie sich Spezialitäten widmeten. In dieser Industrie, in der von vornherein der Riesenbetrieb das kommende private Monopol ankündigte, war dem staatlichen Monopol der Weg geebnet. Als im Jahre 1912 für das Großherzogtum Baden die Wasserkräfte des Murgtals elektrisch ausgenutzt werden sollten, war von vornherein der eigene Betrieb durch den Staat unzweifelhaft. Mit diesem, wie mit dem Bayerischen Walchensee-Kraftwerk (1913) und den beiden für Sachsen beschlossenen staatlichen Kraftwerken (1916) sind Pläne zu einer einheitlichen Aneinandergliederung der bestehenden Werke über das ganze Land hin verbunden. Als die elektrotechnischen Spezialfirmen sich mit einem Notschrei an den Reichstag wandten, um gegen die Vergewaltigung durch die großen Firmen Schutz durch Einschreiten der Reichsgesetzgebung zu verlangen (1911), hat selbst der damalige Staatssekretär Delbrück, der solchen Eingriffen wenig hold war, sie doch nur mit dem Zusatze abgelehnt, daß eher zu erwägen wäre, „ob man solche Betriebe wie elektrische Betriebe, die so weit in eine Fülle von öffentlichen Interessen eingreifen, aus der Hand der Privaten in die des Staates legen soll.“ Als Preußen (1912/13) den elektrischen

Betrieb auf der Berliner Stadtbahn finanziell vorbereiten wollte, wandte sich der Verein der genannten Firmen an das preußische Abgeordnetenhaus mit der Bitte, für diesen Zweck lieber ein eigenes Staatswerk einzurichten. Ein schwerlich jemals vorgekommener Fall, daß Gewerbetreibende selbst den staatlichen Betrieb einer privaten Konkurrenz vorzogen.

Nicht minder als in den Tatsachen zeigte sich der Wandel der Zeiten in einer Änderung der Gesichtspunkte, unter denen man die Entwickelung betrachtete. Erst jetzt, nachdem die Scheu vor den Monopolen gewichen war, machte man sich klar, daß man e i n Monopol tatsächlich schon immer besessen hatte: die Post. Man neigte früher dazu, sie als einen natürlich gegebenen Staatsverwaltungszweig zu betrachten und dachte wenig daran, daß es bis zur Begründung des Norddeutschen Bundes in mehreren deutschen Staaten eine Post gegeben hatte, die sich nicht in den Händen des Staates, sondern einer privaten Familie, Thurn und Taxis, befand. Streng genommen bestand dieses Reichsmonopol schon lange aus zwei Monopolen, indem zu den Posten die Telegraphen hinzugetreten waren. Und als diese 1892 neu geregelt wurden, war ein drittes, das Telephonmonopol, hinzugekommen, dem 1908 als viertes das Funkspruch-Monopol (drahtlose Telegraphie) folgte. Auch war das Postmonopol bedeutend verschärft worden, seit 1899 auch die privaten Briefbeförderungsanstalten innerhalb einer Stadt abgeschafft wurden.

Wenn man diese Entwickelung rückwärts durchdachte, so fühlte man sich gar nicht mehr so sehr weit getrennt von der alten Zeit der ehemaligen Monopole; denn beispielsweise das alte Salzmonopol hatte noch bis 1867 bestanden. Als angesichts der immer größer werdenden Zusammenballung im Kohlenbergbau im Jahre 1905 ein preußisches Gesetz die noch nicht vergebenen Kohlenfelder sperrte, erschien dies jetzt nur noch als der Beginn zur Rücknahme von Rechten im Bergbau, die der Staat 1865 aus den Händen gegeben hatte. Ja, selbst der vielbesprochene Plan Lassalles (1863), der das Inseratenwesen ganz dem Staat übertragen wollte, erschien jetzt weniger utopisch, indem man sich erinnerte, daß in Preußen bis zum Jahre 1841 in Gestalt eines Intelligenzblätter - Monopols etwas ähnliches bestanden hatte. Die Vereinsamung in der sich die radikalen Ideen durchgehender Verstaatlichung früher befunden hatten, hörte nach und nach auf. Nach Aufhebung des Sozialistengesetzes setzte mit dem Erfurter Programm von 1891 eine neue Entwickelung der Sozialdemokratie ein, die an einzelnen und kleineren Reformen mitzuarbeiten entschlossen war. Der „Bund für Bodenbesitz-Reform“, der im Jahre 1888 für die Idee der Verstaatlichung des Grund und Bodens begründet worden war, änderte sein Programm im Jahre 1898 ebenfalls zugunsten von Einzelreformen und gab dem auch in einer Änderung des Namens („Bund deutscher Bodenreformer“) Ausdruck. Es ist für die Entwickelung bezeichnend, daß die Sozialdemokratie bei der Revision ihres Programms im Jahre 1891 die Monopole noch nicht einmal zu erwähnen wagte, während in der ganzen Folgezeit ihre Ideen vielleicht auf keinem Gebiete so viel praktische Erfolge aufwiesen, wie gerade in der teilweisen Verstaatlichung der Gewerbe.

Wie infolge dieser Veränderungen in den Anschauungen die historische Entwickelung sich anders ausnimmt, tritt in der chronologischen Aneinanderreihung der wichtigsten Tatsachen hervor.

(S. Tab. 12, S. 202.)

Der Überblick zeigt, wie nahe die alte Zeit der abnehmenden Monopole an die neue der wiederaufsteigenden reicht. Erst im Jahre 1869 war der grundlegende Satz der Gewerbefreiheit gemeinsames deutsches Recht geworden, und schon im Jahre 1876 setzt mit dem Reichseisenbahn-Plan die neue Wendung der Gewerbepolitik ein, die zwar nicht auf den damals gemeinten, aber doch auf anderen Wegen das umfangreichste Gewerbe, das es im deutschen Wirtschaftsleben gibt, verstaatlicht und sich dann den Übertragungen von Gewerbebetrieben in Reich, Staat und Gemeinde in immer steigendem Maße öffnet.

Damit ist die Stimmung bezeichnet, in die der Krieg mit seinen ungeahnt neuen Bedürfnissen hereintrat. Das erklärt es uns, wieso das Getreidehandels-Monopol jetzt von selbst entstehen konnte. Wie auch immer die „Kriegs-Getreidegesellschaft“, nachher die „Reichs-Getreidestelle“ amtlich definiert wurde: ihre wirkliche Tätigkeit bestand darin, daß sie den Getreidehandel monopolisierte. Ähnlich war die Tätigkeit fast aller der 35 Gesellschaften, die unter dem Kriegs-Ernährungsamt für Hafer und Gerste, für Vieh und Fleisch,

Tab. 12. Geschichtstabelle über Gewerbefreiheit und Monopole.

17. u. 18. Jahrh.: Zahlreiche Staatsmonopole und staatliche Gewerbebetriebe in allen deutschen Staaten.

1810: Gewerbefreiheit im Prinzip für Preußen ausgesprochen.

1838: Spielkarten-Monopol in Preußen aufgehoben.

1849: Intelligenzblätter-(Inseraten-)Monopol in Preußen aufgehoben.

1863: Lassalles Plan eines Inseraten-Monopols.

1865: Bergbaufreiheit in Preußen. — Erste deutsche Straßenbahn-Gesellschaft (Berlin-Charlottenburg).

1867: Salzmonopol aufgehoben.

1867/71: Einheitliche Reichspost neben bayerischer u. württembergischer Staatspost. Beseitigung der Thurn und Taxisschen Posten.

1869/71: Reichs-Gewerbeordnung: Gewerbefreiheit.

1876: Reichseisenbahn-Plan.

1878: Preußische Statistik über Städtische Gasanstalten (83).

1879: Beginn der Eisenbahn-Verstaatlichungen.

1880—1900: Zahlreiche kommunale Gewerbeunternehmungen (Straßenbahnen, Elektrizitätswerke usw.).

1882: Tabakmonopol-Vorlage.

1883: Erstes Bekanntwerden von Kartellen. — Begründung der Allgemeinen Elektrizitätsgesellschaft (AEG).

1888: Bund für Bodenbesitzreform.

1891: Erfurter Programm der Sozialdemokratie (Monopole nicht erwähnt).

1892: Reichs-Telephon-Monopol.

1893: Kohlensyndikate.

1894: Antrag Kanitz (Getreidehandels-Monopol).

1897: Verkaufsstelle deutscher Spritfabrikanten.

1898: Neues Programm des „Bundes Deutscher Bodenreformer".

1899: Verwertungsverband deutscher Spiritusfabrikanten.

1899: Aufhebung der örtlichen Briefposten. — Zentrale für Spiritusverwertung („Spiritusring").

1903: Siemens-Schuckert-Werke.

1904: Stahlwerksverband.

1905: Schleppmonopol für Rhein-Weser- und Lippekanal.

1908: Reichsmonopol für drahtlose Telegraphie. — Neue Syndikatsorganisation der „Spiritus-Zentrale". — Erste Städtische Straßenbahn-Linie in Berlin.

1910: Kaligesetz (Zwangskartellierung).

1911: Der Verein elektrotechnischer Spezialfabriken ruft den Schutz der Reichsregierung an.

1911/16: Staatliche Elektrizitätswerke in Baden, Bayern, Sachsen mit Vereinheitlichungs-Plänen.

1912: Petroleummonopol-Vorlage.

1912/13: Verhandlungen des Abgeordnetenhauses über elektrischen Betrieb auf der Berliner Stadtbahn.

1917: Sozialdemokratische u. gewerkschaftliche Veröffentlichungen über Monopolpläne.

für Zucker, Fette usw. nach und nach begründet wurden. Aber auch die große Kriegsmetall-Aktiengesellschaft, als deren Aufgabe nur die „Beschaffung, Verteilung und Verwertung von Metallen zur Sicherstellung des Heeresbedarfs" bezeichnet wurde, konnte diese ihre Aufgabe nicht anders erfüllen, als indem sie sich ein Handelsmonopol für die Metalle aneignete. Und auch hier kann man sagen, daß alle die 49 Gesellschaften, Abrechnungsstellen usw., die unter Leitung der Kriegs-Rohstoffabteilung des Kriegsministeriums für Wolle und Baumwolle, für Kautschuk, Leder, Lumpen usw. begründet wurden, durchweg dieselbe Richtung auf ein Monopol nahmen. Ein beinahe an Vollständigkeit grenzendes Außenhandels-Monopol wuchs der Zentral-Einkaufsgesellschaft (ZEG.) zu.

Die Menge dieser Einrichtungen und die Schnelligkeit mit der sie sich bildeten, bewiesen, daß die Ideen der staatlichen Organisation einen wohl vorbereiteten Boden vorfanden. Aber — darüber sollte man sich keiner Täuschung hingeben — selbst die Klagen über unzureichende Leistungen liefern in der Art, wie sie ausgesprochen wurden, den Beweis, daß an die Unfähigkeit des Staates auf diesem Gebiete nicht mehr geglaubt wurde; denn der Glaube an die Fähigkeit des Staates zur Bewältigung von Aufgaben zeigt sich am deutlichsten darin, daß man für Mißerfolge und unzureichende Leistungen in steigendem Maße die Persönlichkeiten verantwortlich macht.

So trat auch während des Krieges ein verändertes Verhältnis zu den Kartellen in die Erscheinung. Einer „Verordnung über die Errichtung von Betriebsgesellschaften für den Steinkohlen- und Braunkohlenbergbau" wurde unter dem 30. August 1915 eine Fassung gegeben, die für die staatliche Zusammenbringung und Beaufsichtigung von Kartellen geradezu ein Schema schuf. Sobald der Krieg aufhört, sind die Organisationen für staatliche Gewerbebetriebe und Monopole in weitestem Umfange da. Nachdem der Krieg länger gedauert hat, als bei seinem Ausbruch irgend jemand für wahrscheinlich, ja auch nur für möglich hielt, ist auf zahlreichen Gebieten des gewerblichen Lebens die Situation nicht mehr so wie früher, daß der Staat, um in eine Tätigkeit zu gelangen, erst das Individuum verdrängen muß; sondern der Staat ist auf dem Platze, und das Individuum muß erst neu wieder zugelassen werden. Das ist der Grund, weswegen auf den verschiedensten Gebieten die

Politiker ihre Zukunftspläne an Staatsmonopole anlehnen. Naumann stellt staatlich geregelte Syndikate geradezu in den Mittelpunkt seiner Zukunftspläne. Ihm sind sie die Verwirklichungsmöglichkeit für eine Vorratswirtschaft, die uns in zukünftigen Kriegen die diesmaligen Verlegenheiten erspart; für eine Finanzierung des Reiches an der Quelle der Produktion („das Staatsgeld wird aus dem Produktionsprozeß herausgehoben, ehe es Privatgeld geworden ist"); endlich im Wege einheitlicher Regelung durch Deutschland und Österreich-Ungarn der wirtschaftliche Kitt Mitteleuropas. Kein Wunder, wenn die Sozialdemokratie jetzt merkt, daß sie in diesem Punkte zurückgeblieben und ein ihr günstig liegendes Betätigungsobjekt vernachlässigt hat. Eifrig machen ihre Führer sich an die Ausarbeitung von Vorschlägen, die aus ihren Grundgedanken hervorwachsen und anderen Parteien annehmbar sind; sie können es um so eher, da für die Berücksichtigung der Arbeiterinteressen in dem Kaligesetz schon ein Muster vorliegt. Und die sozialistischen Denker fangen an, den gesamten Stoff zukünftiger Reformen unter dem Gesichtspunkt durchzudenken, daß auf staatliche Gewerbebetriebe ein neues „Minimal-Programm" begründet wird. Entscheidend aber ist, daß in den Kreisen der Industriellen selbst eine Wandlung der Gedanken eintritt. Gerade die industriellen Abnehmer der Kartelle, die sich über ihre Gewalttätigkeiten beklagten, fangen an, mit einer Verewigung der Kartelle zu rechnen und sehen in der staatlichen Anerkennung und Beaufsichtigung der Kartelle den einzig wirklichen Schutz. Andrerseits sperren sich die Kartelle selbst nicht mehr gegen die Staatsaufsicht, seitdem ihnen als Gegengabe die staatliche Hineinzwängung der Außenseiter winkt. So ergibt sich zwischen rein privaten und rein staatlichen Betrieben die Aussicht auf eine so große Reihe wirksamer Übergangsformen, daß die eine Zeitlang gepriesene „gemischt-wirtschaftliche Unternehmung" schon in den Hintergrund tritt. Höchst bemerkenswerte Pläne, wie selbst bei einem vollständig durchgeführten staatlichen Monopol Fabrikation und Handel immer noch zu beteiligen, ja am technischen Fortschritt sogar besonders zu interessieren sind, beseitigen den früher wirkungsvollsten Einwand gegen den Staatsbetrieb.

Die Veränderung in Sachlage und Stimmung, die schon vor dem Kriege zu bemerken war, ist jetzt zu unzweifelhafter

Gewißheit geworden. Die Einwände, daß der Staatsbetrieb für gewerbliche Unternehmungen ungeeignet sei, und daß der privaten Initiative dieses Gebiet nicht geschmälert werden dürfe, die im Jahre 1882 den mächtigsten Staatsmann Europas in seinem Parlament fast isolierten, die noch 1894 so stark waren, daß hinter einen agrarischen Monopolantrag nicht einmal die ganze konservative Partei sich stellen konnte, sie haben heute ihre Wirkung verloren. Monopole und Staatsbetriebe stehen auf der Tagesordnung. Die Frage ist nicht mehr ob, sondern nur noch inwieweit sie eingeführt werden sollen.

Für alle politischen Richtungen, die in einem freien gewerblichen Leben immer noch die Unterlage bürgerlicher Freiheit überhaupt erblicken, folgen daraus zwei Aufgaben. Einmal können sie sich der Mitwirkung an diesem neuen Werke nicht versagen, weil sie es damit endgültig der entgegengesetzten Richtung ausliefern und sich jedes Einflusses (z. B. auf die zeitliche Abgrenzung der Monopolgesetze) begeben würden. Andrerseits haben sie gesteigerten Anlaß, die finanziellen Bedürfnisse, die am meisten auf Monopole hindrängen, so schnell und so ausgiebig wie möglich auf eine andere Art zu befriedigen. Und so kommen wir auch in diesem Punkte zu dem Ergebnis, daß eine entscheidende Rolle dem Vermögensopfer zukommt. Die Gegner der Monopole haben das größte Interesse daran, dem Reiche ein so ergiebiges Vermögensopfer anzubieten, daß wenigstens der Grund der finanziellen Notwendigkeit beseitigt oder in einem bedeutenden Maße abgeschwächt ist.

Dritter Teil.

Erhöhung der Volkswirtschaft.

XII.

Finanzen und Volkswirtschaft.

So sehr auch die Frage, wie für die Bedürfnisse von Reich, Staat und Gemeinde in Zukunft die Geldmittel aufzubringen sind, gegenwärtig im Vordergrunde des Interesses stehen möge, diese wie alle Finanzfragen sind immer nur sekundärer Natur. Schließlich kann auch der gewiegteste Finanzmann nichts nehmen, wo nichts ist; die primäre Frage ist daher nicht, wie er etwas nehmen, sondern wie er dafür sorgen kann, daß etwas zum Nehmen da ist. So lange die Finanzbedürfnisse eines Staates nur gering sind, kann diese Rücksicht vernachlässigt werden. Mit den Finanzbedürfnissen wächst sie. Ihre blind habgierige Vernachlässigung haben wir bereits wiederholt mit der sprichwörtlichen Wendung charakterisiert, daß so die Henne geschlachtet werde, die die goldenen Eier legt. Aber dies bezeichnet nur die negative Seite der Rücksicht. Auch positiv muß bei dauernd großen Finanzbedürfnissen der Finanzmann in erster Linie darauf bedacht sein, Hennen zu züchten, wenn er Eier haben will. Ein Finanzmann, der hohe Erträge von einer Volkswirtschaft abschöpfen will, muß darauf bedacht sein, daß diese Volkswirtschaft hohe und höhere Erträge liefert. Der Staat also muß, von dem Interesse seiner Kassenfüllung selbst abgesehen, an sich das Bestreben haben, die Wirtschaft seiner Bürger zu fördern. Wenn aus diesem Kriege der Einzelne mit dem Bewußtsein hervorgeht, seinen Schutz dem Staate zu verdanken und wenn er aufhören wird, in dem Staate überall nur den Feind zu sehen, dem er so viel wie möglich von Befugnissen abjagt: so muß auch der Staat wissen, daß seine Bürger es gewesen sind, die ihn gerettet haben. Die Solidarität von Staat und Individuum muß neu gekräftigt aus diesem Kriege hervorgehen.

Was hat die deutsche Volkswirtschaft während des Krieges verloren? Wollte man denen glauben, die während des Krieges uns belehrt haben, daß wir im Unterschiede von England und seinen amerikanischen Munitionslieferungen so viel besser daran waren, weil bei uns „das Geld im Lande blieb", das Reich seine Anleihe von den Steuerträgern erhielt, in Gestalt von Lieferungsbezahlungen an diese Geld wieder entrichtete, um es in einer neuen Anleihe wieder zurückzuerhalten usf., — dann würden wir während des Krieges nichts eingebüßt haben; und es wäre gar nicht einzusehen, weswegen man auf diese Art nicht mit einer einzigen Milliarde, die hin- und herwandert, einen Krieg beliebig lange sollte führen können. Es wäre dann aber auch nicht einzusehen, weswegen nicht jedes der kriegführenden Völker ebenso verfahren wäre. Die Redensart von dem „Geld im Lande bleiben" steht auf einem so niedrigen Niveau wirtschaftlichen Denkens, daß sie würdigerweise sehr wohl durch das bekannte Geschichtchen vom Stralauer Fischzuge widerlegt werden kann, das sich auf demselben Niveau bewegt. Zwei Berliner Freunde, die mit weitgehenden Absichten zum Stralauer Fischzug hinauswandern, überlegen sich unterwegs, daß es doch nicht nötig sei, für jedes Glas Bier dem Kneipwirt den teuren Preis zu bezahlen. Sie kaufen ein Fäßchen im großen ein und versprechen sich, daß jeder, der ein Glas daraus trinkt, dem andern pünktlich 10 Pf. bezahlen werde. Jeder trinkt aus dem Fäßchen 20 Seidel und bezahlte jedesmal dem andern 10 Pf. Wieviel war in der Kasse, als sie fertig waren? — Daß unter den beiden Freunden 10 Pf. hin- und hergewandert sind, ist das Unwesentliche an dem Vorgange. Das Wesentliche ist, daß das Fäßchen bei Beginn der Campagne voll und am Ende leer war. Daß in unserer Kriegswirtschaft 5 Milliarden zwischen dem Reichsfiskus und den Kriegslieferanten (wenn man schon der Einfachheit halber sich das ganze Deutschland als Kriegslieferanten denken wollte) hin- und hergewandert sind, ist auch nicht das Wesentliche, sondern: daß die Granaten in die Luft verpulvert, Millionen von Soldatenanzügen verschlissen, Schiffe untergegangen oder verbraucht sind usw. Aber selbst damit sind wir noch nicht an die Wurzel der Frage gelangt; denn wenn ein Volk nach einem Kriege Granaten, Uniformen, Schiffe usw. etwa nicht braucht, so würde ja der Verlust dieser Dinge keinen Einfluß auf sein Wirtschaftsleben üben. Wir müssen nicht bloß hinter dem Gelde die Dinge sehen, für die das Geld hergegeben wird, sondern hinter den Dingen die Quelle, der wir sie verdanken. Diese Quelle ist überall dieselbe. Sie ist — und das ist das A und O aller wirtschaftlichen Erkenntnis — die wirtschaftliche Arbeit. Während dreier Kriegsjahre war der Arbeit des deutschen Volkes nicht nur die Aufgabe gestellt, dasselbe zu leisten was sonst geleistet wird: 66 Millionen zu ernähren, zu bekleiden, zu behausen, mit allem zu versorgen, was des Leibes und der Seele Notdurft erfordert, sondern außerdem noch Kanonen und Granaten, Gewehre und Patronen, Schiffe und Torpedos, Flugzeuge und Bomben usw. usw. herzustellen. Schätzen wir, daß das deutsche Volk mit denselben Kräften das Doppelte zu leisten gehabt habe, so leuchtet die Unmöglichkeit schon ein. Nun waren aber für die Leistung nicht einmal dieselben Kräfte vorhanden, denn 4 bis 8 Mill. Männer, weitaus zum größten Teil den leistungsfähigsten Jahrgängen entnommen und in sorgfältiger Auslese aus den Kräftigeren dieser Jahrgänge herausgehoben, waren der Produktionstätigkeit entzogen. Daß also das deutsche Volk in den drei Kriegsjahren jene doppelte Arbeit wirklich geleistet habe, ist nicht wahrscheinlich. Es muß hier noch einen bedeutenden Faktor geben, der in die Rechnung nicht eingestellt ist.

Dieses Faktors wird man sich bewußt, sobald man sich vor Augen hält, daß gewisse Arbeitsleistungen während des Krieges unterblieben sind. Soweit dies Arbeiten für unmittelbaren Genuß waren, waren sie gegenüber der Gesamtheit der Volkswirtschaft nicht sehr bedeutend. Gewiß sind durch Schließung von Vergnügungslokalen, durch den Ausfall privater Festlichkeiten, durch geringeren Bedarf an Luxusspeisen, Luxuskleidern, Luxusbedienungen u. a. m. Arbeitskräfte erspart worden. Aber der weitaus größte Teil unterlassener Arbeit liegt auf einem anderen Gebiete.

Während wir alle unsere Kräfte anspannten, um jenes doppelte Arbeitsergebnis zustande zu bringen, haben wir jede, irgendwie aufschiebbare Arbeit in der Tat aufgeschoben. Schon jetzt kann jeder an seinem eigenen Haushalt es merken, daß drei Jahre lang nichts Neues angeschafft worden ist, wenn es sich nur irgend vermeiden ließ. Wenn der Einzelne Möbel und Hausrat aller Art, Kleider und Schuhe, Leib-, Tisch- und Bettwäsche nicht angeschafft hat, so heißt das: die Volkswirtschaft als Ganzes hat die Arbeit, die sonst auf Befriedigung dieses Neuanschaffungs-Bedürfnisses hätte verwandt werden müssen, frei gehabt, um sie jener Verdoppelung ihrer Aufgabe zu widmen. Das bedeutendste Beispiel dieser Art bietet die

Herstellung oder vielmehr Nicht-Herstellung neuer Wohnhäuser: das Baugewerbe hat geruht. Was von Neuanschaffungen gilt, gilt häufig in noch höherem Maße von Ausbesserungen; sie unterblieben teils aus denselben Gründen, teils weil für Ausbesserung die Arbeitskräfte noch schwerer zu haben waren, als für Neuherstellungen, die immerhin noch in Arbeitspausen von Zeit zu Zeit auf Vorrat hergestellt werden konnten. Was so der Einzelne in seiner Familie der Volkswirtschaft an Arbeit „erspart" hat, das haben in derselben Weise Handwerk und Industrie in ihren Betrieben getan. Zange und Blasebalg des Schmiedes, Leisten und Ahlen des Schuhmachers, Hobel und Hobelbank des Tischlers, Säge und Sägebock des Zimmermanns mögen noch so lange halten; von Zeit zu Zeit müssen sie erneuert werden. Alles das ist, so lange es ging, hinausgeschoben worden. In großartigstem Maßstabe zeigt sich dies in allen Fabrikationsbetrieben. Man hat sich mit den Maschinen „beholfen", so lange es ging. Je weniger im Jahre 1914 erneuert oder ausgebessert war, desto stärker wurde die Abnutzung der ohnedies nicht mehr auf der Höhe stehenden Maschinen schon im folgenden Jahre. Und wenn man auch schließlich das notwendigste erneuert hat, so ist man doch über das notwendigste nicht hinausgegangen. An den Eisenbahnen wird alles, was die Sicherheit des Betriebes betrifft, sorgsam erledigt worden sein. Wir haben nicht zu befürchten, daß an Schienen und Fahrdamm, an Rädern und Achsen irgend etwas unterblieben ist, dessen Unterlassung Leib und Leben der Fahrenden gefährden könnte. Aber in den Personenwagen merkt man, daß die Sitzbänke schlechter werden; Güterwagen, die man sonst schon ausrangiert hätte, werden noch mitgeschleppt. Selbst an den weniger wichtigen Bestandteilen der Lokomotiven geht manches durch, weil es die Sicherheit noch nicht gefährdet. Wenn vollends die Neuerrichtung von Anschlußbahnen und Zufuhrwegen aller Art, die der Verkehr „eigentlich" schon erfordert, unterlassen wird; wenn in den elektrischen Straßenbahnen der Großstädte das heftige Stoßen schon alles was an Wagen und Schienen jahrelang unterlassen worden ist, empfindlich zur Anschauung bringt; wenn sich auf unseren sonst so sauber gehaltenen Chausseen anfangen Tümpel zu bilden: so deutet das alles in weitestem Umfange auf die Arbeiten hin, die während der Kriegszeit „erspart" worden sind. Und nicht jede Versäumnis drängt sich dem Auge auf. Daß die Pflugschar verbogen ist, der Egge Zähne fehlen, weil der Dorfschmied eingezogen ist, daß mit der Dreschmaschine und der Lokomobile ein schweres Auskommen ist, weil Schlosser aus der Stadt nicht zu haben sind, das sieht man. Daß der Boden ausgemergelt ist, weil ihm nicht der richtige Dünger zuteil wurde, weiß nur sein genauester Kenner. Die beständige Erneuerung des Arbeitsapparates bildet für ein Volk einen viel größeren Teil seiner Gesamtarbeit, als man sich gewöhnlich klar macht. Die Aufschiebung, d. h. die Unterlassung aller dieser Arbeiten gibt einen großen Teil der Lösung jener Frage, wieso ein Volk imstande war, neben seiner gewöhnlichen Arbeit noch die ungeheure Arbeit für die Landesverteidigung aufzubringen.

Die Produktionsmittel, die der Mensch sich schafft, um mit ihnen zu produzieren, sind: Werkzeuge und Rohstoffe. Der Volkswirt nennt sie das Produktionskapital oder auch kurzweg das „Kapital" eines Volkes. Daß man von diesem Kapital in Mark und Pfennigen spricht, ist nebensächlich. Die Hauptsache ist, daß die Dinge da sind, die man zum Produzieren braucht. Und von diesen Dingen werden wir, wenn wir am Ende des Krieges unsere Bilanz machen, weniger vorfinden, als uns heute zum Bewußtsein kommt. Wir werden überall im Vergleiche zum 1. August 1914 unsere Werkzeuge abgenutzt und unsere Rohstoffe erschöpft finden. Die Erneuerung an Werkzeugen und Rohstoffen (Produktionskapital), sowie die Erneuerung an Gebrauchsgegenständen aller Art stellt die ungeheure Mehrleistung dar, die uns während der ersten Friedensjahre als Aufgabe gestellt sein wird.

Daß die Größe dieser Aufgabe uns nicht mit Verzweifelung zu erfüllen braucht, dafür spricht zunächst die historische Erfahrung. Wie oft sind im Laufe der Jahrhunderte große Teile von Deutschland verwüstet worden. Aber mit Ausnahme des 30jährigen Krieges hat kein Krieg lange Wirkungen, etwa auf Generationen hinaus, geäußert. Immer, wenn wir am Ende eines Krieges die Schilderungen lesen, daß der Wohlstand des Landes vernichtet sei, so sehen wir ihn in verhältnismäßig kurzer Zeit wieder hergestellt. Dies wird immer wieder als Wunder angestaunt, obgleich schon vor zwei Menschenaltern John Stuart Mill in meisterhafter Darstellung den Grund dafür angegeben (übrigens den Ruhm des Entdeckers auch nicht einmal für sich beansprucht) hat. Was der Volkswirtschaft eines Landes genommen ist, wenn man es als verwüstet bezeichnet, das sind im wesentlichen jene Produktionsmittel, mit deren Hilfe ein Volk sich das beschafft, was es braucht. Dieses Produktionskapital aber ist an sich nicht für die Ewigkeit bestimmt. Der Pflüge und Eggen, ebenso wie des Saatkorns, der Werkzeuge und Maschinen, ebenso wie der Kohle kann sich ein Volk nur bedienen, indem es sie entweder (wie Saatkorn und Kohle) in einmaliger Benutzung aufbraucht, oder indem es sie (wie Werkzeuge und Maschinen) langsam abnutzt. Dies gilt schließlich auch von Gebäuden, von Wegebauten, Brücken usw. Bedienen kann sich der Mensch des Produktionskapitals nur, wenn er beständig an seiner Erneuerung arbeitet. „Erwirb es, um es zu besitzen!".

Suchen wir, die Aufgabe uns mit den Worten klar zu machen, mit denen der abstrahierende Denker in kriegsarmer Zeit sie theoretisch klar zu machen suchte:

„Dieses beständige Verbrauchen und Wiederhervorbringen von Kapital liefert die Erklärung einer Erscheinung, die so oft Verwunderung erregt hat, nämlich der Raschheit, womit Länder aus einem Zustande der Verwüstung sich erholen, sowie des baldigen Verschwindens aller Spuren des Unheils, das durch Erdbeben, Überschwemmung, Orkane und Kriegsverheerung angerichtet worden. Ein Feind verwüstet ein Land mit Feuer und Schwert, er zerstört oder schleppt fort alles darin befindliche bewegliche Vermögen, alle Einwohner sind ruiniert, und wenige Jahre später ist jedes so wie es vorher war. Diese vis medicatrix naturae ist Gegenstand eines unfruchtbaren Erstaunens gewesen, oder auch angeführt worden, um die wunderbare Kraft des Grundsatzes des Sparens zu erläutern, wodurch solche enormen Verluste in so kurzer Frist wieder ersetzt werden. Es liegt hierin aber überall nichts Wunderbares. Was der Feind zerstört hat, würde binnen kurzer Zeit auch von den Einwohnern selbst vernichtet worden sein; das Vermögen, das sie so rasch wieder hervorbringen, würde in jedem Falle wiederhergestellt worden sein, und wahrscheinlich in einer ebenso kurzen Zwischenzeit. Es ist nichts verändert, außer daß sie während des Wiederhervorbringens nun nicht den Vorteil haben, zu verbrauchen, was früher hervorgebracht worden war. Die Möglichkeit eines raschen Erholens von seinen Unfällen hängt für ein Land hauptsächlich davon ab, ob es entvölkert worden. Wenn der Bevölkerungsbestand nicht gleichzeitig vertilgt wird oder späterhin aus Mangel umkommt, so hat das Land, bei derselben Geschicklichkeit und Kenntnis, die vorher vorhanden waren, da der Boden und dessen permanente Verbesserung unzerstört und die dauerhafteren Gebäude unversehrt oder doch nur teilweise beschädigt sind, beinahe alle Erfordernisse für den früheren Betrag der Produktion. Wenn den Bewohnern soviel Nahrungsmittel oder soviel Wertvolles zu deren Ankauf übrig geblieben, daß sie sich, wenn auch unter noch so großer Entbehrung, am Leben und arbeitsfähig erhalten können, so werden sie binnen kurzer Zeit einen ebenso großen Ertrag gewonnen und in ihrer Gesamtheit ebenso großes Vermögen und ebenso bedeutendes Kapital erworben haben, als vorher und dies bei bloßer Fortsetzung des gewöhnlichen Maßes von Anstrengung, woran sie bei ihren Beschäftigungen gewöhnt waren."

An dieser Darstellung ist wohl des Ermutigenden ein wenig zu viel. Denn es ist ein bedeutender Unterschied, ob die Arbeitsleistung die in der Erneuerung liegt, langsam und allmählich parallel der Abnutzung erfolgt, oder ob sie zusammengedrängt in kurzer Zeit neben den sonstigen Ernährungsarbeiten vor sich gehen muß (die übrigens auch vermehrt sind, weil die Vorräte an Genußgütern nach dem Kriege geringer sein werden, als vorher). Aber als Gegengewicht gegen die fast in der ganzen Menschheit verbreitete Meinung, als ob ein Volk nach einem schweren Kriege sich kaum wieder erholen könne, ist jene Darstellung beherzigenswert. Dazu kommt, daß nur kleine Teile Deutschlands Kriegsschauplatz gewesen sind, und selbst von diesen das meiste nur vorübergehend. Die Bilder der Verwüstung in Ostpreußen wirken erschütternd auf uns. Aber sie wirken hauptsächlich deswegen so, weil es zunächst Verwüstungen sind, die der Kriegszweck nicht erforderte, die nur aus roher Zerstörungswut hervorgingen. Der wirkliche Verlust, den die deutsche Volkswirtschaft durch Rohheiten während der kurzen Besetzung Ostpreußens erfahren hat, ist nicht entfernt so groß, wie der, den sie erlitten hätte, wenn eine noch so zivilisierte und schonende Kriegführung das ganze oder halbe Deutschland als Kriegsschauplatz benutzt hätte. Was Frankreich durch die Granaten seiner eigenen Artillerie verloren hat, wenn sie auf französischem Boden gegen die unsrige vorging, kommt der französischen Volkswirtschaft teurer zu stehen, als alles, was der deutschen Volkswirtschaft in der nach Raum und Zeit doch sehr beschränkten ostpreußischen Okkupation auch nur angetan werden k o n n t e.

An den Wiederaufbau unserer Volkswirtschaft gehen wir also einerseits unter glückverheißenden Umständen und mit ruhiger Zuversicht. Aber wir werden andrerseits der Aufgabe doch nur gerecht werden, wenn wir ihrem Umfange entsprechend die Mittel zu ihrer Bewältigung uns klar machen. In der Erkenntnis dieser Mittel muß unser Blick auf das Ganze gerichtet bleiben. Keine Maßregel kann sich uns damit empfehlen, daß sie einzelnen Personen, daß sie dieser oder jener Bevölkerungsklasse willkommene Zuwendungen macht. Solche Zuwendungen mögen aus anderen Gründen zweckmäßig, ja vielleicht notwendig sein. Aber sie sind nicht ein Mittel, die Volkswirtschaft als Ganzes ergiebiger zu machen (ausgenommen den Fall, daß man bewußtermaßen eine veränderte Vermögensverteilung herbeiführen will, um durch sie die erforderlichen direkten Maßregeln durchführen zu können). Dadurch, daß dem einen gegeben wird, was man dem andern genommen hat, kann an sich ein Volk im ganzen nicht reicher werden. Wer diesen Satz übersieht, verfällt schließlich der Anschauung, daß Fensterscheiben-Einschlagen den Volkswohlstand vermehre, weil es den Glasern „zu verdienen gebe", weil es „Geld unter die Leute bringe", oder wie sonst die Redewendungen heißen mögen, mit denen Leute einleuchtend zu machen suchen, daß, wenn s i e Geld verdienen, der Volkswohlstand zunehme. Wären diese beständig wiederkehrenden Wendungen etwas anderes, als bloße Redensarten, so brauchte man sich im Zerstören nicht auf die Fensterscheiben zu beschränken. Man müßte die Häuser zerstören und alles, was darinnen ist, und man würde nicht bloß den Glasern „zu verdienen geben", sondern auch den Maurern, Zimmerleuten, Dachdeckern, Tischlern, Schneidern und Juwelieren. Ja, man müßte ab und zu von Staats wegen eine große Feuersbrunst oder eine Überschwemmung veranstalten, um durch die Wiederherstellungsarbeiten recht tüchtig „Geld unter die Leute zu bringen". Diese Anschauungen begegnen uns auf Schritt und Tritt und lenken den Blick immer wieder von den Mitteln ab, die wirklich geeignet sind, die Ergiebigkeit der Volkswirtschaft auf ein höheres Niveau zu heben.

Welcher Art diese Mittel sein können, ist in Wahrheit gar nicht so schwer zu bestimmen. Da der Güter-Kreislauf einer Volkswirtschaft im Produzieren und Konsumieren besteht, so kann es nur zwei Möglichkeiten geben, die Bilanz zu verbessern. Will das Volk im Vergleich zu seinem gewöhnlichen Leben einen Überschuß haben, den es auf die gewaltige Aufgabe der Erneuerungsarbeiten verwenden kann, so hat es nur die beiden Mittel: mehr zu produzieren oder weniger zu konsumieren. Jenes bedeutet mehr arbeiten; dieses bedeutet weniger genießen. Ohne daß man eine genaue Schätzung der uns bevorstehenden Aufgabe vornehmen könnte, kann man doch mit Bestimmtheit sagen — und wir haben es bereits in anderem Zusammenhange sagen müssen (S. 85): — für eine so große Aufgabe wird keines jener beiden Mittel für sich allein ausreichen; um der Aufgabe Herr zu werden, werden wir vielmehr beide Mittel anwenden müssen. Will man daher alles, was über die volkswirtschaftlichen Aufgaben der ersten Jahre geschrieben und gesprochen worden ist, auf eine möglichst einfache Formel bringen, so heißt dies: mehr arbeiten und weniger genießen! Das ist für uns die Parole der ersten Friedenszeit.

XIII.

Mehr arbeiten!

Das Quantum, das ein Volk an Arbeit leistet, hängt ab von der Anzahl der arbeitenden Personen, von der Länge ihrer Arbeitszeit und von der Intensität ihrer Arbeitsweise. Nach allen drei Richtungen hin werden wir die höchsten Anspannungen machen müssen.

Die *Zahl der arbeitenden Personen* muß so hoch wie möglich gebracht werden. Der biblische Spruch „So jemand nicht arbeiten will, der soll auch nicht essen" ist oft genug Faulenzern entgegengehalten worden, wenn sie arm waren. In der Bibel steht nicht, daß die Reichen davon ausgenommen seien. Wenn das Quantum, das eine Volkswirtschaft erarbeiten kann, von der Zahl der Hände abhängig ist, so hat niemand bloß deswegen, weil er Geld besitzt, einen Anspruch darauf, sein Leben ohne Beschäftigung hinzubringen. Es ist nicht gerade gesagt, daß ein gesetzlicher Zwang das Mittel sein muß, ihm diese Denkweise abzugewöhnen. Es kann auch die Volksanschauung ähnlich wirken. In unseren alten deutschen Städten hatte man für die Klasse der Leute, die sich heute als Rentiers bezeichnen, die Bezeichnung „Müßiggänger" oder

„Pflastertreter". Findet man nicht die richtigen Mittel, sie in eine Berufstätigkeit einzuspannen, so bieten doch das überlieferte Ehrenamt, zusammen mit dem Hilfsdienstgesetz (das nicht in allen seinen Teilen sofort aufgehoben zu werden braucht) ausreichende Handhaben. Nicht gering war von jeher in den Städten wie auf dem Lande die Zahl der wohlhabenden Personen, die ihre Muße dazu benutzten, sich dem Wohle ihrer Mitbürger zu widmen; je mehr dieses Vorbild nachgeahmt wird, desto mehr werden die Berufstätigen von weitgehenden Bürden des Ehrenamtes entlastet und für ihre Berufsarbeit in der schweren Zeit freier gestellt. Sehr viel wird auch von der Bestimmung des Alters abhängen, von dem an der alte Mann mit dem Invaliden auf eine Stufe zu stellen ist. Bisher galt in dieser Beziehung für Arbeiter und Beamte die verkehrte Welt. Während die Invalidenversicherung dem Arbeiter seine Altersrente erst von 70 Jahren an zusprach, hatte der Beamte schon vom 65. Jahre an einen Anspruch auf Pensionierung, obgleich doch, wenn ein Unterschied gemacht wird, er eher im entgegengesetzten Sinne gemacht werden müßte. Während des Krieges ist die Altersgrenze für die Arbeiter auf 65 Jahre herabgesetzt worden. Da die Zahl der Arbeiter, die auch nur dieses Alter ohne sonstige Invalidität erreicht, nicht gerade groß ist, so ist damit praktisch kein erheblicher Arbeitsverlust für die Volkswirtschaft verbunden. Wohl aber kann sich ein Gewinn für die Volkswirtschaft ergeben, wenn man die Pensionsgrenze für die Beamten etwas hinausschiebt. Es ist dies allerdings in Rücksicht auf die Leistungsfähigkeit des Beamtenkörpers ein ziemlich schwieriges Problem, da wir gerade jetzt am wenigsten ein Interesse daran haben, Beamte in Stellungen zu lassen, denen sie nicht mehr gewachsen sind. Vielleicht werden wir für die ersten Friedensjahre den Ausweg treffen müssen, daß beim Überschreiten des 65. Lebensjahres zwar für die Behörde das Recht zur Zwangspensionierung bleibt, der Beamtenschaft aber der unbedingte Anspruch, in Pension zu gehen, für die erste Friedenszeit suspendiert wird. Übrigens gibt es zwischen Arbeitsfähigkeit und -Unfähigkeit noch viele Zwischenstufen. Das hat unsere ganze Arbeitsverfassung bisher nach Kräften übersehen. Der Arbeiter, der nicht vollständig leistet, was von ihm verlangt wurde, war vom Arbeitsmarkte ausgeschlossen. Staat und Gemeinde vollends setzten ihren Ehrgeiz darein, möglichst nur voll leistungsfähige Kräfte zu beschäftigen. Das muß einstweilen anders werden. Die Arbeitsverfassung wird vielfach so eingerichtet werden müssen, daß schwächere Existenzen immerhin noch Verwendung finden. Hierin wird die Unterbringung der Kriegsbeschädigten eine gute Schule für alle die sein, die dem deutschen Volke während der Friedensjahre eine Arbeitsverfassung zu beschaffen haben. Wir alle hoffen, daß das Los der diesmaligen Kriegsinvaliden ein anderes sein wird, als derer von 1870/71. Sie sollen nützliche Glieder der Volkswirtschaft werden. Denn wo sie nicht wieder in den Vollbesitz ihrer Leistungsfähigkeit gebracht werden, wird man Tätigkeitskreise so abgrenzen, daß sie ihnen gewachsen sind. Dabei wird man lernen, dasselbe auch für schwächere und weniger leistungsfähige Existenzen über den Kreis der Kriegsbeschädigten hinaus zu tun, insbesondere für alte Leute. Auch für Beamte wird sich vielleicht eine Art Halbpensionierung erzwingen. — Aber die Lösung des Problems hängt nicht in erster Linie von bestimmten Maßregeln ab, die sich schon heute empfehlen lassen. Die Hauptsache wird der Geist des Volkes sein, der sich zur Arbeit drängen muß. Allerdings, daß wir immer schon ein arbeitsfrohes Volk gewesen sind, erschwert unsere Lage: unsere Reserven sind in dieser Beziehung kleiner, als die der Völker, bei denen es eine Art Lebensideal war, schon in frühen Jahren die Arbeit einzustellen und eine Nachkommenschaft zu hinterlassen, die überhaupt nicht mehr zu arbeiten brauchte. Aber gewisse Menschenreserven haben auch wir noch. Um sie aus allen Ecken herauszuholen, muß das Volksbewußtsein noch mehr als bisher mit dem Gedanken vertraut werden, daß die Überwindung der Übergangszeit davon abhängt, daß jeder, der arbeiten kann, auch wirklich arbeitet. Das ist jene allgemein-volkswirtschaftliche Heilsamkeit des Vermögensopfers, die ihm über seine finanzielle Wirkung hinaus noch zukommt: es treibt zur Arbeit, zum Mitschaffen am Wiederaufbau der deutschen Volkswirtschaft.

Wenn das Ergebnis der Volkswirtschaft neben der Zahl der Personen auch von der Zahl der Stunden abhängt, die diese Personen arbeiten, so stößt freilich die Forderung nach möglichst großer Stundenzahl auf eine klar und deutlich vorhandene gegenteilige Entwickelung. Daß das deutsche Volk im allgemeinen zu viel arbeitet und zu wenig Zeit sich für Erholung läßt, ist im Laufe der letzten Generation wohl gemeinsame Überzeugung der Hygieniker, der Sozialpolitiker und aller denkenden Beobachter der Volksseele geworden. Daß eine Arbeiterschutz-Gesetzgebung, die einen so großen Widerstand zu überwinden hatte, wie die des Jahres 1890 gleichwohl nicht wieder rückgängig gemacht, sondern durch ein Vierteljahrhundert hindurch Jahr für Jahr weiter ausgebaut wurde, ist ein unwiderlegliches Zeugnis für das Allgemeinwerden jener Überzeugung; um so mehr, da neben den gesetzlichen Bestimmungen zur Beschränkung der Arbeitszeit die tatsächliche Entwickelung noch darüber hinausging. Daß wir die Kraft unseres Heeres zu einem bedeutenden Teile dem Schutze verdanken, mit dem die Arbeitskraft umgeben wurde, wird heute von keiner Seite mehr verkannt. Der Übergang von dem Bauernheere des Jahres 1870 zu dem überwiegend städtischen Heere von 1914 wäre ohne Schaden für die Wehrkraft nicht möglich gewesen, wenn nicht die industrielle Bevölkerung der Städte den Schutz der Gesetzgebung und der sich neu bildenden Arbeitsgewohnheiten gehabt hätte. Daß das unter dem Zwange des Krieges suspendierte Arbeiterschutz-Recht so schnell wie möglich wieder in Kraft gesetzt werden muß, darüber besteht Übereinstimmung. Dennoch werden weitgehende Ausnahmebefugnisse nicht zu entbehren sein. Ebenso wie der Einzelne in seinem privaten Leben eine Überanstrengung ab und zu muß ertragen können, ohne daß er darum an seiner Gesundheit Schaden nimmt, so kommen auch im Leben der Völker Zeitabschnitte, in denen eine solche Überanstrengung möglich sein muß. Sehr oft wird die Ingangsetzung einer noch still liegenden Industrie davon abhängig sein, daß in einer anderen, die ihr die Rohstoffe liefert, Überstunden gemacht werden. Dann hat die Arbeiterschaft als Ganzes ein Interesse daran, daß nicht ein Teil sich gegen diese stärkere Heranziehung sträubt. Namentlich in den Bergwerken und in allen Halbfabrikate liefernden Industrien wird dies der Fall sein. Aber auch umgekehrt ist die Tätigkeit dieser davon abhängig, daß gewisse Fertigfabrikate — wie z. B. Maschinen für den Bergbau — rechtzeitig zur Verfügung gestellt werden. Soll die Gesamtproduktion so in Gang gebracht werden, daß ein Rad in das andere greift, so müssen die Arbeiter jedes Erwerbszweiges ein Einsehen haben, das über den eigenen Beruf hinausgeht. Sie werden es haben, wenn die Maßregeln der Übergangszeit nicht von oben her aufgezwungen, sondern unter Teilnahme von Arbeiter-Vertretern beraten werden. Auch damit ist in dem Hilfsdienstgesetz ein Anfang gemacht.

Die dritte und wichtigste Rücksicht bedeutet die Intensität der Arbeit. In dieser Beziehung war schon in Friedenszeiten ein Rückschlag gegen die herrschend gewordenen Anschauungen notwendig. Als die Arbeiter anfingen, sich gegen die äußerste Anspannung der Arbeitskraft zur Wehr zu setzen, war dieses Bestreben berechtigt. Dem einseitigen Kultus der Akkordarbeit, der alles Risiko des Gelingens auf den Arbeiter abwälzen und durch Abhängigkeit des Verdienstes von der Anstrengung das äußerste Maß von Kräfteverausgabung herauspressen wollte, fingen die Arbeiter in den 70er und 80er Jahren an, das Schlagwort „Akkordarbeit Mordarbeit" entgegenzusetzen. Mit Recht machten sie darauf aufmerksam, daß die höheren Gesellschaftsklassen mit dem System fester Gehälter für sich Zeitlöhne eingeführt hätten, während sie der Arbeiterklasse gegenüber das System der Akkordlöhne rühmten; niemand käme auf den Einfall, einen Geheimrat nach Zahl und Umfang der erledigten Schriftsätze zu besolden, weil dadurch sein Fleiß angespornt werde. Indem die Gewerkschaften möglichst feststehende Stundenlöhne verlangten, gingen sie in England und Amerika so weit, ein System zu ersinnen, bei dem die Stundenarbeit möglichst wenig ergiebig sein sollte. Bei der Parole des Ca-canny galt der Arbeiter, der viel schaffte, als Versündiger am Standesinteresse, ja an der Standesehre. Wiewohl die schlimmsten Mißbräuche auf Deutschland nicht übergriffen, so war doch eine gewisse Tendenz vorhanden, den Lohn auf Kosten der Produktionsleistung zu vergrößern. Sobald diese Bestrebungen über die Linie, die sich mit gesundheitlichen Gründen rechtfertigen läßt, hinausgehen, sind sie nichts anderes als geschäftliche Plusmacherei. Von dieser gilt aber innerhalb der Volkswirtschaft überall das Gleiche: dadurch daß ein Mitglied der Volkswirtschaft einem anderen Geld abjagt, kann das Volk im ganzen nicht reicher werden. Wenn wir uns dies als allgemeinen Grundsatz klar gemacht haben (S. 216), so gilt er ohne Unterschied, ob es sich um Unternehmer oder um Arbeiter handelt. In einer Zeit, in der mehr als je das Gedeihen des einzelnen von der gesamten Volkswirtschaft abhängt, erwächst den Führern der gewerkschaftlichen Bewegung die doppelte Verpflichtung, die Rücksichten geltend zu machen, die ohnedies schon in den letzten Jahren erforderlich gewesen wären.

XIV.

Weniger genießen!

Dasselbe Volk, das so alle Muskeln und Nerven zu erhöhter Arbeit wird anstrengen müssen, soll sich gleichzeitig dessen bewußt werden, daß es auf der anderen Seite nur weniger genießen kann.

Weniger zunächst im eigentlichen Sinn: weniger an Menge. Gleich bei Beginn des Krieges meldeten sich die Ärzte, die schon seit einiger Zeit der Meinung gewesen waren, daß in Deutschland zu üppig gegessen werde. Kinderärzte machten darauf aufmerksam, daß es gewisse Kinderkrankheiten gäbe, die schon durch schwächere Ernährung allein ihre natürliche Heilung fänden. Die Üppigkeit erstreckte sich keineswegs bloß auf die wohlhabenderen Volksklassen. In einer jener Untersuchungen über Arbeiterernährung, die so ungern gesehen wurden, weil man dem Arbeiter das nun einmal nicht zu ändernde Los der Unterernährung nicht noch statistisch vor Augen führen wollte, hatte schon im Jahre 1891 der badische Gewerbeinspektor Wörishoffer das unerwartete Ergebnis gefunden, daß eine ganze Anzahl Familien physiologisch ausreichend, einige von ihnen schon eher überernährt wurden. Und Wörishoffer war ein Mann, der bei den Arbeitern aller politischen Richtungen volles Vertrauen genoß. Seit damals hat, wie in allen deutschen Bevölkerungsklassen so auch in der Arbeiterklasse, das Wohlleben erheblich zugenommen. Dabei braucht nicht bestritten zu werden, daß es noch immer viel Hungern und Darben in der Arbeiterschaft gab. Ja z. T. sind es die Darbenden selbst, die zu anderen Zeiten allzu üppig leben. Schon der ehemalige Berliner Ausdruck von der „trockenen Butterstulle" zeigte eine unberechtigte Verachtung gegen das

Butterbrot, wenn es nicht noch einen Fleischbelag trägt. Aber seit langer Zeit nennt der Berliner ein solches Butterbrot abgekürzt eine „trockene Stulle", was die Verachtung noch deutlicher zum Ausdruck bringt. Überall hatte man in Deutschland sich gewöhnt, auf wohlschmeckende Speisen mehr Gewicht zu legen, als der Nahrungszweck erfordert. Jetzt ist durch den Krieg mehr Klarheit verbreitet worden. Jedermann kennt heute die Lehre von den Kalorien und dem Nährwert der einzelnen Speisen. Durch Brot-, Fleisch- und Kartoffelkarten haben wir alle gelernt, daß man beim Maßhalten im Essen sich wohler befindet, wenngleich wir in den letzten Monaten alle wünschten, daß die Lektion nicht über den Lehrzweck hinaus hätte verschärft zu werden brauchen. Die Knappheit der Nahrungsmittel wird im Augenblick des Friedensschlusses nicht plötzlich aufhören. Wir werden eine lange Übergangszeit haben, in der wir reichlich uns daran gewöhnen können, freiwillig so auf uns zu achten, wie es uns zunächst der Zwang gelehrt hat. Ebenso wird die Knappheit von Wolle und Baumwolle uns in der ersten Friedenszeit nötigen, unsere Kleider länger zu tragen und mehr abzutragen, als wir früher wollten. Es wird nicht gut angehen, daß man über jeden, dessen Rock schon abgeschabt ist, als eine „schäbige" Erscheinung spottet.

Deutschland galt immer für ein Land guten Haushaltens, pfleglichen Umgehens mit allem Brauchbaren. Und doch haben wir erst im Kriege gelernt, wieviel noch von dem verwertbar ist, was für unbenutzbar galt. Vornehm wegwerfen ist auch eine Art des Genießens, auf die wir lange werden verzichten müssen. Die Verwendung von Speiseresten, von Abfällen aller Art, die Fettherausziehung aus dem Spülwasser, die Zinnherausziehung aus alten Konservenbüchsen, die Verwendung von Altmaterial in der Industrie (wiewohl gerade dieses auch schon vor dem Kriege von Bedeutung war) zeigen noch weite Perspektiven. Früher waren Städte stolz darauf, durch „Müllabfuhr" die Sauberkeit zu fördern. Längst hat man erkannt, daß nicht die Beseitigung des Mülls, sondern seine Verwertung das eigentliche Ziel sein muß. Die wenigen Städte, die vor dem Kriege wenigstens die „Dreiteilung des Mülls" eingeführt hatten, haben während des Krieges reiche Nachfolge gefunden. Die Erfahrungen, die hier gemacht wurden, müssen weiter verwertet werden.

Unser Leben wird von dem Gedanken durchdrungen sein müssen, daß wir der Volkswirtschaft Arbeitskräfte ersparen müssen. So wenn man ein Geschäftshaus damit bemühen will, ein Paketchen ins Haus zu schicken, statt es selbst unter den Arm zu nehmen; wenn man eine Reisetasche durch die Paketbeförderungs-Gesellschaft an den Bahnhof schickt („es kostet ja nur ein paar Groschen"), weil man sich ganz mit Unrecht schämt, sie in der Straßenbahn auf dem Schoß zu halten. Kann der Wohlhabende durch Verzicht auf persönliche Bedienung der Volkswirtschaft viel Arbeitskräfte freimachen, so fallen die Lebensgewohnheiten der minder Wohlhabenden, wenngleich sie im Einzelfalle nur wenig über die mögliche Grenze hinausgehen, durch die größere Breite desto mehr ins Gewicht.

Nicht bloß in Essen, Trinken, Kleidung, Wohnung und dem, was man im eigentlichen Sinne als Bedarf bezeichnet, waren wir in der langen Friedenszeit über das Notwendige hinausgegangen. Es zeigt sich in allerhand Dingen, bei denen man nicht sofort an den volkswirtschaftlichen Einfluß zu denken gewohnt ist. Die Nachrufe hinter Verstorbenen haben im Inseratenteil der Zeitungen einen Umfang angenommen, der nicht nur ästhetisch abstoßend wirkt, sondern auch wirtschaftlich bedenklich ist. Ich greife aus den letzten Zeitungen ein Beispiel heraus. Am Freitag, den 30. März 1917, ersahen die Einwohner der Stadt N. aus der Anzeige eines Wahlvereins, daß ein Stadtverordneter des Ortes und Vorstandsmitglied dieses Vereins gestorben war. Nachgerühmt wurde: rastlose Arbeitskraft; nie ermüdende Tätigkeit; mit Rat und Tat bereit, für die Ziele der Partei seine ganze Persönlichkeit einzusetzen; daher allezeit ein treues und ehrendes Andenken. Machte diese erste Anzeige den Eindruck, daß sie nach einem feststehenden Formular verfaßt war, so zeichnete sich eine (2.) Vereinsanzeige, die im Sonntagsblatt erschien, durch den originellen Anfang aus: „Kurz nach Erreichung des 70. biblischen Alters . . ." Erst am Dienstag folgte (3.) die Familie mit der Mitteilung, daß die Beisetzung bereits stattgefunden habe; ein Beweis, daß die Familie ein peinliches Übermaß vorausgesehen und das Ihrige getan haben muß, um Steigerungen zu verhüten. Aber dicht dahinter folgen nun in demselben Blatte (4.) der Nachruf der kaufmännischen Firma für ihren „Seniorchef", ein besonderer Nachruf (5.) der Filiale der Firma, sodann

(6.) der Prokurist der Firma, (7.) das Personal der Firma, und nachdem man endlich glaubt, daß diese, eine ganze Spalte füllenden Nachrufe zu Ende seien, geht es auf der nächsten Spalte noch weiter, indem (8.) der Bezirksverein versichert, daß dem Verstorbenen die Anerkennung seiner Bezirksgenossen im reichen Maße zu teil geworden sei. Als Nachzügler endlich erscheint (9.) am Mittwoch die kirchliche Gemeinschaft, der der Verstorbene angehörte, obgleich hier anscheinend nichts zu rühmen war, als daß er sich dazu herbeigelassen hatte, das bescheidene Amt eines Mitgliedes der Veranlagungskommission auszuüben. Da muß man sich doch wirklich fragen, ob Deutschland in einer Zeit, in der es sich ein eigenes Hilfsdienstgesetz gibt, um alle Kräfte für das Vaterland mobil zu machen, die Arbeitskräfte übrig hat, die für Satz, Druck und Papier (in der Zeit der Papierknappheit!) erforderlich sind. Würden wir irgend etwas von Wert verloren haben, wenn diese Art Anzeigen endlich aufhörte? — Aber alles, was mit dem Tode zusammenhängt, ist bei uns durch die Sitte zu einer erbarmungslosen Kostspieligkeit gesteigert. Ein wenig welterfahrener Referendar, dem die Aufgaben eines Vormundschaftsrichters übertragen waren, fand, daß aus einem Nachlaß von 1000 ℳ etwa 700 ℳ auf Beerdigungskosten verwendet waren. Er war derartig entrüstet, daß er von dem Vormunde Erstattung der unnötig aufgewendeten Kosten an seine Mündel verlangte und einen Prozeß anstrengte. In dem Prozeß wurde er auf seine Unerfahrenheit aufmerksam gemacht: der Vormund habe nicht mehr aufgewendet, als unter den Lebensverhältnissen der Familie alltäglich sei. Rechnet man zu den Beerdigungskosten noch hinzu, was nicht aus der Nachlaßmasse bestritten wird, was an ungezählten Kränzen und Blumenspenden selbst bei bescheidenen Vermögensverhältnissen auf den Sarg gelegt wird, so muß man den dringenden Wunsch haben, daß hier etwas Mäßigung Platz greife, vielleicht auch eine herrschende Anschauung durch die gegenteilige ersetzt werden möge. Angesichts des Todes dürfte der Unterschied zwischen reich und arm nichts Maßgebendes haben. Die Schmucklosigkeit des Begräbnisses sollte nicht mehr gemildert werden, als eine wohltuende Einwirkung auf die Leidtragenden in gewisser Weise erfordert. Aber abgesehen selbst von diesen ethischen Forderungen muß auch schon die bloße volkswirtschaftliche Rücksicht ein Gleiches erzwingen: die Volkswirtschaft als Ganzes hat die Arbeitskräfte nicht übrig, die für diesen Zweck alltäglich in Bewegung gesetzt werden. Für die Lebenden zu sorgen ist wichtiger. „Laß die Toten ihre Toten begraben!" — — —

Nicht nur in der Menge, sondern auch in der *Qualität* werden wir uns Zurückhaltung auferlegen müssen. Wir werden an Feinheiten des Genießens nicht mehr dieselben Ansprüche wie vorher stellen dürfen. Zwar wenn wir von einer einreißenden Üppigkeit um die Jahrhundertwende sprechen, so haben wir Sünden, wie sie sonst in Zeiten übertriebener Schwelgerei ersonnen wurden, schwerlich zu beichten. Nachtigallenzungen und indische Schwalbennester haben auf unseren Diners keine Rolle gespielt. Aber wenn auch die äußersten Exzesse, von denen die Geschichte früherer Zeiten berichtet, bei uns fehlten, die Neigung auf ausgesuchte Genüsse auszugehen, weil man „das Geld dazu hat", war vorhanden. Alles Raffinierte erfordert mehr Arbeit, als die Mittelleistung. Daß sich jemand nur in die feinsten Baumwollstoffe kleidet, nur die ausgekämmteste Wolle, das zarteste Leder tragen will, das wird nicht in demselben Maße zulässig sein, wie früher, weil die Volkswirtschaft die Arbeitskraft, die auf das feinste Weben und Zubereiten zu verwenden ist, für gröbere Aufbau-Arbeiten nötiger haben wird.

Wenn wir vollends früher noch nicht damit zufrieden waren, möglichst viel und möglichst auserlesen zu genießen, sondern auch noch die reichste *Mannigfaltigkeit* zur Auswahl haben wollten, so wird das am wenigsten möglich sein. Ein gewisser Verzicht auf individuellen Geschmack wird sich von selbst erzwingen. Übrigens diente die Mannigfaltigkeit, die man beanspruchte, nicht einmal immer einem individuellen Geschmack, sondern ging häufig aus bloßer Gedankenlosigkeit hervor. In vielen Fällen können Auswahl und Abwechselung geringer werden, ohne daß darum dem Individuum in dem, worauf es ankommt, weniger geleistet wird. Die Ingenieure bezeichneten früher bei jedem Maschinenbau die Schrauben genau mit Länge, Dicke und Gewindeform, wie sie hergestellt werden sollten. Nachdem man sich eines Tages geeinigt hatte, daß ein für allemal eine gewisse Anzahl Schraubenmuster der Produktion zugrunde gelegt werden, der Ingenieur nur bestimmen sollte, welche Nummer er haben wollte, stellte sich heraus, daß man mit der halben Arbeit die sogenannten individuellen Wünsche ebensogut befriedigt hatte. Was hier in der roheren Sphäre der Produktion möglich war, ist, wenigstens in vielen Fällen, auch bei Gebrauchsgegenständen möglich.

Freilich, wo diese Rücksichten auf größere Gleichmäßigkeit genommen werden, haben sie keineswegs immer die Wirkung, die wir hier im Auge haben. Der Mode wird z. B. nachgesagt, daß sie in dieser Beziehung durch Vereinheitlichung von Arbeitskräften spare. Nur indem man die Sommerkleider um die Pfingstzeit einheitlich in der und der Gestalt auf den Markt bringt, läßt sich mit verhältnismäßig geringen Kräften (oder, wie man gewöhnlich sagt, zu verhältnismäßig geringem Preise) die Masse der Bevölkerung kleiden. Das ist zwar an sich richtig. Indem aber die Herrschaft der Mode auf das engste mit ihrer Kurzlebigkeit verbunden ist, und beim nächsten Sommerbeginn der Gehorsam gegen die neue Mode mit derselben Energie und demselben Erfolge verlangt wird, hat der herrische Wechsel der Mode zur Folge, daß die Mannigfaltigkeit, die angeblich durch die Mode erspart wird, auf eine andere Art der Bevölkerung wieder aufgezwungen wird: statt der verschiedenen Arten nebeneinander tritt nun die Abwechselung hintereinander, die in vielen Fällen durch Außerdienststellen von Gegenständen, bloß weil sie „unmodern" sind, erst recht eine Vergeudung von Arbeitskräften herbeiführt. Der Verzicht auf Abwechselung im zeitlichen Nacheinander, d. h. die Befreiung von der arbeitvergeudenden Tyrannei der Mode, wird zu den schwierigsten Problemen der Nach-Kriegs-Zeit gehören.

XV.

Bessere Rücksicht nehmen!

Wir pflegen vom Rücksichtnehmen als von einem Akt der Höflichkeit zu sprechen oder doch den Ausdruck nur auf ein Verhalten anzuwenden, zu dem wir uns herbeilassen, ohne dazu verpflichtet zu sein. Dies ist in dem Sinne des Wortes nicht begründet. Der Handelnde hat sein Ziel im Auge und blickt vorwärts. Den Blick auch rückwärts auf die zu lenken, an denen er vorbeizuschreiten im Begriffe ist, kann unter Umständen zu seinen Verpflichtungen gehören. Ohne Rückblicken im Vorwärtsstreben ist menschliche Gemeinschaft nicht möglich.

Und gerade das wirtschaftliche Leben, das man sich gewöhnlich als die Welt des einseitigen Eigennutzes vorstellt, bringt diese Verbindung von Vorwärtsstreben und Rücksichtnehmen besonders anschaulich zum Ausdruck. Im Zusammenleben der Menschen zeitigt wirtschaftliche Arbeit den gehofften Erfolg nur, wenn auf Bedürfnisse und Zahlungsfähigkeit der andern die entsprechende Rücksicht genommen ist. Der Egoismus jedes einzelnen ist auf den Egoismus aller anderen eingestellt. Er ist es in so hohem Maße, daß wir diese Einstellung als Rücksichtnahme zu würdigen nicht gewohnt sind. Nur in Zeiten großer Wendungen der Volkswirtschaft müssen wir uns ihrer zuweilen bewußt werden.

Die allgemeinste Rücksichtnahme des volkswirtschaftlichen Getriebes besteht in der Rücksicht des Produzenten auf den Konsumenten. Gerade diese wird im Hinblick auf höhere Ergiebigkeit der Volkswirtschaft in der Zeit nach dem Kriege ein neues Gesicht erhalten. Nichts galt uns für so selbstverständlich, als daß der Produzent über das, was er produzieren will, lediglich nach seinen Gewinnaussichten entscheidet. Es kann eine Ware gute Gewinnaussichten bieten, während volkswirtschaftliche Gründe dafür sprechen, die Arbeitskräfte, die zu ihrer Herstellung erforderlich sind, einem anderen Ziele zu widmen. Muß die Parole „weniger genießen" durchgeführt werden, so muß die Durchführung schon beim Produzenten einsetzen. Eine gewisse Einengung der Produktionsfreiheit wird nach dem Kriege unvermeidlich sein. Es liegt im Interesse der Produzenten, Formen zu finden, in denen sie sich eine Selbstbeschränkung auferlegen können, damit nicht eine Einengung der Produktions-, d. h. der Gewerbefreiheit, durch Gesetz erforderlich werde. In vielen Fällen geht unser „Bedürfnis" nur darauf zurück, daß man das Mittel zu seiner Befriedigung uns so lange vor Augen gehalten hat, bis wir schon aus Nachahmungstrieb vermeinten, das Bedürfnis zu empfinden, obgleich der ganzen Entwickelung als ursprünglicher Trieb nur die Absicht der Gewinnerzielung zugrunde lag. Ist der Erfolg einmal erzielt, so wirkt er immer weiter. Ein Beispiel für dieses Weiterwirken. Nachdem erst mit Ansichtspostkarten ein „großes Geschäft gemacht" war, zog die Verpflichtung, den Reisegruß unter ein Bild zu setzen, immer mehr Leute in ihren Bann. Dann wurden für die wahllos angehäuften Postkarten Mappen hergestellt und uns so lange unter die Augen gehalten, bis das Bedürfnis, solche Mappen zu besitzen, erzielt war. Ja, es stellte sich sogar das „Bedürfnis" nach gedruckten Versbüchern ein, aus denen man gereimte und ungereimte Witze auf die Postkarten niederschrieb. Die Arbeitskräfte, die dazu erforderlich sind, um das Papier, die Druck- und Buchbinderarbeiten herzustellen, werden wir nach dem Kriege nicht frei haben. Noch weniger die für die Betriebsmethoden mit ihren Inseraten, Prospekten, Katalogen. Die Reisenden, die mit Mustersortimenten von Postkarten von Ort zu Ort zogen, werden eine Tätigkeit aufsuchen müssen, der für den Wiederaufbau der deutschen Volkswirtschaft eine höhere Rangstelle zukommt. Die großen Weltfirmen, die in aller Herren Länder Photographen schickten, um Aufnahmen zu machen, mögen daran viel Geld verdient haben; aber in Zukunft werden wir uns fragen müssen, ob die Volkswirtschaft als Ganzes diese Arbeitskräfte übrig hat. Die deutschen Firmen, die sich zum Ruhm anrechneten, die Postkarten mit Gelatine-Auflage versehen zu haben, und die sogar wünschten, es möge diesem verzierenden Gewerbe als einer „Veredelungsindustrie" das Privileg der zollfreien Ein- und Wiederausfuhr ausländischer Postkarten erteilt werden, werden hoffentlich zu der Einsicht gebracht werden, daß für diese Art Arbeiten in der deutschen Volkswirtschaft zunächst noch kein Platz ist.

An solchen Beispielen zeigt sich der unwirtschaftliche Einfluß der Modeherrschaft. Da die Mode ihre Zwangsherrschaft auf ihre Kurzlebigkeit gründet, so treibt sie den Produzenten dazu an, auf die Haltbarkeit der Ware kein Gewicht mehr zu legen. Indem die Mode die minder haltbare Herstellung bevorzugt, wird durch die schnellere Abnutzung der Ware die Gewöhnung an die Herrschaft des Modewechsels wiederum gefördert. In diese Zirkelbewegung bricht in jetziger harter Zeit die Notwendigkeit größerer Haltbarkeit der Ware hinein. Während des Krieges wurde verboten, gutes Sohlleder dadurch zu vergeuden, daß man schlechtes Oberleder dazu nahm. Wollen die Gewerbe vor weiteren scharfen Eingriffen der Behörden geschützt sein, so müssen sie in irgendeiner Art selbst dafür sorgen, daß die volkswirtschaftlich nötigen Rücksichten genommen werden. Wenn es schon eine Herrschaft der Mode gibt, so soll der absolute Monarch wenigstens einen aufgeklärten Despotismus ausüben. Moden, die dem Stande der Volkswirtschaft nicht entsprechen und vollends Moden mit unsinniger Stoffvergeudung müssen vermieden werden. Dies gilt nicht bloß von den Moden in Kleidern, Hüten, Schuhen. Mode gibt es in allen Gebrauchsgegenständen. Für Briefumschläge wird erst das Papier so zweckwidrig hell genommen, daß der Inhalt durchscheint. Dann wird eine neue Mode aufgebracht, die den Fehler durch Fütterung mit farbigem Papier wieder gut macht. Nun ist das „gefütterte Kuvert" so unbedingt die „neueste Mode", daß niemand mehr wagen darf, einen anderen Papierkasten auf den Geburtstagstisch zu stellen. Und obgleich alle Welt von der Sinnlosigkeit der Einrichtung überzeugt ist, daß man eine doppelte Hülle verwendet, wo eine einfache ausreicht, daß man ein Futter anbringt, wo es für die Handhabung nur hinderlich und ärgerlich ist, so hält man sich doch an die „neuste Mode", — bis sie durch einen noch neueren Unsinn verdrängt sein wird. Hat ein Volk, das nach schwerer Drangsal seine Wirtschaft wieder aufbauen will, wirklich die Arbeitskräfte übrig, um Millionen und Abermillionen derartiger Verdoppelungen durchzuführen?

Wie schon bei der Produktion an den Verbrauch gedacht werden soll, so soll der Verbraucher auf den Produzenten Rücksicht nehmen. Im Verkehr der beiden hat sich während des Krieges die Fragestellung geändert. Früher fragte der Verkäufer im Laden: „Womit kann ich dienen?" Jetzt fragt die Hausfrau: „Was haben Sie heute?" Jene Frage war der Ausdruck eines Verhältnisses, in dem der Wunsch des Kunden Befehl sein sollte: was er wünschte, sollte beschafft werden (wenngleich, wie wir gesehen haben, ihm oft die Wünsche suggeriert wurden). Die neue Fragestellung zeigt das veränderte Verhältnis, in dem der Konsument sich vor allem nach dem richtet, was vorhanden ist. Die neue Gewohnheit nahmen wir während nes Krieges an, weil wir mußten. Zum Teil wird dieser Zwang in der ersten Friedenszeit fortdauern. Und soweit er nicht fortdauert, sollen wir glücklich sein, in Freiheit dasselbe tun zu dürfen.

Beinahe noch wichtiger als die Rücksicht auf die Gegenstände ist die **Rücksicht auf den Zeitpunkt**, zu dem sie verlangt werden. In dieser Beziehung kann man die Klagen über den Mangel an Rücksicht fast allgemein nennen; so allgemein, daß man sie fast schon als notwendige Begleiterscheinung hinnimmt. Über den Ansturm des Publikums klagen die Geschäftsleute aus notgedrungener Höflichkeit nur im Stillen. Das Publikum, das sich weniger zur Höflichkeit verpflichtet hält, läßt seine Klagen darüber, daß man bei keinem Handwerker die Innehaltung des versprochenen Zeitpunktes durchsetzen könne, mit ungezügelter Lautheit erschallen.

Daß es hier am richtigen Ineinandergreifen fehlt, und daß also in diesem Punkte die Heilung einsetzen kann, ist schon vor dem Kriege manchen Verwaltungsmännern klar gewesen. Aber die Reformvorschläge, die ursprünglich von anderen Anlässen ausgingen, waren mit manchen Mißverständnissen verbunden. Erst wenn wir neben der grundsätzlichen auch die praktische Seite der bisherigen Lösungsversuche kennen gelernt haben, wird die Bedeutung dieses Punktes für Erhöhung der Ergiebigkeit in der Volkswirtschaft klargestellt werden können. Für die richtige Ausnutzung der Arbeitskräfte ist dieser Punkt so wichtig, daß es wohl lohnt, ihn in einiger Ausführlichkeit zu behandeln.

Als man in den 80er und 90er Jahren anfing, die Arbeitslosen-Beschäftigung als praktisches Problem anzufassen, merkte man sehr bald, daß unter den sogenannten Notstandsarbeiten, für die man Geldmittel zur Beschäftigung der Arbeitslosen bewilligte, sich nicht bloß solche Arbeiten befanden, die lediglich zum Zwecke dieser Beschäftigung vorgenommen wurden, sondern (glücklicherweise) auch solche, die man in jedem Falle, wenngleich nur etwas später vorgenommen hätte. Diese zweite Art bezeichnete man als Arbeitsverfrühung. Der Erfolg einer solchen Rücksichtnahme auf die Arbeitslosigkeit mußte offenbar noch größer werden, wenn man die Maßregel von der außerordentlichen Veranlassung loslösen und in allgemeinerem Rahmen durchführte. Im Sommer ist in der Regel Mangel und im Winter Überfluß an Arbeitskräften. Daraus ergibt sich die Forderung, alle Arbeiten, die irgendwie im Sommer unterlassen werden können, in den Winter zu verlegen. Diesem Zwecke kann ebenso wie eine Arbeitsverfrühung, auch eine Arbeitsverspätung entsprechen. Um beides zu decken, suchte man für die geplante Neuerung die Bezeichnung „Arbeitsverschiebung" einzuführen. Die städtischen Verwaltungen von Frankfurt a. M. und von Charlottenburg waren in dieser Beziehung vorangegangen; es waren die beiden Gemeinden, die am frühesten eine geordnete Berichterstattung über den Arbeitsmarkt zum Bestandteil ihrer Verwaltung gemacht hatten. Anläufe zur Durchführung dieser Forderungen nahmen einen typischen Verlauf: eine Umfrage bei den verschiedenen Verwaltungszweigen trug Antworten ein, die Wohlwollen für dieses Bestreben bekundeten; nur gerade in dem betr. Verwaltungszweige sei eine Verschiebung nicht möglich, wie jeder Sachverständige zugeben werde. Diese Begründung konnte man auch so ausdrücken: die Personen, die für diese Arbeiten als Sachverständige anerkannt sind, sind noch nicht so ausgebildet, daß sie wissen, wieviel Unbequemlichkeiten man in den Kauf zu nehmen habe, um dieses volkswirtschaftlich bedeutungsvolle Problem der Arbeitsverschiebung der Lösung näher zu bringen. Soll daher in dieser Beziehung ein Schritt vorwärts getan werden, so kann man die Aufstellung einer Liste verschiebbarer Arbeiten nicht den einzelnen Ressorts überlassen, denn diese werden die Liste leer oder beinahe leer zurückgeben. Es muß vielmehr eine Zentralstelle von jedem Verwaltungszweige ein Verzeichnis aller Arbeiten verlangen, die innerhalb seines Geschäftskreises vorkommen. Erst auf Grund eines derartigen Verzeichnisses kann dann eine Durchberatung stattfinden, deren Ergebnis eine Liste der verschiebbaren Arbeiten wäre. Man stelle sich nur vor, daß eine einzige umfangreiche Verwaltung, wie etwa die preußisch-hessische Eisenbahngemeinschaft, auf diese Art es vollständig durchführte, daß jede Arbeit, die irgendwie die Wegverlegung vom Sommer verträgt, auf den Winter gelegt würde. Ein solches Vorgehen einer großen Verwaltung allein würde schon auf den ganzen deutschen Arbeitsmarkt wirken. Hätten dies mehrere Verwaltungen durchgeführt, dann könnte auf Grund dessen jeder Arbeitsnachweis in seinem Bezirk auf die allgemeine Durchführung hinwirken. Vor dem Kriege soll es in Deutschland bereits 20 Städte gegeben haben, die die Arbeitsverschiebung in Angriff genommen hatten; aber eine gewisse Wahrscheinlichkeit spricht dafür, daß sich darunter auch solche befanden, die nur deswegen bejahend antworteten, weil sie das Problem noch nicht erfaßt hatten.

Ihren bedeutsamen volkswirtschaftlichen Einfluß wird die Arbeitsverschiebung in vollem Maße erst üben, wenn nicht nur Behörden, sondern auch Privatleute diese Rücksicht nehmen. Heute entfesselt jeder Saisonwechsel einen Krieg aller gegen alle. An dem ersten Frühlingstage, der so warm ist, daß unter dem Winterüberzieher sich die Wärme zur Hitze steigert, zeigt sich die Fürsorglichkeit eines guten Hausvaters darin, daß er seiner Frau eine Szene darüber macht, daß der Sommerüberzieher nicht längst zum Schneider gegeben war. Dann beginnt langsam das Heraussuchen der Sommersachen und das Überlegen, ob es noch lohnt, sie auszubessern oder umzuarbeiten. Um Himmelfahrt wird dem Schneider ans Herz gelegt, die Sachen nur ja nicht wieder in der letzten Minute zu bringen, und um Pfingsten richtet sich ganz allgemein von Vater, Mutter und Töchtern der Unwille gegen den Schneider, der jene Mahnung nur mit Worten, aber nicht mit Taten befolgt hat. Der Hausvater bedenkt nicht, daß er früher einen anderen als schuldig bezeichnet hatte; noch weniger bedenkt er, daß er selbst, wenn er im Besitz der überlegenen Einsicht war, auf einen früheren Zeitpunkt hätte halten können. Dem armen Schneidermeister haben zehn andere Familien zu demselben Zeitpunkt dieselbe dringende Vorstellung gemacht, seinen Berufsgenossen desgleichen. Je mehr der Frühling vorschritt, wurden die Gesellen knapp und knapper, es folgten Überstunden und der unvermeidliche Rückschlag dagegen. Daß der Schneider unpünktlich war, war richtig; aber er war ein Erziehungsprodukt derer, die darüber klagten. Überanstrengung in der Hochsaison und Arbeitslosigkeit in den saisonfreien Jahresteilen bedeuten doppelte Kraftvergeudung. An beiden Übelständen (die im Grunde genommen nur einer sind) ist die Gedankenlosigkeit schuld, mit der wir immer noch dem Problem der richtigen Verwendung der Arbeitskraft gegenüberstehen. Wenn es in jedem Haushalt Regel und Gewohnheit würde, beim Wegräumen des Weihnachtsbaumes sich zu fragen, welche Sommersachen reparaturbedürftig sind, und vor Beginn der Sommerferien die Wintersachen derselben Durchsicht zu unterziehen, so würde, soweit die Bekleidungsgewerbe in Betracht kommen, ein großer Teil der Übelstände beseitigt werden.

Ganz allgemein: eine Bestellung soll man machen nicht wenn man *muß*, sondern wenn man *kann*. Das Gleiche beim Einkauf und bei Besorgungen aller Art. Auch gilt dies nicht bloß von den Jahreszeiten, sondern ebenso von den Tageszeiten. Alle Ladeninhaber klagen über die Neigung des Publikums, sich in den späten Nachmittagsstunden vor Ladenschluß zu drängen. Ist dies für viele Personen nötig, weil ihr Berufsleben ihnen keine andere Möglichkeit gibt, so ist es für die anderen doppelte Pflicht, die dünner besetzten Vormittagsstunden zu nehmen. Wieviel sich in dieser Beziehung leisten läßt, hat sich an einem Beispiel gezeigt, in dem die Geschäftsleute selbst lange Zeit die Rolle der rücksichtslosen Kunden gespielt hatten. Die Güterverwaltung einer großen Stadt beklagte sich über die späte Auflieferung der Frachtstücke. Als eine frühere Schlußstunde nichts half, weil doch immer die lange Reihe der im letzten Augenblick anfahrenden Rollfuhren abgefertigt werden mußte, führte die Eisenbahn-Verwaltung den „Lukenschluß" ein. Auf die Minute genau hörte die Abfertigung auf. Darüber zunächst ein großer Lärm und Beweis, daß die Maßregel gänzlich undurchführbar sei; wenige Wochen darauf eine so allmähliche Inanspruchnahme des ganzen Tages, daß der Lärm verstummte.

Es gibt ein Gewerbe, das sonst nicht als Mustergewerbe angesprochen zu werden pflegt, aber in diesem Punkte sich sein Publikum gut erzogen hat: die Umzugsspedition in den großen Städten. Ein aufs höchste gesteigerter Andrang um die Tage des 1. April und des 1. Oktober ist hier allerdings unvermeidbar. Aber durch hohe Preise für die Möbelwagen wird von diesen Tagen, ja schon von den vorangehenden Wochen im März und September erfolgreich abgeschreckt, und gegenüber den Mittelpreisen, wie sie etwa für Januar, Februar und die Sommermonate gezahlt werden, wird durch besonders billige Preise noch zur Benutzung der am wenigsten beliebten Umzugsmonate angelockt. Jedes Gewerbe sollte eine Untersuchung darüber anstellen, inwieweit auch bei ihm ein ähnliches System von Strafen und Prämien auf das Publikum erziehlich wirken könnte.

Die große zukünftige Bedeutung der „Arbeitsverschiebung' liegt darin, daß die Arbeit von der Zeit, wo sie für den gedankenlosen Kunden „bequem" ist, nach Möglichkeit auf die Zeit verschoben wird, wo sie dem Arbeitenden bequem liegt. Siemens hat einmal auf die Frage, wie er in einem Tag so viel erledigen könne, geantwortet: er fülle seinen Tag aus, wie man einen Koffer packe. Was vom Raum gilt, gilt von der Zeit. Was wir aber richtige Ausnutzung der Zeit nennen, ist in Wirklichkeit richtige Ausnutzung der Arbeitskraft in der Zeit. Wer mit dazu beiträgt, daß jede Arbeit in der Zeit geschieht, in der sie nicht ihm, sondern dem Gesamtbetrieb der Volkswirtschaft am besten liegt, sorgt mit dafür, daß Arbeitskräfte frei werden für Erhöhung der Ergiebigkeit der deutschen Volkswirtschaft.

* * *

Wenn wir gesehen haben, wieviel Rücksicht des Produzenten auf den Konsumenten und umgekehrt zur Erhöhung der Volkswirtschaft beitragen kann, so ist mit dieser zweifachen Beziehung das Thema nicht ausgeschöpft. Im volkswirtschaftlichen Getriebe fluten Waren und Menschen beständig durch- und gegeneinander. Dadurch ergeben sich beständig neue Aufgaben, wie durch schnellere und glattere Abwickelung des Reibungsverlaufes oder durch seine Vermeidung von vornherein sich Verluste verhüten oder ohne Aufwand von Mehr-Arbeit Mehr-Erträge erzielen lassen.

Das Hin- und Herfluten der Waren erscheint uns heute als naturgegeben. Indem jeder Produzent die gesamte Volkswirtschaft als sein Gebiet ansieht und überall „sein Geschäft zu machen sucht", schneiden sich die Kreise der Gewerbetreibenden. Durch Unterbietung und sonstige günstigere Bedingungen sucht jeder, tiefer in den Kreis des anderen hineinzukommen. So finden unaufhörlich Warenbewegungen nach entfernten Orten statt, die sich in der Nachbarschaft befriedigen ließen. Volkswirtschaftlich bedeutet dies eine unaufhörliche Vergeudung von Arbeitskräften im Transportwesen. Was man hier im Absatz der fertigen Waren beobachten kann, hat sich aber in dem gleichen Maße schon während der Herstellung in der Beschaffung der Produktionsmittel abgespielt. Es wird dies nicht etwa so weit gehen, daß der Breslauer Fabrikant Kohle aus Westfalen oder der rheinische aus Oberschlesien bezieht, wenn er die heimische ebenso brauchen kann. Aber groteske Beispiele müssen es schon gewesen sein, die das neu eingesetzte Kriegsamt vorfand und durch sehr einschneidende Maßregeln zu beseitigen versuchte.

Die Schwierigkeit der Abhilfe liegt darin, daß die Organisationen, die für die Beseitigung jenes Übergreifens am meisten leisteten, neue Übelstände herbeigeführt haben: die Syndikate. Die volkswirtschaftlichen Ersparnisse, die die Syndikate durch sachgemäße Abgrenzung der Kunden- und Lieferungskreise erzielt haben, sind so offenkundig, daß schon aus diesem Grunde an eine Beseitigung nicht mehr gedacht wird. Um so wichtiger wird die Frage, was mit Organisationen geschehen soll, deren Macht nicht zu entbehren ist und von deren Übermacht erdrückende Mißbräuche befürchtet werden. Eine befriedigende Antwort auf diese Frage weiß zurzeit niemand zu geben. Das wichtigste wird für den Augenblick sein, daß man wenigstens den Übelständen innerhalb der Syndikate kein schützendes Dunkel mehr gewährt. Nicht nur, daß jedes Syndikat anmeldungspflichtig sein muß; auch auf Offenlegung der Geschäftsbedingungen müßte bestanden werden. In dieser Beziehung sind die bisherigen Debatten sachwidrig verlaufen. Erhoben sich Klagen über schroffe Geschäftsbedingungen, so antwortete das Syndikat mit dem Nachweis, daß von den beanstandeten Bedingungen so gut wie nie Gebrauch gemacht worden sei. Würde der Grundsatz unbedingter Publizität auch nur einigermaßen beherzigt, so würde eine solche Entschuldigung, weit entfernt davon, beschwichtigend zu wirken, den Unwillen nur verschärfen. Sind schroffe Geschäftsbedingungen schon gefährlich, wenn sie schroff durchgeführt werden, so sind sie noch gefährlicher, wenn man sie in der Regel nicht anwendet, aber über den Beteiligten als Damoklesschwert schweben läßt. Diese Praxis läuft darauf hinaus, daß die wirklichen Geschäftsbedingungen geheim gehalten werden. „Milde Handhabung" bedeutet nichts anderes, als Willkürherrschaft. Es dürfte keinem Syndikat gestattet sein, von den einmal veröffentlichten Geschäftsbedingungen Ausnahmen anders als in einem bestimmt geregelten Verfahren zu bewilligen. Nur so kann der einzelne Kunde wissen, ob der Zwang, dem er sich fügt, wenigstens für ihn das Gute hat, daß er nicht schlechter gestellt ist, als sein Konkurrent. Da aus verschiedenen Gründen nach dem Kriege mit einer immer weiter reichenden Syndikatsbildung zu rechnen ist (S. 203), so wird der Grundsatz der

Publizität von steigender Bedeutung. Durch seine Verwirklichung würden wir ein Mittel erhalten, Arbeitskraft-Vergeudungen, die durch nutzlose Warenbewegung entstehen, der Volkswirtschaft zu ersparen.

Noch wichtiger freilich als Maßregeln, die sich auf Waren beziehen, sind alle die, die das Verhältnis der Menschen zueinander direkt betreffen. In dieser Beziehung liegt der größte Gewinn der Kriegszeit in der endlich durchgedrungenen restlosen Anerkennung der Massenorganisation der Arbeiter als eines Faktors der Volkswirtschaft. Die Ursache, weswegen diese Anerkennung sich früher nicht durchsetzte, lag nicht hauptsächlich in der Gesetzgebung, deren Hindernisse schon lange nicht mehr so groß waren, daß sie sich nicht hätten überwinden lassen. Ein Hauptgrund lag in der überlieferten politischen Vorstellung, daß für den Staat alles, was Masse ist, eine Gefahr bedeute, und daß er daher überall, wo eine Organisation ins Massenhafte geht, keiner anderen Seite noch eine Bedeutung beimessen dürfe, sondern die Organisation lediglich unter dem Gesichtspunkte der Massenansammlung anzusehen habe. Daher die Betrachtung von Organisationen, die geschäftliche Zwecke wahrnehmen (denn was ist der Lohn des Arbeiters anderes als der Geschäftsgewinn des Geschäftsmannes) unter dem hergeholten Gesichtspunkte der revolutionären Gefahr. Bei den Bezirksregierungen war es feststehender Grundsatz, daß der Dezernent für das Gewerbewesen mit dem politischen Dezernenten identisch sein müsse. Diese Anschauung wurde dadurch bestärkt, daß in Deutschland die Arbeiterorganisationen ihrer Entstehung und Entwickelung nach in der Tat einen Zusammenhang mit der Politik zeigten. Freilich einen Zusammenhang, der sich ebensowohl behaupten, wie bestreiten und daher nicht anders, als mit Eingehen auf Einzelheiten klarstellen läßt.

Um die Zeit der Begründung des Norddeutschen Bundes, wo die Gewerbefreiheit im gewerblichen Leben eine der Hauptforderungen des Liberalismus war, haben die Liberalen diese Freiheit auch für die Arbeiter gefordert und ihnen schmackhaft zu machen gesucht. Die beiden fortschrittlichen Abgeordneten Max Hirsch und Duncker beriefen im Jahre 1868 einen Kongreß zur Begründung von „Gewerkvereinen" nach englischem

Muster. Die kleine sozialdemokratische Partei, die nach Lassalles Tode unter der Führung von v. Schweitzer stand, suchte dem zuvorzukommen und berief auf ein paar Tage früher einen Kongreß zur Begründung von „Gewerkschaften" ein. Zwar wurden weder die Hirsch-Dunckerschen Gewerkvereine der Fortschrittspartei, noch die Gewerkschaften der Sozialdemokratie offiziell einverleibt. Aber es entwickelten sich stillschweigend Zusammenhänge. Als vollends in den 12 Jahren Sozialistengesetz (1878 bis 1890) die Polizeibehörden dieses Gesetz auf die Gewerkschaften anwandten; als infolgedessen nur noch solche Personen die Führung von Gewerkschaften übernahmen, die als überzeugte Sozialdemokraten bereit waren, den Kampf gegen die Polizei aufzunehmen; als andererseits die Hirsch-Dunckerschen Gewerkvereine sich gegen polizeiliche Gefahren durch einen Revers zu sichern suchten, worin ein eintretendes Mitglied bezeugte, nicht der Sozialdemokratie anzugehören: da waren in der Tat jene politischen Zusammenhänge geschaffen. Dazu kam, daß namentlich in Gegenden, in denen die Arbeiterschaft überwiegend katholisch war, sich christliche Arbeiterorganisationen (im Bergbau, in den Textilgewerben u. a.) bildeten, und diese hatten, selbst wenn sie sich auf beide christliche Bekenntnisse erstreckten, eine gewisse natürliche Anlehnung an parlamentarische Gruppen (Zentrum, Konservative). Daneben traten noch einige andere Organisationen, die entweder auch durch den Anschluß an bestimmte politische Richtungen oder durch das Abrücken von solchen charakterisiert wurden. — Mit dem Ablauf des Sozialistengesetzes (1890) fielen auch die Gründe fort, die an die Spitze der Gewerkschaften immer wieder Personen brachten, die entschlossen waren, sich dem politischen Kampf mit der Polizei auszusetzen. Auch legten die Gewerkschaften Gewicht darauf, jetzt in höherem Maße als früher geöffnet zu sein, und brachten dies in der nach und nach üblich werdenden Bezeichnung als „Freie Gewerkschaften" zum Ausdruck. In der Tat traten in diese freien Gewerkschaften auch Arbeiter ein, die fest entschlossen waren, in einen sozialdemokratischen Wahlverein nicht einzutreten. Dennoch hielt sich der Gedanke eines Parallelismus der Gewerkschaften und der politischen Partei als zweier Organisationen der sozialistischen Arbeiterbewegung, die auch zuweilen öffentlich in gemeinsamen Kundgebungen auftraten. Ein Überblick über die Organisationen verschiedener Richtungen vor dem Kriege

Tab. 13. Arbeiterverbände Ende 1913.

1.	2.	Mitglieder 3.	Jahres-Einnahme in Mill. M. 4.	Jahres-Ausgabe in Mill. M. 5.	Vermögen in Mill. M. 6.
1.	Freie Gewerkschaften	2 525 042	82,2	75,0	88,1
2.	Christliche Gewerkschaften	341 735	7,2	6,1	9,7
3.	Deutsche Gewerkvereine (H.D.) . .	106 618	2,9	2,6	4,5
4.	Unabhängige Vereine	318 508	2,6	2,1	2,6
5.	Wirtschaftsfriedliche Vereine („Werkvereine", „Gelbe")	273 725	2,7	2,1	2,7
6.	Lokalorganisierte[1])	—	—	—	—
	Summe	3 565 628	97,6	87,9	107,6
7.	Konfessionelle Arbeitervereine[2]) . .	—	1,4	1,2	0,9
	Gesamtsumme		99,0	89,1	108,5

zeigt, daß sowohl nach Mitgliederzahl wie nach Vermögensstand die „Freien Gewerkschaften", die man noch immer als sozialdemokratische zu bezeichnen pflegt, weitaus überwogen; so jedoch, daß neben ihren 2½ Millionen Mitgliedern die eine Million der anderen Richtungen nicht mehr ganz gleichgültig waren. Nimmt man vollends die verschiedenen Verbände der Handlungsgehilfen, Techniker und Privatbeamten aller Art hinzu,

Tab. 13a. Angestellten-Verbände[3]) Ende 1913.

1.	Verbände 2.	Mitglieder überhaupt 3.	Mitglieder darunter Angestellte 4.
1.	Kaufmännische	643 963	562 716
2.	Techniker	148 016	137 332
3.	Bureaubeamte	28 782	28 767
4.	Landwirtschaftliche Beamte . .	23 748	20 645
5.	Verschiedene	96 834	80 981
	Summa	941 343	830 441

[1]) Angaben nicht bekannt geworden. [2]) Zu anderen, als gewerkschaftlichen Zwecken; die Mitglieder (804 059) z. T. in gewerkschaftlichen Verbänden und dort bereits gezählt.
[3]) Darunter auch solche, die bereits in Tab. 12 gezählt.

so verschob sich dieses Verhältnis noch mehr dahin, daß man die Gesamtheit aller Arbeiter- und Angestellten-Organisationen unter unpolitischen Gesichtspunkten zu betrachten hatte.

Diese in den Anfängen schon erkennbare Entwickelung hat der Krieg in schnellen Schlägen zu Ende geführt. Seit dem 4. August, an dem die Einstimmigkeit des Reichstages nur durch die politische Haltung der Sozialdemokratie erreicht wurde, hat diese endgültig innerhalb des politischen Lebens die Stellung einer Partei neben anderen Parteien erhalten. Alle Gründe, die gegen gewerkschaftliche Bewegungen aus einem politischen Mißtrauen gegen die Sozialdemokratie hergeleitet wurden, sind damit auch in den Augen ihrer politischen Gegner hinfällig oder wenigstens unaussprechbar geworden. Aber auch jene Art, Massenorganisationen in erster Linie unter dem ängstlichen Gesichtspunkte, daß sie Masse seien, zu betrachten, verlor ihre Grundlage, seitdem mit voller Deutlichkeit sich während dieses Krieges gezeigt hatte, daß die Volkswirtschaft ihrer Aufgaben nicht Herr werden konnte, wenn ihr nicht die Masse bereits organisiert zur Verfügung stand. Als der Gesetzentwurf über den vaterländischen Hilfsdienst erschien, und sämtliche Arbeiter- und Angestellten-Verbände sich auf gemeinsame Forderungen einigten, trat der rein gewerkschaftliche Gesichtspunkt, losgelöst von allen parteipolitischen Nebengedanken, zum ersten Mal in unser öffentliches Leben ein. Die Umarbeitung der Vorlage, die in dem Aufbau der drei Ausschüsse (Einberufungs-, Feststellungs-, und Schlichtungs-Ausschüsse) durchweg Arbeitgeber- und Arbeitervertreter vorsah, die ferner für die Ernennungen Vorschläge von Arbeiterorganisationen als Grundlage in Aussicht nahm, brachte zum ersten Mal die veränderte Stellung der Arbeiterorganisationen in unserem öffentlichen Leben zu deutlichem Ausdruck. Alle, die seit den 70er und 80er Jahren für den einfachen und klaren Gedanken eingetreten waren, daß der Staat die Organisation der Arbeiter nicht etwa bloß dulden, sondern daß er sie herbeisehnen und benutzen müsse, erlebten in der Schnelligkeit dieses Umschwunges eine Genugtuung, die innerlich desto größer war, weil äußerlich sich alles still und ruhig vollzog. Eine reife Frucht war vom Baume gefallen.

Und dennoch darf man diese Entwickelung nicht als abgeschlossen betrachten. Die Anerkennung der Arbeiterorganisation als eines nützlichen und unentbehrlichen Gliedes im Aufbau unseres Wirtschaftslebens wird erst dann vollständig sein, wenn die Arbeitgeber-Organisationen in demselben Maße anerkannt sind. Hieran hat es auf der Arbeiterseite lange gefehlt. Ähnlich wie gewisse Politiker in der Gesetzgebung bereit waren, das Recht der Arbeiter auf Koalitionen, und vollends auf Streiks, als unvermeidlich zu bewilligen, und doch jeder Koalition mit Mißtrauen und Unwillen entgegentraten, so haben die Führer der gewerkschaftlichen Bewegung das Recht der Arbeitgeber, sich zur Abwehr von Streiks oder zur Veranstaltung von Aussperrungen zusammenzutun, nicht bestritten, aber in jedem Einzelfalle einer solchen Organisation einen gehässigen Charakter nachgesagt. So lange die Arbeitgeber-Verbände zur Abwehr von Streiks noch gering an Umfang waren, rekrutierten sie sich in der Tat aus Kreisen, denen auch ein politischer Kampf gegen Arbeiterrechte nicht unsympathisch war. Heute aber sind die Arbeitgeber-Verbände bereits so umfangreich, daß schon aus dem äußeren Umfang auf überwiegend

Tab. 14. Arbeitgeber-Verbände 1913.

Reichsverbände	111
Landes- oder Bezirksverbände	511
Ortsverbände	2809
zusammen	3431
Von diesen beschäftigten sich	
allgemein mit Arbeiterfragen	181
im besonderen m. Verhältnis zwischen Mitgliedern u. deren Arbeitern	3250
Von der Gesamtzahl hatten 2303, bzw. 1822 Verbände Angaben über Zahl der Mitglieder, bzw. der Arbeiter gemacht. Bei diesen betrug die Zahl der Mitglieder	145 207
der Arbeiter	4 641 361

politische Farblosigkeit zu schließen ist. Jetzt ist der Zeitpunkt gekommen, wo auch von den Arbeiterorganisationen verlangt werden kann, daß sie die Arbeitgeber-Organisationen nicht bloß dulden, weil sie sie nicht beseitigen können, sondern daß sie sich von der Notwendigkeit derartiger Organisationen überzeugen. Die Arbeiterorganisationen können ihre volkswirtschaftlichen Aufgaben nur erfüllen, wenn ihnen die Arbeitgeber nicht als einzelne, sondern ebenfalls als Organisationen gegenüberstehen.

Gehen nun, wie es den Anschein hat, aus dem Kriege die beiderseitigen Organisationen in gegenseitiger Anerkennung hervor; ist man sich auf beiden Seiten endlich klar darüber, daß die Volkswirte, die die Notwendigkeit beider Organisationen in völliger Unabhängigkeit vom Parteileben von jeher betonten, endgültig Recht behalten haben: dann muß es möglich sein, sich dieser Organisationen zu bedienen, um die Störungen unseres Wirtschaftslebens durch die Arbeitskämpfe der Streiks und Aussperrungen im großen und ganzen zu beseitigen, d. h. sie auf seltene Ausnahmefälle zu reduzieren. Als die Gesetzgebung noch jede gemeinsame Arbeitsniederlegung mit Strafe bedrohte, war es nötig, das unbedingte Streikrecht für die Arbeiter nicht nur zu fordern, sondern ihnen auch als das Palladium aller Arbeiterrechte hinzustellen. Ja, man konnte damals den Führern der Arbeiterbewegung (die übrigens, wie wir gesehen haben, in der ersten Zeit mehr Liberale als Sozialdemokraten waren) nicht einmal Unrecht geben, wenn sie sagten, daß diese Überzeugung nicht anders in die Arbeiter hineinzubringen sei, als indem man wirkliche Streiks durchführte. Heute kann eine Inszenierung von Streiks bloß zum Zwecke der Ausübung des Streikrechts nicht mehr vorkommen. Aber es drängt sich auch theoretisch die Frage auf, ob denn, nachdem wir verhandlungsfähige Organisationen geschaffen und ihnen Schlichtungsausschüsse und behördliche Einigungsämter zur Verfügung gestellt haben, das unbedingte Streikrecht überhaupt noch nötig ist. Die fortgeschrittenste Arbeiterdemokratie der Erde, die Kolonie Neuseeland, hat schon durch Gesetz von 1894 in Rücksicht darauf, daß die Einigungsämter sich auf Arbeiterorganisationen gründeten, den organisierten Arbeitern den Streik untersagt; und die australischen Kolonien sind in demselben Maße gefolgt, in dem die Arbeiterdemokratie dort die Oberhand gewann. Die demokratische Entwickelung, die auf Gleichberechtigung der Arbeiterorganisationen in einigungsamtlichen Verhandlungen mit den Arbeitgeber-Vertretungen hinzielt, zielt unverkennbar gleichzeitig auch darauf hin, die einigungsamtliche Erledigung von Arbeitsstreitigkeiten nicht durch Streiks oder Aussperrungen zu gefährden.

In Wirklichkeit sind die gewerkschaftlichen Führer Deutschlands schon längst in diesem Sinne tätig. In allen größeren, über Deutschland zentralisierten Gewerkschaftsverbänden gibt es heute „Streikreglements". Wer nie ein solches Schriftstück gelesen hat, stellt sich bei diesem Namen ein Reglement vor, wie am besten Streiks einzuleiten seien. In Wirklichkeit beschäftigen sich die Streikreglements fast durchweg mit dem Problem, wie leichtfertige Streiks zu verhindern sind. In den Anfängen der Arbeiterbewegung tauchte bei jedem Streik die Behauptung auf, er sei durch „auswärtige Agitatoren" in die friedliche Arbeiterschaft hineingetragen. In vielen Fällen war die zur Phrase gewordene Redewendung gleichwohl wahrheitsgemäß; denn damals waren in der Tat die zentralen Führer von der Notwendigkeit, mit Streiks vorzugehen, überzeugt, während den örtlichen Gruppen die Überzeugung erst beizubringen war. Heute hat sich das Verhältnis umgekehrt. In örtlichen Gruppen entzündet sich leicht eine Kampfeslust, während die Führer, die in der Zentrale sitzen, mit dem Gefühl der Verantwortlichkeit handeln, und schon um den Kassenbestand nicht zu gefährden, sich von Kriegserklärungen möglichst fernhalten. Früher sprang, wenn ein Streik in Gang gebracht werden sollte, die Zentrale zu diesem Zweck mit Unterstützungen ein, bis dann der organisierte Streik sich selbst unterhalten mußte. Heute hat auch hierin das Verhältnis sich umgekehrt. In kluger Weise erklären die Streikreglements, daß die Unterstützung von der Zentrale aus erst mit der 3., 4. oder 5. Woche beginne; d. h. den kampflustigen Lokalgrößen wird zu Gemüte geführt, daß sie sich vor einem Streik hüten mögen, den sie nicht selber eine gewisse Anzahl Wochen aus eigener Kraft unterhalten können. Praktisch ist die Bekämpfung von Streiks in der heutigen gewerkschaftlichen Bewegung bereits vorhanden. Man kann wohl sagen, daß zur Verhütung leichtsinniger Streiks die Gewerkschaftsführer viel mehr getan haben als alle die, von denen sie der Streiklust geziehen werden. Nur noch darum handelt es sich, die Ideenentwickelung durch ein lautes und entschiedenes Bekenntnis zum Abschluß zu bringen.

Der Umfang der Arbeitsstreitigkeiten geht aus folgender Tabelle hervor.

Tab. 15 (S. 244).

Zählt man Streikende und Ausgesperrte zusammen, so ergiebt das im Jahre Arbeiterziffern zwischen 700 000 und 1 000 000. Allerdings besitzen wir keine allgemein anerkannte Statistik über die Dauer der Streiks. Rechnet man aber im Durchschnitt auf den Streik auch nur 8 oder 14 Tage, so ergäbe dies schon zwischen 700 000 und 2 000 000 verlorener Arbeits-

Tab. 15. Streiks und Aussperrungen 1910 bis 1913.

			Streitigkeiten[1])	Betriebe	Streikende (Ausgesperrte)
1.	2.		3.	4.	5
1.	Streiks	1910	2113 (786)	8 276	374 038
		1911	2566 (883)	10 640	594 860
		1912	2510 (1094)	7 255	887 041
		1913	2127 (872)	9 007	572 842
2.	Aussperrungen	1910	1115 (24)	10 834	306 613
		1911	232 (13)	1 933	300 953
		1912	324 (15)	2 558	143 907
		1913	337 (15)	6 579	82 556

wochen im Jahre. Dazu aber kommt, daß der Streik einer Arbeitergruppe sehr häufig ein unfreiwilliges Feiern anderer zur Folge hat; auch reicht die bloße Störung eines Betriebes in ihren Folgen oft weit über die Zeit der Unterbrechung hinaus. Die Schäden, die durch Streiks und Aussperrungen der Volkswirtschaft angetan werden, und die die Arbeitgeber und Arbeitnehmer schließlich gemeinsam zu tragen haben, entziehen sich jeder Berechnung. Sie sind desto größer, da Angriffs-Streiks gerade an solchen Zeitpunkten einsetzen werden, wo die Geschäftsentwickelung günstig ist; und wenn sich dies bei den Aussperrungen auch nicht vermuten läßt, so sind doch viele von ihnen bloße „Präventivkriege", die einem befürchteten oder leise einsetzenden Streik zuvorkommen wollen. Während des Krieges ist das deutsche Wirtschaftsleben von Streiks, wenn auch nicht so vollständig, wie man gewöhnlich meint, so doch in sehr weitem Umfang verschont geblieben. Setzen nach Friedensschluß während des Wiederaufbaues des Wirtschaftslebens Streiks und Aussperrungen ein, so wird jede Entwickelung unsicher. Was wir an dem Kolossalbeispiel des Weltkrieges erlebt haben, daß man nicht Herr darüber ist, wie weit der Kampf um sich greift, können wir, wenn erst wieder in die Interessengegensätze die Kampfparole hineingeworfen wird, auch in Arbeitsstreitig-

1) Die kleinen Ziffern in Klammern geben die Zahl der Streiks und Aussperrungen an, die gar keinen Erfolg hatten

keiten erleben. Entweder Arbeitgeber und Arbeiter lassen sich beim Wiederaufbau des Wirtschaftslebens von dem Gefühle leiten, daß ihre gemeinsamen Interessen an diesem Wiederaufbau größer sind, als das örtliche und Brancheninteresse einer einzelnen Gruppe sein kann; und sie geben sich innerlich das Wort, in gemeinsamen Beratungen das mutmaßliche Ergebnis eines Kampfes vorweg zu nehmen, auch wenn die Beratung nicht in allen Punkten beide Teile überzeugt; — oder aber sie setzen sich unberechenbaren Störungen und gemeinsamen Schädigungen aus. Wieviel bei einem Verzicht auf das Kampfesmittel geopfert wird, darüber werden die Kampfbereiten im Einzelfalle schwer ein sicheres Urteil gewinnen können. Es aber im allgemeinen zu gewinnen, ist schon leichter. Wir besitzen internationale Statistiken über Streiks und Aussperrungen.

Tab. 16. Arbeitsstreitigkeiten nach Ländern (Jahresdurchschnitte).

			Streitigkeiten	Betriebe	Streikende Ausgesperrte	Von 100 Streitigkeiten waren ohne jeden Erfolg
1.	2.		3.	4.	5.	6.
1.	Deutschland .	1909—13	2595	12 728	327 593	34,4—47,8
2.	Österreich . .	1909—12	704	3 138	107 133	14,7—32,0
3.	Frankreich . .	1909—12	1285	10 708	239 746	26,1—66,5
4.	Belgien . . .	1909—12	150	443	40 925	18,1—66,3
5.	Italien . . .	1909—11	1167	—	268 250	22,7—25,9
6.	England . . .	1909—12	682	—	654 866	9,3—22,3
7.	Niederlande .	1909—11	209	735	15 843	32,4—50,9
8.	Verein. Staaten	1904—05	2303	10 983	332 737	48,4—49,4

Ihre Ergebnisse sind zwar im allgemeinen nicht vergleichbar, da große und industriereiche Länder selbstverständlich mehr Streitigkeiten haben müssen, als kleine und industriearme, und es gleichwohl nicht möglich ist, in dieser Beziehung brauchbare Maßstäbe zu finden. In bezug auf den Prozentsatz der Streiks aber, die mit vollem, mit teilweisem oder ohne Erfolg geendet haben, ist eine Vergleichung gestattet. Läßt sich auch der Erfolg nicht immer würdigen (da es fraglich ist, was alles als teilweiser Erfolg noch gezählt wird), so gibt doch die Rubrik der Streitigkeiten ohne allen Erfolg (Spalte 6) einen bestimmten

Anhalt. Dies sind Streitigkeiten, bei deren Beendignug der Streiklustige sich klar sein muß, daß er besser getan hätte, den Degen in der Scheide zu lassen. Der Prozentsatz dieser nutzlos begonnenen Streitigkeiten schwankte in den letzten 5 Jahren in Deutschland zwischen 34,4 und 47,8 %, d. h. er betrug in den einzelnen Jahren mehr als ⅓, ja, zuweilen beinahe die Hälfte aller Arbeitsstreitigkeiten. Rechnet man einen noch so bescheidenen Teil der Streitigkeiten mit teilweisem Erfolg den erfolglosen hinzu, so ergibt sich nach diesen Erfahrungen, daß die Wahrscheinlichkeit, durch einen Streik oder eine Aussperrung einen erheblichen Vorteil zu erzielen, noch nicht einmal wie 1:1 steht. Es soll kein entscheidendes Gewicht darauf gelegt werden, daß in den meisten anderen Ländern die Zahl der erfolglosen Streitigkeiten geringer ist; denn bei der Ungleichmäßigkeit dieser Statistiken wäre es wohl möglich, daß in anderen Ländern die erfolgreichen besser zur Meldung gelangen, als die erfolglosen. Daß aber in England die Zahl der erfolglosen Streitigkeiten so bedeutend geringer ist, wird schwerlich ein Zufall sein. Dies gibt doch wohl einen Fingerzeig dafür, daß hier die einigungsamtliche Erledigung oder Verhütung von Arbeits-Streitigkeiten bereits eine große Rolle spielt, entsprechend der längeren politischen Gewohnheit, sich gegenseitig auf dem Fuße der Gleichberechtigung zu behandeln.

Gegen obligatorische Schiedsgerichte hat sich selbst in gewerkschaftlichen Kreisen, die sie früher mit ausdrücklicher Bezugnahme auf australische Muster gefordert hatten, neuerdings ein Widerspruch geregt, weil sie der Tendenz verfallen, Lohnsteigerungen von den Preisen der Lebensmittel abhängig zu machen und so den Arbeiter stets auf demselben Niveau zu halten und das hohe Ziel einer Hebung des Lebensniveaus aus den Augen zu verlieren. Es wird die Zeit kommen, diesen Bedenken gerecht zu werden; in dem gegenwärtigen Zeitpunkt werden sie jedoch an Dringlichkeit durch andere Erwägungen überboten. Das Arbeiterinteresse erfordert, daß zunächst einmal der Boden bereitet wird, auf dem lohnende Arbeit überhaupt m ö g l i c h wird.

Wenn die Völker der Erde nach den furchtbaren Verwüstungen, die der Krieg auch in ihrer Wirtschaftsverfassung angerichtet hat, wieder daran gehen, die Faktoren des Wirtschaftslebens zur gewohnten Arbeit zusammenzubringen, so droht jedem Volke die Gefahr, ins Hintertreffen zu geraten, das die Mittel für das Zusammenwirken dieser Faktoren weniger zu benutzen versteht, als andere Völker. In der Ausbildung von Formen für ein gemeinschaftliches Verhandeln von Arbeitgebern und Arbeitern stehen wir jetzt hinter anderen Völkern nicht mehr zurück. Ja, wo wir hierfür andere Formen als die westeuropäischen Völker gefunden haben, läßt sich wohl die Meinung vertreten, daß sie unserem Volkscharakter und Verhandlungstemperament mehr entsprechen, als die ausländischen Muster es getan hätten. Gewerbegerichte und Einigungsämter sind nicht auf deutschem Boden entstanden. Jene sind eine französische, diese eine englische Einrichtung. Auf deutschem Boden haben sie eine durchaus eigenartige Entwickelung gefunden. Alles spricht dafür, daß wir an ihnen schon heute Mittel zur Verhütung von Streiks und Aussperrungen in demselben Maße besitzen, wie irgend ein Volk der Erde. Von den Beteiligten selbst wird es abhängen, ob sie sich dieser Mittel zu bedienen verstehen.

Das richtige Ineinandergreifen aller Vorgänge, die in ihrer Gesamtheit eine Volkswirtschaft ausmachen, ergibt ein schier endloses Thema. Will man die Beispiele nicht ins zahllose vermehren, so kann man ihre Wichtigkeit sich doch an einem rein formalen Moment klar machen: an der Bedeutung die das genaue Innehalten des Zeitpunktes hat. Hier stoßen wir noch auf eine andere, als die früher (S. 231) besprochene Bedeutung des Zeitpunktes. Der Ausspruch, daß Zeit Geld sei, ist nicht erst von den Engländern erfunden; ihn haben bereits die Weisen des Altertums gekannt. Und doch ist unser Leben bis heute von der Wichtigkeit dieses Grundsatzes noch nicht durchdrungen. Jeder Mensch wird um einen Teil seines Lebens gebracht dadurch, daß andere ihn warten lassen; und er bringt andere um einen Teil ihres Lebens dadurch, daß er sie wieder warten läßt. Wenn 40 bis 50 Millionen erwachsener Menschen täglich auch nur eine Viertelstunde mehr auf müßiges Warten verwenden müssen, als dem Lauf der Dinge nach nötig wäre, so bedeutet dies bereits für die deutsche Volkswirtschaft tagtäglich einen Verlust von 10 Millionen Arbeitsstunden, auf das Jahr gerechnet 3 Milliarden Arbeitsstunden. Gelingt es, das Warten und Wartenlassen soweit es vermeidbar ist, zu vermeiden, so hätte das die Bedeutung, als wenn Deutschland eine Million neuer Arbeiter zugeführt würde. Aber einstweilen ist unser ganzes Leben auf Bevorzugung der Unpünktlichen zugeschnitten. Wenn von 5 Leuten, die sich zu einer Besprechung verabredet haben, 3 pünktlich erscheinen, und, da sie sich schnell einigen können, wieder auseinandergehen, so halten sich die beiden Verspäteten, die das Beratungszimmer leer finden, für befugt, die andern der Rücksichtslosigkeit zu zeihen. Ihnen kommt der Gedanke nicht, daß ihre Unpünktlichkeit einen Mangel an Rücksicht darstellt. Die Hausfrau, die am Abend vor die Wahl gestellt ist, ob sie ihre pünktlichen Gäste hungern lassen oder die unpünktlichen Suppe und Braten nachessen lassen soll, ist nicht einen Augenblick im Zweifel, daß die Unpünktlichen den Vorzug verdienen. Die Folge solcher Lebensgewohnheiten ist, daß Pünktlichkeit kaum noch möglich bleibt. Die Steuer, die darauf gelegt ist, hat eine prohibitive Höhe erreicht, und die schlechte Behandlung wird unerträglich. Dazu kommt, daß der Sprache nachgerade die Ausdrucksweise für pünktlichen Beginn abhanden gekommen ist. Das „akademische Viertel" wird von vielen als selbstverständlich angesehen, so daß man „Beginn 8 Uhr" auffaßt als: „Beginn 8¼". Was man aber unter dem Ausdruck „Beginn 8¼" zu verstehen hat, darüber ist man sich nicht einig. Auch von Zusätzen wie „präzise", „pünktlich" o. ä. wird kein noch so erfahrener Interpret sagen können, ob man besser fährt, sich auf mit oder ohne „Viertel" einzurichten. Selbst dem gravitätischen Zusatz „sine termino" ist auch nicht mehr anzusehen, ob er ernsthaft oder phrasenhaft gemeint ist. Ja, da das richtige Warten erst nach Ablauf des akademischen Viertels beginnt, so hat die weitere Entwickelung hier offene Türen gefunden, und die Verschiedenheit der Lebensgewohnheiten in verschiedenen Kreisen bereitet uns hier noch immer erneute Überraschungen im Siege weiter schreitender Unpünktlichkeit.

Jetzt ist im deutschen Volksleben der Augenblick gekommen, um dieser Zeitvergeudung, die auch eine Art der Arbeitsvergeudung ist, Einhalt zu tun. Mindestens 4 Mill. pünktlichkeitsgewohnter Männer werden in kurzen Zwischenräumen in das Wirtschaftsleben eintreten. Die leitenden Stellen des Erwerbslebens werden überall von Personen voll sein, die aus dem Felde her gewohnt sind, Pünktlichkeit zu leisten und zu beanspruchen. Jetzt kann unserem gesamten Volksleben ein Ruck zur Pünktlichkeit gegeben werden. Haben die Universitäten, wie nach dem „akademischen" Viertel anzunehmen ist, die Führung in der Heiligung der Unpünktlichkeit gehabt, so könnten sie jetzt die Führung nach der gegenteiligen Seite übernehmen. An der wohlbewährten ¾-Länge der Vorlesungen braucht nichts geändert zu werden, nur mag man das freibleibende Viertel statt an den Anfang, an das Ende legen. Wenn alle deutschen Universitäten übereinkämen, die Vorlesungen mit dem Glockenschlage zu beginnen, so würde das bei dem großen vorbildlichen Einfluß, den die akademischen Gewohnheiten in Deutschland haben, der erziehlichen Wirkung zur Pünktlichkeit nicht ermangeln.

XVI.

Klarstellungen und Begrenzungen.

So oft wir in dem Vorstehenden auch auf einzelne Punkte mit größerer Ausführlichkeit eingegangen sind, so haben wir uns doch noch öfter einer Ausdrucksweise bedienen müssen, die nur die Hauptpunkte hervorhebt und der Gefahr des Mißverständnisses ausgesetzt ist. Bevor wir unsere Ausführungen zum Abschluß bringen, wird es gut sein, noch einige Klarstellungen und genauere Begrenzungen des Gesagten auszusprechen.

Wenn wir die Aufgaben, die dem deutschen Wirtschaftsleben gestellt sein werden, auf die einfache Formel brachten, „mehr arbeiten und weniger genießen", so liegt hier eine absichtlich schroffe Formulierung vor, weil nur diese die Richtung, in der wir uns zu bewegen haben, deutlich zum Ausdruck bringen kann. In Wirklichkeit aber vollzieht sich unser „Genießen" nicht immer in einem Aufbrauchen von Werten, das notwendigerweise einen Gegensatz zu Erarbeiten und Produzieren bildet. Es gibt auch Genüsse ohne Aufwand von Gütern und ohne Aufwand von Arbeitskraft. Man lese nur bei Thomas Morus nach, welche Genüsse der Weise sich zu verschaffen weiß, indem er sich daran gewöhnt, sie als solche zu würdigen. Andererseits gibt es in unseren gegenwärtigen Gewöhnungen „Genüsse", deren Fortfall, sobald nur der Umschlag der Gewohnheit einigermaßen überwunden ist, das Leben nur genußreicher gestalten wird. Wenn in den letzten Jahrzehnten sich die Gewohnheit einbürgerte, daß an allen Orten, wo Menschen zusammenkamen, Musik gemacht werden mußte, wobei dann die Menschen sich Mühe gaben, mit ihren Unterhaltungen die Musik zu übertönen und diese genötigt war, desto lautere Klänge erschallen zu lassen, so war dies vielen bereits ein Gegenstand des Widerwillens. Hierin stimmten mit den gründlich Unmusikalischen die musikalisch fein Beanlagten überein. Gelingt es, dieses Unwesen zu beseitigen, so wird nach kurzer Übergangszeit nicht geringerer, sondern größerer Genuß an die Stelle treten. In einer städtischen Vertretung, die alljährlich ihre Mitglieder zur Feier von Kaisers-Geburtstag einlud, hatte der Wettkampf zwischen Unterhaltungs- und musikalischem Lärm während der Festtafel einmal eine solche Ausdehnung gewonnen, daß man übereinkam, im nächsten Jahre die Musik nur zum Tuschblasen nach dem Kaisertoast zu bestellen und dann wieder abziehen zu lassen. Im nächsten Jahre herrschte an der Tafel eine vornehm ruhige Unterhaltung, die niemals zum Überschreien genötigt war. Alle waren mit der Neuerung zufrieden. Nur nicht die Musikanten. Diese wußten in Wahrnehmung ihres Geschäftsinteresses durchzusetzen, daß die Neuerung rückgängig gemacht wurde. Auch ein Beispiel dafür, daß der Produzent dem Konsumenten die Mode aufnötigt. — Der Kunstgenuß in unsern Theatern ist, seitdem auf die Ausstattung ein immer größeres Gewicht gelegt wird, auch immer kostspieliger geworden. Ob wir ein Drama nicht mehr genießen, wenn die Pracht der Ausstattung das, was das eigentliche Werk des Dichters ist, weniger überragt, das verdiente doch wenigstens einmal geprüft zu werden. Daß auf den Volksbühnen, wo für geringeres Geld eine bescheidenere Ausstattung gegeben wird, die Andacht der Zuschauer nur desto größer ist, spricht keinesfalls für geringeren Kunstsinn. Die athenische Bühne hat ihren Erfolg mit den bescheidensten Mitteln erreicht; mit wie bescheidenen unsere klassische Zeit, dafür ist die Ifflandsche Bühne in Mannheim auch in unserer

Zeit noch Beispiel gewesen. — In allen Formen unserer Geselligkeit werden wir wohl darauf Bedacht nehmen können, mit wenigen Mitteln doch mehr zu genießen. Zwar der Gedanke, das gesellige Leben, von den Tafelfreuden als ihrem Mittelpunkt gänzlich oder grundsätzlich zu trennen, hat die ganze Geschichte der Menschheit gegen sich. Vom antiken Opferschmaus bis zum modernen Diner hat die Menschheit stets das Bedürfnis besessen, Feste mit Festmahlen zu feiern, und es ist wenig wahrscheinlich, daß hier eine vollständige Trennung gelingen könnte. Daß aber jede gesellige Zusammenkunft diesen Mittelpunkt haben müßte (und es ist dies keineswegs, wie man häufig glaubt, nur in den oberen Gesellschaftsklassen der Fall), das ist nicht nötig. Unsere Genüsse würden sich nur erhöhen, wenn wir daneben auch andere Formen plaudernden geselligen Zusammenseins pflegten.

In den Punkten, in denen wir Forderungen ausgesprochen haben, wird es sich häufig um ein äußerst schwieriges Abwägen handeln. Dem Begriff des Genusses — um zunächst bei diesem Beispiel noch einen Augenblick zu verweilen — haftet ein subjektives Moment an, das ihm nicht entzogen werden kann. Auch das bloß Gewohnheitsmäßige hat hierin sein Recht. Die Anti-Alkoholisten mögen ausrechnen, wieviel ein Volk an Arbeit ersparen kann, wenn es den Genuß geistiger Getränke und also auch ihre Herstellung abschafft. Und doch hätte es seine Bedenken, einem Volke in einem Zeitpunkt, in dem es alle seine Kräfte zusammennehmen muß, einen Genuß zu entziehen, der der Menschheit seit den Tagen ihres gemeinsamen Stammvaters Noah als Gewohnheit anhaftet. Die die Mäßigung predigen, werden sich auch in ihrer Predigt Maßhalten auferlegen müssen. Nicht die Abstinenz, sondern die Temperenz kann in dieser Zeit Erfolge haben.

Wir haben die Gründe angeführt, die eine äußerste Arbeitsanspannung notwendig machen werden. Und doch wird man zugeben müssen, daß so schnell und so allgemein wie möglich nach dem Kriege der Arbeiterschutz und mit ihm die Beschränkung der Arbeitszeit wieder in ihr Recht eingesetzt werden muß. In den letzten Friedensjahren kam aus Amerika ein ganzes System zu uns herüber, das sich zur Aufgabe machte, die Arbeit rationell einzurichten. Die Arbeiter haben gegen dieses Taylor-System vielfach protestiert. Man wird nicht umhin können, nach dem Kriege jeden Kunstgriff, den man von diesem System lernen kann, herüber zu nehmen, und man wird gleichzeitig doch darauf Bedacht nehmen müssen, daß durch die Fülle dieser Kunstgriffe nicht Raubbau an der menschlichen Arbeitskraft getrieben werde. Manche dieser Schwierigkeiten wird sich dadurch heben lassen, daß von jetzt ab an allen Arbeitsangelegenheiten Vertreter der Arbeiter mitwirken werden. Je länger diese Mitwirkung dauert, mit desto größerer Sachkenntnis und desto geringerer Einseitigkeit wird sie geübt werden. Übrigens gibt es auch Arbeiterschutz-Maßregeln, die gerade während des Krieges sich durchgesetzt haben: die Nachtarbeit der Bäcker wird nicht wiederkehren.

Schonendes Umgehen mit Stoffen aller Art, wie wir es im Kriege gelernt haben, wird sich noch lange Zeit hindurch von selbst erzwingen. Selbst wenn die Rohstoffe anfangen werden, uns reichlicher zuzufließen, werden wir immer noch bedenken müssen, daß in jedem Gegenstande, den wir neu am Markte verlangen, neue Arbeit beansprucht, durch jeden alten Gegenstand, den wir weiter benutzen, statt ihn bequem zu verwerfen, Arbeit erspart und für andere Zwecke freigesetzt wird. Nur darf man nicht vergessen, daß auch Schonen und Sparen eine Arbeit ist, und daß es sich immer fragt, ob der Aufwand an Zeit und Mühe des Sparerfolges wert ist. Über diese allgemeine Formel hinaus kann kein Nationalökonom eine Anleitung zum Richtungnehmen geben. Es ist dies letzten Endes eine Frage der Erziehung. Da diese ihr Augenmerk darauf richten muß, an welcher Seite das Gegengewicht fehlt, da sie aber gerade durch ihre Erfolge das Gegengewicht an der entgegengesetzten Seite notwendig machen kann, so läuft hier alles darauf hinaus, dem Wechsel der Generationen den richtigen Einfluß zu gönnen. Uns älteren, die wir das Deutschland vor 1866/70, wenn auch nur als Kinder noch gekannt haben, hat in der Zeit, da Preußen sich „groß gehungert hat", die Mutter die Stelle in Auerbachs „Barfüßele" gezeigt, wo der Wert des Mädchens als zukünftiger Hausfrau daran erprobt wird, ob sie den Bindfadenknoten bequem durchschneidet oder sorgsam auflöst, den Faden nochmaliger Benutzung erhaltend. Als Deutschland sich weitete, als Befreiung von den Fesseln kleinlichen Denkens neue Wege zur Wohlhabenheit eröffnete, haben wir viel Arbeit auf uns verwenden müssen, um uns die Spargewohnheiten da wieder abzugewöhnen, wo sie nicht mehr lohnend waren, wo die Spartätigkeit Arbeitskraft-Vergeudung war. Aber die Grundlage unseres Wirtschaftssinnes blieb die Bindfaden-Sparsamkeit. „Nichts umkommen lassen" blieb uns das Ideal des guten Wirtes, noch mehr der guten Wirtin. „Wer den Heller nicht ehrt, ist des Talers nicht wert" klingt uns aus den Kinderjahren noch in den Ohren. Anders die junge Generation, die für jeden, der vorwärts kommen wollte, das Hinwegsetzen über Kleinlichkeiten schon als naturgegebene Notwendigkeit vorfand. Sie wuchs in eine Welt hinein, die so viele neue und leicht zu erlangende Werte schuf, daß die Neuanschaffung für weniger zu haben war, als die Ausbesserung, die Aufbewahrung kostspieliger war, als die Ersetzung des Weggeworfenen. Zwar hat der Krieg auch hier die Richtung abgelenkt. Man hat wieder gelernt, daß auch altes Zeitungspapier einen Wert hat. Aber wenn wir von solchen Einwirkungen des Krieges sprechen, denken wir allzu einseitig an die Daheimgebliebenen. Der Feldgraue kommt aus einem Leben, in dem das Ziel alles ist, und das Mittel nichts. Für die Millionen entlassener Soldaten, die wieder in das Wirtschaftsleben zurückfluten, hatte der Krieg die höchste Steigerung jener Lebensgewohnheiten gebracht, die dem winkenden Erfolge gegenüber die Opfer als unerheblich erscheinen ließen. Wer ein Klavier zerhackt hat, um den erstarrenden Gliedern ein Kaminfeuer bieten zu können, bringt nicht das Temperament peinlich genauen Abwägens nach Haus. Alles in allem wird die Generation, die von nun an für das Schicksal Deutschlands bestimmend ist, in jenen ihr natürlich gewordenen Neigungen durch den Krieg eher noch bestärkt sein. Der Rhythmus des Lebens wird dazu führen, Sparsamkeitsrücksichten als kleinlich erscheinen zu lassen. Und das ist der ausschlaggebende Grund, weswegen das Gegengewicht hier anzuhängen ist.

In den vorstehenden Darlegungen ist stets der „innere Markt" vorausgesetzt; mag man nun darunter den des Deutschen Reiches oder den eines weitergedehnten „Mitteleuropa" verstehen. Auf unsere zukünftigen Handelsbeziehungen zum Auslande, insbesondere zu dem jetzt feindlichen Auslande, ist nicht eingegangen. Dies soll an sich nur bedeuten, daß die hier erörterten Fragen einen selbständigen Problemkreis bilden und eine selbständige Behandlung vertragen; es soll aber damit nicht etwa einer möglichsten Abschließung vom Auslande das Wort geredet werden. Wenn wir unsere Volkswirtschaft auf das höchste Maß von Ergiebigkeit erhöhen wollen, so können wir auf kein Mittel verzichten, das diesem Zwecke dient, und also auch nicht auf den Außenhandel. Weswegen stellten wir in Friedenszeiten alljährlich an Eisenwaren und Maschinen aller Art, an Zucker, Farben, Heilmitteln mehr her, als wir brauchen konnten, und holten uns aus dem Auslande nicht etwa bloß Kaffee und Tee, Baumwolle, Rohseide, Kautschuk und ähnliche Güter, die in unserem Klima nicht wachsen, sondern auch fertige Garne, fertige Seidenstoffe und Tuche, die wir, wenn wir wollten, auch selbst hätten spinnen und weben können? Offenbar deswegen, weil wir in der Herstellung von Farben usw. ganz besonders erfolgreich waren und mit Hilfe dieser Erfolge soviel Farben hervorbrachten, daß wir dafür uns die Garne und Stoffe um einen geringeren Arbeitsaufwand ertauschen konnten, als wenn wir sie uns unmittelbar erarbeitet hätten. Wer uns rät, in Zukunft alles, was wir brauchen, im Lande selbst zu erzeugen, rät uns, etwas mit viel Arbeit zu beschaffen, was wir mit weniger Arbeit ebensogut (oder besser) beschaffen könnten. Er gibt uns einen Rat, der dem Streben, die Volkswirtschaft auf das Höchstmaß von Ergiebigkeit zu bringen, entgegengesetzt wäre. Was er empfiehlt, ist Vergeudung von Arbeitskraft. Die hier zugrunde gelegte Anschauung ist auch nicht etwa zwischen Freihändlern und Schutzzöllnern streitig; sie ist unbestreitbar und (was mehr heißen will) unbestritten. Worüber Freihändler und Schutzzöllner streiten, ist etwas anderes: ob und inwieweit es Rücksichten gibt, die bedeutsam genug sind, jenen Nachteil des minderen Gesamtergebnisses der Arbeit in den Kauf zu nehmen. Ob wir nach den Erfahrungen dieses Krieges gut tun, unseren gesamten Getreidebedarf im Inland zu erzeugen, ist eine Frage für sich, die hier nicht entschieden werden soll. Aber auch der Schutzzöllner, der die Frage bejaht, sagt sich damit nicht von jener (gewöhnlich als freihändlerisch bezeichneten) Anschauung los, daß das Gesamt-Arbeitsergebnis der Volkswirtschaft dadurch verringert wird; er sagt nur, daß ihm diese Verringerung leichter wiegt, als jene anderen Gründe. Wie man daher auch für eine einzelne Ware sich zu der Frage stellen möge: für das Verhältnis zum Auslande im ganzen würde der Wunsch nach Selbstgenügsamkeit nichts anderes bedeuten, als die ohnedies schon großen Schwierigkeiten des Wiederaufbaues noch um eine das ganze Wirtschaftsleben ergreifende zu vermehren.

Wenn gleichwohl jene im Grunde genommen, von keinem Volkswirte geteilte Vorstellung von der Erhöhung der Leistungsfähigkeit durch Beschränkung auf sich selbst, immer wiederkehrt und zu Zeiten etwas Volkstümliches gewinnt, so hat dies einen anderen Grund. Den Außenhandel kann man mit einfachen durchgreifenden Maßregeln an der Grenze beeinflussen; die innere Produktion unmittelbar zu beeinflussen, ja auch nur sie in allen ihren Einzelheiten kennen zu lernen, ist viel schwerer. Daher toben sich die wirtschaftspolitischen Debatten auf dem Gebiete der äußeren Handelspolitik aus, und man betrachtet den einzigen Teil des Wirtschaftslebens, den man unmittelbar beeinflussen kann, unwillkürlich als den größten und wichtigsten. In Wirklichkeit hat noch niemand berechnet, in welchem Verhältnis die Warenumsätze des Außenhandels zu der Güterproduktion im ganzen stehen. Über den Außenhandel gibt es Statistiken, über den inneren Markt nicht. Wenngleich also der Außenhandel seine Bedeutung unbestrittenermaßen in der Erleichterung und Ergiebigkeits-Erhöhung der volkswirtschaftlichen Arbeit besitzt, so spricht doch eine gewisse Wahrscheinlichkeit dafür, daß diese Bedeutung nicht so groß ist, wie die meisten von uns bisher annahmen. Es wäre ja auch nicht der einzige Fall, daß eine Sache deswegen bedeutend erscheint, weil sie umstritten ist. Natürlicher sollte es sein, die Dinge für die bedeutendsten zu halten, die unbestritten sind. Und danach können wir getrost vermuten, daß dem inneren Markt immerhin eine größere Bedeutung zukommt, als wir uns in der Hitze der Debatten zum Bewußtsein brachten.

Es läuft daher auf eine irreführende Problemstellung hinaus, wenn man fragt, ob man für die Ausfuhr oder für den inneren Markt arbeiten soll. „Für die Ausfuhr" zu arbeiten ist niemandem ein Ziel. Wenn ein Volk Arbeitskraft auf Erzeugnisse verwendet, die es selbst nicht braucht, sondern außer Landes schickt, so geschieht das immer nur, weil es dafür andere verwendungsfähige Waren hereinbekommt, die es selbst nur mit mehr Arbeit hätte herstellen können. Wer also „für die Ausfuhr" arbeitet, arbeitet ebenso für die Versorgung des inneren Marktes, wie jedes andere Mitglied der Volkswirtschaft. Ausgeführt wird nur, weil man einführen will (oder sich von dem anderen Volke mit Dienstleistungen versehen lassen will). Wenn dieses im gewöhnlichen Leben so oft verkannt oder vergessen, und „Steigerung der Ausfuhr" als das Ziel aller Ziele in der Wirtschaftspolitik hingestellt wird, so nur deswegen, weil wir im Zeitalter der Geldwirtschaft gewohnt sind, die Beschaffung von Gütern aller Art als die selbstverständliche Wirkung des Geldbesitzes zu betrachten und die Zweckreihen immer nur bis zur Erlangung des Geldbesitzes zu bilden, von da ab alles weitere der Verwendung des Geldes überlassend. Man sagt: wir wollen die Ausfuhr und das Geld dafür. Gemeint ist: wir wollen das Geld und was wir dafür einführen können. Um uns die einfache Wahrheit wieder vor Augen zu führen, daß ein Volk nicht dadurch besser versorgt werden kann, daß es Güter hinausbefördert, sondern nur dadurch, daß es solche hereinbringt, hat wirklich erst der Krieg mit allen seinen Mangelerscheinungen kommen müssen. Selbst wenn wir Mittel gehabt hätten, unsere Rheinweine und unsere Spielwaren in den größten Mengen nach Amerika und die höchsten Preise dafür in Sicherheit zu bringen, unsere Schwierigkeiten wären nicht um einen Grad geringer geworden, wenn es uns nicht außerdem gelungen wäre, Weizen, Mais und Kautschuk dafür einzuführen. Als Schweden erklärte, vom Auslande Zahlungen in Gold nicht mehr anzunehmen, weil es den Engländern den Weg verlegen wollte, sich mit Waren aus Schweden zu versorgen, ohne seinerseits Waren nach Schweden abzugeben, da glaubte man in der verkehrten Welt zu leben: der Lieferant weigert sich, Gold anzunehmen und will lieber in Naturalien bezahlt sein! In Wirklichkeit hat der Krieg — hierin wie in vielen anderen Dingen — nur die natürlichen Zielpunkte unseres wirtschaftlichen Strebens offengelegt, die sonst „unter dem Geldschleier" lagen. Die Waren**ein**fuhr zu erlangen, war immer Ziel des Außenhandels; nur hatte man sich gewöhnt, die Waren**aus**fuhr zu betonen, weil man es als selbstverständlich ansah, mit dem dafür erhaltenen Geld sich beschaffen zu können, was das Herz begehrt.

So starke Meinungsverschiedenheiten sich auch über die Mittel zum Ziele geltend machen werden, wenn wir in und nach den Friedensverhandlungen daran gehen werden, unsere handelspolitischen Beziehungen neu zu ordnen: das Ziel selbst wird den streitenden Parteien klarer dastehen, als vor dem Kriege. Alle Völker der Erde werden nach Rohstoffen ausgehungert sein. Der Gedanke, daß ein Volk Außenhandel betreibt, weil es Güter einführen will, läuft nicht mehr Gefahr, von sog. Praktikern als ausgeklügelte Studierstuben-Weisheit verschrieen zu werden. Man wird sich zunächst allgemein nach der Einfuhr reißen und wird sich vielfach gegen Ausfuhr sträuben.

Wenngleich nun hierbei die Unzertrennlichkeit der beiden Tauschrichtungen der Welt wieder wird zum Bewußtsein gebracht werden müssen (in entgegengesetztem Gedankengange, wie früher, und darum desto wirksamer) so wird dies doch nicht plötzlich und allgemein, sondern nur in der Form einer großen Reihe von Einzelentschlüssen geschehen. Schon in den Zollverhandlungen wird sich zeigen, daß wir über unsere Industrien keinen Überblick haben. Die Statistik von 1913 zollpolitischen Erwägungen heute noch zugrunde zu legen, ist kaum angängig. Dazu sind zuviele Industrien während des Krieges eingegangen, zuviele neu entstanden. Wir wissen nicht, welche „Ersatzindustrien" wieder verschwinden, welche sich dauernd halten werden. Und nachdem so oder so die staatliche Handelspolitik entschieden ist, haben Hunderttausende von Unternehmern die Frage für ihr privates geschäftliches Interesse noch einmal durchzudenken. Hierbei werden sie bewußt oder unbewußt immer aufs neue von Rücksichten auf die Volkswirtschaft als Ganzes beeinflußt werden und sie wechselseitig beeinflussen. Manche zur Wiederbelebung an sich geeignete Industrie wird daran scheitern, daß die Volkswirtschaft nicht mehr Arbeitskräfte zur Verfügung stellen kann, als vorhanden sind. Strömen sie einem andern Industriezweige reichlicher zu, so wird jener sich bescheiden müssen, d. h. erst die Erfahrung wird zeigen, ob in einem andern Industriezweige das Weltbedürfnis noch dringender ist, die Weltpreise höher treibt, damit höhere Löhne ermöglicht und die Arbeitskräfte so aufsaugt, daß sie jenem Zweige entzogen sind.

Dicht und gehäuft liegen Gründe und Gegengründe nebeneinander in der noch immer so genannten Frauenfrage, deren Vertreterinnen zumeist noch nicht gemerkt haben, daß sie sich längst in eine Reihe von Einzelfragen aufgelöst hat. Damit, daß während des Krieges den Frauen eine große Reihe von Tätigkeiten zugänglich geworden sind, die ihnen früher verschlossen waren, daß sie diese Tätigkeiten zu voller Befriedigung aller Beteiligten ausgeübt haben, ist keineswegs das Problem gelöst. Schon deswegen nicht, weil aus einer Veränderung der Männerarbeit sich andere Schwierigkeiten ergeben würden. Nun wird zwar in den Frauenzeitschriften aller Richtungen betont, keine Frau, die im Kriege einen Mann vertrete, dürfe daran denken, nach dem Kriege dem Mann die Rückkehr in seine frühere Stelle zu erschweren. Aber hieran hat auch vermutlich noch keine von denen gedacht, die im Platzhalten das Verdienstliche an ihrer Tätigkeit sahen. Die Schwierigkeit fängt erst da an, wo es sich nicht um „Kriegsvertretungen", sondern um allgemeine Verschiebungen handelt. Im Bankfach gab es unter den Gehilfen eine starke Bewegung, die grundsätzlich gegen die Beschäftigung von Damen war und tatsächlich wohl auch bei den meisten Großbanken die Anstellung von Damen entweder verhindert oder von allem, was banktechnische Tätigkeit war, ferngehalten hatte. Die Durchführung dieses Grundsatzes hätte während des Krieges vielfach zur Betriebseinstellung geführt. Es ist ein hartes Schicksal, sich nach dem Kriege sagen lassen zu müssen, daß jetzt wieder der Grundsatz in Kraft tritt, dessen Undurchführbarkeit in Zeiten der Not sich herausgestellt hatte. Wollte man andrerseits sagen, daß mit der tatsächlichen Leistung der Gehilfinnen die alte Streitfrage entschieden sei, so würde auch dies Wirkungen haben, die man sich bisher noch nicht vollständig klar gemacht zu haben scheint. Soll der Bankbeamte, Handlungsgehilfe usw., der jahrelang eine entgegengesetzte Richtung verfolgt hat, bei seiner Rückkehr damit begrüßt werden, daß die Zeit, in der er im Schützengraben mit Gefahr seines Lebens seine Konkurrentinnen beschützte, von diesen zu einem Siege über ihre Beschützer benutzt wurde? Diese Frage will beantwortet sein. Es ist nicht zulässig, sie durch die andere Frage bei Seite zu schieben, ob nicht jener Abneigung Bequemlichkeit, Konkurrenzfurcht, Brotneid, oder welche minderwertige Eigenschaft auch immer, zugrunde liege.

Daß die Entscheidung, die in dieser Zeit getroffen wurde, als endgültig angesehen werden soll, würde eine Unbilligkeit darstellen, wie sie in der Geschichte der sozialen Kämpfe kaum je dagewesen ist. Es scheint hier einer der Fälle vorzuliegen, in denen volle Gerechtigkeit nach beiden Seiten zu üben, über menschliche Weisheit hinausgeht. — Diese Fragen werden um so schwieriger werden, da sie sich nicht auf die Tätigkeitsgebiete beschränken, in denen es schon vor dem Kriege laut ausgefochtene Meinungsverschiedenheiten gegeben hat. Und zwar nicht bloß in dem gewöhnlichen Arbeiter-, Angestellten- und Beamtenverhältnis. Auch in leitende Stellungen sind überall Frauen eingetreten. Groß ist die Anzahl der landwirtschaftlichen Betriebe, die nur dadurch fortgesetzt werden konnten, daß die fehlende männliche Leitung durch eine weibliche ersetzt werden konnte, und nicht wenige wurden durch weibliche Arbeitskräfte allein (allenfalls von kindlichen unterstützt) versehen.

Da diese Entwickelung der allgemeinen Tendenz der Volkswirtschaft, nach dem Kriege alle verfügbaren Arbeitskräfte heranzuziehen, sich sehr wohl einfügt, so wird daraus die tunlichste Erhaltung der im Kriege errungenen Arbeitsmöglichkeiten für die Frau gefolgert. Wie wir aus anderem Anlaß (S. 217 bis 219) betonten, daß mehr Arbeit sich nur leisten läßt, wenn man die Arbeit dem Menschen anpaßt, so wird auch hier verlangt werden, daß nötigenfalls Arbeitszeiten in dem Umfange abgegrenzt werden sollen, wie auch die verheiratete Frau sie noch übernehmen kann. Da in der letzten Zeit die Richtung der Frauenbewegung, die ihr Ideal darin erblickt, daß jede Frau wie jeder Mann einen Beruf ausübt, im Vordringen begriffen ist, so liegt in diesem Zusammenstimmen verschiedener Entwickelungstendenzen eine Anzeige des mutmaßlichen nächsten Verlaufs. Eben darum wird es Zeit, das Aber zu betonen, das in Gefahr ist, übersehen zu werden, weil das Übersehen bequem geworden ist.

Wenn es einen Lebensberuf gibt, der mit Naturnotwendigkeit gewiesen ist, so ist es der der Mutter, der in der menschlichen Gesellschaft, wie sie heute besteht, mit dem der Gattin verbunden ist. Da nicht alle Mädchen zu Ehe und Mutterschaft gelangen, so wurde Vorbereitung zu bestimmten anderen Berufen gefordert. Tausend hergebrachte Vorurteile standen dem entgegen. Im Kampfe dagegen diese Forderung immer wieder und wieder zu betonen, war notwendig, wenn auch nur die dringendsten Anforderungen befriedigt werden sollten. Heute aber ist dieser Teil der Ideen-Entwickelung im großen und ganzen abgeschlossen. Die Behauptung, daß Mädchen nur für das Haus zu erziehen seien, wird von niemandem mehr aufgestellt. Die konservativsten Unterrichtsminister befördern die weibliche Berufs-Vorbildung von der Fortbildungs- bis zur Hochschule. Jetzt denselben Gedanken unaufhörlich betonen, heißt getane Arbeit tun. Statt dessen erhebt sich die neue Frage, inwieweit die schnellen Veränderungen der letzten Jahrzehnte dem Hauptberufe des weiblichen Geschlechts, dem mütterlichen, Abbruch zu tun geeignet sind; der Rückgang der Geburtenziffer fängt an, die ernsteste Sorge des deutschen Volkes zu werden. Geht die Entwickelung weiter so wie bisher, wird jeder neueröffnete und namentlich jeder höher besoldete Beruf als neuer großer Erfolg gerühmt und dadurch der heranwachsenden Mädchengeneration vor Augen gehalten, so wird ein Einfluß nach der Richtung geübt, daß auf Unverheiratetbleiben und Kinderlosigkeit geradezu eine Prämie gesetzt wird. Muß bei dem zu erwartenden Männermangel ein größerer Teil der Mädchen unverheiratet bleiben, so ist es nicht wünschenswert, daß gerade die geistig höchststehenden Mädchen immer mehr in „Berufe" hineingelockt werden. Schon heute macht es zuweilen einen peinlichen Eindruck zu sehen, daß der eine Teil der Frauenwelt die Kinder zur Welt bringt, während ein anderer den literarischen Beruf ausübt, Mutterschaft und Mütterlichkeit zu rühmen. — Wie diese Probleme gelöst werden sollen, ist schwer zu sagen. Wir stehen am Anfang des Nachdenkens, nicht am Ende. Zunächst wird es sich darum handeln, sich von den Redeweisen zu befreien, die so tun, als ob die Lösung glatt und einfach wäre, weil es einige Sätze gibt, die in der Tat vor 20 oder 30 Jahren verdienten, unaufhörlich wiederholt und in den Vordergrund gestellt zu werden.

* * *

Nach allen Seiten also wird das Wirtschaftsleben der ersten Friedensjahre ein abwägendes Nachdenken, ein Tasten und Versuchen erfordern. In weitem Umfange werden die Elemente des Wirtschaftslebens erst neu zu finden und neu in Zusammenhang zu bringen sein. Sich klar zu machen, in wie weitem Umfange es sich nicht um eine Rückkehr zur alten Friedenswirtschaft, sondern wirklich um einen Neuaufbau handelt, muß schon jetzt unsere Aufgabe sein.

Während des Krieges haben unsere Ausfuhrgewerbe im großen und ganzen ihre Tätigkeit eingestellt. Dafür haben wir die Urproduktion für unsere eigenen Zwecke gesteigert, und für die fehlende Einfuhr sind neue Ersatzindustrien aufgekommen. Daß im Frieden alles so bleibt, wie der Krieg es notgedrungen geschaffen hat, ist ausgeschlossen. Aber, daß der frühere Zustand glatt wiederhergestellt wird, ist ebenso ausgeschlossen. Umfang und Bedeutung der hieraus sich ergebenden Fragen sind von dem deutschen Volke immer noch nicht voll erfaßt. Wenn wir, statt Salpeter aus Chile zu holen, den Stickstoff aus der Luft herstellen, so sieht jederman darin nur den Gewinn. Er macht sich die Schwierigkeiten nicht klar, die daraus entstehen, daß der ehemalige Zustand in einen gänzlich veränderten übergeführt werden soll. Die Hamburger Segelschiffe, die den Chilesalpeter holten, waren eine hervorragende Leistung des Schiffbaus. Sie waren in der Südsee unter dem Namen der Laeißschen Schnelldampfer berühmt. Die Arbeitskräfte, deren Lebensberuf es war, an diesen erstklassigen Schiffen zu bauen und sie über See zu fahren, sind nicht ohne weiteres dazu zu verwenden, chemische Fabriken für Stickstoff-Gewinnung herzustellen und zu betreiben. Jene Schiffbauer und Segler müssen immer erst in verwandte Tätigkeiten gelangen, aus diesen andere verdrängen oder wenigstens ihnen den Nachwuchs fernhalten, und erst nach einer Reihe von Verschiebungen kann das Gleichgewicht wieder hergestellt werden. Alle Industrie- und Handelsgewerbe, die an jenen Schiffen eine billige und schnelle Rückfracht hatten, sehen sich nun vor die Frage gestellt, ob sie ihre alten Betriebe und Geschäftskalkulationen aufnehmen oder neue ersinnen müssen. Auch dies schlägt weitere Wellen auf dem Arbeitsmarkte. — Wenn wir für die fehlende Kupfereinfuhr unsere kleine Mansfelder Produktion bis aufs äußerste steigerten mit einem Kostenaufwand, wie er in Friedenszeiten niemals hätte gerechtfertigt werden können, so ist nun zu prüfen, ob etwa in Form der tatsächlich geschaffenen Anlagen der weitere Abbau lohnend geworden ist. Wird er fortgesetzt, so läuft das Problem für die zukünftige Friedenswirtschaft im

Vergleiche zur gewesenen in ganz ähnlicher Weise darauf hinaus, Schiffe in Bergwerksanlagen, Seefahrer in Bergleute umzuwandeln, was natürlich auch nur durch eine große Reihe von Verschiebungen möglich ist. Zum Teil haben wir das fehlende Kupfer durch Aluminium ersetzt, weil uns für dieses die Tonerde in nie geschätzter Menge zur Verfügung stand. Hier dieselbe Frage der Fortsetzung oder der Rückkehr zur Kupferverwendung. — Auch wo die Beziehung zum Auslande keine Rolle spielte, sind für den Inlandsmarkt in sich durch die Kriegsveränderungen die gleichen Unsicherheiten entstanden. Soll der Spielwaren-Fabrikant, der in der Kriegszeit eiserne Bettstellen für Lazarette hergestellt hat, der Pappefabrikant, der sich auf das Säckemachen (Juteersatz) gelegt hat, die chemische Fabrik, die früher eine bunte Warenmenge herstellte, im Kriege aber sich spezialisierte, — sollen alle diese ihre Betriebe wie sie nun einmal geworden sind, fortzusetzen suchen, oder sollen sie zu ihren gewohnt gewesenen Betrieben zurückkehren? Vielleicht ergibt die Überlegung, daß beides gleich aussichtslos ist; es muß ein drittes unternommen werden, und was? — Alle diese Fragen spielen nicht etwa bloß in der Unternehmersphäre. Für die zahllosen Arbeiterscharen, die während des Krieges auf Munition, Waffen und andere Industrien umgeschult worden sind, erhebt sich die gleiche Frage. Selbst in der Landwirtschaft sind nicht für jede Betriebsart genau die gleichen Arbeiter zu brauchen. Geht unsere Landwirtschaft zu höherer Intensität über, so wird sie nicht nur *mehr* Arbeiter, sondern teilweise auch andere Arten brauchen. Die Bedienung der Maschinen, die Ausführung landwirtschaftlicher Meliorationen, die Auswahl und Handhabung des künstlichen Düngers wird vielfach ein neues landwirtschaftliches Personal in mittlerer Stellung erforderlich machen. Die Verwendung von Maschinen statt menschlicher Arbeitskraft bedeutet nicht, wie man gewöhnlich annimmt, eine Ersparnis der Arbeitskraft in vollem Umfange. Denn die Maschinen selbst können auch nur mit Arbeitskraft hergestellt werden, und insofern bedeutet der Übergang eine jener Verschiebungen. Geht die Viehzucht, wie jetzt vielfach empfohlen wird, von der Stallfütterung mehr zur Weidewirtschaft über, so wird auch dies nicht eine Rückkehr zu einfacheren Verhältnissen sein, sondern auch die Weidewirtschaft wird durch Düngung intensiver gestaltet werden. — Im Handel sind zahlreiche Zwischenstellen während des Krieges ausgeschaltet worden. Auch wo diese Ausschaltung anerkanntermaßen eine zweckmäßige Verkürzung des Weges vom Produzenten zum Konsumenten gewesen ist, will doch zunächst immer auch das Problem gelöst sein, in welcher Tätigkeit diese Ausgeschalteten anderswo unterkommen. — Alle Welt ist sich einig darüber, daß ein Teil der sogenannten Hausbesitzer, die in Wahrheit nur in einem Haus, das ihren Gläubigern gehörte, das Wohnungsvermietungs-Geschäft ausübten, verkrachen muß und soll. Aber bis eine andere nützliche Tätigkeit für sie gefunden ist, ist Zeit und Mühe aufzuwenden. — Zu diesen Fragen über die Tätigkeit kommt noch die Frage des Ortes, an dem sie auszuüben ist. Hier gibt es viele individuelle Fälle, die die bloß volkswirtschaftliche Statistik gar nicht würdigt. Ob der Wehrmann Schulze in seinen Zigarrenladen in Kyritz zurückkehrt, oder ob er es vorzieht, sich an die Lehrzeit seiner Jugend erinnernd, ein Manufakturwaren-Geschäft in Wittstock zu eröffnen, das wird in keiner gedruckten Berufsstatistik zur Erscheinung kommen. Für den Wehrmann Schulze aber bedeutet es eine schwere Lebensfrage ersten Ranges. In vielen Gewerben wird sich die Betriebsweise gründlich geändert haben.

So wird aus Armee, Hilfsdienst und Vertreter- und Kriegsbeschäftigung aller Art die halbe deutsche Männerwelt neu vor die Wahl gestellt, was, wo, wie sie arbeiten soll. Es ist ähnlich, wie wenn 10 Millionen Männer in eine Kolonie kämen, und sich ihre Arbeitsthemata zu bestimmen hätten. An die Rührigkeit und Findigkeit werden die höchsten Anforderungen gestellt werden.

Erst wenn man die ganze Fülle dieser uns bevorstehenden volkswirtschaftlichen Aufgaben sich klar macht, wird man die volle Bedeutung unseres Widerspruchs gegen Steuerformen verstehen können, die das Versuchen und Tasten im Geschäftsleben erschweren. Dies gilt in erster Linie von den Steuern auf Personen- und Briefverkehr. Das Finden neuer Tätigkeiten kann sich kaum in anderen Formen bewegen, als daß man neue Orte aufsucht oder nach ihnen Briefe schreibt. Die Fahrkartensteuer und die Portozuschläge können nicht mit dem außerordentlichen Charakter der Zeit entschuldigt werden; sie werden im Gegenteil durch diesen außerordentlichen Charakter unentschuldbar. Ständen nicht so bedeutende Gründe dem gegenüber, so könnte man versucht sein zu fordern, daß den Soldaten, die durch den Krieg aus ihrer Tätigkeit gerissen sind, und für die das Aufsuchen einer neuen noch eine Fortsetzung der Kriegslast darstellt, eine gewisse Zeit hindurch die Fahrt auf Militärkarte und die Privilegien der Feldpost verlängert würden. Statt dessen aber die Fülle von Versuchen, die mit Reisen oder Briefschreiben gemacht werden müssen, durch Zuschläge (und teilweise durch so hohe Zuschläge!) zu erschweren, ist so verhängnisvoll, daß zum mindesten die Portozuschläge im Interesse der Wiedergesundung der Volkswirtschaft so schnell wie möglich aufgehoben werden sollten.

Das Wichtigste aber, was zur Vermeidung von Mißverständnissen noch zu sagen wäre, ist: daß hier nicht etwa ein Idealbild dessen gezeichnet worden ist, was das deutsche Volk in seinem Wirtschaftsleben in Zukunft erstreben soll. Der Verfasser möchte nicht in den Ruf kommen, daß er für sein Volk ein so auf Ersparen und Einrichten berechnetes Leben als Ideal betrachte. Nicht bloß wegen der Kleinlichkeit, die mit jeder entschiedenen Betonung der Sparsamkeits-Rücksichten sich verbündet, sondern hauptsächlich wegen der Gefahren, die einer stärkeren Betonung absichtsvollen Handelns überhaupt innewohnen. Im Vergleich zu anderen Völkern leiden wir bereits an einem Übermaß von Bewußtheit. Nach so schweren Anstrengungen wäre uns eine Erholungspause, in der wir uns einem ein wenig absichtsloseren Leben hingeben könnten, wohl zu gönnen. Das Schicksal verlangt das Gegenteil — — —

Ideale einer neuen Zeit wird das junge Deutschland aus den Schützengräben heimbringen, mit dem Schwunge des Vorwärtsstrebenden und jener inneren Fröhlichkeit, die auch in der ernstesten Zeit den Wirkenden und Ausblickenden nicht verläßt. Uns aber, die wir zu alt waren, um mit hinauszuziehen, und doch nicht alt genug sind, um der Entwickelung der Dinge tatenlos zuzusehen, uns kommt es zu, neue Wege zu bahnen, auf hartem Boden und in steiler Richtung aufwärts schreitend, das Notwendige zu schaffen, damit das Wünschenswerte ermöglicht werde. An der Auffindung dieser Wege mitzuarbeiten, war der Zweck dieses Buches.

Anhang.

Literatur und Statistik.

Allgemeine Literaturübersicht.

Wer sich über eine Einzelfrage aus den Finanzwissenschaften unterrichten will, muß vor allem bestrebt sein, einen, wenn auch noch so gedrängten Überblick über das Ganze der Finanzwissenschaft zu gewinnen. Glücklicherweise fehlt es nicht an Hilfsmitteln, die den Gegenstand jedermann leicht zugänglich machen. Das Büchlein, das der italienische Nationalökonom Cossa, ein anerkannter Meister in der volkstümlichen Darstellung seiner Wissenschaft, im Jahre 1876 über die „Primi elementi di scienza delle finanze" veröffentlichte, entsprach dem damals vorhandenen Bedürfnis so genau, daß es in alle wichtigeren europäischen Sprachen übersetzt wurde. Die deutsche Ausgabe, die 6 Jahre darauf Eheberg veranstaltete, war von vornherein mehr als eine bloße Übersetzung. Sie suchte das Original dem deutschen Leser näher zu bringen und bezeichnete sich daher auch selbst als „freie Bearbeitung". Von Auflage zu Auflage wurde der Anteil des Bearbeiters größer, so daß Eheberg seit 1895 das Buch mit Recht als sein eigenes bezeichnete. In den neuesten Auflagen stark erweitert, hat es doch den Charakter einer kurzen Zusammenfassung des Hauptsächlichen behalten. — Wer Gewicht darauf legt, in noch kürzerer Weise eingeführt zu werden, findet einen kundigen Führer an dem neueren Büchlein von Altmann.

K. Th. Eheberg, Finanzwissenschaft. 13. Auflage. Leipzig. Deichert. 1917; dazu als Nachtrag: Die Kriegsfinanzen. Kriegskosten, Kriegsschulden, Kriegssteuern. 2. A. 1917. — S. P. Altmann, Finanzwissenschaft (Aus Natur und Geisteswelt. Heft 306. Leipzig. Teubner. 1910).

Für eingehende Studien und für eine Vergleichung der Finanzverfassungen der verschiedenen Völker und Zeiten ist das anerkannte Standardwerk das von Adolf Wagner. Es ist in der gesamten europäischen Literatur zur Zeit das Hauptstück der wissenschaftlichen Rüstung. — Bei einem so sehr im Fluß befindlichen Gegenstande, wie die Finanzwissenschaft ist, kann man freilich ohne Hilfsmittel für die fortlaufende Verfolgung der Neuerungen nicht auskommen. Diese Verfolgung macht sich das im Jahre 1884 von Schanz begründete Finanzarchiv zur Aufgabe, in dem O. Schwarz „Die Finanzen der europäischen und der wichtigeren außereuropäischen Staaten" in fortlaufender Übersicht bearbeitet. Daneben ist für die früheren Jahrzehnte immer noch das Wörterbuch von Leon Say nicht zu entbehren. — Die große Zahl der weiteren finanzwissenschaftlichen Darstellungen braucht an dieser Stelle nicht genannt zu werden, da von der neuen Finanzwissenschaft von Lotz, die ihr Erscheinen zwar eben erst begonnen hat, der literarische Teil schon vorliegt.

Adolf Wagner, Finanzwissenschaft. Leipzig, Winter. Bd. 1, Einleitung. Ordnung der Finanzwissenschaft. Finanzbedarf. Privaterwerb. 4. A. 1910. — Bd. 2. Theorie der Besteuerung. Gebührenlehre. Allgemeine Steuerlehre. 2. A. 1890. — Bd. 3. Spezielle Steuerlehre (Steuergeschichte, britische Besteuerung usw.) 2. A. 1912. Nebst Ergänzungsheft. — Bd. 4: System der speziellen Steuerlehre 1901. — Finanzarchiv, Zeitschrift für das gesamte Finanzwesen. Hrsg. v. G. [v.] Schanz. Stuttgart, Cotta (34. Jg. 1917). — Leon Say. Dictionnaire des Finances. Paris und Nancy. 1889 bis 1894. — W. Lotz, Finanzwissenschaft (aus „Handbuch des öffentlichen Rechts". „Einleitungsband"). 1. Lieferung. Tübingen. Mohr. 1916 [inzwischen in einem Bande vollendet: 1917].

Die vorstehenden Werke beschäftigen sich mit der allgemeinen Lehre der Finanzwissenschaft. An einem Buche, das dem deutschen Leser die wirklich bestehende Finanzverfassung in Reich, Staat und Gemeinden darstellt, so wie sie ist, fehlt es. Immerhin können die einschlägigen Abschnitte in dem zuverlässig und leicht faßlich geschriebenen Buch von Hue de Grais für diesen Zweck empfohlen werden. Daß sie neben dem Reiche nur Preußen behandeln, macht die Darstellung zwar leichter lesbar. Man empfindet es aber als eine Lücke in unserer Literatur, daß wir keine entsprechende Darstellung über die Finanzverfassung wenigstens der deutschen Mittelstaaten besitzen. Für die einzelnen Staatssteuern findet man eine Zusammenstellung des geltenden Rechts (außer bei Lotz) in zwei im Erscheinen begriffenen (s. u.) verdienstvollen Aufsatzreihen. — Das heutige preußische Steuerwesen beruht in der Hauptsache auf der Miquelschen Finanzreform 1891/93, die der Verfasser dieses Buches s. Z. in allen ihren Stadien ausführlich verfolgt hat. (Vgl. unten zu Abschnitt V).

Graf Hue de Grais, Handbuch der Verfassung und Verwaltung in Preußen und dem Deutschen Reiche. 22. A. Berlin. Springer. 1914. — [Gschwender], Einblick in die wichtigsten Steuerarten der deutschen Bundesstaaten: Kommunale Rundschau. Organ des Reichsverbandes deutscher Städte 1917, 11. April bis 11. Mai. — F. W. R. Zimmermann, Die Entwickelung der deutschen Besteuerung als Richtlinie für die demnächstige Erweiterung derselben: Bankarchiv 1917 Juli/August. — Jastrow, Studien zur preußischen Einkommensteuer. Untersuchungen über das geltende Recht und seine Fortbildung. I—IX in: Conrads Jahrbüchern für Nationalökonomie u. Statistik. Bd. 3 u. 4 (1892); Die Vermögenssteuer und ihre Einfügung in das preußische Steuersystem; ebenda Bd. 4. S. 161—218; Die preußische Steuervorlage vom Standpunkte der Sozialpolitik; Die preußische Steuerreform vom Standpunkte der allgemeinen Verwaltung u. Sozialpolitik, im: Archiv für soziale Gesetzgebung u. Statistik Bd. 5 u. 7 (1892. 1894).

Für die wirkliche Bewertung von Finanzobjekten ist ihre zahlenmäßige Erfassung unerläßlich. Neben den großen amtlichen Quellenwerken geben gegenwärtig die deutschen Statistischen Ämter fast sämtlich kurz gefaßte Jahrbücher heraus, von denen das des Deutschen Reiches auch in der leicht verständlichen übersichtlichen Gestaltung seiner Tabellen ein anerkanntes Musterwerk ist. Die Jahrbücher der einzelnen deutschen Staaten sind zwar ungleich, aber zum größten Teil gut brauchbar. Aus dem ursprünglichen Quellenmaterial arbeitend, hat Zimmermann in knappster Form das Zahlenmaterial für das Reich und die 25 Einzelstaaten zusammengestellt und mit Darstellungen begleitet, die gleichzeitig jenen Mangel eines vergleichenden Werkes über die deutschen Finanzverwaltungen, soweit dies einer gedrängten Darstellung möglich ist, ersetzen.

Für die internationale Verfolgung der Finanzstatistik gibt der Gothaische Hofkalender zwar von jedem Staate nur die allerwichtigsten Ziffern, besitzt aber hierin die älteste Tradition der Weltliteratur, in der nur noch etwa das englische Statesman's Yearbook in Erfassung auch der entferntesten Staaten ihm gleichkommt. Hingegen ist in die internationalen Übersichten, die seit längerer Zeit dem genannten Jahrbuch des Deutschen Reichs anhangsweise beigegeben werden, die internationale Finanzstatistik bis jetzt nicht einbezogen. — Eine Fundgrube finanzstatistischen Materials bietet die Denkschrift, die im Jahre 1908 dem Reichstage zur Begründung der damaligen Finanzreform vorgelegt wurde. — Eine ausgezeichnete, leicht faßliche Übersicht des Wichtigsten liegt von O. Schwarz vor.

Statistisches Jahrbuch für das Deutsche Reich. Herausgegeben vom Kaiserlichen Statistischen Amte. Berlin. Puttkammer & Mühlbrecht (Neuester vollständiger Jahrgang 1915; für 1916 nur ein kürzer gefaßtes Heft). — Statistisches Jahrbuch für den Preußischen Staat. Herausgegeben vom Königlich Preußischen Statistischen Landesamt (1914). — F. W. R. Zimmermann, Die Finanzwirtschaft des Deutschen Reichs und der deutschen Bundesstaaten zu Kriegsausbruch 1914. Berlin u. Leipzig, Göschen, 1916.

Gothaischer Genealogischer Hofkalender nebst diplomatisch-statistischem Jahrbuch. 1917. 154. Jahrg. Gotha, Justus Perthes. — The Statesman's Yearbook. Statistical and Historical Annual of the States of the World. (Reichhaltigster Jahrgang der von 1897 mit 60jährigen Überblicken, aus Anlaß des Regierungsjubiläums der Königin Viktoria.) — Denkschriftenband zur Begründung des Entwurfs eines Gesetzes betr. Änderungen im Finanzwesen vom 12. November 1908. Reichstagsdrucksachen 1907/09, zu Nr. 1035. Enthält: A. Die geschichtliche Entwickelung der Reichsfinanzen. B. Den gegenwärtigen Ausbau der Finanzen des Reichs, der Bundesstaaten, der höheren Kommunalverbände, der Gemeinden, der Schul- und Armenverbände, der Kirchengemeinden. (Darunter die Finanzsysteme sämtlicher Bundesstaaten.) Ferner ausführliche Finanzstatistik. — O. Schwarz, Die Finanzsysteme der Großmächte. (Internationales Staats- und Gemeinde-Finanzwesen = Sammlung Göschen. 450. 451. — Leipzig 1909.)

(Zu S. 1.) Schon gibt es unter uns heranwachsende junge Leute, für die der August 1914 in gewissem Sinne vor ihrer Erinnerung liegt. Auch denen, die ihn in vollem Bewußtsein miterlebt haben, mögen nachfolgende Ereignisse die Einheit des Bildes getrübt haben. Den Eindruck der ersten Kriegstage festzuhalten, war die Aufgabe, die sich der Verfasser f. Z. in einem anderen Buche gestellt hatte.

Jastrow, Im Kriegszustande. Die Umformung des öffentlichen Lebens in der ersten Kriegswoche. 2. Aufl. Berlin, G. Reimer, 1915.

(Zu S. 6.) Der Ausdruck „Volksvermögen" oder „Nationalvermögen" ist eine allgemein übliche kurze Bezeichnung für die Gesamtheit aller Besitztümer, die innerhalb der Grenzen eines Landes vorhanden sind. Wieviel die Gesamtheit dieser Besitztümer in Geld wert ist, darüber sind in den letzten Jahren verschiedene Berechnungen und Schätzungen veröffentlicht worden, die zuletzt Steinmann-Bucher in seiner Schrift „Deutschlands Volksvermögen im Kriege" (Stuttgart, Enke 1916 = Finanzwirtschaftliche Zeitfragen 24) besprochen hat. Man kann die wichtigsten Schätzungen etwa in folgender Tabelle zusammenstellen:

Tab. 17. Schätzungen des deutschen Volksvermögens 1909 bis 1914.

Nr.		Steinmann-Bucher für 1909	Helfferich für 1911	Ballod für 1911	Steinmann-Bucher für 1914
1.	2.	3.	4.	5.	6.
1.	Gegen Feuer versicherte Mobilien und Immobilien . .	162—180	200	200	200—220
2.	Städtischer Grundbesitz . . .	40—50	30	25	50
3.	Ländlicher Grundbesitz . . .	50	40	30	50
4.	Privater Bergwerksbesitz . .	5	5—6	6	5—6
5.	Kapitalanlagen im Ausland und fremde Wertpapiere .	30	20	25	25
6.	Staatseisenbahnen	19	20—25	25	25
7.	Sonstiger Staatsbesitz . . .	15	10	15	15
8.	Metallgeld, Güter in Bewegung, Schiffe usw. . .	9	6	5	6
	Summe	330—360	331—337	331	376—397

Für uns kommen die Abweichungen (vgl. A. Hesse in: Jahrbücher f. Nationalökonomie 105 — 1915 — S. 289—312) nicht in Betracht, da der Bereich, innerhalb dessen Übereinstimmung herrscht (3—400 Milliarden), für uns als Unterlage ausreicht. Auch die Verminderungen während des Krieges, obwohl sie sehr viel bedeutender sind, als man sie sich gewöhnlich vorstellt (s. „Dritter Teil"), brauchen an dieser Stelle nicht berücksichtigt zu werden, da aus anderen Gründen angenommen werden kann, daß eine wirkliche Vermögensermittelung erheblich höhere Ziffern ergeben wird. Ein genauer Kataster aller Einzelvermögen in der Art, wie er in diesem Buche — zum erstenmal — verlangt wird, wird in so viele verborgene Ecken leuchten, daß auch für die Schätzungen der Nationalökonomen (obgleich sie sich in ihren Schätzungen grundsätzlich von den Zufälligkeiten der Einzelvermögen unabhängig zu machen suchten) Korrekturen, und zwar nach oben sich ergeben müssen. Sodann aber werden wegen der allgemeinen Steigerung der Warenpreise alle Schätzungen nach dem Kriege auf sehr erheblich höhere Ziffern kommen. Hierin drückt sich zwar — selbstverständlich — nicht eine Vermehrung des Volksvermögens aus, sondern nur ein Sinken des Geldwertes, dessen man sich zu seiner Bezifferung bedient. Da aber die Reichsschuld in ihrer Ziffer unverändert bleibt, so ist die Veränderung der bloßen Geldziffer für das Volksvermögen unter dem hier verfolgten Gesichtspunkt von Wichtigkeit. (Über den Begriff des „Volksvermögens" s. Lexis im Handwörterbuch der Staatswissenschaften, 3. Aufl. Bd. 8 (1911), S. 424, und neuerdings Eggenschwyler in: Jahrbücher f. Nationalökonomie 105 — 1915 —, S. 663 — 69).

Erster Teil.

Zu Abschnitt I.

Während der Drucklegung dieses Werkes haben sich bereits Parlamentarier, die das Hauptgewicht auf ihre volkswirtschaftliche Tätigkeit legen, mit der Frage beschäftigt, ob der andauernden Belastung durch Deckungsauflagen nicht die Abbürdung durch einmalige Abtretung eines Vermögensteiles vorzuziehen sei. Der fortschrittliche Abg. G. Gothein hat die Frage bejaht und sich auch schon mit den Einzelheiten der Ausführung beschäftigt („Die Tilgung der Kriegsschuld": Die Hilfe, 25. Januar 1917, S. 54 bis 58). — Der nat.-lib. Abg. Stresemann hatte bereits am 7. Januar 1917 in einer Rede in Hannover diesen Ausweg als notwendig bezeichnet, für den Fall eines Friedens ohne Kriegsentschädigung (Tägl. Rundschau 8. Januar 1917 Ab.) und Brentano erklärte um dieselbe Zeit, der Gedanke, die Staatsschuld auf dem Wege einer kolossalen Vermögenssteuer zu decken, sei „nicht ohne weiteres abzulehnen, wenn man nur die Gewißheit hätte, daß alle Gesellschaftsklassen und alle Arten von Erwerbszweigen gleichmäßig zu dieser Steuer herangezogen würden." (Brentano, Umwertung der Werte: Leipziger Abendzeitung 6. Jan. 1917.)

Die Gegengründe hat am ausführlichsten der Vorsitzende des Westfälischen Bauernvereins, M. d. R. Frhr. v. Kerckerinck-Borg in einer Zentrums-Versammlung in Altenbeken dargelegt (Deutsche Tagesztg., 25. Juli 1917). — Als Band 156 der „Schriften des Vereins für Sozialpolitik" sind angekündigt: „Beiträge zur Neuordnung der deutschen Finanzwirtschaft", hrsg. v. H. Herkner (Leipzig, Duncker u. Humblot), mit Beiträgen von Altmann, Diehl, Dietzel, Eulenburg, E. Gothein, A. Günther, E. Jaffé, Lotz, Mombert, Most, O. Schwarz, Somary, Strutz.

Zu Abschnitt II.

(Zu S. 10.) Während der Drucklegung dieser Arbeit erschien das Buch von R. Goldscheid, „Staatssozialismus oder Staatskapitalismus.

Ein finanzsoziologischer Beitrag zur Lösung des Staatsschulden-Problems". Wien-Leipzig, Anzengruber, 1917. In bezug auf die Übertragung von Naturalvermögen kommt G. zu ähnlichen Forderungen, aber von einem anderen Gesichtspunkte aus. Für ihn ist die Übertragung eines Teiles des werbenden Vermögens an den Staat an sich die wünschenswerte Neugestaltung der gewerblichen zugleich und der Finanzverfassung und die augenblickliche Verschuldung des Reiches nur der willkommene Anlaß zur Inangriffnahme. An Stelle des auf Schuldenmachen angewiesenen armen Staates will er den gewerbetreibenden reichen Staat setzen. Daher soll der Staat, wo ein Geschäft nicht geteilt werden kann oder soll, mit seiner Quote Teilhaber werden.

Zu Abschnitt III.

Da das Vermögensopfer in dem hier vorgeschlagenen Umfange etwas wesentlich anderes ist, als die bisherigen Vermögenssteuern, so kann es auch nicht nach ihrem Muster eingerichtet werden. Nur für Einzelheiten können vielleicht die in verschiedenen deutschen Staaten, in den Niederlanden, in schweizerischen Kantonen und nordamerikanischen Einzelstaaten bestehenden Abgaben vom Vermögen Analogieen oder Erfahrungen bieten. Neueste Darstellung nach dem gegenwärtigen Stande: Lotz, Finanzwiss., S. 458—483 (durchgehends mit weiteren Literatur-Angaben).

(Zu S. 20.) Eine alle, auch die ausländischen, Papiere erfassende Kurswert-Berechnung ist für die Berliner Börse nur einmal auf den 30. Juni 1906 vorgenommen worden (Berliner Jahrbuch für Handel und Industrie 1907, S. 212). Da von den ausländischen Fonds nur ein kleiner Teil in Deutschland umläuft, so kann die Zusammenrechnung keine Ziffer ergeben, die mit Veranschaulichung von Vermögenswerten etwas zu tun hat, wie wir sie für Deutschland zu gewinnen suchen. Sie zeigt nur, wie groß das Objekt ist, für das die Berliner Börse von wirtschaftlicher Bedeutung ist: im Nennwert 92,5, im Kurswert 94,8 Milliarden Mark. Daß der Unterschied zwischen Nenn- und Kurswert nur gering ist, rührt von dem Überwiegen der festverzinslichen Papiere her. An Aktien lassen sich folgende Ziffern ausziehen:

Tab. 18. Wert der (in- und ausländischen) Aktien an der Berliner Börse, 30. Juni 1906 (in Mill. Mark).

Nr.		Nennwert	Kurswert
1.	2.	3.	4.
1.	Schiffahrt	283,4	382,6
2.	Banken	3544,2	5540,1
	Industrie		
3.	Berliner Brauereien .	67,2	122,6
4.	Auswärtige Brauereien	104,9	186,3
5.	„Diverse"	3548,8	6613,4
6.	Versicherung	65,8	304,8
	zusammen	7614,4	13149,8

Hier zeigt sich also ein noch höheres Ansteigen des Kurswertes, als in Tab. 2 (S. 20): im Durchschnitt auf beinahe das Doppelte.

(Zu S. 25.) Die Calwerschen Statistiken sind zuerst handschriftlich erschienen (Deutschlands Wirtschaft im zweiten Kriegsjahr; herausgegeben vom Wirtschaftsstatistischen Bureau von R. Calwer, Berlin W 50); das wichtigste pflegt später in der „Konjunktur" zum Abdruck zu gelangen. Die Verschiedenheit nach Gewerbegruppen veranschaulicht diese Statistik in folgender Schlußtabelle:

Tab. 19. Aktiengesellschaften 1914. 1915 (nach Calwer).

In Prozenten des Aktienkapitals ermittelten sich:

		Abschreibungen		Reingewinn [1])		Dividende	
		1914	1915	1914	1915	1914	1915
1.	2	3	4.	5.	6.	7.	8.
1.	Bergbau	7,82	9,50	10,32	11,02	7,52	7,63
2.	Hütten und gemischte Betriebe	11,58	13,33	13,88	18,43	7,31	8,67
3.	Eisen, Metalle	7,13	9,99	11,92	21,22	7,36	10,21
4.	Maschinen	8,33	10,72	12,65	17,15	6,12	8,87
5.	Elektrotechn. Erzeugnisse .	3,65	4,66	13,01	18,44	8,72	10,84
6.	Elektr.- und Gas-Gesellsch.	4,34	4,59	9,44	8,40	6,85	6,53
7.	Nahrungs- u. Genußmittel	7,40	8,18	12,23	16,56	6,92	8,30
8.	Textilgewerbe	6,47	7,71	13,12	21,25	6,90	9,06
9.	Leder usw.	7,60	11,24	18 57	39,36	9,54	14,16
10.	Bekleidung u. Reinigung	6,45	6,00	12,16	22,68	8,00	12,14
11.	Bau	7,13	7,89	– 1,57	– 2,93	1,28	1,04
12.	Steine und Erden . . .	5,14	4,24	8,91	1,13	3,71	2,45
13.	Holz- und Schnitzstoffe .	5,67	5,00	5,69	7,93	4,50	5,43
14.	Fette, Öle	6,57	9,10	15,61	24,10	8,12	11,44
15.	Chemische Industrie . .	10,47	11,59	17,47	27,66	12,15	14,86
16.	Papier	8,34	10,66	3,00	– 3,45	4,62	2,45
17.	Graphische Gewerbe . .	9,85	6,17	4,24	0,66	4,16	3,53
18.	Handel, außer Banken .	4,12	5,50	12,91	17,11	6,18	10,10
19.	Banken	1,08	0,66	12,47	12,29	6,80	7,26
20.	Verkehr.	4,12	3,71	4,68	3,00	3,92	3,13
21.	Beherbergung und Erquickung	8,70	9,90	– 7,36	–12,66	2,25	1,20
22.	Sonstige	12,51	8,91	– 4,58	– 6,71	2,03	0,83
	Insgesamt vergleichbar	5,93	6,68	10,82	12,87	6,51	7,40

[1]) D. i. der von Calwer errechnete Reingewinn nach Abzug des Verlustes der mit Verlust abschließenden Gesellschaften.

Einen noch deutlicheren Einblick in die Verschiedenheiten der gewerblichen Entwickelung gewähren die eigenartigen Untersuchungen über die „Industrie im Kriege", die die „Frankfurter Zeitung" veranstaltet hat. Sie legt nicht einfach die Gewerbegruppen der Reichsstatistik zugrunde, sondern hebt kleinere Gruppen, die eine deutlich erkennbare Entwickelung zeigen, besonders heraus (Schiffswerften, Automobile, Zement, Sprengstoffe, Gummi, Leder, Zucker, Hotels u. a. m.). Für jede Gruppe wurden eine Anzahl bezeichnender Unternehmungen ausgewählt (im ganzen 416 Gesellschaften mit 4,3 Milliarden Mark Aktienkapital) und für diese die Jahresberichte und Bilanzen durchgerechnet (Frankfurter Zeitung, 3. Febr. 1917). (vgl. nebenstehende Tab. 20, Seite 275).

(Zu S. 31.) Charlottenburger Statistik Heft 11 (1901).

(Zu S. 34.) Vgl. Jastrow, „Das Kapital der Armen ist die Liebe der Gläubigen"; in: Zeitschrift für das Armenwesen 1917/18.

(Zu S. 38.) K. Th. Pietsch: „Der Gesindebelohnungsfonds in Berlin" in den (ehemaligen) Blättern für Soziale Praxis, herausgegeben von J. Jastrow. 5. Halbjahr, Nr. 117 (28. März 1895). — Dazu jetzt: Statistisches Jahrbuch der Stadt Berlin 33 (1912/4), S. 674.

(Zu S. 40—41.) O. Schwarz, Artikel „Stiftungen" im Handwörterbuch der Kommunalwissenschaften. Bd. IV (1914). S. 90.

(Zu S. 44.) Graf Hue de Grais, Handbuch der Verfassung und Verwaltung in Preußen und dem Deutschen Reiche. 22. A. Berlin, Springer, 1916, § 213, S. 364[2].

(Zu S. 49.) Conrad, die Fideikommisse in den östlichen Provinzen Preußens, in der „Festgabe für Hanssen zum 31. Mai 1889" und im Sonderabdruck: Tübingen 1889. In sämtlichen drei Auflagen seines „Handwörterbuchs der Staatswissenschaften" hat Conrad den Artikel „Fideikommisse" nach der volkswirtschaftlichen Seite bearbeitet und seinen 1889 gewonnenen Standpunkt festgehalten, während die historische und juristische Seite von Gierke im gegenteiligen Sinne, namentlich auch unter Festhaltung eines angeblich deutsch-rechtlichen Ursprungs, bearbeitet wurde.

(Zu S. 49.) Brentano, Familienfideikommisse und ihre Wirkungen. Berlin 1911 (= Volkswirtschaftl. Zeitfragen 258). — Betr. Wald: Max Weber, Agrarstatistische und sozialpolitische Betrachtungen zur Fideikommißfrage im „Archiv für Sozialwissenschaft" (1904), S. 503.

(Zu S. 49—50.) Die Statistik der preußischen Fideikommisse ist ausführlich wiedergegeben (auf Ende 1912) in den Drucksachen des Herrenhauses 1914 Nr. 5 D. (wiederholt in Drucks. d. Abg.H. 1916/7 Nr. 380 F). Von der Gesamtfläche von 2,5 Mill. Hektar mit einem „Grundsteuer-Reinertrag" von 29,9 Mill. Mark entfielen auf Wald 1,1 Mill. Hektar. Der „Grundsteuer-Reinertrag" in Preußen ist lediglich ein aus der eigentümlichen Geschichte der Grundsteuer hervorgegangener steuertechnischer Begriff, der den wirklichen „Reinertrag" des einzelnen Grundstückes weder genau, noch ungefähr angibt. Seit Anfang der 60er Jahre ist (abgesehen von den neuen Provinzen) keine Steuerveranlagung mehr

Tab. 20.

416 Aktiengesellschaften 1913—1915 nach „Frankfurter Zeitung"

1913 = Geschäftsjahr, beginnend 1913.

	Gruppe	Zahl der berücksichtigten Gesellschaften	Grundkapital (in Mill. M)	Abschreibungen und Rückstellung vor Reingewinn in 1000 M			Reingewinn ohne Vortrag (in 1000 M)			Durchschnitts-Dividenden in Prozent			Dividenden, Bonus usw. (in 1000 M)			Rückstellungen a. Gewinn einschl. Vortragserhöhung (in 1000 M)			Vorräte (in 1000 M)		
				1913	1914	1915	1913	1914	1915	1913	1914	1915	1913	1914	1915	1913	1914	1915	1913	1914	1915
1	2.	3.	4.	5.	6.	7.	8	9.	10.	11.	12.	13.	14.	15	16.	17.	18.	19.	20.	21.	22.
1.	Berg- und Hüttenwerke	39	1643.5	186133	186014	262925	207164	194199	326507	9.00	7.70	12.20	140102	124142	200790	56 463	73 225	108968	361.39	446.47	601.11
2.	Braunkohlenindustrie	20	231.85	21 992	21 850	25 895	29 819	26 476	29 830	10.40	9.70	10.80	24 039	22 487	24 972	2 969	2 751	2 479	?	?	?
3.	Stahlwerke, Metall usw.	31	180.55	14 326	19 677	37 392	26 347	42 687	85 368	9.83	13.09	20.71	17 756	23 651	37 400	5 604	22 589	42 225	94.80	102.52	103.21
4.	Maschinen	29	252.23	21 874	20 939	34 049	33 287	29 462	46 809	8.60	7.70	12.30	20 687	19 558	31 101	8 936	5 927	8 147	140.80	172.61	188.11
5.	Schiffswerften	13	77.57	10 947	13 372	17 217	3 696	8 032	10 344	3 85	5.60	7.76	2 986	4 344	6 024	995	2 872	3 323	170.28	182.18	245.95
6.	Automobilindustrie	14	87.35	7 319	9 154	18 933	11 154	19 587	38 023	7.69	11.36	18.42	5 976	9 120	15 355	3 455	7 417	18 711	87.22	76.50	72.10
7.	Elektrische Industrie	20	727.80	27 864	35 753	49 000	77 465	84 461	103627	9.12	9.35	10.40	60 064	64 810	74 146	9 290	11 024	16 425	190.68	194.75	188.47
8.	Zement	20	77.13	6 530	4 741	4 027	10 514	5 286	—35	9.41	4.30	1.88	7 248	3 699	1 452	1 698	1 087	—1298	14.26	13.66	13.76
9.	Chemische Industrie	20	315.45	36 223	36 484	50 378	85 516	71 227	90 920	20.88	15.29	17.73	60 165	48 426	61 240	12 179	13 381	16 659	161.72	149.19	125.99
10.	Sprengstoffe	16	91.75	5 656	8 558	12 361	10 598	16 787	44 980	14.23	14.26	22.75	8 716	12 724	20 870	632	2 119	17 831	30.98	38.60	62.24
11.	Textilindustrie	46	169.85	11 341	16 078	17 344	20 061	28 233	33 095	8.72	9.84	11.24	14 803	16 718	19 089	2 214	8 598	13 235	135.39	106.60	92.64
12.	Gummi	18	52.57	7 822	7 789	9 082	10 824	10 542	12 192	17.24	13.31	14.99	9 067	7 001	7 885	2 055	3 300	3 474	28.65	28.58	18.15
13.	Zellstoff, Papier	19	69.25	7 383	12 735	6 935	10 201	—6616	3 024	10.60	3.70	4.60	7 362	2 585	3 229	1 300	—1281	300	50.73	54.60	47.60
14.	Leder	20	47.65	2 300	8 606	21 056	6 331	13 715	21 243	6.00	12.00	19.00	3 176	5 616	9 103	1 162	6 431	4 120	52.51	43.14	32.41
15.	Schuhfabriken	11	28 80	1 932	2 040	3 863	2 820	4 168	5 051	7.00	9.00	13.00	1 955	2 670	3 100	464	1 370	1 939	15.02	14.89	15.01
16.	Mühlen	17	36.29	2 276	3 642	3 957	3 771	9 849	5 992	7.03	10.53	10.79	2 554	3 833	3 915	879	3 297	1 171	34.86	9.34	5.17
17.	Zuckerfabriken	18	67.81	3 021	5 309	4 445	10 784	22 320	18 096	15.90	32.90	26.70	7 698	13 300	12 479	899	5 551	2 803	?	?	?
18.	Brauereien	30	107.58	10 453	10 963	11 795	16 616	16 885	17 743	8.41	9.29	9.52	8 952	10 001	10 238	4 951	3 707	4 165	21.14	12.90	12.12
19.	Hotels	15	42.20	3 727	5 117	2 744	1 187	—3355	—1290	4.67	0.01	0,01	1 972	290	290	1 835	1 923	177	2.83	3.07	3.78
	Zusammen	416	4337.2	389122	428821	593399	578155	593945	891519	9.55	9.01	12.51	405278	394975	542678	117980	175288	263854	1593.3	1649.6	1827.8

erfolgt. Schon die inzwischen neu eingeführten Kulturen, wie die Zuckerrübe, die in ganzen Provinzen die Landwirtschaft umgestaltet hat, würden es unmöglich machen, eine vor zwei Menschenaltern erfolgte Veranlagung für den wirklichen Reinertrag maßgebend sein zu lassen, selbst wenn das jemals ihre Bestimmung gewesen wäre. Immerhin gewährt für große Durchschnitte die Ziffer doch einen besseren Anhalt, als wenn man etwa einen Ertrags-Durchschnitt auf das Hektar zugrunde legen wollte. Es wird vielfach angenommen, daß man mit dem Doppelten bis Vierfachen des sog. „Grundsteuer-Reinertrages" im großen Durchschnitt dem wirklichen Reinertrage nahe kommt. Ist das richtig, so würde man den wirklichen Reinertrag auf 60 bis 120 Mill. Mark ansetzen können und in ganz Deutschland auf 90 bis 180 Mill. Mark. Je nachdem man den Ertrag zu 5 oder zu 4% kapitalisiert, käme man auf einen Kapitalwert von 1,8 bis 4,5 Millrd. Mark, oder unter Abschneidung der Extreme: 2 bis 4 Millrd. Mark. Daß diese Schätzung sehr vorsichtig ist, und die Obergrenze eher noch überschritten werden kann, zeigt folgende Erwägung. Bei der Ansiedlungskommission für Westpreußen und Posen stellte sich im Durchschnitt der gesamten Tätigkeit 1886/1916 der Kaufpreis auf das 110fache des Grundsteuer-Reinertrages (Drucksachen des Abg.H. 1916/7 Nr. 529 Anl. I). Danach käme man für 30 Mill. Mark Grundsteuer-Reinertrag auf 3,3 Millrd. Mark Verkaufswert; dem würde für ganz Deutschland etwa 4,9 Millrd. Mark entsprechen. Daß bei dieser Art der Aufstellung für den Waldanteil ein Abschlag zu machen ist, scheint mir nicht, da ja im allgemeinen angenommen wird, daß Wälder im Verhältnis zum Kaufpreis einen geringeren Ertrag abwerfen, d. h. der Kaufpreis im Verhältnis zum Ertrage höher anzusetzen ist. Die genannte Kommission kam, nach der bloßen Fläche gerechnet, im Durchschnitt auf 1051 M. p. Hektar. Obgleich dies hinter dem deutschen Durchschnitt zweifellos erheblich zurückbleibt, so ergäbe es doch allein für die 1,4 Mill. Hektar Ackerfläche der preußischen Fideikommisse schon 1,5 Millrd. Mark, also auf Deutschland umgerechnet (2,2) würde selbst diese sicher zu niedrige Bewertung des Ackers allein schon über unsere Untergrenze führen. Allerdings können auch Fideikommisse hypothekarisch belastet sein; aber es können ihnen auch reine Geldfideikommisse zur Seite stehen. Über beides wissen wir nichts. Auch sonst soll unsere Schätzung nicht etwa als Berechnung ausgegeben werden. Von unbekannten Massen, über deren Vermögenswert noch nie Zusammenstellungen in die Öffentlichkeit gedrungen sind (aus den Akten der Ergänzungssteuer und erst recht des Wehrbeitrages müßten sie sich herstellen lassen), dürfen genauere Angaben nicht verlangt werden. Man will nur wissen, ob das Schürfen lohnt.

(Zu S. 51.) Der Ausspruch von Conrad: Handwörterb. der Staatswiss.[3] Bd. 4, S. 117.

(Zu S. 53—55.) Auf den neuen Entwurf ist nicht mehr eingegangen. Daß er unter dem Anschein eines Entgegenkommens gegen Anschauungen anderer Kreise tatsächlich die schädlichen Wirkungen der Fideikommisse noch verstärken würde, ist selbst die Überzeugung von Volkswirten, die nicht grundsätzliche Gegner der Einrichtung sind. So Sering in der „Täglichen Rundschau" v. 27. Febr. 1917 ff: „Unser plattes Land muß in erste

Tab. 21. Vermögen von 68 Städten 1906/8 nach Johannes Müller.

	Stadt	Einwohner (1. Dez. 1905)	Jahr	Vermögen Mill. Mark	Schulden Mill. Mark	Reinvermögen Mill. Mark	Auf den Kopf der Einwohner Mark	Stiftungsvermögen Mill. Mark
1.	2.	3.	4.	5.	6	7.	8.	9.
1.	München . . .	539000	1907	497,6	238,4	259,2	**481**	27
2.	Dresden . . .	517000	1907	203,3	140,7	62,6	121	52,2
3.	Frankfurt a. M. .	335000	1909	134,2	223	211,2	**631**	7,2
4.	Nürnberg . . .	294000	1907	184,7	99,3	85,4	290	3,1
5	Düsseldorf . . .	253000	1908	169,1	120,6	48,5	192	7,6
6.	Hannover . . .	250000	1907	157,4	68	89,1	**358**	2,2
7.	Stuttgart . . .	249000	1905	59,8	41,4	18,4	74	
8.	Charlottenburg .	240000	1907	141,1	128,1	13	54	3,3
9.	Stettin	224000	1909	81,2	56,4	24,8	111	3,5
10.	Duisburg . . .	192000	1906	64,3	46,2	18,1	91	3,1
11.	Halle a. S. . .	170000	1909	44,5	34,8	9,7	57	8,7
12.	Kiel	164000	1906	52,6	41,9	11,7	71	2,9
13.	Mannheim . . .	164000	1908	156.8	76,7	80,1	**490**	
14.	Barmen	156000	1908	58,2	55,2	3	***19***	2,1
15.	Rixdorf	154000	1907	41.3	30,6	10,7	69	
16.	Aachen	144000	1906	57,2	25,9	31,3	217	17,8
17.	Schöneberg . .	141000	1903	20	21,7	—1,7	***—13***	0,03
18.	Posen	137000	1909	47,7	40,6	7,1	52	2,1
19.	Braunschweig . .	136000	1906	37,7	24,5	13,2	96	15,6
20.	Cassel	120000	1907	65,6	35,5	30,1	249	3,7
21	Bochum	118000	1907	26,7	22	4,7	40	0,2
22.	Plauen	105000	1907	40,2	27,1	13,1	125	2,6
23.	Wiesbaden . . .	101000	1909	91,8	56,8	35	**347**	
24.	Erfurt	99000	1908	25	16,8	8,2	83	0,7
25.	Augsburg . . .	91000	1007	48,5	27,2	21,3	227	
26.	Mainz	91000	1909	56,2	42,7	13,5	149	2,6
27.	Darmstadt . . .	83000	1908	57,2	35,4	21,8	262	2
28.	Zwickau	69000	1908	34,3	11,7	22,6	330	2,3
29.	Königshütte . .	66000	1908	9,7	5,3	4,4	67	
30.	Remscheid . . .	64000	1907	17,7	12,5	5,2	81	0,7
31.	Wilmersdorf . .	64000	1908	39,4	30,1	9,3	146	3,1
32.	M.Gladbach . .	61000	1908	23,9	20,7	3,2	52	0,2
33.	Liegnitz	60000	1908	17,6	7,3	10,3	172	1,5
34.	Dessau	55000	1909	11,4	7,8	3,6	66	7,2

	Stadt	Einwohner (1. Dez. 1905)	Jahr	Vermögen Mill. Mark	Schulden Mill. Mark	Reinvermögen Mill. Mark	Auf den Kopf der Einwohner Mark	Stiftungsvermögen Mill. Mark
1	2.	3.	4.	5.	6.	7.	8.	9.
35.	Oberhausen . .	52000	1908	8,3	4,9	3,4	65	
36.	Brandenburg . .	51000	1907	17,8	9,9	7,8	153	2,2
37.	Mülheim a. Rh. .	51000	1906	13	9,8	3,2	64	0,1
38.	Gera	47000	1908	11,5	7,3	4,2	91	1,2
39.	Halberstadt . . .	46000	1908	18,9	11,8	7,1	156	4,6
40.	Cottbus	46000	1907	16,7	10,5	6,2	135	1,1
41	Rheydt	40000	1906	9,9	7,8	2,1	52	
42	Hamm	38000	1907	15,9	9,4	6,5	168	0,1
43.	Gotha	37000	1908	9,4	6,2	3,2	86	1,1
44.	Witten	36000	1907	10,4	8,6	1,8	52	0,05
45	Mühlhausen i Th.	34000	1908	16	6,6	9,4	**272**	
46.	Hanau	32000	1907	13,1	9,3	3,8	122	1,9
47.	Wandsbeck . . .	32000	1904	8,6	7,4	1,2	***38***	0,2
48	Freiberg i. S. .	31000	1906	9,8	5,8	4	130	4,4
49.	Iserlohn . . .	30000	1909	9	6	3	102	0,4
50.	Aschersleben . .	28000	1906	6,4	2,1	4,3	156	1
51.	Viersen	28000	1909	5	4,2	0,8	***30***	
52	Naumburg . . .	25000	1909	14,3	10,2	4,1	163	1,5
53.	Quedlinburg . .	25000	1909	8,7	6,5	2,3	89	
54	Eisleben . . .	25000	1908	1,8	1,7	0,1	***5***	1,3
55.	Hohensalza . . .	24000	1908	6,1	4,4	1,7	69	0,2
56.	Glogau	23000	1909	12,1	4,7	7,4	314	
57.	Stendal	23000	1909	10,1	8,2	1,9	80	
58.	Luckenwalde . .	22000	1908	3,3	1,9	1,4	62	
59.	Fulda	20000	1905	8,8	8	0,8	***37***	1,2
60.	Wittenberg . .	20000	1909	5	3,2	1,8	89	
61.	Neuruppin . . .	19000	1908	4	2,5	1,5	81	1,1
62.	Zerbst	18000	1907	4,3	2,8	1,5	84	1,6
63	Eilenburg . . .	16000	1909	3,6	1,6	2	126	0,6
64.	Suhl	14000	1909	2,9	1,3	1,6	140	
65.	Wernigerode . .	13000	1909	7,7	4,1	3,6	276	1,3
66.	Bitterfeld . . .	13000	1908	2,4	1	1,4	102	0,2
67.	Calbe	42000	1907	2	?	?	?[1])	1,5
68.	Delitzsch	11000	1909	2,5	1,4	1,1	99	0,1

[1]) Bruttovermögen 159 pro Kopf.

Linie gepflegt werden als das Saatbeet für deutsche Menschen .... Es ist zu verlangen, daß überall, wo die Interessen der Besiedelung mit denen der Fideikommiß-Gründung in Widerspruch geraten, jene als die für Staat und Volk höherstehenden vorangestellt werden." Dazu über die neueingefügten Stammgüter: „Stammgutsstiftungen, wie sie der Entwurf vorsieht, sind niemals bäuerliches Recht gewesen .... Ich empfinde die Bestimmungen über Stammgüter wie einen Schlag für alle diejenigen, denen es auf die Mehrung und Festigung des ländlichen Kleinbesitzes ankommt."

(Zu S. 56—59.) Angaben zur Finanzstatistik der Gemeinden: Preußische Statistik 217. 243 (ersch. 1909, 1914). Besitz der Stadt Berlin im Statistischen Jahrbuch der Stadt Berlin, 33. Jahrgang 1916 (enthaltend die Statistik der Jahre 1912 bis 1914 und Teile von 1915), S. 313 und 314. — „Ertrag des städtischen Grundbesitzes im Jahre 1907 oder 1907/08. Bearbeitet im Statistischen Amt der Stadt Dresden": Statistisches Jahrbuch deutscher Städte. 17. Jahrg. (Breslau 1910), S. 695 bis 708.

(Zu S. 57.) Johannes Müller, Versuch einer Statistik des Vermögens deutscher Städte; in: Conrads Jahrbüchern für Nationalökonomie und Statistik. Bd. 98 (1912), S. 344 bis 375. „Das Gesamtvermögen der 68 untersuchten Städte ergibt fast 3½ Millrd. Mark, die sich auf etwa 7 Millionen Einwohner verteilen, was ein Durchschnittsvermögen von 485 Mark auf den Kopf der Bevölkerung ergibt. Da nun (nach Conrad, „Polit. Ökonomie" IV 1. 77 Tabelle VII) die Bevölkerung der Städte über 5000 Einw. in Deutschland etwa 26½ Millionen ausmacht, so können wir annehmen, daß ungefähr 10 Milliarden Mark an Grundwerten und Kapital sich im Eigentum der deutschen Städte befinden." (S. 352.) Ordnet man seine Tabellen (S. 350/2) nach der Einwohnerzahl der Städte um, so ergibt sich vorstehende Tabelle 21, in der die im Text genannten höchsten und niedrigsten Kopfquoten durch den Druck hervorgehoben sind).

(Zu S. 57.) Die in den städtischen Drucksachen gegebenen Ziffern stimmen nicht immer mit den Müllerschen überein. Frankfurt a. M. errechnete auf den 31. März 1915 ein schuldenfreies Vermögen von 241,9 Mill. Mark. Aber der gewaltige Waldbesitz der Stadt (3772 Hektar!) war darin nur mit 6,8 Mill. Mark eingestellt; die städtischen Gebäude waren mit 97,1 Mill. Mark versichert (Verwaltungsbericht der Stadt Frankfurt a. M. f. 1914, S. 28). — In Breslau stand Ende 1912

einem Grundbesitz von	179,6	Mill. Mk.
einem Inventar von	13,2	„ „
einem Kapitalvermögen von	52,0	„ „
zus.	244,8	Mill. Mk.
eine Schuldenlast von	124,4	„ „

gegenüber. Doch war in dem so verbleibenden Reinvermögen von 120,4 Mill. Mark ein „Bürgervermögen" von 24,5 Mill. Mark enthalten, das ganz oder zum Teil anscheinend Stiftungs- u. ä. Charakter trägt (Verwaltungsbericht der Stadt Breslau für 1910/13, S. 745, 748). Mainz stellte auf den 31. März 1915 zusammen (Verwaltungs-Rechenschaft der Stadt Mainz 1914/5, S. 468):

Tab. 22. Vermögen der Stadtgemeinde Mainz 31. März 1915.

		Schulden ℳ	Vermögen ℳ
1.	2.	3.	4.
a)	Betriebs- und Vermögens-Rechnung einschließlich einer Anleihe	56 720 572	51 632 411
b)	Schloßfreiheitsfonds	—	1 298 483
c)	Grundstücksfonds	110 624	7 161 792
d)	Orchesterfonds	—	493 840
e)	Stiftungen	—	3 003 272
f)	Wasserwerke	—	3 302 624
g)	Gaswerke	—	8 273 085
h)	Elektrizitätswerke	—	7 514 406
i)	Straßenbahn	—	4 658 957
k)	Armendeputation	8 143	418 483
l)	Hospiziendeputation	30 081	6 393 446
m)	Städtische Witwenkasse	—	221 500
n)	Orchesterpensionsfonds	—	134 763
o)	Altenauer Schulfonds	—	167 054
p)	Exjesuiten- und Welschnonnenfonds . . .	—	1 709 509
		56 869 420	96 383 625

also ein Reinvermögen von r. 40 Mill. Mark für eine Stadt von 110 000 Einwohnern (einschl. 3 Mill. Mark für Stiftungen).

Eine kurzgefaßte und auf ein Vierteljahrhundert zurückreichende Übersicht eines von bloßer Residenz zu wirklicher Hauptstadt sich entwickelnden Platzes bietet uns Dresden (Statistisches Jahrbuch der Stadt Dresden 1914, S. 140).

Tab. 23. Reinvermögen der Stadtgemeinde Dresden 1891 bis 1914.

	Einwohner in 1000	Reinvermögen ℳ	Zunahme seit 1891	Reinvermögen p. Kopf ℳ	Zunahme seit 1891
1.	2.	3.	4.	5.	6.
1891	276,5	32674800	—	118,69	—
1896	336,4	43191800	32,2 %	129,01	8,7 %
1901	396,1	53375200	63,4 „	136,34	14,9 „
1906	517	70656500	116,3 „	137,67	16 „
1911	548,3	88168400	169,8 „	162,13	36,6 „
1914	„	99385000	204,2 „	175,16	47,6 „

Ein schnelles Wachstum in kürzerer Zeit können wir in Stuttgart beobachten (Statist. Jahrb. der Stadt Stuttgart für 1912/13 [ersch. 1916], S. 144).

Tab. 24. Vermögen der Stadtgemeinde Stuttgart 1902 bis 1913.

		1902	1905	1910	1913
1.	2.	3.	4.	5.	6.
1.	*Einwohner*	*176 700*	*249 300*	*286 200*	*286 200*
2.	Immobilien . . .	46 046 600	71 012 600	131 582 200	144 082 300
3.	Mobilien	2 274 200	3 517 300	3 407 100	3 909 900
4.	Vorräte	768 000	895 000	1 193 100	2 044 500
5.	Geld	6 226 500	11 111 100	24 076 400	19 309 600
	Sa.	55 315 300	86 536 000	160 258 800	169 346 300
6.	Schulden	39 036 900	57 141 700	83 670 700	83 526 800
7.	Reines Vermögen .	16 278 400	29 394 300	76 588 100	85 819 500

während Königsberg i. Pr. das Bild einer Gemeinde bietet, die bei steigender Schuldenlast nur mühsam, wenn auch mit Erfolg das Vermögen auf der Höhe hält (Statist. Jahrb. der Stadt Königsberg 6, 1913 [ersch. 1914], S. 84/5).

Tab. 25. Vermögen der Stadtgemeinde Königsberg i. Pr. 1911 bis 1913.

		1911	1912	1913
1.	2.	3.	4.	5.
1.	Grundeigentum	76 674 600	82 865 400	87 130 700
2.	Inventar	22 060 200	22 544 500	24 391 400
3.	Kapital	18 445 400	17 589 200	18 641 300
	Gesamt	117 180 200	122 999 100	130 163 400
4.	Schulden	90 104 200	96 196 200	100 264 600
5.	Reinvermögen	27 076 000	26 802 900	29 898 800

Die Stadt Nürnberg endlich, deren Reinvermögen sich in der Zeit von 1901 bis 1913 zwar von 71,3 auf 91,6 Mill. Mark vermehrt, aber auf den Kopf der Bevölkerung gerechnet gleichwohl ein wenig zurückgegangen ist (von 259 auf 255 Mark) hat ihre Übersichten nach so verschiedenen Gesichtspunkten lehrreich gestaltet, daß wir sie in etwas größerem Umfange folgen lassen (Statist. Jahrb. der Stadt Nürnberg 6, 1914 [ersch. 1915], S. 563 ff.).

Tab. 26. Vermögen der Stadtgemeinde Nürnberg 1901 bis 1913.

Jahr	Rohvermögen ℳ	p. Kopf ℳ	Schulden ℳ	p. Kopf ℳ	Reinvermögen ℳ	p. Kopf ℳ	Einwohner ℳ
1.	2.	2.	4.	5.	6.	7	8.
D 1901/05	145101400	527,7	73809600	268,4	71291900	259,3	261000
D 1906/10	184699000	590,7	104733400	334,9	79965600	255,7	294400
1911	211632700	635,3	124482500	373,7	87150200	261,6	333100
1912	225973200	639,9	136083400	385,3	80889800	254,5	"
1913	237530600	661,3	145921500	406,2	91609100	255	"

Tab. 27. Bestandteile des Vermögens der Stadtgemeinde Nürnberg 1902 bis 1913.

a) Rentierendes Vermögen.

Jahr	Kapitalien	Immobilien	Rechte	Aktiv-Ausstände	Summe des rentierenden Vermögens[1]	% des Gesamtvermögens
1.	2.	3.	4.	5.	6	7.
D 1902/05	5859400	114184200	15900	34000	120093500	79,6
D 1906/10	7546700	139381300	3900	323600	147255500	79,7
1911	9172500	155615000	3300	112300	164903100	77,9
1912	10607100	163429600	3300	359100	175399100	77,6
1913	11944500	173797400	4100	311100	186057100	78,3

b) Nicht rentierendes Vermögen.

Jahr	Kapitalien	Immobilien	Aktiv-Ausstände	Mobilien	Kassenbar	Summe des nicht rentier. Vermögens	% des Gesamtvermögens
1.	2.	3.	4.	5.	6.	7.	8.
D 1902/05	307000	19992500	922100	6567600	2939000	30728200	20,4
D 1906/10	299100	22516000	233000	9827400	4567900	37443400	20,3
1911	294400	28887500	321900	11915700	4769900	46189400	22,1
1912	292800	30876200	1232000	12916200	5257000	50574200	22,4
1913	291800	31473900	1415200	14609200	3683500	51473600	21,7

[1]) Einschl. Reservefonds der Sparkasse.

Tab. 28. Bewertung des Immobilienbesitzes der Stadtgemeinde Nürnberg 1902 bis 1913[1]).

a) Grundstücke.

Jahr	Unbebaute	Davon nicht rentierend	Bebaute einschl. Gebäudewert	Davon nicht rentierend	Zusammen	Davon nicht rentierend
1.	2.	3.	4.	5.	6.	7.
D 1902/05	30724600	10018200	81955600	1813500	112680200	11831700
D 1906/10	36339300	10420700	93286500	2036300	129625800	12457000
1911	38482600	12830300	102932100	2661100	141414700	15491400
1912	41795300	12942500	107248600	3715700	149043900	16658200
1913	40421000	12798300	114965000	3712900	155386000	16511200

b) Sonstiges.

Jahr	Rentierend		Nicht rentierend
	Wasserleitungen	Straßenbahn	Kanäle
1.	2.	3.	4.
D 1902/05	4861000	8474700	8160900
D 1906/10	9077200	13135300	10059000
1911	15667700	14024000	13396100
1912	17017900	15025900	14218000
1913	18547500	16375100	14962700

(Zu S. 59.) Über Allmenden hat der Bund deutscher Bodenreformer im Jahre 1892 eine Umfrage veranstaltet und daraus nicht nur statistische Ergebnisse, sondern auch in ausführlicherer Darstellung einige besonders lehrreiche Beispiele veröffentlicht. Die Hauptsachen daraus bei Damaschke, Die Bodenreform (in der 8. Aufl., Jena, 1913, S. 195 bis 202; mehr in der älteren Aufl. v. 1904, S. 171).

(Zu S. 60.) Die bayerische Statistik wird in neuerer Zeit nicht mehr gleichmäßig fortgesetzt. Die Angaben für 1907: Statistik des Königreichs Bayern, Heft 74 bis 76 (daselbst ausführliche Darlegung der Vorbehalte). — Die preußischen Erhebungen über Kreise und Provinzen sind ganz ungenügend (Preußische Statistik 205. 215. 226. 228 [ersch. 1908 bis 1912]). Aus einzelnen Verwaltungsberichten ließe sich manches gewinnen. Der Landkreis Düren hatte im Jahre 1913 (Verwaltungsbericht S. 9) bei 104000 Einwohnern ein Aktivvermögen von 2,2 Mill. Mark oder etwa 21 ℳ p. Kopf, der Landkreis Beuthen (O./S.) am 31. März 1914 (Verwaltungsbericht 1913/14, S. 39) bei 196000 Einwohnern (je nach Weglassung oder Einrechnung der Chausseen) 1,5 oder 2,4 Mill. Mark, d. h. etwa 9 oder 12 M. p. Kopf.

---

[1]) Einschließlich Kräne, Plakatsäulen, öffentliche Uhren, Ringmauern usw., jedoch ausschließlich öffentliche Straßen, Plätze, Brücken Stege, Denkmäler, Wasserläufe.

(Zu S. 62.) Vermögenseinkünfte der Schulsozietäten in Preußen s. Preuß. Statistik 209. 231 (ersch. 1908. 1913).

(Zu S. 63.) Jahrbuch der Handelskammern, Ausgabe 1—3 (1905, 1910, 1917).

(Zu S. 64—67.) Die Handbücher der Kirchenstatistik gehen auf die Vermögensstatistik nicht ein. Einiges bei Fellmeth, Das kirchliche Finanzwesen in Deutschland (Karlsruhe, Braun) 1910 (hptſ. S. 114, 119 ff.).

(Zu S. 69.) Die lückenhafte Tabelle der Staatsvermögen, wie sie sich nach dem Gothaischen Hofkalender 1917 aufstellen ließe, würde etwa folgendes Aussehen haben:

Tab. 29. Vermögensangaben deutscher Einzelstaaten 1914/16.

	Staat	Einw. (1910) Mill.	Domänen Mill. M.	Bergwerke Mill. M.	Eisenbahnen Mill. M.	Betriebe Mill. M.	Sonstiges Mill. M.	Zusammen Mill. M.	Ab Schulden Mill. M.	Bleibt Reinvermögen Mill. M.	Bleibt Reinvermögen pro Kopf M.	Tag
1.	2.	3	4.	5.	6.	7.	8.	9.	10.	11.	12.	13.
1.	Königreich Sachsen	4,81	—	—	1626,6	—	305,8	1932,5	921	1011,4	210,27	31.12.15
2.	Sachsen-Altenburg	0,22	—	—	—	—	4,8	—	—	—	—	1. 7.16
3.	Sachsen-Koburg-Gotha	0,26	—	—	—	—	—	5,7	7	—	—	1. 4.16
4.	Anhalt	0,33	—	—	—	—	—	29,9	17,3	12,6	381,82	30. 6.15
5.	Braunschweig	0,49	—	—	—	—	82,4	—	—	—	—	—
6.	Hessen	1,28	—	—	—	—	—	713	482,2	230,8	180,31	1. 4.16
7.	Mecklenburg-Schwerin	0,64	75,8	—	193,6	—	25,1	294,5	199,2	95,3	148,90	16
8.	Schwarzburg-Rudolstadt	0,1	—	—	—	—	3,2	—	4,9	—	—	31.12.14
9.	Württemberg	2,44	—	—	—	—	16,4	—	659,9	—	—	1. 4.16

(Zu S. 72—76.) Statistisches Jahrbuch f. d. Dtsch. Reich 1915, S. 389 bis 397.

(Zu S. 76) ebenda S. 385 u. „Bericht des Direktoriums der Reichsversicherungsanstalt für Angestellte über das Geschäftsjahr 1915", S. 44/45.

(Zu S. 80.) Die Vorgänge bei Aufhebung der standesherrlichen Steuerprivilegien sind ausführlich behandelt von Jastrow, Die Reichsunmittelbaren in Preußen: Die Gartenlaube 1892, Nr. 20, S. 333.

(Zu S. 81.) Rede des Abg. Paasche in der Reichstagssitzung vom 10. April 1913, S. 4651 B.; in derselben und der folgenden Sitzung ebenso: Südekum (Soz.), Speck (Ztr.), v. Payer (Ftschr.), Behrens (Wrtsch. Verein.); entschieden entgegengesetzt nur Graf Westarp (kons.); vermittelnd: v. Gamp (freikons.). — Dazu 3. Lesung: 25. Juni 1913, insbes. Junck (nat.-lib.).

(Zu S. 81—82.) Da die Erörterungen über die Abgabenfreiheit der Landesfürsten bei der Neubegründung der Reichs-Finanzverfassung nach dem Kriege wieder auftauchen werden, so sei hier die rechtliche Seite der Frage etwas ausführlicher erörtert. Daß die deutschen regierenden

Fürsten (zusammen mit den Senaten der drei freien Städte) in ihrer Gesamtheit Träger der Reichssouveränität, also auch der Reichssteuerhoheit seien, und aus diesem Grunde nicht zu Abgaben herangezogen werden könnten, trifft so ganz und gar nicht zu, daß eher der äußerste Gegensatz dazu für richtig ausgegeben werden könnte. Das Reich wäre an sich befugt, seine Steuern lediglich auf die Staaten zu legen, aus denen es sich zusammensetzt (wie es bei den Matrikularbeiträgen geschieht). Wenn man dann als ausschließliche Vertreter dieser Staatspersönlichkeiten die regierenden Fürsten ansehen wollte, so würde daraus nicht folgen, daß sie steuerfrei, sondern im Gegenteil, daß sie die einzigen, dem Reiche steuerpflichtigen Subjekte seien (wie sie denn auch im alten Reich als solche angesehen wurden). In Wirklichkeit aber wäre nach heutiger Anschauung auch dieses nicht anzuerkennen. Die Persönlichkeit des Staates und die Persönlichkeit des Fürsten werden getrennt aufgefaßt. Auch innerhalb des einzelnen Staates hat der regierende Fürst an sich kein Steuerprivileg; er besitzt es nur, soweit es ihm durch Spezialgesetz übertragen ist. Die gegenteilige Anschauung wird zwar öfter ausgesprochen, allein sie widerspricht den Tatsachen der deutschen Steuergeschichte. In dieser muß man die Frage der Steuerfreiheit der Domänen und der Zivilliste aussondern. Über diese haben in den meisten deutschen Territorien zwischen Staat und Fürst jahrhundertelange Streitigkeiten bestanden, und der Kompromiß, mit dem sie endeten, hatte meistens zur Voraussetzung, daß derselbe Staat, der gewisse Besitztümer und Einkünfte in bestimmter Höhe als fürstlich anerkannte, nicht nachträglich sein Gesetzgebungsrecht dazu benutzte, diese Beträge zu verkürzen. Aber hiervon verschieden ist die grundsätzliche Frage der persönlichen Steuerfreiheit. Einen Grundsatz gemeinen deutschen Rechts, daß der Fürst steuerfrei sei, hat es nie gegeben. Die Entwickelung ist in den verschiedenen Territorien verschieden gewesen, je nach den Spezialbestimmungen der Gesetzgebung (vgl. die zahlreichen Beispiele bei Antoni, Finanzarchiv, 1888 V. Jahrg. Bd. 2 S. 418). Zu den Territorien, in denen die Erwähnung eines landesherrlichen Steuerprivilegs in einzelnen Gesetzen nicht den Sinn der Erwähnung eines selbstverständlichen, sondern umgekehrt den Sinn der Schaffung eines an sich nicht selbstverständlichen Privilegs hatte, gehört insbesondere auch Preußen. Es gibt in Preußen zwei Steuergesetze, die an demselben Tage erlassen und mit Bezug aufeinander redigiert sind, und von denen trotzdem das eine ein solches Privileg statuiert, das andere nicht. Es sind das Grundsteuer- und das Gebäudesteuergesetz vom 21. Mai 1861 (§ 4, bez. § 3). Inwieweit etwa das wirkliche Verfahren der Veranlagungsbehörden diesen klaren Anweisungen der Gesetze widersprochen haben sollte, darüber ist niemals etwas bekannt geworden. Für die Öffentlichkeit hatte die Rechtsprechung des Oberverwaltungsgerichts (Urteil vom 16. Februar 1898: Entscheid. 33, S. 1), wonach in den Bestimmungen des Allgemeinen Landrechts

> Alle Rechte und Pflichten des Staates gegen seine Bürger und Schutzverwandten vereinigen sich in dem Oberhaupte desselben ... Dem Oberhaupt gebühren daher alle Vorzüge und Rechte, welche zur Erreichung dieser Endzwecke erforderlich sind (Teil II Tit. 13 §§ 1, 4).

die Steuerfreiheit des Königs enthalten sei, den Wert einer Neuentdeckung. Niemals hat ein Kommentator des A.L.R. aus diesen Bestimmungen eine Steuerfreiheit herausgelesen.

Zu Abschnitt IV.

(Zu S. 87.) Bei den drei ersten Anleihen wurde jede Sammelzeichnung von Schulen, Vereinen, Betrieben usw. als eine Zeichnung gezählt; bei der vierten dagegen wurde jeder, wenn auch noch so kleine Zeichner einzeln angegeben. Daher die starke Zunahme der ganz kleinen Zeichner bei der vierten Anleihe.

Zweiter Teil.

Die Behandlung der Steuerfragen weicht von der herrschenden Art in einigen Punkten ab, deren Begründung über den Rahmen des vorliegenden Werkes hinausführen würde. Zur Vermeidung von Mißverständnissen sei folgendes bemerkt:

1. „Direkte" und „indirekte" Steuern. Die Anwendung dieser Ausdrücke soll nicht eine Anerkennung dieser Unterscheidung ententhalten. Die Ausdrücke (deren Anwendung auch bei den Verteidigern der Unterscheidung vielfach schwankt) sind so gebraucht, wie die in Preußen von alters her übliche Zweiteilung der Steuerverwaltung sie anwendet (wobei z. B. die „Erbschaftssteuer" stets unter die „indirekten" eingereiht wurde).

2. Vermögensvermehrung und Einkommen. Indem der herrschenden Anschauung entgegengetreten wird, die zahlreiche große Einnahme-Kategorien als „Vermögensvermehrungen" von der Einkommensteuer freiläßt, soll nicht bestritten werden, daß es gewisse Einnahmen gibt, die sich nicht dazu eignen, von einer Einkommensteuer erfaßt zu werden. Der Unterschied liegt darin, daß heute der Einkommensbegriff eng gefaßt und dann im Wege der Sonderbestimmung einzelne Erweiterungen vorgenommen werden (z. B. Gewinn an abgestoßenen Wertpapieren), während es mir richtiger erscheint, den Einkommensbegriff weit zu fassen und im Wege der Sonderbestimmung die notwendigen Befreiungen auszusprechen. Ein Staat, der eine hohe Erbschaftssteuer erhebt, kann nicht dieselbe Erbschaft als „Einkommen" versteuern. Inwieweit Wertsteigerungen, die nicht in Verkäufen „realisiert" sind, zur Einkommensteuer heranzuziehen und Wertverminderungen (auch nachträglich!) zu berücksichtigen sind, kann sachgemäß nicht durch einen einheitlichen Grundsatz, sondern nur durch ausführliche Sonderbestimmungen geregelt werden. In weiterem Umfange hängen diese Fragen zusammen mit:

3. „Quelle" und Einkommen. Das Verhältnis dieser beiden Begriffe gehört für den Steuerpflichtigen zu den geheimnisvollsten Denkvorgängen der Steuerbureaukratie. Wer für einen Teil seiner Pfandbriefe Aktien eingetauscht hat, hört, daß er eine neue „Einkommensquelle" besitze,

daß jetzt der genaue Nachweis seines wirklich bezogenen Einkommens gleichgültig sei, daß man vielmehr den „mutmaßlichen" Jahresertrag (s. u. zu S. 148—152) schätzen müsse; wenn er im nächsten Jahre wiederum Wertpapiere verkauft hat, um den Ertrag einem Freunde als Geschäftseinlage zu geben, ebenso usw. usw., — während doch die Berechnung der wirklichen Jahreseinkommen Jahr für Jahr vollkommen gesicherte Ziffern ergeben würde. Diese „Quellentheorie" wird in allen ihren Teilen von dem Verf. abgelehnt. Auch in den Teilen, in denen sie mit der volkswirtschaftlich-wissenschaftlichen Ableitung des Einkommens aus den 4 Ertragsquellen (zufällig) zusammenhängt. Das „Einkommen", wie es einer Steuerverfassung zugrunde zu legen ist, ist nicht derselbe Begriff, wie das Einkommen im volkswirtschaftlichen Sinne und braucht es nicht zu sein. Dem in dem Buche vertretenen steuerlichen Einkommensbegriff steht unter den heutigen Definitionen am nächsten: Schanz in seinem „Finanzarchiv" 13 (1896), S. 1—87; 15 (1898), S. 530—534. — Praktisch muß allerdings die „Quellentheorie" angewendet werden, soweit sie im Gesetz (§§ 6, 9 [1, 2]) zugrunde gelegt ist. Aber die Zerteilung eines gleichartigen Einkommens in der Art, daß man schließlich in jeder einzelnen Wertpapier-Anlage eine „Quelle" für sich sieht, ist im Gesetze nicht begründet, sondern eine Erfindung der Steuer-Bureaukratie. Da sie übrigens in vielen Fällen auch zu einer Schonung der Steuerpflichtigen führt, so erfreut sie sich unter den Kundigen einer gewissen Popularität. Jedoch befinden sich auch unter diesen Fällen der Schonung sehr viele unberechtigte, ja, geradezu Ärgernis erregende. Einen der schlimmsten (Auflösung einer G. m. b. H. u. ä., um Kriegsgewinne durch Wegfall der „Quelle" der Besteuerung zu entziehen) hat ein eigenes Gesetz (v. 30. Dez. 1916) von der Quellentheorie ausnehmen müssen (Fuisting-Strutz: zu Abschn. V). Diese Ausnahme schlägt aber wiederum in der Handhabung zu einer nicht gewollten Härte gegen Steuerpflichtige aus, die nicht begreifen, weswegen bei ihnen die gewohnte Art der Berechnung plötzlich für ein Jahr unterbrochen werden soll.

Zu Abschnitt V.

Näheres in den allgemeinen Literaturangaben: oben S. 267—271. Das Hauptwerk über die preußischen direkten Steuern ist das von Fuisting (Bd. 1, Kommentar zum Einkommensteuer-Gesetz. 8. Aufl., bearb. von Strutz. Berlin, C. Heymann 1915; nebst Ergänzungsheft: Gesetz v. 30. Dez. 1916 (1917). — Bd. 4, Grundsätze d. Steuerlehre 1902). Dazu weitere Schriften von Fuisting (ebenda). „Der Rechtsschutz bei der Einkommenbesteuerung in Preußen" (1896) und „Die Einkommenbesteuerung der Zukunft in Anknüpfung an das preußische Einkommensteuer-Gesetz (1903). Eine kurze gemeinverständliche Darstellung gab Jastrow, Preußisches Steuerbuch 1894 (Tübingen, Laupp). — Den Kreuz- und Quergängen der Reichs-Finanzentwickelung ist am genauesten, unter Benutzung der Akten, nachgegangen: Gerloff, Die Finanz- und Zollpolitik des Deutschen Reiches nebst ihren Beziehungen zu Landes- und Gemeindefinanzen von der Gründung des Norddeutschen Bundes bis zur Gegenwart. Jena, Fischer, 1913.

(Zu S. 99.) Die Grundgedanken der sehr verwickelten „Steuerrelation" sind an möglichst einfachen Beispielen dargelegt in Jastrows Steuerbuch (s. o.), S. 72—75.

(Zu S. 100.) Die Steuerverfassungen der Mittelstaaten sind in den letzten Jahren vor dem Kriege so stark geändert worden, daß es eine allgemeine, den gegenwärtigen Stand genau wiederspiegelnde Darstellung nicht gibt. Soweit die Behandlung der einzelnen Steuerarten in jedem der 25 Einzelstaaten in Betracht kommt, wird auf die gegenwärtig im Erscheinen begriffenen Überblicke (s. o. Allg. Literatur-Übersicht) verwiesen. — Ein vergleichender Überblick über die Bedeutung der verschiedenen öffentlichen Einnahmen und ihr Verhältnis zueinander läßt sich zur Zeit in wünschenswerter Anschaulichkeit nicht geben (Zimmermann, s. o. S. 268/9). Um dem Leser eine ungefähre Vorstellung zu ermöglichen, lassen wir hier aus den betr. Statistischen Jahrbüchern die Einnahme-Übersichten des Reichs, einiger Einzelstaaten und einiger größerer Gemeindeverwaltungen folgen:

Tab. 30. Einnahmen des Deutschen Reichs 1913 (in Mill. Mk.).

Insgesamt (ohne Anleihe und Wehrbeitrag)	3275,4
Darunter:	
Überschuß d. Reichseisenbahnen	31,4
Überschuß der Post- und Telegraphen	85,3
Überschuß der Reichsdruckerei	5,3
Sonstige Erwerbseinkünfte	64,8
Erwerbseinkünfte	186,8
Zölle	679,3
Tabaksteuer	11,4
Zigarettensteuer	42,7
Zuckersteuer	173,7
Salzsteuer	62,4
Branntweinsteuer	193,8
Schaumweinsteuer	9,5
Leuchtmittelsteuer	15,1
Zündwarensteuer	20,1
Brausteuer und Bierabgabe	130
Aufwandsteuern	658,7
Spielkartenstempel	2
Wechselstempelsteuer	19,6
Stempelabgabe von Gesellschaftsverträgen	6,8
Stempelabg. v. Wertpapieren	43,4
Stempelabgabe von Gewinnanteilen und Zinsbogen	14,2
Stempelabgabe von Kauf- usw. Geschäften	18,3
Stempelabg. v. Lotterielosen	53,5
Stempelabg. v. Frachturkunden	19,2
Stempelabgabe von Personenfahrkarten	24,3
Stempelabg. v. Kraftfahrkarten	4,8
Stempelabgabe von Aufsichtsratstantiemen	7,1
Stempelabgabe von Schecks	3
Stempelabgabe von Grundstücksübertragungen	34,7
Stempelabg. v. Versicherungen	5,7
Zuwachssteuer	15,3
Sonstige Verkehrssteuern	15,3
Verkehrssteuern	287,2
Erbsch.- u. Schenkungsst.	46,4
Verwaltungseinnahmen	91,5
Statistische Gebühr	2,1
Verwaltungseinnahmen und Gebühren	93,6
Matrikularbeiträge	51,9
Ausgleich für Zölle, Steuern und Gebühren	33,8
Andere Ausgleichungen	18,2
Bankwesen	34,7
Sonstiges	296,4
Verk. v. Festungsgelände usw.	3,2
Expedition nach Ostasien	3,1
Schuldentilgung	74,6
Sonstiges	464
Zusammen:	
Erwerbseinkünfte	186,8
Zölle	679,3
Aufwandsteuern	658,7
Verkehrssteuern	287,2
Erbsch.- u. Schenkungssteuern	46,4
Verw.-Einnahm. u. Gebühren	93,6
Matrikularbeiträge	51,9
Sonstiges	464
	2467,9

Tab. 31. Einnahmen des Königreichs Preußen 1913 (in Mill. Mk.).

Insgesamt	1745,4	Anteil an der Branntweinabgabe	125,9
Davon:		Anteil an der Beihilfe für ehemalige Krieger	20,2
Überschüsse der Domänen	15,5	Einnahmen aus der Reichskasse	146,1
Überschüsse der Forsten	78,7	Einnahmen des vormaligen Staatsschatzes	8,8
Überschüsse der Bergwerke, Hütten, Salinen	23,5	Zinsen vom Staatskapital	2
Überschüsse der Eisenbahnen	560,8	Rente von der Reichsbank	1,9
Überschüsse der Lotterie	12,4	Zinsen der Preuß. Zentral-Genossenschaftskasse	2,4
Überschüsse der Seehandlung (Staatsbank)	5,1	Hinterlegte Gelder	49,6
Überschüsse der anderen Betriebe	0,8	Einnahmen aus Kapitalvermögen	64,7
Erwerbseinnahmen	696,8	Beiträge der Gemeinden zur Königl. Polizei	19,3
Einkommensteuer	379	Einnahmen aus der Beschäftigung von Gefangenen	6,2
Ergänzungssteuer	61	Einnahmen aus Museen ꝛc.	5,1
Wandergewerbesteuer	3,2	Sonstige Verwaltungseinnahmen	71,1
Eisenbahn	0,4	Einnahmen aus der Staatsverwaltung	101,7
Direkte Steuern	443,6	Zusammen:	
Stempelsteuer	73,1	Erwerbseinnahmen	696,8
Erbschafts- und Schenkungssteuer	8,7	Direkte Steuern	443,6
Sonstige Steuern	81,8	Sonstige Steuern	81,8
Hafen- und ähnliche Gebühren	19	Gebühren und Strafgelder	164,8
Verwaltungsgebühren und Strafgelder	23,1	Vergütungen aus der Reichskasse	45,9
Gerichtsgebühren und Strafgelder	122,7	Einnahmen aus der Reichskasse	146,1
Gebühren- u. Strafgelder	164,8	Einnahmen aus Kapitalvermögen	64,7
Für Erhebung und Verwaltung der Zölle	17,2	Einnahmen aus Staatsverwaltung	101,7
Erhebung und Verwaltung der Zuckersteuer	4,9		1745,4
Erhebung und Verwaltung der Branntweinsteuer	13,8		
Erhebung und Verwaltung sonstiger Reichssteuern	10		
Vergütungen aus der Reichskasse	45,9		

Tab. 32. Einnahmen des Königreichs Bayern 1913 (in Mill. Mk.).

Insgesamt	256,–	Gebühren u. Stempelabgaben	29,1
Davon		Strafen	1,1
Aus früheren Finanzperioden	7,–	Anteil an der Zuwachssteuer	0,3
Staatseisenbahnen	4,5	Malzaufschlagsgefälle . . .	42,4
Posten und Telegraphen . .	16,3	Vergütungen der Reichskasse	5,1
Schiffahrt auf den Seen . .	0,1	Einnahme der Zollverwaltung	0,8
Schleppschiffahrt auf dem Main	0,1	Überweisungen des Reichs .	21,4
Forsten, Jagden und Triften	34,–	Grundsteuer	5,4
Berg-, Hütten- und Salzwerke	0,5	Haussteuer	7,1
K. Bank	4,2	Gewerbesteuer	4,5
Hofbräuhaus München . . .	0,8	Kapitalrentensteuer	5,7
Sonstige Betriebe des Staates	1,3	Einkommensteuer	51,1
Grundgefälle	3,2	Übrige Einnahmen u. Ausgaben	
Erbschaftssteuer und Zuschläge	1,2	(einschl. Staatslotterie . .	8,8

Tab 33. Einnahmen des Königreichs Württemberg 1911 (in Mill. Mk.).

Insgesamt (ohne Anleihe) . .	96,1	Kapitalrentensteuer	3,9
Davon		Weinsteuer	2,5
Domänen	0,5	Biersteuer	13,4
Forsten, Jagden	12,6	Umsatzsteuer	3,9
Bergwerke, Hütten u. Salinen	0,8	Erbschafts- u. Schenkungssteuer	1,2
Staatseisenbahnen Defizit 26,3		Steuern	53,7
Dampfschiffahrt	—	Gebühren und Strafgelder .	6,6
Posten und Telegraphen . .	6,7	Vergütungen aus der Reichskasse für Zoll- und Steuerverwaltung	0,7
Sonstige Betriebe	0,1		
Erwerbseinkommen	20,7	Verwaltungseinnahmen . .	6,2
Einkommensteuer	21,8	Überschüsse usw. von früher .	2,–
Grundsteuer	1,6	Überweisungen aus der Reichskasse	6,2
Gebäudesteuer	2,6	Sonstiges	21,7
Gewerbesteuer	2,8		

Tab. 34. Einnahmen des Königreichs Sachsen 1912/13 (in Mill. Mk.).

Insgesamt	113,2	Allgemeine Kassenverwaltung	1,1
Davon		Einkommensteuer	67,7
Überschüsse der Forsten . .	8,9	Ergänzungssteuer	5,–
Domänen und Intraden . .	0,5	Grundsteuer	5,–
Staatseisenbahnen	10,9	Stempelsteuer	5,6
Lotterie	4,7	Schlachtsteuer	6,1

Tab. 35. Einnahmen des Großherzogtums Baden 1913 (in Mill. Mk.).

Insgesamt	102,2	Biersteuer	13,2
Davon		Fleischsteuer	0,7
Justizverwaltung	0,3	Grundstücksverkehrssteuer	4,2
Strafanstalten	1,5	Erbschafts- u. Schenkungssteuer	1,5
Unterrichtswesen	4,9	Gerichtskosten und Strafen	3,3
Ministerium des Innern	9,6	Notariatskosten	1,8
Allgemeine Kassenverwaltung	5,6	Grundbuchkosten	1,5
Überschuß der Domänen	5,–	Sporteln, Taxen usw.	2,–
Überschuß der Salinen	0,3	Polizeistrafen usw.	0,5
Einkommensteuer	27,7	Hundesteuer	0,8
Vermögenssteuer	12,–		
Beförderungssteuer	0,3	Vergütung des Reichs für Zoll- und Steuerverwaltung	2,2
Wandergewerbesteuer	0,2	Verschiedene Einnahmen	1,6
Weinsteuer	1,5		

Tab. 36. Einnahmen des Großherzogtums Hessen 1912 (in Mill. Mk.).

Insgesamt	65,7	Staatsministerium	0,2
Davon		Ministerium des Innern	7,5
Reste aus früheren Jahren	0,5	Ministerium der Justiz	2,6
Domänen des Großh. Hauses, Überschuß	1,6	Ministerium der Finanzen	0,4
Staatsdomänen, Überschuß	18,6	Ausleihungen und Staatsschuld	2,8
Lotterie	0,8	Pensionen	1,2
Steuern und verschiedene Einnahmen	24,9	Vom Reich	4,6

Tab. 37. Einnahmen der freien und Hansestadt Hamburg 1913 (in Mill. Mk.).

Insgesamt	222,7	Gebühren und Strafgelder	34,3
Davon		Aus Reichskasse für Zoll- und Steuerverwaltung	7,9
Erwerbseinkünfte (Netto)	13,–	Aus Reichskasse für Überweisungen	3,–
Einkommensteuer	51,–	Sonstige Einnahmen aus der Staatsverwaltung	18,2
Ertragsteuer, Grundsteuer	24,3	Rechnerischer Ausfall im ordentlichen Etat	16,9
Hundesteuer	0,5	Außerordentliche Staatseinnahmen	39,–
Vergnügungssteuer	0,9		
Umsatzsteuer f. Grundstücke	4,–		
Wertzuwachssteuer	2,–		
Stempelsteuer	4,–		
Erbschaftssteuer	3,7		

Tab. 38. Einnahmen der Stadt Berlin 1913 (in Mill. Mk.).

Insgesamt (ohne Anleihe) .	155,8	Einnahmen vom Unterricht .	4,9
Davon		Einnahmen aus Armen- und Waisenpflege	3,2
Vom Grundeigentum . . .	14,2	Einnahmen aus Krankenpflege	8,9
Überschuß der städt. Betriebe	7,9	Einnahmen aus Polizei, Gewerbegerichten usw. . . .	2,5
Einkommensteuer	43,3	Einnahmen vom Bauwesen .	5,4
Grundsteuer	28,7	Einnahmen aus der Verwaltung	2,8
Gewerbesteuer	14,3	Kapitalien usw.	6,6
Biersteuer	1,—	Verschiedenes	8,—
Hundesteuer	2,6		
Zuwachssteuer	0,6		
Kinematographen- usw. Steuer	0,9		

Tab. 39. Einnahmen der Stadtgemeinde Stuttgart 1913 (in Mill. Mk.).

Insgesamt (ohne städt. Schuld)	30,—	Wertzuwachssteuer	0,2
Davon		Verschiedene Verwaltungseinnahmen	2,—
Allgemeine Verwaltung . .	0,3	Tiefbau	4,3
Überschuß des städt. Vermögens	0,5	Latrinenentleerung	1,—
Gebühren	0,4	Überschuß vom Wasserwerk .	1,6
Grundstück-Umsatzsteuer . . .	0,3	Überschuß vom Gaswerk . .	1,5
Biersteuer	0,5	Überschuß vom Elektrizitätswerk.	1,—
Hundesteuer	0,2	Erziehung und Bildung . .	1,6
Kapitalsteuer	0,9	Armen-, Krankenpflege usw.	1,7
Einkommensteuer	4,5	Festlichkeiten, Ausstellungen usw.	0,1
Grund-, Gebäude- und Gewerbesteuer	7,2		
Wohnsteuer und Rekognitionsgebühren	0,2		

Tab. 40. Einnahmen der Stadtgemeinde Dresden 1913 (in Mill. Mk.).

Insgesamt	17,3	Grundsteuer	1,7
Davon		Hundesteuer	0,2
Vom Grundbesitz	0,3	Grundbesitzwechselabgabe . .	0,6
Von sonstigen Kapitalanlagen	0,2	Verbrauchsabgaben	0,4
Überschuß der Betriebe . . .	5,2	Verschiedene Steuern . . .	0,5
Von Steuern[1])	11,7	Einkommensteuer	16,—
Die Steuern erbrachten:			
Bürger- und Einwohnersteuer	0,7		20,1

[1]) Hiervon steht ein Teil der evangelischen und der katholischen Schulgemeinde zu, so daß für die Stadt die obigen Beträge übrig blieben. (?)

Tab. 41. Einnahmen der Stadtgemeinde Karlsruhe 1916 (in Mill. Mk.).

Insgesamt	14,7	Überschuß vom Wasserwerk .	0,5
Davon		Überschuß vom Elektrizitätswerk	0,2
Kassenvorrat	0,5		
Rückstände	1,2	Umlagenachträge	0,4
Vom Grundbesitz	1,3	Biersteuer	0,1
Zinsen	2,6	Sonstige Steuern	0,1
Ertrag u. Erlös von Fahrnissen	1,—	Liegenschaftssteuer	1,7
Gebühren usw.	0,4	Vermögenssteuer	2,—
Überschuß vom Gaswerk . .	0,4	Einkommensteuer	2,3

(Zu S. 104—110.) Zu den neuen Reichssteuern gibt es bereits eine umfangreiche Kommentarliteratur, aus der hier nur einiges angeführt werden kann: Wehrbeitrag: A. Hoffmann (Berlin, Liebmann), Fernow (Guttentagsche Textausg. m. Anm.); „Besitzsteuer": Rheinstrom (München, Beck), Mrozek (Guttentag). — Sämtl. Kriegssteuer-Gesetze erschienen in zusammenfassenden Ausgaben mit (Rheinstrom u. Blum) und ohne Anmerkungen: München, Beck; die meisten einzeln ebenfalls in den Guttentagschen Textausg. mit Anm.

Zu Abschnitt VI.

Die Ablenkung des Reiches von der Einkommensteuer ist ein bemerkenswertes Beispiel dafür, wie die Praxis ihre Notbehelfe zu Weisheitssätzen zu stempeln weiß. Zwei politisch so verschieden gestimmte Finanzmänner wie Preuß und Adolf Wagner sind, anscheinend unabhängig voneinander, zu demselben Ergebnis gekommen: daß auf dem Gebiete der Einkommensteuer dem Reiche die Führung gebührt (Normen durch das Reich; Zuschläge und etwaige Abweichungen durch die Einzelstaaten). Und zu demselben Ergebnis muß jeder kommen, der die Untersuchung prinzipiell führt. Es ist das gute Recht des Praktikers, anders als prinzipiell zu sein. Nur soll er nicht von Prinzip sprechen, wo ihm kein anderes Prinzip gilt, als die Abweichung davon.

— Preuß, Reichs- und Landesfinanzen. Berlin 1894 (= volkswirtsch. Zeitfragen 121/2); dazu jetzt von demselben: „Des Reiches bundesstaatlicher Charakter in Gefahr?", in der Zeitschrift „März" 1917 I, S. 371 bis 379. — Ad. Wagner, Die Reichsfinanznot u. die Pflichten des deutschen Volkes. Berlin, Puttkammer u. Mühlbrecht, 1908.

(Zu S. 113.) Die Tabelle der Ausgaben-Verteilung ist ein Auszug aus Zimmermann (s. o.) S. 224. Ein neueres Jahr, als 1911 konnte auch Z. nicht zugrunde legen, weil es das letzte ist, für das noch die Reichs-Finanzstatistik die Ausscheidung vorgenommen hat.

Zu Abschnitt VII.

Die Lehre von den Grundsätzen der Besteuerung bildet ein Hauptstück jeder „Finanzwissenschaft" (s. o. S. 267).

(Zu S. 125—126.) Auf die Wichtigkeit der Unterscheidung der ergiebigen Steuerobjekte nach breiten Flächen und häufigen Wiederholungen ist rechtzeitig und ausführlich vom Verf. aufmerksam gemacht worden; seine Ausführungen mögen, nachdem inzwischen die neuen Steuerpläne erschienen und Gesetz geworden sind, um so eher als Kritik des Geschehenen gelten (Jastrow, im Archiv für Sozialwissenschaft und Sozialpolitik 43 (1916), S. 408/9.

(Zu S. 126.) Gute historische Beispiele über die Erfahrungen mit allgemeinen Umsatzsteuern bei Roscher, Finanzwissenschaft, §§ 47, 51, 61.

Zu Abschnitt VIII.

Die heutige deutsche Literatur über Erbschaftssteuer ist zum größten Teil rein juristisch, d. h. sie besteht in Kommentaren zu den geltenden Gesetzen (E. Zimmermann, Josewski, Gämlich u. a.) und Aufsätzen über die Rechtsprechung. Die Literatur über die beste Gestaltung der Erbschaftssteuer hängt für die Nationalökonomie aufs engste mit der Reform des Erbrechts zusammen und ist unter diesen beiden Schlagwörtern zusammengestellt im Handwörterbuch der Staatswiss. 3. A. Band 3, S. 1018—91 (Schanz, Bernhöft).

(Zu S. 137.) John Stuart Mill, Principles of Political Economy (zuerst ersch. 1848). Buch II, Kap. 2, § 4 in der deutschen Übersetzung von Soetbeer (3. Aufl., Leipzig 1869) Bd. I, S. 237.

Zu Abschnitt IX.

Ausgaben des preußischen Einkommensteuergesetzes, s. o. S. 286; des sächsischen: Wachler; Ludwig-Wolf; des württembergischen: Götz, Herm. Müller.

(Zu S. 141.) Die beiden einander ergänzenden Schriften sind: Teschemacher, Reichsfinanzreform und innere Reichspolitik. Ein geschichtliches Vorspiel zu den Ideen von 1914, Berlin, Springer 1915, — und Mombert, Eine Verbrauchs-Einkommensteuer für das Reich als Ergänzung zur Vermögenszuwachs-Steuer. Tübingen, Mohr 1916.

(Zu S. 147.) Die Rechtsprechung des OVG. gegen die Unkosten-Abzüge der Beamten hat bei seinen eigenen Mitgliedern entschiedenen literarischen Widerspruch hervorgerufen (Fuisting-Strutz 1, S. 667—668; Anm. 16 zu § 14, — noch entschiedener in der letzten von F. selbst besorgten Ausgabe 1, S. 264—266, Anm. 13 zu § 14. — Gegen Beschränkungen in Unkosten-Abzügen u. betr. Begriff der „Werbungskosten" überhaupt s. Fuisting-Strutz 1, S. 218—349). — Betr. Privatangestellte usw. ist die Rechtsprechung zwar wiederholt der willkürlichen Versagung der Abzugsfähigkeit entgegengetreten (ebda. S. 251 B. 254 D). Aber schon diese Rechtsprechung ist von dem Gefühl getragen, daß es sich hier mehr um bemerkenswerte Ausnahmefälle handele, und die Praxis der Veranlagung wird davon wenig berührt. Die Beschwerden der „Arbeiter" i. e. S. sind der Rechtsprechung des OVG. seit 1906 fast ganz entzogen. — Es soll übrigens nicht verkannt werden, daß in der Heranziehung des Arbeitseinkommens zu einer Einkommensteuer eine grundsätzliche Schwierigkeit liegt. Über diese spricht sich Lotz (Finanzwiss. S. 448/9) wie folgt aus:

„Ganz eigenartige Konsequenzen hat aber das häufige Fehlen einer kaufmännischen Abschlußmethode der Aufwandwirtschaften für die Einkommensbesteuerung gehabt. Vor allem pflegen diejenigen, welche ein unfundiertes Einkommen beziehen, regelmäßig bestenfalls ihre Einnahmen und Ausgaben, nicht aber die Produktionskosten ihres Arbeitseinkommens zu berechnen. Die praktische Folge ist, daß, abgesehen von der Regelung in England, wo auf wirtschaftlicher Tätigkeit beruhendes Einkommen milder als Renteneinkommen besteuert wird, in fast allen Ländern mit allgemeiner Einkommensteuer eine Besteuerung des unfundierten Einkommens üblich ist, welche eine beträchtliche Härte für die betroffenen Personen bedeuten würde, sofern nicht ein anderweitiger Ausgleich stattfände. Das Auffällige ist, daß verschiedene Notbehelfe, die man nicht vermeiden konnte, um wenigstens für die ärmeren Schichten mit Arbeitseinkommen einen Ausgleich herbeizuführen, als besondere sozialpolitische Wohltaten, als Beweise einer besonderen steuerpolitischen Munifizenz gepriesen werden, während es in Wirklichkeit Symptome dafür sind, daß man innerhalb der allgemeinen Einkommensteuer den Grundgedanken, die Einkünfte abzüglich der Produktionskosten versteuern zu lassen, gegenüber großen und kleinen Arbeitseinkommen nicht konsequent verwirklicht hat und flicken muß, wenn sich daraus zu große Unzuträglichkeiten gegenüber ärmeren Schichten ergeben . . . Kapitalistisch betrachtet, müßten alle Personen, welche Arbeitseinkommen beziehen, von ihrer Einnahme Amortisationen in Abzug bringen, da sich die Grundlage der produzierten Arbeit, die leistungsfähige Persönlichkeit, abnutzt und dahinschwindet, da ferner die Arbeitseinkünfte nur produziert werden können, wenn die Grundlage derselben, die Persönlichkeit, ihren Lebensbedarf bestreiten kann. Hier bedeutet die Versagung des Rechts, die Haushaltsausgaben und anderes abzuziehen, eine Verkürzung gegenüber solchen Steuerpflichtigen, welche alle Produktionskosten ihrer Einkünfte abziehen können."

Dieselbe Frage habe ich aus Anlaß des früheren EStG. ausführlich behandelt (Jahrbücher f. Nationalök. 58 — 1892 — S. 839—870) und das Ergebnis (S. 853) wie folgt zusammengefaßt: „Im Sklavenstaat würde der Kapitalist vom Gewinn durch Sklavenarbeit die Erschöpfungsquote absetzen, während dies dem freigewordenen Sklaven nicht mehr gestattet würde; dasselbe Einkommen aus Arbeit würde einer verschiedenen Behandlung unterliegen, je nachdem es der Kapitalist oder der Arbeiter zu versteuern hätte."

(Zu S. 148—152.) Die Interpretation scheint sich auf folgende Stellen des § 9 zu stützen:

1. Maßgebend für die Veranlagung der physischen Personen ist der Bestand der einzelnen Einkommensquellen bei Beginn des Steuerjahrs . . . . . .

2. Soweit nicht unter Ziffer 3 u. 4 etwas anderes bestimmt ist, erfolgt die Veranlagung der physischen Personen nach dem Ergebnisse des dem Steuerjahr unmittelbar vorangegangenen Kalenderjahrs, und, insoweit für eine Einkommensquelle ein Jahresergebnis nicht vorlegt, nach dem mutmaßlichen Jahresertrage.

Auf Grund dessen halten sich die Behörden für befugt, das Einkommen eines Steuerpflichtigen in ihrer Art nach „Einkommens q u e l l e n" einzuteilen. Fließt aus einer dieser Quellen eine feststehende Einnahme, so wird sie zwar an sich nach dem neuen Gesetz nicht anders behandelt, als eine schwankende. Liegt jedoch für eine Einkommensquelle ein volles Jahresergebnis noch nicht vor, so wird die schwankende Einnahme nach dem mutmaßlichen Jahresertrage geschätzt (was in der Regel darauf hinauslaufen wird, sie nach der Vergangenheit zu schätzen). Bei einer Einnahme aber, die als „feststehend" erachtet wird (z. B. Jahresgehalt, Hypothekenzinsen) wird der „mutmaßliche Jahresertrag" dem bedungenen gleichgesetzt. Und so gelangt man auf einem Umwege dazu, in solchen Fällen die feststehende Einnahme in der Tat de futuro zu veranlagen, wie es in dem aufgehobenen Gesetz vorgeschrieben war. — Vgl. auch Fuisting-Strutz, S. 60 d.

(Zu S. 154.) Über Beanstandung u. Behördenwillkür, sowie über die unangemessene Verbindung des Vorsitzenden-Amtes mit einem Vollzugsbeamten s. auch Fuisting, Einkommenbesteuerung der Zukunft, S. 123 bis 142 (namentlich S. 126), 147—154.

(Zu S. 164—169.) Unter den öffentlichen Besprechungen auffallend niedriger Einschätzungen von Rittergutsbesitzern haben die in den „Preußischen Jahrbüchern" (1909) das größte Aufsehen erregt: 136, S. 166/8. 179—185 (H. Delbrück), S. 259—89 (Mrozek); 138, S. 95—148 (R. E. May). 166—69 (H. Delbrück). Einen mehr vermittelnden Standpunkt wollte einnehmen: Meisel, Moral u. Technik bei der Veranlagung der preußischen Einkommensteuer (Aus Jahrbuch f. Gesetzgebung) Leipzig, Duncker u. Humblot 1911.

(Zu S. 181.) Die Ausrechnung der Verluste, die die Staatskasse durch die mangelnde mathematische Ausgestaltung des Einkommensteuer-Tarifs erlitt, war ein Lieblingsthema des im Jahre 1916 verstorbenen Prof. Knoblauch, Berlin, in dessen Nachlaß sich jedoch Arbeiten in herausgebungsfähigem Zustande über diesen Gegenstand nicht vorgefunden haben. Der Mathematiker Vahlen hat den Gegenstand gemeinverständlich behandelt. Bei ihm findet sich die Errechnung von 20, bzw. 73 Mill. Mark auf Grund des Preuß. Statist. Jahrbuchs 1907. An seine Ergebnisse knüpfte Andr. Voigt an, der, ursprünglich Mathematiker, an der neubegründeten Universität Frankfurt a. M., von der Handelshochschule übergehend, einen Lehrstuhl der Nationalökonomie übernahm. Er hat alle Tarife (namentlich auch die der Eisenbahnen) in die mathematische Kritik einbezogen; von ihm sind die im Text benannten Curiosa aufgedeckt.

Th. Vahlen im „Tag", 16. Juni 1908 u. 23. Juli 1912. — Andr. Voigt, Mathematische Theorie des Tarifwesens. Grundlagen der Kritik der Abgaben und Preistarife mit besonderer Berücksichtigung des preußischen Einkommensteuer-Tarifs. Mit 1 Tafel und 5 Textfiguren. Jena, Fischer 1912; dazu sein Vortrag in der Deutschen Mathematiker-Vereinigung: Jahresbericht 22 (1913); S. 131/5.

Zu Abschnitt X.

Die heutige Finanzwissenschaft kennt keine „Stempelsteuer" als besondere Steuergattung. Sie behandelt sie lediglich als Gegenstand der historischen Forschung und des geltenden Rechts, löst sie aber im übrigen in die einzelnen Steuerarten (zumeist „Verkehrssteuern") auf. Daher fehlt in der Literatur der feste Punkt für die Erörterung der grundsätzlichen

Frage, ob die Gesetze beizubehalten oder abzuschaffen sind. Die Ausgaben des Preußischen Stempelsteuer-Gesetzes sind, selbst soweit sie sich für die Praxis eines wohlbegründeten Rufes erfreuen, durchweg „Stempel-Jurisprudenz".

Koczynski, Vom Ursprung der Stempelpapierabgabe: Finanzarchiv 22 (1905), S. 441. Handwörterbuch der Staatswiss.[3] u. Handwörterbuch des Staats- und Verwaltungsrechts[2] (Art. Stempel, Verkehrssteuern, beide mit Literaturangaben). — Ausgaben des Preußischen Stempelsteuer-Gesetzes: Heinitz[2] (1909, Liebmann); Vahlensche kl. Ausg. 1909 — des Reichsstempelgesetzes in neuester Fassung von 1913: Greiff (Vahlen); Loeck (Guttentag).

(Zu S. 191.) Die Tabelle ist entnommen aus: Drucksachen des Abgeordnetenhauses 1895, Aktenst. 204. — Aus Anlaß der Novelle von 1909 wurden wiederum Schätzungen vorgelegt, die sich jedoch nur auf die zur Debatte gestellten Tarifstellen bezogen (1908/9, Aktenst. 209 C und erweitert im Kommissionsbericht: Nr. 560 E). Daraus läßt sich folgende Tabelle herstellen.

Tab. 42. Schätzung einiger preußischer Stempelerträge 1908.

Nr.	Gegenstand	Geschätzter Jahresbetrag ℳ
1.	2.	3.
1.	Gesellschaftsverträge: G m b. H	800 000
2.	Amtliche Zeugnisse (hauptsächlich Beglaubigung von Unterschriften)	750 000
3.	Lustbarkeiten, Genehmigungen von Ortspolizeibehörden	631 000
4.	Pacht- und Mietverträge	600 000
5	Duplikate	150 000
6.	Abtretung von Rechten	133 000
7.	Proteste (über 1000 ℳ)	112 050
8.	Erlaubniserteilung: Anlagen nach § 16 GO.	111 001
9.	Gesellschaftsverträge betr. Errichtung von Aktiengesellschaften usw.	90 303
10.	Erbverträge und Testamente	82 500
11.	Beglaubigte Abschriften	50 000
12.	Pässe	76 000
13.	Standeserhöhungen und Gnadenbeweise	62 290
14.	Notariatsurkunden	60 000
15.	Naturalisationsurkunden	48 000
16.	Überlassung der Rechte am Gesellschaftsvermögen	18 000
17.	Erlaubniserteilung: Gastwirtschaften usw.	16 451
18.	Verlängerung der Polizeistunde	16 000
19.	Genehmigung eines Eisenbahn- usw. Unternehmens	15 000
20.	Jagdpachtveträge	14 250
21.	Erlaubniserteilung: Öffentliche Singspiele usw.	7 800
22.	Genehmigung von Dampfkesseln usw	5 985
23.	Gesellschaftsverträge offener Handelsgesellschaften usw.	4 800
24.	Bewilligung von Fristen	3 077
25.	Erlaubniserteilung: Apotheke	3 000
26.	Erlaubniserteilung: Schauspielunternehmen	2 927
27.	Genehmigung von Transportgewerben innerhalb der Orte	2 000
28.	Genehmigung von Pfandleihen und Stellenvermittelungen	1 950
29.	Erlaubniserteilung: Privatkranken- usw. Anstalten	1 705
30.	Nießbrauchsbestellungen	1 500
31.	Gesellschaftsverträge: Genossenschaften	1 440
32.	Genehmigung für Versicherungsanstalten, deren Geschäftsbetrieb nicht über eine Provinz hinausgeht	1 400
33.	Genehmigung für Agenten ausländischer Versicherungen	300
34.	Genehmigung für Auswanderungsagenten	300
35.	Erstmalige Festsetzung des Statuts einer Gewerkschaft	15
	Zusammen	3 874 043

Auch diese Tabelle gibt keinen Anlaß, von dem im Text Gesagten etwas zurückzunehmen. Ja, sie bringt für die finanzielle Bedeutungslosigkeit der mannigfachen Steuern noch neue Beispiele bei. Manche von ihnen mögen in einem Jahrzehnt nicht so viel einbringen, wie während der Beratungen an Abgeordneten-Diäten, Geheimrats-Gehältern und Druckkosten auf sie entfällt. Von den damals bewilligten Erhöhungen erwartete man allerdings Mehrerträge. Aber manche von ihnen hat sich inzwischen das Reich angeeignet, andere fallen in die Kategorie der Einnahmen, die zur Fortdauer als selbständige Staatseinnahmen geeignet sein mögen. Die meisten sind und bleiben nutz- und gedankenlose Quälerei. Der tatsächliche dauernde Mehrertrag der Reform, die am 1. Juli stattfand, scheint nicht sehr groß gewesen zu sein. Die Stempelabgabe erbrachte in den Rechnungsjahren

1906	1907	1908	Übergangsjahr 1909	1910	1911	1912	1913
53,2	47,5	45,8	61,0	70,4	70,0	68,3	62,1 Mill. M.

Zu Abschnitt XI.

Die Stellung der früheren und der heutigen wissenschaftlichen Wirtschaftspolitik zu den Monopolen tritt weniger in der Spezialliteratur (Handwörterbuch der Staatswissenschaft unter „Monopole" und „Regalien"), als in den allgemeinen Lehrbüchern hervor. Während des größten Teiles des 19. Jahrh. steht die wissenschaftliche Nationalökonomie unbewußt unter dem Drucke der Notwendigkeit, das Individuum von der Überlast ererbter Fesseln zu befreien; heute unter dem Druck einer ebenso starken Notwendigkeit, den Staat zu kräftigen gegen überstarke Bildungen des privaten Erwerbslebens. So nimmt das um die Mitte des 19. Jahrh. maßgebende Lehrbuch von Rau mit dem einen negativen Satze Stellung: „Die Staatsgewalt soll die freie Bewegung des Erwerbfleißes weder zugunsten ihrer eigenen Unternehmungen, noch auch durch Vorrechte für einzelne Privatpersonen weiter einengen, als es durch Rücksichten des Gemeinwohles ratsam gemacht wird", die Darlegung der zulässigen Ausnahmen der Finanzwirtschaft überlassend (Lehrbuch der polit. Ökonomie II 1 5. Aufl. Leipzig. Heideberg 1862, S. 65 § 29 a). Die heutigen Lehr- und Handbücher von Philippovich, Schmoller, Gust. Cohn, Oppenheimer gehen an den verschiedensten Stellen auf das Staatsmonopol als eine Wirtschaftsform unter vielen ein. Den Übergang dürfte auch hier Roscher gebildet haben. Der eigentliche Gegensatz wurde literarisch an der Frage, ob für oder gegen Staatseingriffe, ausgefochten, als der „Verein für Sozialpolitik" von Treitschke mit Gründen des wirtschaftlichen Liberalismus angegriffen und von Schmoller verteidigt wurde. Der damalige Broschürenwechsel ist noch immer lesenswert, während die heutige Literatur die Prinzipienfrage der Staatseinmischung nur sehr wenig erörtert (Treitschke, Der Sozialismus und seine Gönner. Nebst. e. Sendschreiben an G. Schmoller. Berlin 1875. — Schmoller, über einige Grundfragen des Rechts und der Volkswirtschaft. Ein offenes Sendschreiben an H. v. Treitschke. Jena 1875).

(Zu S. 204.) Naumann, Mitteleuropa. Berlin, G. Reimer 1915. Über Staatssyndikate mit Arbeiterversicherung: S. 146, über Syndikatsvereinigungen auf Grund der Kriegs-Vorratswirtschaft: S. 147—49; über Syndikatsverträge und Handelsvertrag: S. 224.

(Zu S. 204.) Die Stellung der Sozialdemokratie und der freien Gewerkschaften zur Frage der Monopole nach dem Kriege hat eine reichere literarische Aussprache gefunden, als die einer andern Partei. Der Parteivorstand und die Generalkommission der Gewerkschaften hat im Jahre 1916 Besprechungen veranstaltet, die es ratsam erscheinen ließen, zunächst Meinungsäußerungen Einzelner herbeizuführen. Das Korrespondenzblatt der Generalkommission ließ seit dem November 1910 die Frage durch eine Anzahl Erwerbszweige von Fachmännern verfolgen: Bergbau (Hue), chemische Industrie (H. Schneider), Spiritus (Schippel), Handels-, Transport-, und Verkehrsgewerbe (Paul Müller), Schwereisen- und Elektrizitätsindustrie (Reichel). Auf diesem Material fußte zum großen Teil die gemeinsame Eingabe der freien, der christlichen und der Hirsch-Dunckerschen Verbände an den Reichstag (ebenda 14. u. 21. April 1917). Gleichzeitig erschien als Ergebnis jener ersten Besprechungen in Buchform: Monopolfrage und Arbeiterklasse. Drei Abhandlungen von H. Cunow, O. Hue und M. Schippel; herausg. und mit einem Nachwort versehen von W. Jansson. Berlin, Vorwärts 1917. — Die gänzlich selbständige Durchdenkung des Stoffes unter dem Gesichtspunkte eines finanziellen Minimalprogramms: Goldscheid, s. o. S. 271. — Gegen Bergbaumonopol hat sich hauptsächlich Abg. G. Gothein (mit bergbaufachmännischer Begründung ausgesprochen: „Reichs-Bergbaumonopol" (= finanzwirtschaftliche Zeitfragen 29), Stuttgart, Enke 1917 (gegen ihn wiederum Hue: Koresp. d. Gen.-Komiss. 19. Mai 1917). Jedoch ist G. für ein Reichs-Kalimonopol, für das sich auch der Kali-Industrielle Paxmann ausgesprochen hat: „Tagesfragen in der Kali-Industrie". Berlin, Liebheit & Thiesen 1917. — Die Vorgänge in der Elektrizitätsindustrie, namentlich in Bayern, Baden, Sachsen sind dargestellt in: R. Hartmann, Das Reichs-Elektrizitätsmonopol. Berlin, Springer 1917. Für Preußen u. die kleineren Staaten hat Prof. Klingenberg, Direktor der AEG., auf der Tagung deutscher Elektrotechniker v. Juni 1916 einen Plan entworfen („Elektrische Großwirtschaft unter staatlicher Mitwirkung", Privatdruck, 48 S.). Von der Vereinigung elektrotechnischer Spezialfabriken ist eine Darstellung der privaten Monopolbestrebungen und der Gegenmittel durch Er. Ritter („Die öffentliche Elektrizitätsversorgung in Deutschland") angekündigt. Einen Standpunkt, wie den ihren vertritt Em. Schiff, Staatliche Regelung der Elektrizitätswirtschaft. Tübingen, Mohr 1916.

(Zu S. 204.) Staatliche Zwangsmonopolisierung in den Kreisen von Großindustriellen, z. B.: Oscar Caro (Schloß Paulinum-Hirschberg), „Die Frage der deutsch-österreichischen Zollunion im Zusammenhang mit der Einführung von Monopolen, bzw. staatlich kontrollierten Zwangssyndikaten" und dazu: „Fachgenössische Urteile über usw." (beides Privatdrucke 1916).

(Zu S. 204.) Den Plan von Handelsmonopolen unter Beibehaltung des privaten Interesses mit technischen Verbesserungen hat G. Bernhard entworfen („Finanzwirtschaft im Deutschen Reich"; in Bozi-Heinemann, Recht, Verwaltung und Politik im neuen Deutschland. Stuttgart, Enke, 1916, S. 367).

Dritter Teil.

Zu Abschnitt XII bis XVI.

Über die Frage, was unsere Wirtschaft im Kriege verloren hat, und worin volkswirtschaftlich die Aufgabe des „Wiederaufbaues" besteht, fehlt es jetzt nicht mehr an guten, der Gedankenarbeit die Richtung weisenden Untersuchungen. Das erste Thema hat wohl am frühesten der schwedische Nationalökonom Heckscher-Stockholm erfaßt. Er hat im Jahre 1915 von der Möglichkeit, als Neutraler vergleichende Studien über die kriegführenden Länder an Ort und Stelle zu machen, Gebrauch gemacht. Mit dem daraus hervorgegangenen Buche „Die Wirtschaft des Weltkrieges" hat die Handelshochschule Stockholm ihre Schriftensammlung eröffnet. — Unter den zahlreichen Aufsätzen, die die „Kriegshefte" des „Archivs für Sozialwissenschaft" dem Kriegs-Wirtschaftsleben und seinen einzelnen Zweigen gewidmet haben, geht auf die Grundfrage, welcher Art die von uns erlebten wirtschaftlichen Veränderungen sind, am tiefsten Eulenburg ein. Eine knappe Zusammenfassung des Wichtigsten hat Lederer geboten. — Über den Wiederaufbau nach dem Kriege werden zwar fortgesetzt Einzelarbeiten veröffentlicht. Auch hat Riesser als Vorsitzender des Hansabundes das Gesamtgebiet der Probleme umgrenzt und mit Kommissionsberatungen darüber begonnen. Aber für die theoretische Erfassung der Natur dieser Probleme gibt es noch kaum Vorarbeiten. In einem Vortrage vor der Gesellschaft österreichischer Volkswirte hat der Verfasser versucht eine Skizze zu entwerfen, die in den genannten Kriegsheften nach Verwaltungsressorts weiter ausgeführt ist und außerdem die Frage, ob wirklich „Organisation" in Friedenszeiten ohne weiteres als Vorteil anzusehen sein wird, einer grundsätzlichen Erörterung unterzogen. — Auf eine der wichtigsten Vorfragen des „Wiederaufbaues": inwieweit die Veränderungen der Kriegszeit bereits endgültig geworden sind, hat Stolper aufmerksam gemacht. Er gibt die Antworten zwar nur an dem Beispiele Österreichs; aber die Gedankengänge gelten analog für Deutschland.

E. F. Heckscher, Världskrigets Ekonomi. En studie af nutidens näringslif under krigets inverkan (= Skrifter utgifna af Handelshögskolan 1) Stockholm, Norstedt [1915]. — Eulenburg, Zur Theorie der Kriegswirtschaft, im: Archiv f. Sozialwiss. 43 (1916) (= Krieg u. Wirtsch. IV), S. 349 bis 396. — Lederer, z. T. in ders. Zeitschrift u. zusammengefaßt („Die deutsche Volkswirtschaft im Kriege") in: „Der Krieg", hrsg. v. D. Schäfer I (Leipzig, Bibliographisches Institut 1916), S. 382 bis 388 mit Lit.-Ang. — Jastrow, Wirtschaft u. Verwaltung nach dem Kriege; Vortrag v. 16. Nov. 1915; im Jahrbuch der Gesellschaft österreichischer Volkswirte 1916, S. 59 bis 79. — Ders. im „Archiv für Sozialwiss. 43 (= Krieg u. Wirtschaft IV. V), S. 42 bis 107, 397 bis 437. — Ders., Die Organisationsarbeit nach dem Kriege und die Aufgaben der Wissenschaft, im Jahrbuch f. Gesetzgebung 40 (1916), S. 89—156. — Schriften des Hansabundes. Vom Krieg zum Frieden, bis jetzt 4 Bde., 1916/7 (Privatdruck). — G. Stolper, Das mitteleuropäische Wirtschaftsproblem. Wien, Leipzig, Deuticke 1917.

(Zu S. 210.) Die Charakterisierung der kriegswirtschaftlichen Vorgänge dahin, daß die finanziellen Kräfte „im Lande bleiben", reicht bis in die wissenschaftliche Literatur. So Schumacher, Deutschlands Stellung in der Weltwirtschaft; in dem Sammelwerk „Deutschland und der Weltkrieg" (Leipzig u. Berlin, Teubner 1915), S. 126/7: „Die gewaltsame Zurückführung auf den bisher nur in der Theorie vorhandenen Zustand des „isolierten Staates" hat uns zwar auf dem Gebiete der Volksernährung vor schwierige Aufgaben gestellt; sie hat uns zugleich aber finanziell unbesiegbar gemacht. Denn fast ohne Abzug bleibt alles, was wir an finanziellen Kräften haben, im Inland. Es strömt hier nur von einer Hand in die andere, vor allem im breiten schnellen Strom vom Staate zu den einzelnen. Wenn der Krieg im Monat uns etwa 1 Milliarde Mark kosten sollte, so ist in 4½ Monaten der Ertrag der ersten Kriegsanleihe der Volkswirtschaft wieder zugeströmt. Er ist im wesentlichen von neuem verfügbar. Immer dieselben Mittel können so vom Staat in bestimmten kurzen Fristen für seine Bedürfnisse von neuem herangezogen werden. Es kommt nur darauf an, diesen Umlauf in seiner Geschlossenheit und Geschwindigkeit zu erhalten. Dann ernährt der Krieg sich selbst fast unbegrenzte Zeit." — Dazu Heckscher (s. o.), S. 154: „Mit einer Deutlichkeit, die Anerkennung verdient, ist hier ausgesprochen worden, daß — wenn man den Kriegsbedarf nur innerhalb des Landes deckt — der Betrag stets zurückfließt und stets aufs neue disponiert werden kann, so daß der Krieg fast keine — nach dem Gedankengang sollte es heißen gar keine — Kosten verursacht. Die Finanzierung des Krieges wird dann zu einem erstaunlich einfachen Problem. Es handelt sich nur darum, für einige Monate darüber verfügen zu können, was der Krieg während dieser Zeit kostet; nachher kehrt der Betrag ununterbrochen zurück. Will man den Gedankengang konsequent zu Ende denken, so muß man sagen, daß es strenge genommen unnötig wäre, den Betrag jemals an die Volkswirtschaft zurückfließen zu lassen; denn ebensogut, wie die Empfänger des Betrages (Löhne, Bezahlungen für Waren usw.), wie behauptet wird, denselben ständig aufs neue zur Verfügung stellen, könnten sie von Anfang an den Staat die Summe behalten lassen, und der Staat könnte damit den Krieg auf völlig unbegrenzte Zeit hinaus finanzieren." Und in einer Anmerkung dazu (S. 153): „Die Formulierung der angeführten Stelle erscheint allzu unzweideutig, um mißverstanden zu werden, und irgend eine Andeutung für eine andere Auffassung als die hier angenommene, ist in den anderen Teilen der interessanten Darstellung Professor Schumachers nicht aufzufinden. Man möchte allerdings ungern glauben, daß einer der hervorragendsten akademischen Lehrer Deutschlands auf diesem Gebiet einer solchen fundamentalen Wahnvorstellung verfallen sein sollte, und die Möglichkeit, daß er in Wirklichkeit etwas anderes gemeint habe, ist mit in Betracht zu ziehen. Aber es kann nicht geleugnet werden, daß das Aufgeben der theoretischen Grundlagen der Nationalökonomie allzu oft angesehene deutsche Gelehrte zu derartigen Fehlschlüssen verleitet hat."

(Zu S. 214.) Die angeführte Stelle aus Mill, Buch I, Kap. V, § 7; dtsche Übers. (s. o. S. 293) 1. S. 80.

(Zu S. 232.) Jastrow, Arbeitsverschiebung im „Handwörterbuch der Kommunalwissenschaften" (Jena, Fischer) I (1916), S. 148/149; sowie dess. Sozialpolitik und Verwaltungswissenschaft. Berlin, G. Reimer I (1902), S. 242 ff.

Register.

In das Register sind aufgenommen: sämtliche Personen-, Orts- und Ländernamen; Gewerbe- und Berufsbezeichnungen; Steuern und Gegenstände der Besteuerung; Behörden und Einrichtungen des öffentlichen Lebens überhaupt; endlich auch Schlagwörter und oft gebrauchte Zitate. — Vor dem Gebrauch empfiehlt es sich, folgende Artikel anzusehen: Arbeiter, Arbeits-, Reichs-, Staats-, sowie namentlich Steuer (nebst Anmerkung dazu).

Die Zahlen bedeuten die Seiten, römische die des Vorworts. — Bei gespaltenem Satz: l = linke Spalte; r = rechte Spalte.

*) Die einzelnen Steuern siehe unter: Anfall, Aufwand, Banderole, Beförderung. Besitz, Bier, Börse, Branntwein, direkte Steuern, Dividende, Einkommen, Einwohner, Emission, Erbschaft, Ergänzung, Fahrkarten, Fenster, Gebäude, Gewerbe, Gewinn, Grund, Hunde, indirekte Steuern, Inserate, Kapitalrenten, Klassen, Kohle, Kommunal, Kopf, Krieg, Leuchtmittel, Lustbarkeit, Mahl, Miete, Nahrung, Real, Salz, Scheck, Schenkung, Schlacht, Tabak, Talon, Tantieme, Umsatz, Verkehr, Vermögen, Wehrbeitrag, Wein, Wertpapiere, Zinsbogen, Zucker, Zündwaren, Zuwachs; vergl. ferner Ergiebigkeit, Überwälzung.

Kolibri 360 GmbH
Ferdinand-Jühlke-Straße 7
99095 Erfurt, Deutschland
produktsicherheit@kolibri360.de